学校体育效益研究

——以广东省中小学为例

李朝阳 著

·广州·

版权所有　翻印必究

图书在版编目（CIP）数据

学校体育效益研究：以广东省中小学为例/李朝阳著．—广州：中山大学出版社，2022.5

ISBN 978-7-306-07500-0

Ⅰ.①学⋯　Ⅱ.①李⋯　Ⅲ.①学校体育—综合效益—研究—中小学　Ⅳ.①G633.962

中国版本图书馆 CIP 数据核字（2022）第 065332 号

XUEXIAO TIYU XIAOYI YANJIU：YI GUANGDONG SHENG ZHONG-XIAOXUE WEI LI

出 版 人：	王天琪
策划编辑：	王旭红
责任编辑：	王旭红
封面设计：	曾　婷
责任校对：	袁双艳
责任技编：	靳晓虹
出版发行：	中山大学出版社
电　　话：	编辑部 020-84110283，84111996，84111997，84113349
	发行部 020-84111998，84111981，84111160
地　　址：	广州市新港西路 135 号
邮　　编：	510275　传　真：020-84036565
网　　址：	http://www.zsup.com.cn　E-mail：zdcbs@mail.sysu.edu.cn
印 刷 者：	广东虎彩云印刷有限公司
规　　格：	787mm×1092mm　1/16　18.25 印张　422 千字
版次印次：	2022 年 5 月第 1 版　2022 年 5 月第 1 次印刷
定　　价：	76.00 元

如发现本书因印装质量影响阅读，请与出版社发行部联系调换

序

李朝阳的《学校体育效益研究——以广东省中小学为例》论著即将出版,这是学校体育研究中的重要事件。

生命在于运动,而人类运动的聚焦点是体育。学校体育以合理、科学、系统的方法有效地提升运动的品质,对民族发展起着关键作用;体育作为教育的重要组成部分,对学生发展和学校教育健康发展的作用更是毋庸置疑的。古代学子除了学习"礼乐书数"还必练习"射御"。大凡关注教育者,都会重视体育问题。早在1917年,毛泽东就在《新青年》上发表了《体育之研究》,文章开篇第一句话就是:"国力恭(苶)弱,武风不振,民族之体质日趋轻细,此甚可忧之现象也。"《体育之研究》的出发点和落脚点就是促使人们自觉锻炼身体,以改善国人羸弱体质,从而挽救国家民族危亡。中华人民共和国成立之后,他更是大力提倡"发展体育运动,增强人民体质",并提出"德、智、体全面发展"的重要方针。但由于中国高考偏重文化课分数,体育课不仅不受重视还常受到挤压,乃至于体育课如何开设以及其存废问题都备受争议。李朝阳的博士学位论文以"学校体育效益研究"为题,首次对学校体育效益进行了深入、系统的研究,在全面剖析学校体育的运动教育机理下,探讨健体、竞技、品德、美技、娱乐等体育功能,以及这些功能如何发挥作用并产生结果,从而直接或间接地体现了学校体育效益,为我们全面地认识学校体育的作用、更好地开展体育运动提供了参考依据。

我在读李朝阳的《学校体育效益研究——以广东省中小学为例》时,扑面而来地感受到她历经十多年锲而不舍的研究精神。她从"拨乱反正"的角度出发,运用多种研究方法进行反复考察,坚持理论探讨与实证研究相结合,从不同维度揭示学校体育效益的科学形成机理,为我们展示了学校体育功能的基本内涵和多样性。首先,她在大量研究的基础上,以独到的功力和广阔的视野系统探究了学校体育效益内在的多层次意义,在积极梳理体育的社会整体宏观效益内涵与揭示学校等具体单位的微观效益基本要素的同时,还从经济、社会、教育、生物、文化等路径阐析了学校体育的多样性效益,为我们研究学校体育效益在不同情形下的差异及其产生原因,明了在追求微观效益下如何遵循宏观效益目标指导,从而实现二者的协调一致,提供了不可多得的重要见解,对学校体育研究做出了新贡献。其次,该部论著比较了不同的体育投入与各种成果产出的差异,分析了不同学校产生的体育效益,特别是如何通过中小学体育健康教育五大课程目标(运动参与、运动技能、身体健康、心理健康及社会适应良好)的实现情况来判断学校体育的产出及效益,非常有新意,是学校体育研究中的重要新成果。再次,该部论著在理论探讨的基础上,以广东为案例进行实证研究,获取了大量数据并展开细致的分析论证,从各个方面考察了广东这一教育大省的学校体育的投入和产出,通过对广东省进行系统实证分析来再次回应对学校体育效益研究的论证,很有典型意义。最后,该部论著对中、美学校体育效益之间的比较为整个研究的完成奠定了很好的基调。

李朝阳对学校体育效益的研究体现了她从事体育教学工作的专业发展追求,不仅是为了更好地把握学校体育的本质,也是为了更好地开展有效的体育教学,使教学更有效、更充分地体现体育的精神。李朝阳在职攻读博士学位,在坚持做好教学的同时,克服各种困难开展研究;博士学位论文答辩后,她就相关问题继续进行新的考察论证,进一步完善资料和提炼观点,许多论题在多次考证中得到了全新的诠释,其敬业钻研之精神尤为珍贵。在她攻读博士学位期间,由于中山大学教育学科调整合并到公共管理学科之中,多学科下的不同研究旨趣也使其论文在研究方法、目的、要求乃至行文方式上都有了很大改变,也给其学术研究和论文写作带来了不少困扰。为了兼顾教育学科研究旨趣和公共行政管理研究要求,她付出了很大努力。这些唯有亲历者方可体会。我赞赏她的执着和毅力,在此也希望同学们积极努力向上。

本部论著开启了系统研究教育效益的新里程,它的出版又很好地配合了国家"双减"政策。教育要减负,就要强调其效益。学校体育要讲效益,推出科学体育课程,在节省投入的同时要获得更高的产出,即提高学生的体质健康水平,培养良好的运动技能及体育精神,等等。

祝贺李朝阳的研究成果正式出版,并应用于学校体育工作,产出更好的教育效益。我从她的研究中也得到了许多收获,愿更多的人从中得到启迪,推进中华民族体育事业更好的发展。

冯增俊
2022 年 3 月于广州康乐园

目 录

第一章 导 论 ·· 1
    第一节 选题缘由 ··· 1
    第二节 文献综述 ··· 5
    第三节 研究方法及思路 ··· 15
    第四节 研究创新与局限 ··· 18

第二章 理论基础 ·· 21
    第一节 核心概念界定 ·· 21
    第二节 学校体育效益研究的理论基础 ·································· 24
    小 结 ··· 41

第三章 广东省中小学体育课程评价情况及分析 ···················· 45
    第一节 亟待优化毕业生升学体育考试方案 ·························· 45
    第二节 国家学生体质健康标准测试 ···································· 60
    小 结 ··· 75

第四章 广东省中小学体育投入与产出分析 ··························· 77
    第一节 学校体育投入情况及分析 ······································· 77
    第二节 学校体育产出情况及分析 ······································· 103
    小 结 ··· 149

第五章 广东省中小学体育效率分析 ······································ 152
    第一节 广东省不同地区间学校体育 DEA 效率实证分析 ········ 152
    第二节 广东省不同级别间学校体育 DEA 效率评价实证分析 ·· 188
    第三节 广东省不同行政区域间学校体育 DEA 效率评价实证分析 ··· 203
    小 结 ··· 216

第六章 中美中小学体育教育实施状况与对比分析 ················· 217
    第一节 美国中小学体育教育执行概况 ································ 217

第二节　美国中小学体育教育在学校的地位 ················· 220
　　第三节　美国对中小学体育教育的建议与要求 ··············· 225
　　第四节　美国中小学体育教育实施状况 ····················· 227
　　第五节　中美中小学体育教育实施对比研究 ················· 233

第七章　研究结论与建议 ··· 250
　　第一节　研究结论 ······································· 250
　　第二节　提高学校体育效益的对策与建议 ··················· 251

参考文献 ··· 264

附录1　学校体育效益研究调查问卷（体育教师适用） ············· 275
附录2　学校体育效益研究调查问卷（学生适用） ················· 279

后　记 ··· 282

第一章 导　　论

第一节　选题缘由

一、研究背景

每年的中国人健康大数据白皮书的一组组数据都牵动着大量国民的神经，成为一个热门话题为大家争相讨论。央广网（2017）报道，70%的中国人有过劳死的危险，白领亚健康比例高达76%，中青年女性易得妇科、心脑血管疾病，中青年男性面临猝死、癌症等问题；慢性病患病率已达20%，其导致的死亡人数已占总死亡人数的83%；中国人的腰围增长速度是世界第一……数据触目惊心，这直接说明现阶段国民体质健康水平低下。不良的生活方式是破坏健康的最大杀手，如果青少年都能养成良好的生活方式、自觉锻炼的习惯，拥有终身体育意识，当他们步入中老年时期，患慢性疾病的比例应该可以大幅度地降低。

中华人民共和国成立以来，国务院与国家体育、教育等主管部门非常关注青少年体质健康发展状况，并组织专家到他国考察，学习和借鉴其经验，相继公布实施了多项学校体育工作规范性文件，如1952年的《学校体育工作暂行规定》、1954年的《准备劳动与卫国体育制度》、1990年的《学校体育工作条例》。而关于学生体育锻炼标准，从1953年的《关于中学体育成绩暂时考察办法的通知》，到1961年的《青少年体育锻炼标准》，到1998年的《学生体质健康标准》，再到2002年由国家教育部、国家体育总局联合制定了的国家学生体质健康标准，于2002年试行，于2007年开始全国实施（全国体育硕士专业学位论证专家小组，2005）。2014年，对《国家学生体质健康标准》进行了修订。由此可见，各级政府与全社会都在努力改善青少年体质，但据《北京晨报》（2013）报道，青少年体质健康并没有得到真正的改善，其近视率居高不下、心肺功能不断下降。

青少年时期是人生成长过程中的关键期。青少年养成良好的体育锻炼、饮食、作息等习惯将影响他们的一生。由于青少年大部分时间是在学校度过的，学校体育教育的质量与青少年体质健康发展息息相关。

作为一名体育教育工作者，随着教学经验的不断积累、教学年限的增长，通过在课程教学中与学生的实际接触，笔者更加明确"学生的体能是体育之根本"。实现大学体育课程目标——让学生在大学期间熟练掌握两到三项体育运动技能，首先要做的是提高学生的身体素质及体能。因为运动技能是建立在学生体能基础之上的，只有改善了学生的体能之后，才可能使学生更加容易掌握教师教授的各项运动技能。

要解决学生目前体质健康状况差的问题，需要从中找到影响学生体质健康发展的根源。相比20世纪90年代学校体育基础设施和体育人力资源投入，现阶段学校体育运动设施不断完善，体育师资力量也在不断加强，然而青少年体质却在不断下降（杜聪，2016），学校体育投入增加而学校体育产出较差，即学生体质健康水平较差。这是由学校体育效益较差所引起的。学校体育在实施过程中没有从培养学生的体育兴趣入手，没有使学生养成科学锻炼的习惯，更没有使学生树立起终身体育的观念。梁启超在《少年中国说》中说道："今日之责任，不在他人，而全在我少年。少年智则国智，少年富则国富，少年强则国强……"青少年的德智体健康发展关系着中国未来发展的方向。青少年体质提高了，国民的身体素质上去了，体弱、生病等现象的发生率会大大降低，进而将提高国家教育所投入的人力、物力、财力的效率，因此这会间接提高国家教育的效益。针对目前全国青少年体质不断下降的现象，笔者认为提高中小学的学校体育效益是关键。效益可分为经济效益与社会效益。提高学校体育效益则可直接提高学校的经济效益和社会效益。目前，中国人均体育场地面积还比较小，而且中国大部分体育场馆隶属于学校，学校体育场馆作为准公共产品存在，具有为社会服务公共产品的特性。提高学校体育场馆的使用率，提高体育场馆的社会服务能力，则从另一方面提高了学校体育的社会效益。

要深入了解中小学体育实施现状，需要对中小学的学校体育实施状况进行全方位的调查、研究与分析。囿于精力有限，笔者在本书中仅以广东省为例，对广东省中小学的学校体育开展情况进行调查与研究，旨在找到影响青少年体质健康发展的真正原因，为提高青少年体质健康水平出谋划策，为提高学校体育效益贡献力量，为实现健康中国增添动力。

二、研究问题与假设

我国各级政府非常重视国民身体素质的发展，特别是针对青少年体质健康水平，已经制定、颁布了一系列促进与提高青少年体质健康的政策与文件。自加入世界贸易组织以来，中国经济发生了翻天覆地的变化，科技实力、综合国力和人民生活水平跃上了新的台阶，成为世界第二大经济体。然而，经济在高速发展和进步，国民身体素质却在不断下降，特别是青少年体质健康水平令人担忧。鉴于此种现状，本书探讨四个主要问题。

第一，为何中国经济上行而青少年体质却在不断下降，是不是中小学的体育师资队伍、经费投入等情况有待改善？作为教育活动的重要组成部分，体育教育也应讲究投入与产出，本书旨在调查与分析目前学校体育投入的实际情况，并通过一定方法计算学校体育效益、解释其效益高低的成因。如果体育教育没有形成一定规模经济，那么投入规模偏小将是造成学校体育产出低下的最主要原因之一。

第二，中小学体育与健康课程的评价体制是否有弊端？体育课程评价是体育与健康教育的重要组成部分，特别是在应试教育依旧比较盛行的当下，很多地区是政策规定考什么，学校就教什么，学生就练什么，考试作为风向标引领教师教学和学生学习的方向。如果一个地区体育考试项目单一，学生学习就会感到枯燥，而这将会严重抹杀学生的体育兴趣。因此，学校体育与健康课程评价内容的多元化、多样化和评价方案的优化就显得尤为重要。此外，体育教学需要以一定的体育场馆、器材等物质条件作保证，比如，课程评价若有游泳考试，那学校通常倾向于通过兴建游泳池（馆）来为学生提供练习游泳的场所，以利于提高学生游泳技能。因此，优化课程评价方案可以在一定程度上影响学校体育的投入，多样化的考试内容容易使学生对体育产生浓厚兴趣，提高运动技能，养成终身体育意识，提高体质健康水平，最终扩大学校体育的产出。

第三，扩大学校体育投入，但若未优化资源配置或资源没有得到合理运用，也将造成学校体育效益低下。学生体质下降是不是由于中小学体育与健康教育在实施细节中出现了问题？例如，体育与健康课程目标设置是否有问题？课程内容是否过于宽泛？课程教学方法是否合理？另外，美国是大众体育和竞技体育都比较发达的国家，学校体育作为大众体育和竞技体育的基础，自然功不可没，对比与分析研究美国学校体育健康教育的实施措施，有助于中国在实施学校体育健康教育过程中扬长避短，结合中国素质教育的方针，可以为提高学校体育的教育质量提出建议，从而提高学校体育效益。

第四，学校体育场馆作为准公共产品，使用率偏低导致其产生的社会效益较差，是影响国民体质健康水平低下的重要原因之一。中国人健康大数据白皮书明确指出，目前国民健康水平较低，需要通过改变生活方式、进行大量体育锻炼来改变国民的身体健康状况。但是，身体锻炼的物质基础是体育场馆，而我国人均体育场地面积不及发达国家的十分之一，而且大部分体育场馆都隶属于学校，提高学校体育场馆使用率是改善国民体质健康的关键。学校体育不仅投入匮乏，还存在着资源浪费现象，因此急需研究如何更好地合理利用学校体育场馆，提高中小学体育场馆使用率。我们要通过提高学校体育场馆的使用率等来提高学校体育社会效益。

本书从系统探讨以上四个问题出发，依据经济学、教育学和管理学等理论，提出假设：学校体育投入比例适当，资源配置优化，资源在使用过程中得到合理运用，是学校体育高效益的基本要求。尽管我国物质生活水平提高了，但青少年体质健康状况却并未提高，而考虑到青少年的大部分时间是在学校度过的，笔者认为，青少年体质健康水平与学校体育效益关系密切。由于效率是效益的基础，本书以广东省204所中小学为研究对象，经过调查研究，深入分析了影响学校体育效率的各项因素，在对比中美中小学的学校体育实施状况后，提出了提高学校体育效益的合理化建议。

三、研究意义

学校体育主要包括体育与健康课（简称"体育课"）、课外体育活动、运动队训练与竞赛三大部分。而中小学体育健康教育课程有五大目标，包括运动参与、运动技能、身体健康、心理健康、社会适应良好。笔者针对上述学校体育的三大部分内容以及体育健康教育的五大课程目标，对广东省中小学体育进行全方位调查与研究，为提高学校体育效益出谋划策。

（一）提高体育教学经济效益，切实提高青少年身体素质和培养学生体育兴趣

对广东省中小学体育课程教学的实施情况进行实地调查，了解政府对学校体育的各项投入，包括体育教师人数、体育场馆、体育课时量、体育课大纲、教材、班级人数等；了解学校体育的各项产出，比如学生运动参与情况、运动技能掌握情况、身心健康状况，以及社会适应能力、体育理论知识掌握情况等；结合教育学、社会学、经济学等相关理论，制定出中小学体育合理的效率指标评价体系；运用数据包络分析法（Data Envelopment Analysis，DEA），使中小学学校体育能够优化投入与产出结构，通过提高学校体育效率来提高学校体育经济效益，促进学生身心健康发展，从而得到更大的社会效益。

（二）提高学校体育的社会效益，为增强国民体质健康做出贡献

众所周知，中国是世界上人口大国，国家的奥运战略目标已经实现，在近几届奥运会中，中国奖牌总数和金牌总数均位列前三。然而，国民身体健康总体水平不高，大众体育的发展还较为落后，体育仍有较大发展空间。2016年，全国体育场地数已经超过170万个，人均体育场地面积为1.57平方米，大部分体育场馆隶属于学校（新华社，2016）。学校场馆作为准公共产品的形式存在，具有准公共产品性质和正外部性的社会效益，对社区乃至社会体育的发展担负着一定的责任与义务。本书研究了中小学体育场馆等辅助产品的社会使用情况，并提出提高学校体育场馆开放率、使用率的政策管理制度与实践操作方法，从而帮助解决中国体育场馆短缺、国民健身场所较少、国民身体健康水平难提高的问题，以期通过提高学校体育场馆的社会效益来提高国民体质健康水平。

（三）使学校体育的经济效益与社会效益共赢

为促进中小学生身心健康的全面发展，除了课堂体育课教学外，课外体育活动开展同样起着举足轻重的作用。研究如何更好地开展课外体育活动，加强对学生运动员的培养，这对于中小学生身心健康、体质增强具有重要的实践意义。对于一些具有体育特长和天赋的学生，结合学生自身兴趣和身体结构特点，可适当加强和引导其进行体育技能训练，为培养体育竞技人才打下坚实的基础。提高学生体育兴趣，增加学生体育爱好，促使学生养成自觉科学锻炼身体的习惯，培养学生形成终身体育意识，学生身体变得强壮、终身患病率大大降低，将为国家节省医疗卫生领域的支出。而学生可以运用自己掌握的体育知识与运动技能，丰富业余文化生活，抛弃不健康的生活习惯与方式，生活质量也将大大提升，最终提高国家整体的经济效益与社会效益。

（四）以广东省为例开展研究具有典型模板效应

广东省是中国人口（包括外来务工人员）最多的省份，但也是中小学义务教育发展较不平衡的省份，是进城务工人员随迁子女最多的省份。广东省作为改革开放的排头兵、先行地、试验区，在中国经济发展中起着带头示范作用。然而，广东省经济发展极不平衡。广东省统计年鉴显示，2012年城镇居民家庭每人全年平均现金收入方面，家庭总收入平均为34044.38元，最高收入户为83733.76元，而困难户仅为9166.18元，最高收入户的收入为困难户的9倍多。贫富差距导致教育资源分配的不平衡。2013年广东教育蓝皮书《广东教育改革发展研究报告》指出：2010年广东50个山区县所管辖的县镇小学的体育场地面积、体育器材、实验仪器达标率分别为51.09%、44.29%、44.57%，而山区农村小学的达标率分别只有17.46%、11.34%、11.58%。从中小学办学整体情况来看，2010年，广东省义务教育规范化学校覆盖率为37.66%，其中珠江三角洲为87.6%，粤东西北经济欠发达地区仅为26.25%。贫富差距悬殊反映在广东省各地区及县市，而因为中小学属于义务教育，财政补贴由各级地方政府提供，所以广东中小学义务教育投入与地方财政补贴有直接联系。政府补贴的多寡使得不同行政区域学校之间的体育教育投入产生较大的差异。这种地域间的贫富差距与教育投入差异特征在全国范围内具有相似性，因此调查广东省中小学教育特征（包括体育教育特征）具有全国模板效应。广东省中小学体育的投入与产出反映了学校体育效益的特征，也可间接说明中国中小学体育效益情况，对国家教育部门对中小学学校体育的指导和设计，具有典型性和示范性。

本研究试图为素质教育的具体实施提供理论依据，为终身教育之"终身体育"提供合理的实施途径，为提高学校体育效益提出具体的操作方法和手段，从而帮助提高学校体育的经济效益与社会效益，并使学校体育的近期效益与远期效益能得到均衡发展。

第二节　文献综述

一、国外学校体育效益研究现状

笔者以"benefits of physical education"为主题，在ABI经济管理商业期刊和科学引文索引网（Web of Science）的数据库中检索，将得到的大量文献予以整理与筛选，挑选了35篇与学校体育教学或与效益研究相关的文献。关于学校体育的研究内容，国外主要涵盖体育教育的作用、体育课程教学、特殊生的体育教育、课外体育活动，以及学校场馆社会服务等。

（一）体育教育与身体活动的重要性

体育教育与身体活动的重要性越来越被各国政府与教育界所重视，很多国家已经把体育教育作为国家战略发展计划来实施与推动。21世纪初期，大量学者着手研究体育教育与身体活动对青少年儿童的影响。Robbi（2008）指出，有规律的身体活动对健康有益，并详述了运动带来的收益，包括提高有氧耐力与肌肉力量，减少慢性疾病的风险因素，提高自我概念水平，缓解压力和焦虑。Nicole和Monica（2009）提到，国家和业界领袖认为体育教育与学术成就是紧密相关的，高质量的体育教育对帮助青少年儿童实现身体健康目标至关重要。英国历来重视体育教育，2011年，英国政府借着筹办2012年伦敦奥运会的契机开始鼓励中小学发展"学校体育"（school games），希望通过加强学校体育教学来提高学生的身体素质。他们决定自2012年起每年从体育彩票的收益中拿出5000万英镑（约合4.8亿元人民币）支持包括学校体育教育在内的社会体育活动的开展。此外,他们还在2013—2016年为英国的小学投入4.5亿英镑(约合43.4亿元人民币)以加强体育教育,其中包括增加竞技体育项目的教学内容、配备专业人员指导的体育兴趣小组活动等(凤智 等,2014)。

一些学者对青少年进行跟踪调查,研究了体育教育对学生身体健康等的影响。通过长时间的跟踪调查,Jooyeon(2013)展示了体育教育的重要性,指出体育教育应为终身体育活动做好准备。Mckenzie等(2009)主要讲述了体育教育在公共健康卫生中的作用,指出国家缺少数据监测以及相关的政策支持。作者试图找出一些支持性的数据,并建议国家制定相应的支持政策。一个地区体育教育政策的制定会对学生体育教育产生深远的影响。2010年,美国加利福尼亚州规定了学生在学校的身体活动时间、学生食品营养标准,以及可在学校范围内提供的食品及饮料清单,对学生身体健康产生重要的作用。

Karen(2011)认为,学校应将体育教育放在重要的位置,体育教育和体育活动是青少年接受教育的关键环节,体育教育可以用来弥补文化教育上的不足,也可以减少学生在课堂上的不良行为发生率。然而,青少年体育教育时间的不足影响了其身体的健康发展。由于美国教育行政权在各州级政府,不像中国所有普通学生必须接受体育教育,美国部分州规定某些学区可以免修体育课。美国卫生和人力资源服务部(U.S. Department of Health and Human Services,2012)指出,因为美国没有向青少年儿童提供足够的体育教育,美国教育界呼吁各级各类学校要提高学生体育教育的时间,以降低青少年儿童的肥胖发生率。尽管很多人都认为体育教育与身体活动对青少年儿童的身体健康非常重要,但是由于学生受到考试升学压力等影响,体育教育的学科地位仍在一定程度上受到影响。体育教育与体育学科的重要性尚未被广泛重视,在一些州,学生面临体育教育时间严重不足的窘况。以上这两份文献说明了,美国的青少年也存在体育课时间和课外体育活动时间不足的现状。

(二)关于体育课程教学的研究

体育课程教学作为学校体育健康教育的核心,一直以来都受到国内外体育教育工作者的关注。国外学者对于学生在体育运动中的收益的研究颇多。McKenzie等(2013)指出,体育运动对健康的好处都被记录在案,学校体育可以减少久坐行为以促使学生身体健康。是不是有效教学最终要根据学生的成绩来判断,教师和学校效能研究的重要组成部分需要学生参与。体育教育中,评估教学和学习过程是与预期结果相联系的,包括学生做什么和教师如何传授课程。在公共卫生环境中,应评估教师如何为学生提供充足、有益健康的体育活动,促进学生身体健康并使其学习体育知识、运动技能,最终利用课外时间促进身体活动和健身。McKenzie等在研究中强调,学校体育的未来将取决于学校提供体育项目的能力,提供体育项目被认为对公众很重要,学校体育的未来还取决于在公共卫生环境中体育教师教学的有效性。此外,他们还提供了在公共卫生环境中教师效能研究的摘要,为未来的体育教师效能评估和评价提供愿景,这些愿景超越了体育课程的范围,还包括综合学校体育活动的模型。

Shen(2010)强调体育教师间接促进了学生参与体育选修课,为学生在选择体育项目方面的自主权提供支持,有助于促使他们未来更加积极地参与体育活动。Cherubini

（2009）主要探讨了积极心理学对于实施高质量体育教育的重要性，使用最佳方法来激励学生对高质量的体育教育和终身体育活动追求至关重要。英国学者 Michael 等（2014）探讨了基本综合训练对体育教育的重要性，认为需要通过创造性的策略来增加青少年参与体育活动的时长，强调通过提高身体健康相关要素的教学实践促进体育教育质量的提高。

美国的竞技运动非常发达，但在体育教育中同样存在体育师资力量薄弱等现象。近年来，关于体育教师如何认证、如何提高体育课的教学质量和体育教师效能等问题，受到了美国学者的广泛关注。Michèle 等（2012）在研究中主要讨论了如何对体育教师进行认证。他认为，认证这种方式不仅可以提高体育教师的培养与选拔标准，而且可以提高体育教师的教学效果和质量。Lindsay（2014）解释道，确定体育教师教学的有效性是一个艰难、复杂的过程，包含评价主体的期望、国家评价标准的延伸、学生能力水平和有限的上课时间内教师教授运动项目的能力。缺乏有效、高效的评价工具，将导致评估方案被边缘化且推进实施的耗时长。增加研究日常身体活动和新"体育教育国家标准"的好处是可能有助于改善项目和教师效能。文章还指出，确定教师效能的相关问题和学生的成绩有关联。

在体育课的教学中，课程教学方法同样至关重要，恰当的教学方法可以提高体育课的教学质量，提高学生对体育课参与程度以及体育兴趣等。学者 Enright 等（2012）用了 3 年时间，对体育教学方法进行研究。这是由 41 名女性核心研究人员和年龄在 15～19 岁的学生共同参与的参与式行动研究项目。研究试图回答两个问题：一是当学生的体育文化与正式体育课程冲突会发生什么情况，二是从事这类的实际行动有什么好处与挑战。研究结果表明，在体育教育中使用交叉法（boundary-crossing approach）可以帮助学生认识到体育教育和体育活动的意义。然而，使用该教学方法被认为是一种密集性的教学设计，这对于许多体育教师将是一个挑战。学者 Chen 等（2007）在文章中着重讨论了建构主义体育教学方法，认为建构主义体育教学强调认知参与，并调查了建构主义教学对学生身体活动的影响。

除了课堂教学，课程评价也是辅助课程教学的一个重要环节。课程评价是对学生身体健康、身体素质等的一个综合评价与反馈，通过评价结果使学生在体育运动技能等学习中作出调整。Fencl（2014）主要研究如何对学生进行评价，并指出学生评价是高质量体育课程的组成部分，但经常被忽视或未被充分利用。他还指出，一个设计周详、组织严密的评价系统可以给体育项目或课程带来很多益处，包括衡量学生个人发展的能力、确定在特定技能方面的竞争能力、确定需要增强特定技能或概念的能力、衡量体育课程或者体育程序有效性的能力，以及确定教学需要课程设计的能力。Avery（2012）研究的是体育教育评估标准，指出加强必要的体育评估已经变得必不可少，设置这些标准是为了提高学生成绩、改善教学，以及倡导体育教育，它们是学生全部教育中的重要组成部分。另外，认知评估得益于对相关数据的了解和理解。体育课合理实施对于提高学生的身体素质、体育兴趣等非常重要，学校应充分利用好学生一切身体活动时间。近年来，课间（课与课中间）身体活动时间与内容也受到一些学者的重视，很多学者试图研究学生课间身体活动。Stellino 等（2013）研究探讨学生在课间的基本心理需求满意度、课间休息身体活动动机水平（RPAM）和课间休息身体活动水平（RPA），对五年级学生（$N = 203$；50.2%的研究对象为男生，71.7%为正常体重）的年龄、性别、身份等数据进行统计，并对其基本心理需求满意度及自我课间体育身体活动的动机水平进行测量，由受试学生同时戴上计步器在学校连续进行30分钟身体活动与6次课间休息。多元回归分析显示，课间休息的身体活动动机水平和身体活动水平独特的重要预测因子是学生的性别与体重状态。该研究结果提供了基于性别和体重体育活动水平预测因子与实际体育活动的心理动机变化的重要见解。中国实施计划生育以来，独生子女的安全问题成了大家持续关注的话题。很多学校特别是小学因为担心学生在课间出现打闹、奔跑等情况而引发安全事故，竟然不允许学生课间进行去洗手间外的活动，更不允许学生追逐与奔跑，这使得学生失去了课间身体活动的时间和空间，不利于学生身体健康及大脑的积极休息与恢复。政府与学校各部门应该重视学生课间活动，充分利用课间活动的时间，让学生参与到各种课间活动中，严禁学校停止学生的课间体育活动。

（三）关于特殊人群体育课程教学的研究

关注体育运动给健康所带来的益处，国外学者同时也关注体育对不同性别及种类人群所带来的不同影响，主张在课程教学与项目安排上，尽可能满足不同类型学生的需求。近年来，国外诸多学者加强了关于女生的体育教育研究。Barr-Anderson等（2008）研究了女生对体育课的享受感与社会人口、个人以及与学校环境因素之间的关系。其研究对象是1511名六年级女生，她们完成了基线评估女生的实验活动，有50%的女生表示很喜欢体育课。变量与体育课享受感包括体力活动水平呈正相关，认为体育活动可使人受益匪浅，闲暇时间参加体育锻炼使自我效能感增强，学校环境中女生的身体活动被认为是受教师的影响，而体重指数和体育课享受感呈负相关。在模型试验中，将所有变量相互调整，结果显示，自我效能感和体育课的享受感关联度最强，其后是感知到的益处，种族、民族，以及与男生相比学校教师对女生身体活动的支持度。整个模型解释了在体育课享受感中有11%的方差。研究结果表明，努力提高女生的自我效能感和感知利益并且提供一个支持性的体育课环境，能够促进性别平等并且可以增加女生对体育课的享受感。Dauenhauer和Keating（2012）研究了体育教育在塑造身体活动模式中的作用。71名西班牙裔和非洲裔美国小学生参加了该项实验研究。实验期间，他们每周分别参加一个30分钟和一个60分钟的体育课，并随身佩戴计步器用于评估他们的运动量。计步器的数据表明，大部分学生每天没有进行足够的体育锻炼，且被试人群在不同运动时长获得的健康收益存在显著差异，以60分钟组别为最多。该项研究结果表明，体育课可能是西班牙裔和非洲裔美国学生，尤其是女学生体育活动的重要来源，并可能影响他们参与课外体育活动。Petersen等（2003）着重讨论了激励女生体育教育的三种策略包括课程内容、社会环境和教育中所使用的策略。Carlson等（2008）讨论了体育教育对女生很有益处，也强调了体育教育不会影响学生其他学业成绩，大力开展体育教育不是影响学生成绩的正当理由。

除了研究不同性别的体育教育，国外学者近年来更加关注残障人士受体育教育的权利。Michelle和Catherine（2012）对残障人士体育教育的研究包括残障学生选择体育运动的标准（如最佳活动时间），如何提高残障学生技能发展，如何充分利用可用性的教学空间，如何能够迅速从技能发展过渡到游戏，以及残障学生如何正确地选择锻炼身体的手段与方法。Lieberman 和 Conroy（2013）论述了有视觉障碍的儿童身体健康和运动技能水平往往落后于身体健康的同龄人。这些孩子与辅助教育者（para-educator）一对一以获得体育教育的好处往往是必要的，而且可使他们提高身体活动量和运动技能，达到扩大核心课程的基本标准（ECC）。在教室里工作的那些辅助教育者应当接受过相应的培训，然而他们的人数较少，在体育教育主题上获得培训的辅助教育者人数也比较少。研究是为了了解体育教育的辅助教育者，使他们能获得一定的培训技能，从而帮助有视觉障碍的儿童参与相应的体育活动。在这项研究中，143 位专业人士和家长被给予一个待验证的问卷，这是关于有培训需求的辅助教育者在体育教育培训方面的问卷。结果表明，尽管大部分有视觉缺陷的儿童和他们的辅助教育者一起参加体育课，但只有 11% 的辅助教育者在体育教育方面被训练过。参与者认为，培训应包括安全措施、指导技术、教学策略、视觉障碍信息和扩大核心课程基本标准的大部分领域。他们同时认为，应该尽可能地将研究中从大量而多样的样本中获得的信息，用于创建培训视频，提供给那些与视觉障碍儿童进行体育教育工作的辅助教育者使用。Keglon（2011）研究专门为残障学生（自闭症、智力迟钝、行为或者情绪紊乱，以及其他健康障碍者）开设的夏令营。研究结果表明，经过夏令营的训练，这些残障学生提高了自身的运动技能等。Kurkova 等（2010）通过调查比较分析，描述了捷克和美国聋哑学校体育教育的实施办法，为捷克聋哑学生和有学习困难的学生提供了帮助。

Gibbs 等（2010）将 Kolb 的经验学习周期作为框架，通过一小群学习障碍护理学生描述经验学习的便利化，研究学习障碍者的身体健康保健需求。强调英国的学习障碍者所面临的问题首先是在获得初级卫生保健服务方面的服务，其次是通过教育过程的设计来支持学习障碍者的健康学习和提高参与度以及参与的动机。Lieberman 等（2010）为了帮助讲西班牙语的、失聪或者有听力障碍的学生在过渡时期学会必要的技能（如学习第二种语言，学习唇语或语音阅读），而使用了一些手语和西班牙语（或其他语言）作为体育教育学习内容的一部分，这给社区带来了许多好处。同时，教师也可以做一些工作，帮助学生学习词汇和激励他们学习，比如向学生提供网址，使他们在家里就可以练习手语或西班牙语（作者在文章中列举了一些西班牙语和手语的网址）；创建手语或西班牙语俱乐部并教会更多感兴趣的人；尝试把班级分成多个小组（互惠教学），每组分配一名双语学生。Columna 等（2014）强调，体育教育者要掌握一些特殊的教育术语，这样可以更好地帮助班里的那些残障学生，因此对普通体育教师进行特殊技能培训还是非常有必要的。这种建议同样适合中国，因为中国普通体育教师基本上没有受过特殊技能培训，不利于向同班上课的残障学生进行体育教育管理与教学。国外研究人员针对残障青少年儿童的体育教育进行了大量研究，这些研究成果有利于提高残障青少年儿童身体健康水平，也有利于这一特殊群体公平地获得体育教育的权利。

（四）关于课外体育活动和学校体育社会效益的研究

在学校体育中，除了体育课，课外体育活动是学校体育另一个重要组成部分，学校通过组织多种多样的课外体育活动，提高学生的身体素质和健康水平，丰富学生业余文化生活，提高学生集体主义感等，而且通过引导学生积极主动参加各种课外体育活动，可以使学生养成自觉锻炼的习惯。学生通过锻炼，收获了健康与自信，享乐其中，消除各种不良情绪，提高学生的社会适应能力与心理健康等。因此，除体育课之外，课外体育活动是提高学校体育效益的另一个关键环节。

Sherman 等（2001）试图跟踪和研究学校体育教育对成人身体活动模式的影响。毫无疑问，作者认为体育不仅给人带来了近期效益，而且给人带来了远期效益，他们着重讨论了学校体育对人的发展产生的远期效益。Erik 等（2007）认为，有规律的运动对学龄前儿童有近期与远期效益。由于学龄前儿童肥胖率和低强度身体活动发生率的增加，研究对学龄前儿童的身体活动模式进行调查，把学龄前儿童的身体活动与青少年和年轻人的身体活动进行比较。他们采用Caltrac加速度计对捷克的104名学龄前儿童（5～7岁）、1174名青少年（12～17岁）和787名年轻人（18～24岁）进行身体活动测定，以活动能量消耗来进行评价。研究对象被监测超过7天（包括一个周末）。研究结果是，无论工作日还是周末，学龄前儿童的活动能量消耗均显著高于各年龄组的青少年和年轻人（$P<0.0001$）；在工作日的闲暇时间，学龄前儿童的身体活动明显高于所有类型的青少年和年轻人（$P<0.001$）。因此，每天给学龄前儿童安排有组织的身体活动（2次20分钟的在地毯上活动，以及50～70分钟的户外散步），提供足够的身体活动空间，可为其进一步健康发展奠定了良好的基础。

美国学校体育规定学生的身体活动内容之一是要家庭与社区共同参与，在学生身体活动中，强调学生参与家庭和社区活动，这具有积极意义。一些学者研究户外教育对孩子成长的重要作用。Fiskum 和 Jacobsen（2012）探讨了孩子们从事户外教育的差异，研究显示，不同的群体存在不同的结果：性情随和或者内向的孩子在室内和室外进行运动都收效不错，他们在户外教育中更加具有活力，这可能被视为一种短期效益；难相处或者具有混合气质的孩子在室内常常表现为凡事不想接受的样子，而在户外教育中，他们改变了行为并且增加了活力，可见户外教育可能带来的是长期收益。体育活动、情绪变化和积极沟通主要受到学校条件的影响，而运动和口头激励则受到学校条件、个人气质以及性别的影响。近年来，美国比较重视水上运动对孩子身体健康的重要作用。Aaron 和 Bonnie（2012）在研究中提到，1998—2008年，水上运动在美国最受欢迎的运动榜中位列第二。他们认为，从事水上运动能对人产生深远的影响，特别是对青少年和儿童。目前，中国也在中小学体育教育中积极地推广水上运动，各地纷纷将游泳考试纳入中考体育项目，期望通过考评来推动游泳运动普及，从而改善学生的心肺功能、提高身体健康水平。

也有学者认为学生的家长对发展学校体育至关重要，做好家长与学校的沟通很有必要。Sheehy（2011）认为，父母可以选择在学校委员会、家长协会或其他决策机构任职，参与决策诸如体育如何发展等学校事务。在大多数情况下，在特定学区的家长有权力通过投票等手段来解决体育教育的财政问题。有的父母往往认为已经足够了解孩子的情况而不太热心与学校的沟通。所以体育教师需要积极主动与学生家长建立沟通机制，定期与他们探讨对体育教育的看法，保持联络，避免家长落入对体育教育的认识误区，从而提高学生的身体健康水平。

不同性格及社会群体对于身体活动与锻炼内容有不同需求，对不同群体做一些调查有利于提高人们参加身体活动的时间等。García 等（2010）针对限定环境中青少年的身体活动情境做了研究，他们使用生态学的方法，探讨性别、社会经济地位（SES）、体重状况、体育运动与参与有组织和无组织体育活动的关系，利用加拿大全国儿童和青少年纵向调查（第3周期）数据，进行了多元逻辑回归分析，建立变量之间的关联模型。该研究结果显示，女生参与无组织体育活动的频率低于男生；中等和高 SES 组青少年，比低 SES 组的同龄人更多地参与有组织的体育活动；肥胖青少年比超重者、正常体重同龄人表现得更加不活跃，尤其是在参加无组织体育活动的环境中。当考虑所有变量时，对于参与有组织体育活动和无组织体育活动的感受度来说，程度是一致的。

为了了解青少年体质健康发展程度，美国部分学者运用体适能测试对青少年体质做了全方位的调查与研究，通过组织与联盟来测试学生体质，这对于中国学生的体质健康测试有很大借鉴意义。Bai 等（2015）基于美国国家橄榄球联盟执行60个体适能测试伙伴计划，评估青少年年龄和性别模式6个健康成分的情况。2010—2014年，研究对725所学校从小学、初中到高中（1～12年级）共12个年级的192848名学生完成了标准的体质健康测试，测试评估内容包括有氧能力（AC）、身体质量指数（以下简称"BMI"）、上体力量和耐力、躯干伸肌的力量和灵活性、腹部的力量和耐力、柔韧性，个人数据以年级和性别汇总。使用年龄和性别与健康有关的参照标准将身体健康情况分为健康区（HFZ）、需要改进区、需要改进的健康风险区。有氧能力健康区在1～12年级青少年比例差异很大，男生的比例为62.1%～37.6%、女生为49.1%～26.1%。与年龄和性别差异较小的是 BMI 健康区（范围为52.7%～65%）。其余健身区域成绩的趋势是相似的。中学的男生和女生在 BMI 健康区与有氧能力健康区成绩明显较低。与年龄相关的有氧能力健康区连续低成绩明显存在于女生群体。他们提出为美国青年提供更新健康相关的健康档案，并且确定青少年的健身水平开始下降时的关键年龄。研究对于美国青少年体质健康测试提供支持，有利于制定相应政策来提高学生的体质健康水平。美国通过体适能测试了解青少年健康发展水平，而中国国家学生体质健康标准测试起到了同样的作用，它对于了解学生的体质健康情况具有重要意义，不过国家学生体质健康标准测试仍存在一些问题，需要进一步优化。

二、中国学校体育效益研究现状

以关键词为"学校体育效益"在中国知网—中国学术期刊库里进行模糊检索查得504篇文章，结过阅读与筛选，约有20篇文章与本课题研究较相关。在全国硕士、博士学位论文数据库中检索，以"学校体育效益"为关键词进行精确检索，没有得到相关文献；模糊检索时，仅查得题为《普通高校学校体育绩效管理研究》的博士学位论文与本研究有一定相关性；而通过模糊检索查得的266篇硕士学位论文中，大多是关于学校体育部分问题的研究，未有针对学校体育整体效益的研究，更没有关于中小学体育整体效益的研究。

（一）对学校体育资源开发效益研究

关于学校体育资源开发的研究集中在学校体育场馆的开发与利用上，部分学者尝试研究如何使学校体育的经济效益与社会效益共赢。中国人均体育场地面积很少,不及美国的1/10,而中国大部分体育场馆又隶属于学校,因而,提高学校体育场馆的使用效率,从而提高学校体育场馆的社会效益,是提高国民体质健康的关键因素。雷建辉(2014)研究了学校体育资源的开发过程,对学校体育资源开发的现状进行分析,提出有关开发的思路及对策,以期学校体育资源能发挥更大的经济效益和社会效益。羿翠霞等(2011)主要分析了学校体育场馆资源的社会效益,认为开展日常教学、运动训练、运动竞赛及身体锻炼的学校体育场所,是加强我国全民健身计划的基础,具有准公共产品性质和正外部性的社会效益。因此,学校体育场馆资源的开发利用引入经济补偿机制,有助于实现资源的优化,达到社会效益和经济效益的均衡(经济补偿机制涉及经济补偿的理论基础、经济补偿的必要性、经济补偿的原则、经济补偿资金的来源和分配等)。在此基础上,他们提出我国学校体育场馆资源开放是经济补偿机制的具体途径之一。张晋伊(2008)对新疆农村中小学体育教学设施的现状进行调查与研究。他认为,新疆中小学体育教学设施投入明显不足,缺少对室内体育场馆投入,经费投入方式单一,学校体育的效益不高。此外,他建议加大经费的投入,鼓励多种经济成分投资农村中小学体育教育事业,合理规划新疆农村中小学校室内外体育场地的布局。幸昊、夏思永(2007)认为,大众对体育的需求不断增加,相对匮乏的体育资源问题已经凸显,成为阻碍社会体育发展的主要障碍。从供需各自的特点以及诸多有利因素来看,学校体育资源与社会需求完全可以在理论上形成对接。然而学校体育资源属性的定位尚不够明确,致使其未完全与社会的需求相对接。他们认为,可以从社会效益、经济效益和文化效益多维效益观来看待学校体育资源向社会服务的问题。丁道旭(2002)认为,随着中国全民健身运动蓬勃发展,体育场地短缺和专业健身指导人员缺乏在很大程度上制约了社区居民开展健身运动。开放学校的体育场馆可以解决全民健身的场地短缺问题,还可为学校在不影响正常体育教学的前提下谋求一定的经济效益。另外,他指出,发挥学校体育教师的专业优势,充当社区体育指导员,促进社区居民广泛开展健身活动,有利于社区精神文明的建设,赢得良好的社会效益。王隆华等(2012)运用访谈法、问卷调查法对福州市学校体育场馆中的试点中学和高校体育场馆开放的社会效益与经济效益进行了调查研究,结果显示中学和高校开放体育场馆都取得了较好的社会效益,而且高校的体育场馆经济效益明显优于中学的。他们建议政府增加中学体育场馆开放的专项经费支出,加大学校体育场馆的建设力度,而学校则要确实做好体育场馆的开放工作,提高管理水平。谭刚(2008)认为,对公共体育场馆公益效益与经营效益进行评估是提高场馆管理水平、促进场馆公益效益得到较好实现的重要手段之一。公共体育场馆的公益效益评估包括群众利用场地休闲娱乐、群众体育活动、竞技运动服务、学校服务、举行公众集会等方面,经营效益评估包括营业收入、营业支出、财务状况、净利润等方面。他尝试建立了公益效益与经营效益评估指标体系,主要评估了公共体育场馆基层运动训练、高水平运动竞赛、群众体育、经费自给率、全员劳动生产率、成本费用利润率等指标。赵趣超(2012)分析目前中国高校体育场馆几种管理模式的利弊,试图建立学校经营体育场馆投资与收益函数,通过博弈分析方法,构建完全信息静态博弈模型和不完全信息静态博弈模型,研究体育场馆管理中各利益主体的最优策略,结果显示,没有任何一种固定的管理模式适用于所有高校，每所高校应针对自身的情况并结合外部条件，选择适合自身特点的模式，以使场馆的设施功能及利用率最大化，实现社会效益和经济效益的双赢。

（二）关于学校体育效益评价研究

关于学校体育效益评价的文献较少，而且也比较笼统，评价的指标较少，不足以对学校体育效益进行整体评价。佘静芳（2005）指出，中国高职院校正处在一个高速发展的特殊时期，体育工作作为学校教育的重要组成部分，对体育工作效益进行科学的评价，有利于促进职业院校体育工作快速、健康、全面的发展。丛湖平、金熙佳（1990）运用投入—产出理论对体育运动学校的效益进行分析与评价，这对其他学校体育的效益评价提供了理论依据与技术方法。周志雄、张凡（2002）认为，中国体校教练员以注重于培养和向上一级单位输送优秀运动员苗子作为工作目标，将后备人才培养与奥运争光战略结合起来；以世界大赛前8名作为成材标准，中国田径项目后备人才的成材率仅为3.44‰。路径分析表明，中国田径后备人才培养的竞技效益主要体现于国内比赛中，而不是奥运会和世界锦标赛。该研究运用办学效益指标来评价学校办学效益的好坏，对后来的研究具有一定借鉴意义。

如何制定中小学体育整体效益评价指标来评价学校体育效益，目前还没有学者研究过。近年来中国经济在不断发展，国内生产总值（GDP）增速位于世界前列，人们物质生活水平在不断上升，学校体育的投入也在不断增加。为什么人们物质生活丰富，体育教育投入也在不断增加，然而学生身体素质却在不断下降，这是值得去深入研究与探讨的。

（三）关于学校体育效益思想研究

学校体育效益包括哪些内容，不同的学者基于不同理念给出了各自的定义。很多学者认为学校不仅要追求学校体育近期效益，更重要的是收获学校体育远期效益。陈琦（2003）指出，学校体育的根本目标是切实有效地把学校体育近期效益与长远效益结合起来，应将培养学生的体育兴趣、爱好、终身体育习惯，以及提高其运动能力放在首位。由于现代教育越来越关注学生终身学习能力，终身体育思想成为学校体育的主导思想，学校体育应为学生终身体育打好坚实基础。柳欢（2009）也强调，培养学生具备终身体育教育思想应成为学校体育的最终发展目标。学校体育不仅仅要关注"三基"①教学，更应把学校体育近期效益与长远效益相结合，把培养学生体育兴趣、爱好和终身体育意识作为重点。赵长录（2004）认为，高校体育教学改革应坚持将近期效益和远期效益相结合，突破传统的体育教学模式，转变教育观念，提供个性化教育，使学生终身受益。曾鹭州（1998）论述了新时期学校体育的社会效益和个体效益，认为学校体育起着其他教育手段不可替代的作用。

王智斌（2014）认为新课程标准给学校体育教学带来了全新的课程理念，"健康第一"的指导思想正在学校体育教学中得到贯彻，三维健康的体育教学目标也得到了进一步的确立。体育教师是体育教学的主要指导者，怎样使新课程标准落到实处，从而提高

---

① "三基"指基本知识、基本技能、基本理论。

学校体育教学的整体效益，是十分重要和迫切的问题。他通过了解体育教学文献并结合学校体育教学的实践，对新课程标准进行了进一步的分析和研究，辩证地思考了运动技能教学与身体健康、心理健康和社会适应的关系，研究讨论了如何提高学校体育教学整体效益：首先要用全局体育观来指导学校体育教学，然后坚持课内外相结合原则，充分利用课外体育资源，用课外带动课内培养学生体育兴趣，从而最终实现课程目标。严德一（1995）指出，学校体育、群众体育、竞技体育是构成体育的三个方面，学校体育是其中的重要组成部分，是其他组成部分的基础。此外，深刻认识学校体育的效益问题，对于强化体育在教育中的地位、弘扬民族文化、促进社会劳动力素质提高、深化学校体育改革具有不可低估的现实意义。他把体育效益分为经济学效益、社会学效益、文化学效益、生物学效益和教育学效益五类。王亚飞（1996）认为，学校体育应把长期效益与短期效益有机结合，学校体育教育改革的重点是将应试教育向素质教育转变。研究就学校体育的指导思想与全民健身计划的整体实施提出了设计构想。胡利军（1998）通过数据调查，详细说明了体育运动对人的远期效益，并对学校如何提高学校体育的远期效益提出了建议与方法。陈文菁、汪剑（2000）研究指出，发展体育事业应充分实现其社会效益，积极发挥学校体育的主导性，形成"学校、家庭、社会"一体化局面，充分挖掘体育系统工程的综合潜力。

三、对国内外现有研究的评述

从外文搜索与阅读中发现，国外学者近年来比较关注和提倡教育公平，对特殊人群、残障学生体育教育的研究主题比较广泛。中国第二次残障人抽样调查结果表明，中国有8296万残障人，涉及2.6亿家庭人口（李迎生 等，2008）。据统计，中国0～14岁儿童总数是3.075亿，其中残障儿童有817万名，占儿童总数的2.66%（王丽娟，2007：44）。所以，如何更好地关爱残障儿童，是每一个社会主义公民应尽的义务。关于人数占比不可小觑的残障人这一特殊人群体育教育的研究仍然较少，应当引导学者加强相关研究，从而提高学校体育的整体效益。另外，对于提高学校体育效益，国外学者的研究更注重从微观角度入手，切实对于某个课程等提出具体操作方法和建议，而较少从事宏观理论研究。即使有做一些理论政策研究，学者更注重运用自然科学定量的研究方法，基于指标和数据用事实说明问题，并非"空喊口号"而缺少实证依据。

国外除了对残障学生的体育研究较多，针对女生体育教育的文献数量也较多，而中国学者对女生运动体育效益研究较少。在前期的研究和实践观察中，笔者也发现女生的身体素质及运动兴趣等都不及男生，如何提高女生身体素质与健康水平是关键，作为未来祖国事业建设的"半边天"，人类基因的重要传递者，女生的身心健康显得尤为重要。由于女生与男生有着不同生理结构和身心特点，在体育课与课外体育活动中有着不同需求，要关注她们对运动的需求及身心特点，制定适合女生的运动项目与组织教法，培养女生体育兴趣及终身体育意识，这对提高女生身心健康有很大的帮助。

国内外对学校体育整体效益研究都比较少，相较而言，中国学者对学校体育的效益分析研究文献更少，现有的文献资料也主要集中于学校的物、财方面的经济效益分析。

例如，学校体育场（物）管理的经济效益分析、政府财政拨款（财）的绩效分析等。而从微观经济学入手，关于学生（人）在学校体育中的学习效率等经济效益，以及人的社会关系、社会贡献性等社会效益的研究不多。即使有，也多是关于学校投入的物、财方面的效益分析，或是关于高等院校的情况，而研究基础教育效益的文献比较少，以中小学体育效益为研究对象的文献更少。此外，国内外对学校体育整体效益评价研究少，未有关于其指标评价体系的研究。

综上所述，在前人研究的基础上，结合学校体育的内容，以及中小学学校体育健康教育五大课程目标，本书从以下三个方面对中小学体育效益进行更加系统的分析和研究。

第一，理论研究建立在实证分析的基础上。研究提出的结论一定要结合实际情况，通过大量的问卷调查与实地调研及文献查阅，在所得数据分析的基础上，制定评价学校体育效益的理论体系和指标体系，构建出学校体育效益总体发展状况。

第二，研究方法更加丰富。研究计划运用 DEA（数据包络分析法）来运算学校体育效率，在定量研究的基础上，运用定性分析，深入实地进行观察和了解，全方面了解学校体育效益。

第三，研究对象更加全面。不仅要调查研究普通学生体育课效益，而且要对在普通中小学就读的残障学生及女生的体育效益进行特别调查与对比分析；不仅要研究学校体育经济效益，还要考虑到学校体育社会效益。

第三节　研究方法及思路

本书将定性研究与定量研究相结合，包含宏观研究与微观研究、动态研究与静态研究，主要运用了比较法、问卷法、访谈法等研究方法。

一、研究方法

（一）比较法

比较法是指根据一定标准，对不同国家、地区的教育进行对比研究和分析，以找出该国或地区教育发展规律，可分为纵向比较与横向比较、定量比较与定性比较等。研究中既有时间跨度纵向的比较，如不同时间点学生的 BMI 等指标的对比，又有国别、城乡、区域等不同类别的横向比较，如不同国家学生体质标准、评价方法等的对比。

（二）问卷法

根据研究目的，确定研究对象，设计编制调查问卷，使调查对象在规定时间内集中填答问卷并及时回收，用最简单的方法得出真实数据，通过大数据分析，根据一定的计量方法进行统计汇总以取得所需调查资料。本研究编制了中小学的学生问卷和体育教师问卷，在广东省21个地区的各类中小学校中展开了相关抽样问卷调查，共调查了204所学校（本书提到的"广东省中小学"指这204所学校），学校的级别、地址分布见表1-1。

表1-1 调查对象所在的学校情况

项目	按学校级别分布					按学校地址分布				
	省级	市级	区级	普通	其他	省会	地级市	县级市	乡镇	农村
数量/个	74	60	21	33	8	38	67	46	32	13
百分比/%	37.8	30.6	10.7	16.8	4.1	19.4	34.2	23.5	16.3	6.6

1. 学生问卷发放与回收情况

对204所学校发放了16000份学生问卷，由于问卷发放是通过班主任或者任课教师对学生进行集中填答，所以回收率较高，每个班级回收率为100%。整理核对回收的问卷时，发现部分问卷有遗漏答题或者填答内容无效，有效学生问卷为14456份，有效率达90.35%。

2. 教师问卷发放与回收情况

由于本次问卷调查涉及的学校较多，而笔者自身精力有限，为了不增加问卷调查对象的工作压力，每所学校仅抽取一名体育教师对学校体育课实施情况进行调查，共发放了204份体育教师适用问卷，教师问卷回收率达100%。在回收的调查问卷中发现了个别教师存在漏答题的现象，均通过电话、微信等方式回访并——补齐，使得回收的问卷全部有效，体育教师问卷的有效率达100%。

3. 问卷的效度与信度检验

问卷主要涉及体育课、课外体育活动、运动队管理三大部分。问卷初稿由同行的教师及专家对问卷提出不同意见，经过两轮修改后，由体育领域教授3名、教育学专家1名、中小学高级教师3名共同检验问卷的效度，检验结果见表1-2。

表1-2 问卷效度检验

效度	有效	基本有效	无效
人数/人	6	1	0
百分比/%	85.7	14.3	0

由于问卷是开放性问卷，并不是所有题目都可以用李克特量表来统计，无法通过SPSS 21.0软件直接对问卷进行信度检验，只能通过学生回答内容的相符度来检验问卷的重测信度。根据每个阶段调查学校的比例，抽取其中5所学校进行重测信度检验，在第一次发放问卷的时候对5所学校各抽取10名学生进行编号，10天后对这50名学生发放同样的问卷进行第二次填答，问卷回收后统计他们两次问卷填写内容的相符度，问卷信度检验见表1-3。

表 1-3 问卷信度检验

重测学校	学段	重测人数/人	重测相符度/%	平均相符度（信度）/%
学校 1	小学	10	85.7	
学校 2	初中	10	82.3	
学校 3	初中	10	84.6	87.0
学校 4	高中	10	92.2	
学校 5	高中	10	90.1	

（三）统计法

统计法是指采用数理统计分析的方法，对研究对象的各种要素或者是调查数据进行分类统计和量化处理，根据处理结果展开分析比较与归因，总结出相应的研究结论。问卷以开放性问题为主，因为大部分为非等级量表形式，所以主要以 EXCEL 软件为处理手段，部分数据采用 SPSS 21.0 软件进行分析。

（四）访谈法

为深入了解与研究主题相关的具体情况，笔者带着特定的研究目的以及事先设计好的关键问题，对有关人员进行取样并展开较为直接、有建设性的谈话，以寻求有效的研究资料和信息支持，可分为直接访谈法与间接访谈法。对广东省 21 个地市的初中毕业升学体育考试文件及其实施情况进行调查，了解考试评价情况，为辅助问卷调查，本书进行了部分取样与访谈。但受条件所限，随机性较大，访谈的对象是中小学校的体育教师和学生，针对如何提高学生体质健康，更好地实施学校体育展开访谈，此外，笔者还对体育健康教育课程评价优化等进行访谈与资料收集。

二、研究思路

本书根据目前国内外学校体育效益研究现状，确定所要研究的主要问题，然后根据研究的问题，确定研究的方法和技术路线。本书所遵循的技术路线如图 1-1 所示。根据目前国民身体健康水平以及青少年儿童体质状况，确定本书的研究目的及意义，并根据前期粗浅观察与推测，提出假设：学校体育效益较差导致了青少年身体素质低下，青少年儿童在学校期间没有掌握好体育文化知识与运动技能，学校体育没有激发学生的体育兴趣，学生没有养成自觉锻炼的习惯，学生毕业后走入社会没有相应的终身体育意识，体育锻炼缺乏导致国民身体素质低下。

本书主要采用问卷调查法和数据包络分析法（DEA），从各方面调查广东省中小学体育的投入与产出情况以及它们的效率结果；运用比较法，通过各种横向与纵向对比、国内与国外对比，全方位了解学校体育效益状况，并通过各种对比与分析，找到提高学校体育效益的途径与方法。文章主要研究思路及路径为：确定研究问题及意义→国内外学校体育效益研究现状→影响学校体育效益的重要因素（体育课程评价方案）→目前中国中小学体育效益现状→学校体育效率评价与分析→中美学校体育效益及课程实施细节对比与分析→提高学校体育效益途径与方法。

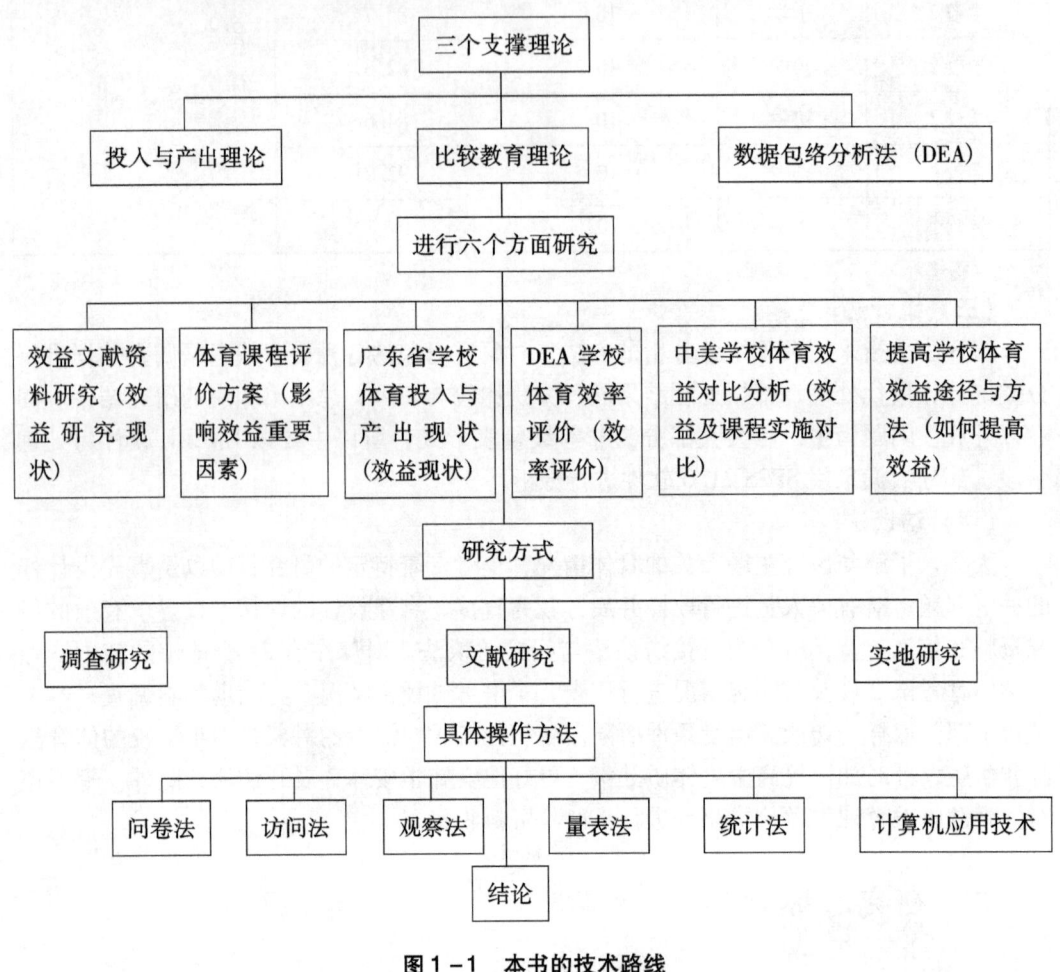

图1-1 本书的技术路线

第四节 研究创新与局限

一、研究创新

（一）研究主题创新

本书对广东省中小学学校体育的实施情况进行全方面调查与研究。首先，调查学校体育总体投入情况，包括学校体育教师、体育硬件设施、体育课时、体育教学内容、考试评价、运动队训练、课外体育活动组织等情况。其次，调查与了解学校体育产出情况，包括学生的运动参与、运动技能、身体健康、体育意识、体育兴趣、心理健康、体育理论知识、社会适应能力等，研究基于全方位调查与分析中小学体育投入、产出实施情况，这种大范围数据调查与分析学校体育效益是前人没有过的。最后，美国大众体育和竞技体育非常发达，学校体育的作用功不可没，对美国中小学体育实施状况及学校体育效益情况进行调查、分析，就中美两国中小学体育效益及实施情况进行全方位对比分析，取长补短，旨在提高中国中小学体育效益。这样大范围对中美两国中小学体育的实施状况进行对比与分析，是前人所没有尝试过的。

（二）使用方法创新

使用 DEA 来分析学校体育效率，形成初步学校体育效率评价指标体系，乃创新之举。

运用 DEA 进行企业、高校等的效率分析是很多人都尝试过的，但是运用 DEA 分析学校体育的各决策单元效率的相对有效性，这是前人在研究学校体育时所没有尝试过的。根据体育健康教育实施三大内容及五大课程目标，初步形成学校体育效率的评价指标体系。借助于这种方法，对某一个区域内或者对某一些具体学校体育效率进行分析，了解其决策类型，通过无效单元松弛变量推测出无效单元投入冗余率与产出不足率，最终计算无效的单元投入不足和产出不足数量，最后再对它们进行调整与改革，旨在提高学校体育综合效率，根据实证分析结果可以给上级部门或者学校提供理论分析基础与政策建议。

（三）研究结果创新

部分学者一般认为，经济好、级别高、地理位置好的学校的教育效率高、效益好，包括在学校教育中的体育教育也是如此。然而本研究结果表明，经济好、级别高、地理位置好的学校整体体育效率并不一定高、体育效益并不一定好。

投入规模与资源优化配置，是影响效率的两个重要条件。通过对二百余所广东省中小学校的调查发现，广东省学校体育总体投入较少，比如生师比太大等，较少的投入严重影响了学生体质健康的发展，加大投入是提高学校体育规模经济的一个重要途径。然而，在对广东各地区学校体育效率进行 DEA 分析时，得知部分经济发达的地区，也就是教育经费相对充裕的地区，学校体育的效率相对有效性反而较低。此外，经过 DEA 分析发现，由于受到学生生源等的影响，经济好、级别高地区的学校体育投入并非都较高，学校体育效率也并不一定好，研究结果显示，不同级别和不同地理位置学校的体育效率运算结果是一致的。因此，在某种程度上，影响学校体育效率的另一重要方式是资源的配置优化，即学校体育的各种投入是否做到均衡分配。当资源投入比例适当、配置优化后，合理运用各种资源同样重要，即在学校体育实施过程中要通过提高体育课质量、优化课程评价方案、提高学校体育场馆使用率等来提高学校体育的综合效益。

二、研究局限

由于研究精力有限，尽管在问卷调查过程中尽可能使用科学分层随机抽样方法，但在调查的所有广东省中小学校中，其样本的分布还是不够均匀、覆盖范围还是不够全面。此外，广东省各个地区经济与教育差距非常大，以广东省为例研究中国中小学体育效益虽具有模板效应，但用广东省中小学体育效益结果来解释全国学校情况，结论仍存在一定差异，比如南、北方学生的BMI指数就存在较大差异。另外，由于美国教育政策的实施权力在各级州政府，每个州政府中的学区、学校对学校体育实施情况差异较大，而且因为美国州政府部分数据保密以及受到法律搜索权限的限制，所以对于美国中小学生的调查还不够全面，一些问题只能从局部来推算总体。

第二章 理论基础

第一节 核心概念界定

要研究中国中小学体育效益,首先要确定中小学研究范围以及效益的基本概念,厘清效益相关的效率、利益、效果等其他概念的内涵与外延。

一、基本概念

(一)中小学

中小学包括调查研究范围内所有公立的小学、初中、高中、九年一贯制学校(小学、初中的9个年级)、完全中学(初中、高中的6个年级)、完全学校(小学、初中、高中的12个年级)。

(二)效率、效益、效果

中国大百科全书《经济学Ⅱ》(中国大百科全书出版社编辑部,1988:543)记载:"劳动效率指单位活劳动投入的产出水平,它反映一定量的劳动投入取得的有效成果数量,劳动效率的公式等于产出成果数量与活劳动投入数量之比。"从这个定义可以得出,效率就是产出成果的数量与投入数量之比,即效率也是指产出在投入中所占的比例。也就是说,效率更重视有效成果。《现代汉语词典》对效率的定义有两个:一是机械、电器等工作时,有用功在总功中所占的百分比;二是单位时间内完成的工作量。

不同的著作对效率、效益有不同的阐述。相比较效率而言,效益有着不同的内涵。学者肖斌衡等(2001)在教育学领域总结,效益一般是指效率、效果和利益(或收益),以及它们之间的结合,教育领导效益指的是教育领导者进行教育领导活动的效率、效果和利益及其达到的程度。学者孙利华(2006)认为,效益与效果、效率是既是相互联系,又是相互区别的。效果是指投入经过转换而产出的有用成果。效率是指单位时间内所获取效果(有用成果)的数量,反映了劳动时间的利用状况。效率与效益有一定的联系,但效率高并不必然意味着效益好。效率是指产出在投入(成本)中所占的比例,反映一定的劳动投入取得的有效成果数量。效益是效率、效果与收益三者之间的结合。在企业生产中,因效率不同,便会出现不同的效益。通常情况下,高效率是高效益的基础,低效率则是低效益的重要成因,但是高效率并不一定就是高效益。

综上所述，效率可以归结为是产出在投入中所占的比例，效益是效率、效果和利益（或收益）三者之间有机结合。高效率是高效益的基础，低效率则是低效益的重要成因，但是高效率并不一定带来高效益。因此，学校体育的研究效益不但要考虑学校体育的效率，也要探讨学校体育的实施效果及其收益。

二、学校体育效益的分类

本书基于不同的理论视角和理论依据以及不同时间范围等方面，集诸多学者的观点，归纳出学校体育效益主要有四种类型。

（一）经济效益和社会效益

基于经济学、社会学理论，把学校体育效益分为社会效益和经济效益，两者既有联系又有区别。经济效益是社会效益的基础，社会效益又是促进经济效益提高的重要条件。两者的区别主要表现在：经济效益较社会效益更直接，经济效益可以用若干个经济指标来计算和考核；社会效益则难以计量，须借助其他形式来间接计算和考核。

学校体育的效益，是指通过体育教学、课余训练、课间操、课外体育活动、比赛等活动所获得的整体效果。但学校作为一个育人机构，更要注重学校体育的社会效益，培育对社会有用之才。影响学校体育经济效益的指标，如学生体质增强、运动技能掌握等，都可以从学生一些身体变化指标中计算出来；而影响学校体育社会效益的指标，如学生终身体育意识、体育兴趣的培养及学生的社会化程度等，则很难从一些指标中计算出来。

对于学校体育效益，首先要重视学校体育经济效益，在投入一定的基础上，尽可能利用现有的师资力量、场馆设施等条件，来提高学生的体质健康水平、运动技能等，从提高学校体育产出来提高学校体育的经济效益；其次，应通过学校体育教育，培养学生体育兴趣、提高其社会责任心、养成科学锻炼习惯、培养终身体育意识，来提高学校体育的社会效益。在学校体育实施过程中，要注意经济效益与社会效益的双赢，如果仅注重学校体育的经济效益的提高，不注重学生体育兴趣的培养，可能会造成学生对体育产生厌恶情绪，最终影响其终身体育观念的形成；如果仅注重学校体育社会效益，不重视教育效果，教育产出较低，这在一定程度上造成了国家教育资源的浪费。因此，协调学校经济效益和社会效益均衡发展是促进学校体育进步的关键。

（二）近期效益和远期效益

学者罗靖宏（1992）认为，学校体育效益可以分为近期效益与远期效益。近期效益是指学生在校学习期间所取得的效果，包括发展身体的效益（增强体质）、获得体育知识技能的效益（掌握"三基"）、社会发展的效益（个体社会化）、心理发展的效益（发展个性、培养意志、愉悦身心等）、竞技效益（培养运动人才）等。远期效益则主要指学生毕业后能够根据主客观情况的变化，科学地进行独立的身体锻炼，从而获得终身的效益（即终身体育观念、自觉锻炼习惯）。如果一所学校体育课程通过不合理教学方法一味追求学生体能训练，忽视了学生运动技能发展及学生体育兴趣培养，那么这所学校即使在短期内提高了学生身体素质，使学校体育获得了近期效益，但是课程抹杀了学生的体育兴趣，学生也无法形成自觉锻炼的习惯，即学校体育没有收到较好的远期效益。学校体育要想获得较高的效益，必须促使近期效益与远期效益的双赢。

（三）社会效益和个体效益

学者曾鹭州（1998）认为，学校体育效益可以分为社会效益与个体效益。其中，社会效益多是远期效益，包括在社会物质文明建设中产生的效益和在社会精神文明建设中产生的效益；个体效益多是近期效益，包括学生体智发展、个性发展、提高社会交往能力和陶冶情操、愉悦身心等效益。

（四）经济学效益、社会学效益、教育学效益、生物学效益、文化学效益

学者严德一（1995）认为，学校体育效益的获得应建立在其内部机制和所具有功能（如健身、开发智力、德育、美育、娱乐等功能）的基础之上，而功能发挥作用、产生结果可直接或间接地体现在学校体育的效益上。他认为，学校体育的效益可分为经济学效益、社会学效益、教育学效益、生物学效益、文化学效益五个类别。

此外，效益也可以分为宏观效益和微观效益两个层面。宏观效益是指全社会立场和观点的效益。微观效益是非全社会立场和观点（如学校、企业等）的效益。在大多数情况下，两个层面的效益是一致的，但在有些情况下，两者的效益则是矛盾的。微观效益是构成宏观效益的基础，应服从于宏观效益的总体要求；效益总体目标应是使宏观效益和微观效益协调一致。

三、研究内容与范围界定

鉴于效益的定义及分类，衡量一所学校体育效益的好坏，不但要看它的经济效益，还要看它的社会效益，因此本书从学校体育经济效益与社会效益两个方面进行调查与分析。对于学校体育，从教育学、经济学角度来分析它的效益好坏，如果一所学校投入的人、财、物比例适当，学生身体素质较好，掌握了一些运动技能，身体健康，则说明这所学校体育教育经济效益较好；在社会学的角度下，如果学生在体育教育的培养下，养成了良好锻炼习惯，体格健壮，走入社会后劳动能力增强，且社会适应能力良好，社会犯罪率下降，则说明学校体育的社会效益良好。所以学校体育经济效益与社会效益共存。此外，由于学校场馆作为准公共产品的形式存在，其具有准公共产品性质和正外部性的社会效益，对社区乃至社会体育的发展担负一定的责任与义务，研究中小学学校体育场馆等辅助产品的社会使用情况并提出优化建议，则可以提高学校体育场馆使用率及学校场馆的社会效益，可以解决目前中国人均体育场地面积较少、国民身体素质较低的问题。

经济效益分析首先要根据学校体育健康教育实施的内容来分析学校体育各项投入情况，即学校体育课、课间操及课外体育活动实施情况，此外还要根据学校体育健康教育课程的五大目标来分析学校体育各项有效产出情况。体育健康教育课程的目标是要鼓励学生参与运动，掌握运动技能，提高身体健康和心理健康，以及社会适应良好。运动参与目标可以从学生参加体育课时间、大课间操以及学校课外体育活动参与情况来反映；对于学生运动技能目标，很难用定量数据来说明学生运动技能掌握的情况，这是因为体育运动技能种类繁多，无法根据统一的标准来评判学生运动技能水平高低，但是可以用间接数据来了解学生运动技能掌握情况，比如，通过学生运动能力、自我运动技能评判等情况来反映；身体健康目标可以通过调查学生生病、请假等情况来了解学生健康状况，也可以从学生体测成绩、体育课程成绩、BMI 等进行分析；心理健康目标主要从学生生活状态与学习压力等情况进行分析；社会适应能力目标主要从学生的人际关系进行调查，如通过学生与父母、师长及同学之间的关系来分析。

分析学校体育社会效益应遵循下述步骤。首先，考察学生运动技能掌握情况以及学生对体育课和体育运动的兴趣如何，因为运动技能水平和体育兴趣是决定学生自愿花费时间进行锻炼的关键。其次，调查学生是否养成自觉锻炼的好习惯，自觉锻炼的习惯是学生形成终身体育观念的基础。再次，考察学生健康状况以及社会适应能力，学生身心健康及社会适应能力良好，能为学生将来走入社会后创造社会财富打下坚实的基础。这些指标同时也反映了学校体育经济效益，因此学校体育经济效益与社会效益在某种程度上是相辅相成的。最后，调查与研究中小学体育场馆等辅助产品的社会服务情况，从而推断出学校体育场馆所带来的社会效益。

综上所述，学校体育经济效益与社会效益相辅相成，提高经济效益，在一定程度上能促进社会效益的增加；而社会效益的提高，又在某种程度上反过来影响经济效益的提升。

第二节 学校体育效益研究的理论基础

本书具备跨学科性、综合性和立体性的特征。跨学科性突出体现为系统运用了比较教育学、经济学、体育教育学、统计学等学科知识，以比较教育理论、投入产出理论、DEA 效率相对有效性为理论基础，以投入产出理论为基点，以人的全面发展理论、教育公平理论为研究依据，以 DEA 为技术参考的分析框架体系；综合性体现在多种学科知识的综合、理论研究与实践论证的综合、整体研究与分层次研究的综合；立体性体现在纵向上对不同历史时期学校体育政策的对比研究，横向上国别之间的对比研究以及区域间对比与分析研究，力图揭示学校体育效益的真实状况及学校体育实施过程中的主要桎梏，通过理论分析与实证研究，最终提出提高学校体育效益的途径与方法。

一、比较教育理论

1817 年，法国教育家马克－安托万·朱利安（Marc-Antoine Jullien）出版了《比较教育的研究计划与初步意见》。在该书中，朱利安不仅最先提出了"比较教育"的概念，首次系统架构了比较教育研究的基本框架和内容，而且较为详细地阐述了其致力于人道主义的教育理想。该书因此被公认为比较教育的发轫之作，朱利安本人也被冠以"比较教育之父""国际教育先驱""法国历史上尝试建立教育科学的第一人"和"科学的人道主义教育改革家"等（谭丹 等，2018：29）。

(一) 比较教育理论相关概念界定

比较教育是一种方法、一门学科，还是一个研究领域？关于这个问题的争论颇多。法国著名学者黎成魁认为比较教育只是一个研究领域（冯增俊 等，2015：2）。

1. 比较教育

首先，比较教育作为一种实践活动，是主体基于特定目的，通过发挥自身主观能动性对客体施加影响。薛理银在其博士学位论文中对比较教育诸要素进行了较为详细透彻的分析，指出比较教育的三类主体，即决策主体、研究主体和实践主体，分别基于理论探索目的、价值判断目的和实践目的，作用于制度客体、观念客体和实施过程客体。在主、客体互动的过程中，比较教育起到了国际（或跨文化）教育交流论坛的作用，实现了理论建设和检验、教育观念和价值交流以及教育决策和实践的功能（薛理银，1993）。

其次，比较教育作为一种实践活动，具有明显的实用主义倾向。如文化相对主义者埃德蒙·金（Edmund J. King）强调比较教育在教育决策中的地位和作用，并以实践作为划分比较教育历史发展阶段的标准（王娟涓，2004）。在全球化发展的当今社会，比较教育一方面可以使教育学者登高望远、开阔视野，增进人类的教育发展智慧，使教育在多样性与同一性的有机结合中增加新的意义与价值；另一方面则在于使教育研究走出书斋、投身实践，真正做到为教育改革与发展服务，为教育决策咨询提供有益的参考和借鉴。

2. 比较教育学

首先，比较教育学区别于比较教育的一个关键维度在于其学科逻辑，即比较教育学首要关注的是学科自身建设问题。比较教育学科建设是对比较教育学作为一门学科而存在的合理性与合法性所作的积极辩护，也是比较教育学进行身份确认与角色认同的独特视角和有效路径。随着比较教育研究在广度和深度上的推进，比较教育学科建设被提上议事日程，这既是比较教育危机与希望并存的时代表征，也是比较教育学走向成熟的生动体现和必然结果。

其次，比较教育学作为理论之学，亦即思想之学，以学术为本位是其最根本的特性。当代著名比较教育学者于根·施瑞尔（Jürgen Schriewer）提出了比较教育的两种不同取向，即学术性比较教育（academic comparative education）与干预性比较教育（interventionist comparative education）。他还指出："前者旨在通过跨国家的理论建构形成解释性的命题，而后者旨在约束教育决策并作用于教育实践领域。"皮国萃（2011）认为，施瑞尔对比较教育所进行的二元划分实则分别与比较教育学和比较教育相对应，二者之间是一种"知"与"行"、"学"与"用"、"理论"与"实践"的关系，即比较教育学从学科视野对比较教育进行理论观察和系统考察，以期对比较教育实践予以理论阐释和科学引领。总而言之，比较教育和比较教育学既相互关联，又各有其独特的使命与价值。实现比较教育学的理论建树及对比较教育活动的实践指导，既是比较教育学科发展的内在逻辑，也是今后比较教育学科建设的价值取向。

综上所述，概念精确化乃是比较教育学科建设的逻辑起点。当对实践层面上的比较教育和理论意义上的比较教育学这两个本不是一个范畴的概念予以澄清和厘定之后，二者模糊的边界变得明朗起来，而似乎可以对前面提到的问题作出某种可能性的回应，即比较教育作为一种创造性的实践活动，既是一个从事跨国、跨文化教育比较的研究领域，也是进行国际性教育交流的论坛；然而，所有这些都不妨碍比较教育学学科身份的确立和学科建设的开展。

冯增俊等（2015：2）认为："比较教育学是一种独特的研究方法，它提供的不是把两种教育事实做简单多寡大小的统计学上的对照比较，而是以跨文化审视世界教育的思维方式，运用多学科的方法对各种教育实践和教育事实进行系统研究，从而更客观地把握教育发展规律的一种方法论。"

（二）比较教育理论观点及发展阶段

比较教育学是教育科学的有机组成部分，它研究世界各国的教育发展规律，讨论各国教育的优点和缺点，然后加以借鉴，为本国所用。当前，比较教育学研究的问题已不再局限于学校的范围内，而拓展到研究经济利益、社会教育和学校教育的关系等领域。这门学科在国外高等教育中的地位越来越重要，它已普遍地成为许多国家高等院校的必修课程。

国外比较教育学的发展大体上可以划分为四个主要阶段（朱勃，1981）。

第一阶段是在1817年法国教育学者朱利安提出比较教育研究设想之前的时期。这个阶段以描述国外教育见闻为主要特征。

第二阶段是从1817年到19世纪末。这个阶段的主要特征是试图"借鉴"外国教育经验以促进本国教育事业的发展。第二阶段的比较教育学有两个显著的缺点。一是"借鉴"的局限性。朱利安重视对外国教育第一手材料的搜集、整理和叙述性比较，但是他没有应用教育的科学方法把感性材料提高到理论上加以概括，也没有找出比较教育学的基本规律。库森认为外国教育经验仅可供本国教改参考而已，因为每个国家的历史不同，政策各异，借鉴外国的作用很有限。这两位教育家的观点代表了当时研究比较教育学在认识论上的历史局限性。二是缺少系统的科研方法。库森的著作属于国外教育札记。而朱利安虽然提出了系统地研究比较教育学的设想，但对于实际工作的指导作用有限。

第三阶段是从20世纪开始到第二次世界大战结束为止。这个阶段比较教育学的主要特征是对世界各国教育问题进行初步的因素分析。比较教育的重点从单纯地、无批判地借鉴外国的教育经验，转向对决定各国教育制度的主要因素进行分析，以探求改革本国教育的途径。因此，有人称这一阶段为"因素分析时代"。这一阶段的比较教育学者康德尔、汉斯、施奈德等主要采用了历史学的方法来研究比较教育。然而这种占支配地位的历史学的方法，是以传统的历史观为依据而进行的宏观研究，探讨各国教育制度"为什么是那样"的理由和因素。它是一种"借用"的方法，几乎没有利用社会科学的见解、概念和研究成果。因此，这一阶段的比较教育理论研究仍然存在较大局限性，其研究方法比较单一，缺乏多元的科学方法进行研究。

第四阶段是第二次世界大战后至今。这个阶段比较教育学的主要特征是以国际教育经验为基础，进一步科学地探索比较教育学。20世纪60年代以后，比较教育学的研究逐渐脱离过去以历史单一因素法为主的研究，而引进自然科学和社会科学的多种研究方法，为此有人称这一时期为"社会科学方法时代"。在这一阶段，随着生产和科技的进一步发展，比较教育学在研究方法上出现了多方面探索的新形势，不仅"引进"各种方法，而且出现了自创一套比较教育学特有研究方法的局面，因而在方法上形成了百家争鸣的繁荣局面。

从比较教育学发展的总趋势看，它有三个特征。

第一，可比性。研究普通教育学可以采用实验研究方法等，而比较教育学首要的特点是用比较研究法。

第二，国际性。比较教育学主要不是研究某一个国家的教育，而是研究两个及以上国家的教育，它是以国家为单位，对两国或多国教育进行比较研究的。

第三，综合性。比较教育学主要关心的是对现行教育的研究，特别是综合性的比较研究。第二次世界大战后，很多著名的比较教育学者都强调比较教育学跨文化、跨学科的综合性研究。

（三）比较教育研究方法

比较教育学同教育学一样，由于缺乏自身独特的方法体系而屡遭质疑，由于没有固定的、实用的方法而陷入身份危机和学科认同危机。当然，借鉴其他学科的方法，并非就是其附庸，问题在于借鉴别的学科方法之后要建立起自己的方法论体系（顾明远，1993）。

1. 贝雷迪比较四步法

比较四步法是贝雷迪比较教育思想的集中体现。比较四步法主要分为区域研究与比较研究两个阶段，其中区域研究主要针对一个国家或地区，比较研究同时针对多个国家或地区。区域研究可以分为描述阶段（教育地理学）和解释阶段（社会分析）；比较研究可分为并置和比较两个阶段，主要包括问题研究和总体研究，问题研究是总体研究的前提（Bereday, 1964: 3 - 28）。

第一，区域研究。对研究对象国的教育制度和实践进行描述，主要采用其他社会科学的方法对相关教育资料进行解释（Bereday, 1964: 37）。

第二，比较研究。第一阶段并置，首先建立共同的比较框架以便于进行分析，在这个框架下对每个国家的资料予以呈现（琼斯，1989: 77）；然后，重新审视资料，将数据编列（成表），确定相似性与差异性，以便形成假说，为下一个阶段的进行比较做准备，争取形成假说。第二阶段比较来自假设，更是为了证实假设，这个阶段将重新整理每个国家的资料，将之整合到同一个报告中，然后使一个国家与另一个（或几个）国家进行共时比较。

贝雷迪的比较教育研究方法采用比较四步法，如图 2 - 1 所示。该方法为学者使用比较教育方法提供了理论依据。

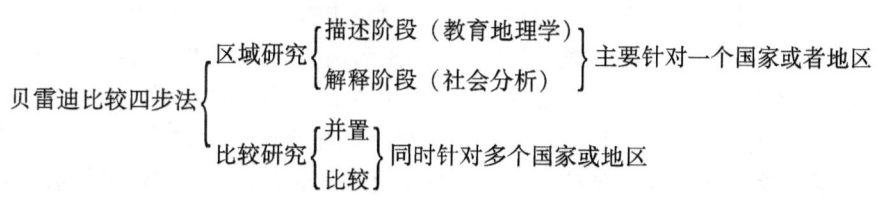

图 2 - 1　贝雷迪比较四步法

2. 比较教育学研究的常用方法及步骤

冯增俊等（2015：72-82）指出，比较教育学常用研究方法主要有比较研究法、描述研究法、文献研究法、统计分析法、个案研究法、田野研究法。比较教育学研究基本步骤为：首先选择研究主题，然后建立研究假设，接着搜集整理资料和进行比较分析，最后形成研究成果。依据比较教育理论基础，结合贝雷迪比较四步法，本书所采用对比分析的内容如图 2-2 所示。

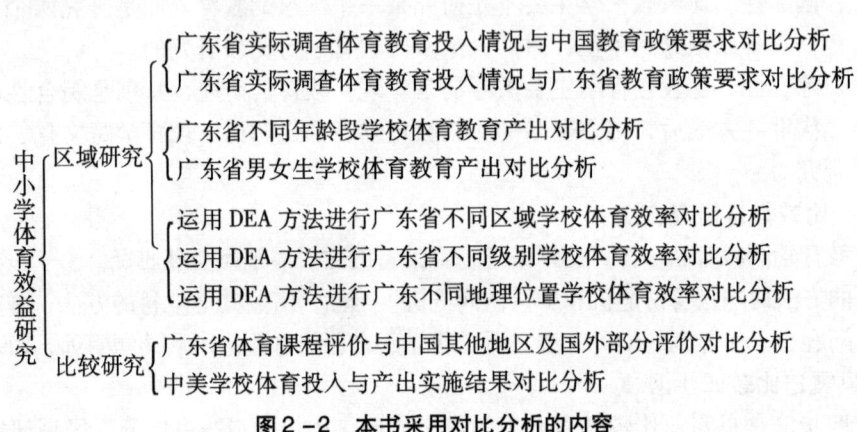

图 2-2　本书采用对比分析的内容

冯增俊等（2015：1）指出："比较教育学是一门前沿性新兴学科，体现着特定民族的教育意识，同特定时代教育发展阶段相一致，借鉴开放各国教育发展。应积极开展教育比较，走出盲目照搬照套别国教育的误区，创建本国特色教育，这是比较教育学科的重要使命。"借助于比较教育学的学科理论，结合比较教育学的研究原理、方法与步骤，结合其他学科知识，本研究进行了大量的对比与分析，详细解释说明了广东省中小学体育效益实施状况。首先，大范围对广东省中小学体育投入与产出各种情况进行比较分析，挖掘它们特别是教育产出差异规律存在的价值意义；其次，运用 DEA 方法对广东省内不同区域、不同级别、不同地理位置的学校进行效率的对比分析；最后，对中美中小学学校体育的开展情况、课程评价等展开具体的调查、对比与分析，取美国学校体育实施之长处，去中国学校体育实施之弊端，结合中国素质教育方针，力争为提高中国中小学体育的效益指明方向。

二、投入与产出理论

李丽（2005）认为，在教育经济学中，"教育成本投资也是一种生产性投资，可计算投入与产出，当然同样也存在成本与效益"。王善迈（1996：188）认为："教育效率又称为教育资源的利用效率、教育投资效率、教育投资的内部收益等，指教育资料消耗与教育直接产出成果的比较。简而言之，指教育投入与直接产出之比。"高等教育系统是一个多输入、多输出的复杂系统，其作用既要提高人的能力，又要促进社会发展，增加经济效益。因此，衡量高等教育效率既要考虑定量指标，又要考虑定性指标；既要考虑产出，又要考虑投入；既包括人的因素，又包括物的因素；等等（王巍 等，2013）。初等教育和高等教育结果一致，教育不仅能产生经济效益，更能带来社会效益，当然包括在初等教育内的体育教育也是如此，如果要想了解与计算学校体育效益，首先要了解学校体育投入与产出，学校体育投入方面如体育教师数量、体育场馆、体育器材、体育教材、大纲使用情况，学校体育产出方面的指标也是复杂多样的，比如学生的运动成绩、学生 BMI、学生社会性、自觉锻炼习惯等。因此，要想真正了解学校体育效益状况，首先要探讨投入与产出的基本原理与方法。

（一）投入与产出分析的基本原理与使用范围

投入与产出分析是特定经济系统内投入与产出间数量依存关系的原理和方法，也称产业部门间分析（沃西里·里昂惕夫，2011）。该理论由美国里昂惕夫（Wassily W. Leontief）于1936年最早提出。里昂惕夫对投入产出分析方法进行了长期的系统研究，其主要学术著作有《美国经济的结构》（1952年）、《美国经济结构的研究》（1953年）、《投入产出经济学》（1966年）、《经济学论文集》（1966年）。由于他对投入产出经济学的研究卓有成就，1973年荣获诺贝尔经济学奖。

1986年，《投入产出经济学》再版。里昂惕夫在该专著中记载了50年来有关投入产出经济学的重要文献，涉及最近20年来对投入产出分析方法在理论上的新发展和在更广泛领域中实际应用的论述，该书的主要内容有七个方面（崔书香，1990）。第一，系统地介绍投入产出分析的基本方法。第二，投入产出分析方法的应用。利用投入系数所计算的"逆"系数，研究最终需求对各部门生产的直接和间接影响，研究工资、税金、利息率等变动对各部门产品价格的直接和间接影响。第三，美国对外贸易的投入产出分析。第四，裁军的经济影响。第五，多地区投入产出分析。研究各地区之间直接、间接地在经济上相互依存的产业部门之间的投入产出关系。第六，环境污染问题。20世纪70年代起，研究者把污染的产生和消除作为一个国民经济部门纳入投入产出表进行分析。第七，世界经济投入产出模型与世界范围的经济增长。

投入产出模型是研究现代经济"生产体系中复杂相互依存关系的一项重要分析工具"，而里昂惕夫"不仅建立了投入产出方法的理论体系，而且还通过辛勤劳动，对如何利用这个方法来研究重大经济问题和对各种经济理论的事实检验提供了所需要的实际经济数据"。

20世纪60年代初，中国经济学界已有人注意到了投入产出分析方法。随着经济的发展，不少政府和企业部门由于经济决策上的需要，先后编制了各种类型组织主体的投入产出表，投入产出分析方法对国民经济建设的意义受到重视。投入产出分析是研究国民经济综合平衡、进行经济预测、做出规划和管理决策的方法依据。综上所述，投入与产出分析主要研究国与国或者行业与行业经济的互动关系，首先要查找与了解各种投入与产出数据，然后再输入投入与产出分析表，最后通过运算了解他们之间的互动关系。

（二）投入与产出分析表

投入产出数据分析表见表2-1。学校体育的投入产出有实物和价值两种形式。

表2-1 投入产出数据分析

项目	序号指标	部门权重	1	2	...	j	...	n
投入指标	1	v_1	x_{11}	x_{12}	...	x_{1j}	...	x_{1n}
	2	v_2	x_{21}	x_{22}	...	x_{2j}	...	x_{2n}
	⋮	⋮	⋮	⋮	⋮	⋮	⋮	⋮
	m	v_m	x_{m1}	x_{m2}	...	x_{mj}	...	x_{mn}
产出指标	1	u_1	y_{11}	y_{12}	...	y_{1j}	...	y_{1n}
	2	u_2	y_{21}	y_{22}	...	y_{2j}	...	y_{2n}
	⋮	⋮	⋮	⋮	⋮	⋮	⋮	⋮
	p	u_p	y_{p1}	y_{p2}	...	y_{pj}	...	y_{pn}

投入产出理论与方法主要用于国与国之间的贸易投资，企业与企业之间有互动关系的投入与产出分析，它研究的是国与国之间经济的互相影响，以及各行业之间的互动关系，所以投入与产出分析不适用于学校体育效益分析。其主要原因是学校与学校之间互动关系不多，比如一所学校增加体育师资对另外一所学校学校体育效益的影响较小。尽管学校体育之间互动关系较少，但根据投入与产出理论把学校体育效益基于学校体育各种投入与学校体育各种产出效益进行分析，还是具有一定的理论意义。因为有很多教育的投入、产出指标不像纯经济效率那样，无法实现统一纲量后的计算与分析。而近年来国内学者对于学校教育效益的分析，特别是高等教育效益，使用较多的是数据包络分析法（DEA）。DEA不需要对投入与产出指标进行统一纲量，通过观察与计算各个单元间效率的相对有效性，这对分析教育效益大有益处。

三、数据包络分析法（DEA）

（一）DEA的发展与应用

DEA测算源于1978年著名运筹学家查内斯（Charnes）、库珀（Cooper）、罗兹（Rhodes）提出的理论，他们将此方法与马奎斯特（Malmquist）指数构造方法结合起来，进而形成了一套测算效率变动的崭新评价方法。

DEA是线性规划模型的应用之一，常被用来衡量拥有相同目标的运营单位的相对效率。它是基于线性规划的用于评价同类型组织（或项目）工作绩效相对有效性上的特殊工具与手段。DEA的显著特点是其不需要假定投入与产出之间的函数关系，不需要预先估计任何参数，不受输入和输出的量纲的影响（毕功兵 等，2008）。此外，DEA在评价决策单元的相对有效性上有显著优势（魏权龄 等，1989）。DEA方法的最大优点是克服了随机前沿生产函数中需要提前假定生产函数的问题，这对各种投入产出函数均有效。另外，使用DEA方法可以降低因投入要素数量和价格信息缺失而带来的影响，使用条件更为宽松。教育的投入、产出指标无法像纯经济效率那样，难以统一纲量进行计算与分析。因此，选择DEA计算学校体育效率可凸显其优越性。

DEA以相对效率概念为基础，按照多指标投入多指标产出，对同类型决策单元DMU

（企业或部门）的相对有效性进行评价。DEA 能够通过线性规划技术确定生产系统的前沿面，得到各决策单元的相对效率以及规模效率等方面的信息，其广泛应用的主要原因是不需要以参数形式规定前沿生产函数，也不用事先了解输入、输出之间的关联关系。它把单输入单输出的工程效率概念推广到多输入多输出同类决策单元（decision making unit, DMU）的有效性评价中去，极大地丰富了微观经济中的生产函数理论及其应用技术，同时在避免主观因素、简化算法、减少误差等方面有着不可低估的优越性。

DEA 方法一出现就以其独有的特点和优势受到人们的关注，不论在理论研究还是在实际应用方面都得到迅速发展，并取得多方面的成果，现其已成为管理科学、系统工程和决策分析、评价技术等领域中一种常用而且重要的分析工具和研究手段。为了便于 DEA 方法的进一步研究和应用，本书首先对近十多年来 DEA 方法研究的主要成果进行了系统的分类和归纳，综述了它的若干重要问题的主要研究进展。同时，在 DEA 应用方面，由于实际问题复杂多样、范围极其广泛，而 DEA 模型本身又种类较多，为了能够建立合理的指标体系、选择恰当的模型并做出客观的分析，应有一套正确的工作流程，以有利于最大程度地发挥 DEA 方法的优势，并提供更加合理的信息。

中国学者对 DEA 的研究始于 1986 年，以翻译国外学者对 DEA 的运用方法及研究成果为主（Erik et al.，2003；Charnes et al.，1994；Phillips et al.，1992）。1988 年，关于 DEA 的第一本国内专著出版（魏权龄，1988），系统地论述了 DEA 方法与模型。

（二）DEA 主要模型

鉴于 DEA 模型属于经济学领域，本书不再对其一一验证。另外，计算其相对有效性的软件也已经出炉，所以本书只对其各自的使用范围和特点进行介绍，然后对照他们使用的范围来决定本书需要使用的模型。DEA 评价相对有效性有四个重要的 DEA 模型（魏权龄 等，1989）。

1. C^2R 模型

它是查内斯、库珀、罗兹提出的第一个模型，并用他们名字的首字母命名为 C^2R。从生产函数的角度看，C^2R 模型是用来研究具有多个输入、多个输出的生产部门，同时为"规模有效"与"技术有效"。因此，C^2R 模型有效性是指决策单元同时为规模有效和技术有效。一个决策单元虽然是技术有效的（即该决策单元位于有效生产前沿面上），但不一定是 DEA 有效的，原因在于该决策单元非规模有效。

2. C^2GS^2 模型

这个模型单纯地评价部门间的相对技术有效性。

3. C^2WH 模型

具有锥结构的 C^2WH 模型广泛而深刻地推广了 C^2R 模型。C^2WH 模型能够处理决策单元，具有较多的输入、输出指标的评价问题，其优势在于决策者可以通过对模型中各个锥的选取来体现自己的"偏好"。

4. C^2W 模型

C^2W 模型则在另一个方面推广了 DEA 模型。C^2W 模型具有无穷多个决策单元，其系统地研究相对效率问题，意义在于通过一组无穷多个"样本观察值"[即决策单元所对应的生产点（x_i,y_i）去估计未知的有效生产前沿面]。

结合上述各个模型的使用范围和所要研究的样本总体及样本所涉及的数据和内容，使用 C^2R 模型既可以评价学校体育效率规模有效性，又可以评价学校体育效率技术的有效性，因此本书运用 C^2R 模型来对调查得来的数据进行运算与分析。

（三）评价决策单元技术和综合效率的 C^2R 模型

DEA 的优点吸引了众多的应用者，其应用范围已扩展到美国军用飞机的飞行、基地维修与保养，以及陆军征兵、城市、银行等方面。这一方法应用的领域还在不断地扩大，甚至可以用于政策评价。

最引人注目的研究是把 DEA 与其他评价方法进行比较，如将 DEA 应用于北卡罗来纳州各医院的有效性评价（Erik et al.，2003）。按计量经济学方式给出的回归生产函数认为此例中不存在规模收益，然而同样的数据使用 DEA 回归生产函数将单个医院进行优化，而不是对整个集合进行统计回归优化，得到的结果却不相同。接下来集中解释与说明 DEA 运用的基本原理及相关概念。

1. 表达方式 A

假设有 n 个部门或者单位，这 n 个决策单元均具有可比性。每个决策单元都有 m 种类型的输入（表示该决策单元对"资源"的耗费，相当于微观经济学中的生产要素）和 s 种类型的输出。对输入和输出的理解是：输入越小越好，而输出则越大越好。各决策单元的输入和输出数据见表 2-2。

表 2-2 各决策单元输入与输出数据

输入			1	2	⋯	j	⋯	n		
v_1	1	→	x_{11}	x_{12}	⋯	x_{1j}	⋯	x_{1n}		
v_2	2	→	x_{21}	x_{22}	⋯	x_{2j}	⋯	x_{2n}		
⋮	⋮	→	⋮	⋮		⋮		⋮		
v_m	m	→	x_{m1}	x_{m2}	⋯	x_{mj}	⋯	x_{mn}		
			1	2	⋯	j	⋯	n		输出
			y_{11}	y_{12}	⋯	y_{1j}	⋯	y_{1n}	→ 1	u_1
			y_{21}	y_{22}	⋯	y_{2j}	⋯	y_{2n}	→ 2	u_2
			⋮	⋮		⋮		⋮	⋮	⋮
			y_{s1}	y_{s2}	⋯	y_{sj}	⋯	y_{sn}	→ s	u_s

在 DEA 中一般称被衡量绩效的组织为决策单元。例如：

设 n 个决策单元（$j=1,2,\cdots,n$），每个决策单元有相同的 m 项投入（输入），每个决策单元有相同的 s 项产出（输出）；

X_{ij} 表示第 j 个决策单元的第 i 项投入，$X_{ij}>0$；Y_{rj} 表示第 j 个决策单元的第 r 项产出，$Y_{rj}>0$；衡量第 j_0 个决策单元是否 DEA 有效。

v_i 对第 i 种输入的一种度量（或称权）（$i=1,2,\cdots,m$）；

u_r 对第 r 种输出的一种度量（或称权）（$r=1,2,\cdots,s$）；

为方便，记为：

$$x_i = (x_{1j}, x_{2j}, \cdots, x_{mj})^T \quad (j=1,2,\cdots,n)$$

$$y_i = (y_{1j}, y_{2j}, \cdots, y_{sj})^T \quad (j=1,2,\cdots,n)$$

$$v = (v_1, v_2, \cdots, v_m)^T$$
$$u = (u_1, u_2, \cdots, u_m)^T$$

这里的 X_j 和 Y_j 分别为 DMU_j 的输入向量和输出向量，$(j=1, 2, \cdots, n)$ 均为已知数据，它可以是根据历史资料或者统计的数据得到；v 和 u 分别为与 m 种投入和 s 种输出对应的权向量（权重向量），为变量。向量形式给出的输入、输出数据见表 2-3。

表 2-3　向量形式给出的输入、输出数据

	1	2	…	j	…	n	
1 →							
2 →	x_1	x_2	…	x_j	…	x_n	
⋮							
m →							

	1	2	…	j	…	n	
							→ 1
	y_1	y_2	…	y_j	…	y_n	→ 2
							⋮
							→ s

对于权系数 $v \in E^m$，$u \in E^s$，决策单元 j（即 DMU_j，$1 \leq j \leq n$）效率评价指数

$$h_j = \frac{u^T Y_j}{v^T X_j} \quad (j=1, 2, \cdots, n) \tag{2-1}$$

总可适当选取权系数 v 和 u，使得：

$$h_j \leq 1 \quad (j=1, 2, \cdots, n)$$

效率评价指数 h_j 的含义是：在权系数 v, u 之下，投入为 $v^T X_j$，产出为 $u^T Y_j$ 时的产出与投入之比。为了书写方便，可记为：

$$X_0 = X_{j_0}, \quad Y_0 = Y_{j_0} \quad (1 \leq j_0 \leq n)$$

考查 DMU_{j_0} 的效率评价问题，以 DMU_{j_0} 的效率评价指数

$$h_{j_0} = \frac{u^T Y_0}{v^T X_0} \quad (j=1, 2, \cdots, n) \tag{2-2}$$

为目标，则所有的决策单元（$j=1, 2, \cdots, n$）的效率指数（包括 DMU_{j_0}）为：

$$h_j = \frac{u^T Y_j}{v^T X_j} \leq 1 \quad (j=1, 2, \cdots, n) \tag{2-3}$$

为约束，构成式（2-4）的分式规划问题（C^2R 模型）如下：

$$\text{s.t.} \begin{cases} \text{Max} = \frac{u^T Y_0}{v^T X_0} = V_P^d \\ (C^2R)^1 \frac{u^T Y_j}{v^T X_j} \leq 1 \quad (j=1, 2, \cdots, n) \\ u \geq 0, \ v \geq 0 \end{cases} \tag{2-4}$$

注：$u = (u_1, u_2, \cdots, u_m)^T$ 表示对任意（$i=1, 2, \cdots, m$）均有 $u_i \geq 0$，并且至少存在 i_0 （$1 \leq i_0 \leq m$），有 $u_{i_0} > 0$，也即 $u \geq 0$。

分式规划问题（C²R)[1]是具有工程方面背景的，它是将科学—工程效率的定义推广到多输入、多输出的系统的场合（马占新，2009）。

2. 表达方式B

设有 n 个同类型的企业，每一个企业也称决策单元（DMU），对于每个企业都有 m 种类型的"输入"（也表示该决策单元对"资源"的消耗）以及 p 种类型的"输出"（也表示该决策单元在消耗了"资源"之后的产出），那么这 n 个企业（决策单元DMU）及其之间的输入—输出关系，同样可以用本节介绍的投入与产出方法分析。四个决策单元的投入与产出见表2-4。

表2-4　四个决策单元的投入与产出

	1	2	3	4
1 →	1	3	3	4
2 →	3	1	3	2
	1	1	2	1	→ 1

每个决策单元的效率评价指数定义为：

$$h_j = \frac{\sum_{r=1}^{p} u_r y_{rj}}{\sum_{i=1}^{m} v_i x_{ij}} \quad (j=1, 2, \cdots, n) \tag{2-5}$$

而第 j_0 个决策单元的相对效率优化评价模型为：

$$h_j = \frac{\sum_{r=1}^{p} u_r y_{rj_0}}{\sum_{i=1}^{m} v_i x_{ij_0}} \quad (j_0=1, 2, \cdots, n) \tag{2-6}$$

为使得满足式（2-7）的条件成立，则：

$$\text{s.t.} \begin{cases} h_j = \dfrac{\sum_{r=1}^{p} u_r y_{rj}}{\sum_{i=1}^{m} v_i x_{ij}} \leq 1 \quad (j=1, 2, \cdots, n) \\ v_i \geq 0, u_r \geq 0 \quad (i=1, 2, \cdots, m; r=1, 2, \cdots, p) \end{cases} \tag{2-7}$$

式（2-7）中，x_{ij} 与 y_{rj} 为已知数（可由历史资料或预测数据得到），v_i 与 u_r 是变量。模型的含义是以权系数 v_i，u_r r 为变量，以所有决策单元的效率指标 h_j 为约束，以第 j_0 个决策单元的效率指数为目标。即评价第 j_0 个决策单元的生产效率是否有效，是相对于其他所有决策单元而言的，因此此效率为相对有效性。

3. C^2R 的对偶模型

$$\text{输入模型 s.t.} \begin{cases} \text{Min } \theta \\ \sum_{j=1}^{n} x_j \lambda_j \leqslant \theta x_0 \\ \sum_{j=1}^{n} y_j \lambda_j \leqslant y_0 \\ \lambda_j \geqslant 0 \quad (j=1, 2, \cdots, n) \end{cases} \quad (2-8)$$

Input – DEA 模型：基于投入的技术效率，即在一定产出下，以最小投入与实际投入之比来估计。或者说，决策者追求的倾向是输入的减少，即求 θ 的最小。

$$\text{输出模型 s.t.} \begin{cases} \text{Max } Z \\ \sum_{j=1}^{n} x_j \lambda_j \leqslant x_0 \\ \sum_{j=1}^{n} y_j \lambda_j \leqslant Z y_0 \\ \lambda_j \geqslant 0 \quad (j=1, 2, \cdots, n) \end{cases} \quad (2-9)$$

Output – DEA 模型：基于产出的技术效率，即在一定的投入组合下，以实际产出与最大产出之比来估计。或者说，决策者追求的倾向是输出的增大，即求 Z 的最大。

4. DEA 基本定理

定理 1：分式规划 $(C^2R)^{\text{I}}$ 与线式规划 $(P^{\text{I}}C^2R)$ 是等价的。

定理 2：线性规划 $(P^{\text{I}}C^2R)$ 和对偶规划 $(D^{\text{I}}C^2R)$ 都存在最优解且最优值 $V^{\text{I}}C^2R \leqslant 1$。

定理 3（存在性定理）：至少存在一个决策单元是 DEA 有效。

定理 4（有效性与量纲选取无关定理）：决策单元的弱 DEA 有效性和 DEA 有效性，与输入和输出量纲的选取无关。

定理 5（有效性与 DMU 同倍"增长"无关定理）：决策单元的弱 DEA 有效性和 DEA 有效性，与决策单元对应的输入和输出的同倍"增长"无关。

5. 技术有效与规模有效定义

技术效率：输出相对输入而言已达最大，即该决策单元位于生产函数的曲线上，也就是说，具有相对有效性（综合效率）。技术效率等于纯技术效率与规模效率的乘积。

规模有效：指投入量既不偏大也不过小，处于介于规模收入收益由递增到递减之间的状态，即处于规模收益不变的状态。

技术有效：就是位于生产前沿面，规模有效不但位于前沿面，还同时处在曲线的拐点，即在此点上的规模效率最优，也就是说，在这一点上增大和减少投入，生产规模都会变差。

衡量一个决策单元 j_0 是否 DEA 有效，即是否处于由包络线组成的生产前沿面上，必须先构造一个由 n 个决策单元组成（线性组合组成）的假想决策单元。如果该假想决策单元的各项产出均不低于 j_0 决策单元的各项产出，则它的各项投入均低于 j_0 决策单元的各项投入。

生产前沿面是指由观察到的决策单元输入数据和输出数据的包络面的有效部分。决策单元为 DEA 有效，即相应于生产可能集而言，以投入最小、产出最大为目标的帕累托最优（Pareto Optimality）。因此，生产前沿面即为帕累托最优面（帕累托最优点构成的面）。

$$\begin{cases} \sum_{j=1}^{n} \lambda_j y_{rj} \geq y_{rj_0} & (r=1, 2, \cdots, s) \\ \sum_{j=1}^{n} \lambda_j x_{ij} \leq E x_{ij_0} & (i=1, 2, \cdots, m; E<1) \\ \sum_{j=1}^{n} \lambda_i = 1, \lambda_j \geq 0 & (j=1, 2, \cdots, n) \end{cases} \quad (2-10)$$

这就说明 j_0 决策单元不处于生产前沿面上。

基于上述事实，可以写出如下线性规划的数字模型：

$$\text{s.t.} \begin{cases} \min E \\ \sum_{j=1}^{n} \lambda_j y_{rj} \geq y_{rj_0} & (r=1, 2, \cdots, s) \\ \sum_{j=1}^{n} \lambda_j x_{ij} \leq E x_{ij_0} & (i=1, 2, \cdots, m; E<1) \\ \sum_{j=1}^{n} \lambda_i = 1, \lambda_j \geq 0 & (j=1, 2, \cdots, n) \end{cases} \quad (2-11)$$

当求解结果有 $E<1$ 时，则 j_0 决策单元非 *DEA* 有效；否则，j_0 决策单元 *DEA* 有效。

具有非阿基米德无穷小量的 C^2R 对偶输入模型（ε 是一个小于任何正数且大于 0 的数）为：

$$\text{s.t.} \begin{cases} \min [\theta - \varepsilon (\hat{e}^T s^- + \hat{e}^T s^+)] \\ \sum_{j=1}^{n} x_j \lambda_j + s^- = \theta x_0 \\ \sum_{j=1}^{n} y_j \lambda_j - s^+ = y_0 \\ \lambda_j \geq 0 \quad (j=1, 2, \cdots, n) \\ s^- \geq 0, s^+ \geq 0 \end{cases} \quad (2-12)$$

对具有非阿基米德无穷小量的 C^2R 对偶输入模型，可以根据以下规则判断 DEA 有效性：

若 $\theta<1$，则 DMU j_0 不为弱 DEA 有效；

若 $\theta=1$ 且 $\hat{e}^T s^- + \hat{e}^T s^+ >0$，则 DMU j_0 仅为弱 DEA 有效；

若 $\theta=1$ 且 $\hat{e}^T s^- + \hat{e}^T s^+ =0$，则 DMU j_0 为 DEA 有效。

6. DEA 实例分析

如考虑具有 4 个决策单元，每个单元有 2 个输入和 1 个输出，相应的输入数据和输出数据由表 2-4 给出，用具有非阿基米德无穷小量 ε 的模型。

考查 DMU_1，所对应的线性规划（$D^I \varepsilon$）取 $\varepsilon = 10^{-5}$，则：

$$\begin{cases} \min\ [\theta - \varepsilon\ (\hat{e}^T S_1^- - S_2^- + S1^+)] \\ \lambda_1 + 3\lambda_2 + 3\lambda_3 + 4\lambda_4 + S_1^- = \theta \\ 3\lambda_1 + \lambda_2 + 3\lambda_3 + 2\lambda_4 + S_2^- = 3\theta \\ (D^I\varepsilon)\ \lambda_1 + \lambda_2 + 2\lambda_3 + \lambda_4 - S_1^+ = 1 \\ \lambda_1 \geq 0,\ \lambda_2 \geq 0,\ \lambda_3 \geq 0,\ \lambda_4 \geq 0,\ S_1^- \geq 0,\ S_2^- \geq 0,\ S_1^+ \geq 0 \end{cases} \quad (2-13)$$

最优解为：$\lambda^0 = (1, 0, 0, 0)^T$，$S_1^- = S_2^- = S_1^+ = 0$，$\theta^0 = 1$，故 DMU_1 为 DEA 有效。类似地，对 DMU_2 和 DMU_3 进行判断，都为 DEA 有效。

接着对 DMU_4 进行判断，对应的线性规划为：

$$\begin{cases} \min\ [\theta - \varepsilon\ (\hat{e}^T S_1^- - S_2^- + S_1^+)] \\ \lambda_1 + 3\lambda_2 + 3\lambda_3 + 4\lambda_4 + S_1^- = 4\theta \\ 3\lambda_1 + \lambda_2 + 3\lambda_3 + 2\lambda_4 + S_2^- = 2\theta \\ (D^I\varepsilon)\ \lambda_1 + \lambda_2 + 2\lambda_3 + \lambda_4 - S_1^+ = 1 \\ \lambda_1 \geq 0,\ \lambda_2 \geq 0,\ \lambda_3 \geq 0,\ \lambda_4 \geq 0,\ S_1^- \geq 0,\ S_2^- \geq 0,\ S_1^+ \geq 0 \end{cases} \quad (2-14)$$

最优解为：$\lambda^0 = \left(0,\ \dfrac{3}{4},\ \dfrac{1}{4},\ 0\right)^T$，$S_1^- = S_2^- = S_1^+ = 0$，$\theta^0 = 1$。

因为 $\theta^0 = \dfrac{3}{4} < 1$，故 DMU_4 不为弱 DEA 有效，当然更不为 DEA 有效。

7. 决策单元有效性的定义

对于任何一个决策单元能够达到100%效率是指两种情况：一是在现有的输入条件之下，任何一种输出都无法增加，除非同时降低其他种类的输出；二是在现有的输出结果之下，任何一种输入都无法降低，除非同时增加其他种类的输入。决策单元如果能达到100%效率，那么该决策单元就是有效的，也就是有效的决策单元。但是这里说的有效，是相对其他所有的决策单元而言的。

接下来从单输入单输出的情况来说明 DEA 有效性的经济含义。生产函数 $y = f(x)$，表示在生产处于最好的理想状态时，当投入量为 x，所能获得的最大输出为 y。单输入单输出决策单元有效性含义如图 2-3 所示。

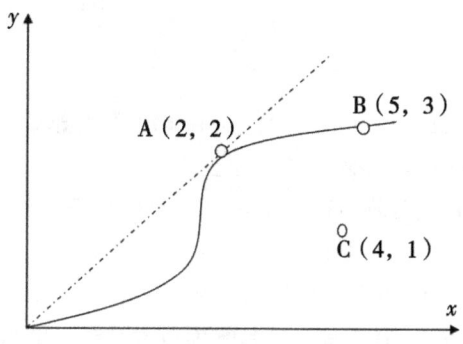

图 2-3 单输入单输出决策单元有效性含义示意

注：A 点代表既是技术有效，也是规模有效；B 点代表技术有效，但不是规模有效；C 点代表既不是技术有效，也不是规模有效。

从图 2-3 可以看到，A 点、B 点在生产曲线上，C 点在生产曲线下方。由 3 个决策单元所确定的生产可能集 T 也在图中标出来。

决策点 A 既是技术有效，也是规模有效。决策点 A 所对应的 C^2R 模型为：

$$\text{s.t.} \begin{cases} \min\theta \\ 2\lambda_1 + 4\lambda_2 + 5\lambda_3 \leq 2\theta \\ 2\lambda_1 + \lambda_2 + 3.5\lambda_3 \geq 2 \\ \lambda_1 \geq 0, \lambda_2 \geq 0, \lambda_3 \geq 0 \end{cases} \quad (2-15)$$

其最优解为：$\lambda^0 = (1, 0, 0)^T$，$\theta^0 = 1$。

对于决策点 C，它不是技术有效，因为 C 点不在生产函数曲线上；也不是规模有效，因为它的投资规模太大。决策点 C 所对应的 C^2R 模型为：

$$\text{s.t.} \begin{cases} \min\theta \\ 2\lambda_1 + 4\lambda_2 + 5\lambda_3 \leq 4\theta \\ 2\lambda_1 + \lambda_2 + 3.5\lambda_3 \geq 1 \\ \lambda_1 \geq 0, \lambda_2 \geq 0, \lambda_3 \geq 0 \end{cases} \quad (2-16)$$

其最优解为：$\lambda^0 = (\frac{1}{2}, 0, 0)^T$，$\theta^0 = \frac{1}{4}$。

由于 $\theta < 1$，故 C 点不是 DEA 有效，由 $\frac{1}{\theta^0}\sum_{j=1}^{3}\lambda_{j0} = 2 > 1$，得知该部门的规模收益是递减的。

对于决策点 B，因为 B 点在生产函数曲线上，它是技术有效；但它的投资规模太大，所以不是规模有效。决策点 B 所对应的 C^2R 模型为：

$$\text{s.t.} \begin{cases} \min\theta \\ 2\lambda_1 + 4\lambda_2 + 5\lambda_3 \leq 5\theta \\ 2\lambda_1 + \lambda_2 + 3.5\lambda_3 \geq 3.5 \\ \lambda_1 \geq 0, \lambda_2 \geq 0, \lambda_3 \geq 0 \end{cases} \quad (2-17)$$

其最优解为：$\lambda^0 = (\frac{7}{4}, 0, 0)^T$，$\theta^0 = \frac{7}{10}$。

由于 $\theta < 1$，故 B 点不是 DEA 有效，由 $\frac{1}{\theta^0}\sum_{j=1}^{3}\lambda_{j0} = \frac{5}{2} > 1$，得知该部门的规模收益是递减的。

多决策单元有效性含义如图 2-4 所示，其中 x 轴表示投入，y 轴表示产出。

图 2-4 中，DMU_1、DMU_2、DMU_3 均处于技术有效状态。DMU_1 不为规模有效，实际上它处于规模递增状态，是因为随着投入的增加，产出也在迅速增加。DMU_3 不为规模有效，实际上它处于规模递减状态，是因为随着投入的增加，相反产出却慢慢降低。DUM_2 是规模有效的。如果用 DEA 模型来判断 DEA 有效性，只有 DMU_2 对应的最优值 $\theta^0 = 1$。可见，在 C^2R 模型下 DEA 有效，其经济含义是既为技术有效，也为规模有效。

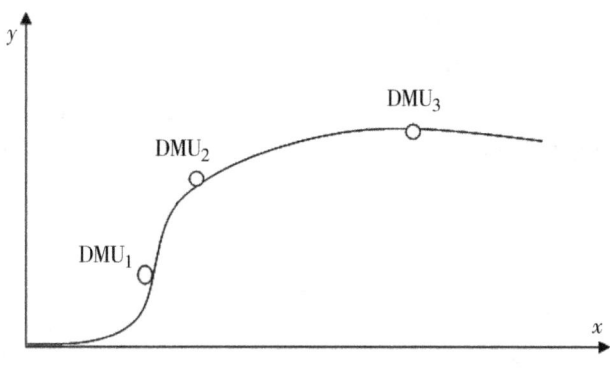

图2-4 多决策单元有效性含义

(四) 学校体育效率评价方法

如上所述，效果是指投入经过转换而产出的有效成果，而效率是产出在投入中所占的比例，效益是效果、效率与收益三者的结合。学校效益大致可以分为经济效益与社会效益两个维度。教育经济效益的含义，与物质生产部门的经济效益不同，教育的"产品"是人才，不是物品，也不完全具备商品的性质，其经济效益也不易计算。教育经济效益的常见核算方法，按其表现形式有两种（韩宗礼，1988；马超山，1990；曹培文等，1990）：一是教育的社会效益，亦称高等教育的"外部"经济效益，包括计算培养出的人才对总的社会产品增长的影响，对国民收入的影响，对提高社会劳动生产率的影响等；二是教育的资源利用效率，亦称高等教育的"内部"经济效益，即一个国家、地区或者某一学校在人、财、物方面的消耗率。

教育的投入是指实施教育时必须投入一定的社会劳动或社会资源。在市场经济条件下，教育投入表现为教育投资，这是教育的物质基础。而教育产出的效率和效益，是指教育的产出或者教育投资的经济效果，表现在两个不同层次上：一是教育的直接产出或教育资源的利用效益，二是教育的间接产出或教育投资的经济效益（王善迈，1996）。体育教育属于教育的范畴，所以分析体育效益也可以从经济效益与社会效益两方面进行。

由于学校体育很多投入指标无法对其进行统一纲量处理，产出指标也是一样，比如不能把学生的成绩和健康等用价格进行计算。假定一个企业，如果其投入金额小于产出金额，则证明其生产是有效益的；如果其投入金额大于产出金额，则证明其生产是无效益的。学校教育不像企业生产，对于学校，很难直接比较其投入与产出，是因为很多投入与产出无法进行量化计算，比如学生受教育情况、学生自信心培养、学生社会适应能力等。对于学校效益研究与分析，国内外一些学者更多是研究高等教育效益的情况，比如衡量学校的科研效益，对于基础教育效益研究比较少，特别是对于中小学体育效益的研究寥寥无几。

对于高等教育效益分析，常用的是 DEA 方法。该方法主要用来评价具有多个输入，特别是多个输出的"部门"或"单位"称为"决策单元"（DMU）间的相对有效性

（称为"DEA 有效"）。学校体育同样具备多输入、多产出的特征，所以下面将运用 DEA 分析学校体育的效率，通过效率来反映学校体育效益。

（五）DEA 效率评价模型设计

对学校体育效益进行 DEA 分析评价时，为获得较为可靠的结果需要多次重复各个步骤，有时甚至还要结合其他定性或定量方法。DEA 方法工作步骤流程如图 2-5 所示。

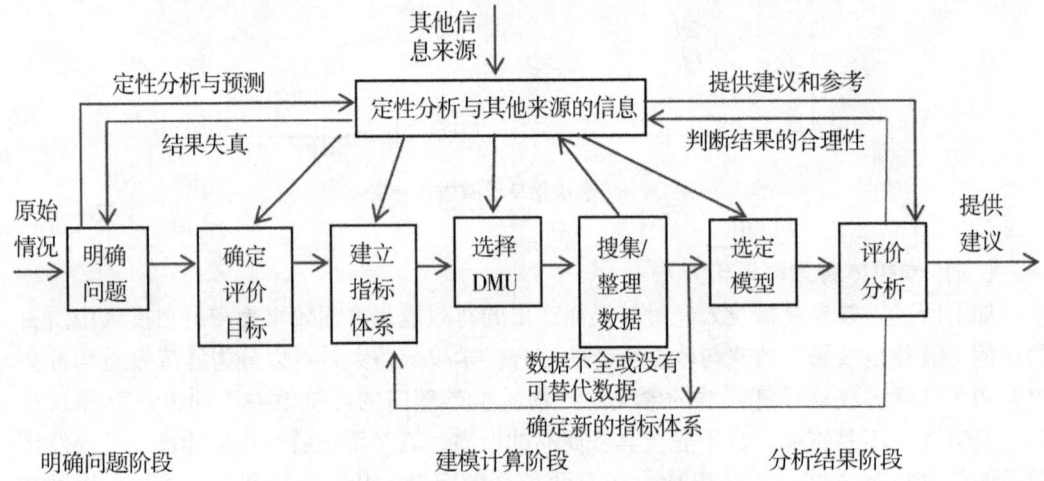

图 2-5 DEA 方法工作步骤流程

资料来源：马占新《数据包络分析方法的研究进展》，载《系统工程与电子技术》2002 年第 3 期。

1. 明确问题阶段

为使 DEA 方法所提供的信息更具准确性和科学性，这一阶段需要完成以下五项工作：第一，明确评价的目标，并围绕评价的目标对评价的对象进行分析，包括辨识主目标和子目标，以及影响这些目标的因素，并建立层次结构；第二，确定各种因素的性质，如把因素分为可变的或不变的、可控的或不可控的，以及主要的或次要的，等等；第三，考虑因素间可能的定性与定量关系；第四，有些决策单元是开放性的，所以有时还要辨明决策单元的边界，应对决策单元的结构、层次进行分析；第五，应对结果进行定性的分析和预测。

该阶段包括了解所要研究对象的原始情况，比如通过调查得来的一些原始数据或者通过统计部门得到的一些共享数据。

2. 建模计算阶段

建模计算阶段要完成以下四个方面的工作：第一，建立指标评价体系，并且把指标间的一些定性关系反映到权重的约束中。同时，还可以考虑输入、输出指标体系的多样性，将每种情况下的分析结果进行比较研究，然后获得比较合理的管理信息。第二，选择 DMU，在本质上讲，就是确定参考集合（决策单元）。因此，DMU 的选取应满足基本特征——具有相同的目标、任务、外部环境和输入输出指标，决策单元的选取具有一定的代表性。第三，收集和整理数据。第四，根据有效性分析的目的和实际问题，选择适当的 DEA 模型进行计算。

在指标体系中，需要研究和确定研究目标的投入与产出指标，用以研究学校体育效率。其中，投入指标选定为体育教师人数、体育场地设施、体育教师工作时间等；产出指标为学生运动成绩、学生体质健康成绩、学生人数、学生对体育理论的掌握程度、学生 BMI、运动队运动员的人数等。

3. 结果分析阶段

结果分析阶段要完成两个方面的工作：一方面，在上述两个阶段工作的基础上，对计算结果进行分析和比较，找出无效单元及无效的原因，并提供进一步改进的途径；另一方面，根据定性的分析和预测的结果考察评价结果的合理性，必要时可应用 DEA 模型采取多种方案分别评价，并将结果进行综合分析，也可结合或参考其他评价方法或其提供的信息进行综合分析。

如上所述，利用 DEA 分析学校体育效率的最大优势有以下四点：第一，每个决策单元（学校）有多个投入和产出；第二，不需要对每个投入与产出进行统一纲量处理，可以直接运算；第三，可以计算各个单元相对有效性，因为单元之间有可以互相比较的对象；第四，对于无效单元，根据 DEA 计算的数据结果，可以对无效单元的投入与产出之间做出调整，最终达到资源优化配置。

综合 DEA 诸多优点及工作流程，本书将对广东省中小学整体的投入与产出做调查与分析，了解广东省中小学整体体育的实施状况，然后把广东省分别分成 21 个不同区域决策单元、4 个不同级别决策单元以及 5 个不同地理位置决策单元，通过 DEA 方法分别对它们的效率进行对比、分析及调整，然后根据不同效率结果及学校体育具体实施细节来了解广东省学校体育效益情况并提出优化建议。

小　　结

教育质量是教育发展的根本，教育质量评价标准的选择与质量好坏的判断对各级各类教育机构的发展具有导向性、基础性和全局性的影响与作用（冯增俊 等，2015：328）。一所学校的教育质量是可以用其教育效益来衡量的。

近年来，体测大数据和相关研究显示，我国学生的身体素质不断下降，尤其是心肺功能较差、近视率居高不下。中小学作为人生的重要打基础阶段，在接受学校体育教育期间，学生如果能获得较完备的体育知识与运动技能，可以促进其提高体育兴趣、形成体育锻炼的习惯与终身体育的意识，这对于提高国民身体健康水平将会大有裨益。本研究假设认为：中国中小学的体育效益较差，影响了学生体质健康的发展、抹杀了学生的体育兴趣及终身体育意识，在一定程度上导致了全民健康水平的下降。

研究试图在比较教育理论、投入与产出理论和 DEA 三个理论基础支持下，构建中国中小学体育效益研究评价指标体系和理论分析框架。

第一，体育课程评价是体育健康教育课程中一个非常重要的组成部分，特别是在应试教育依旧比较风靡的当下，体育课程评价成为影响学校体育投入与产出的最重要的因素。1993年，中共中央、国务院公布《中国教育改革和发展纲要》，要求中小学要从"应试教育"向"素质教育"转变。然而素质教育从提出至今已近30年，中国教育依旧以考试为绝对的风向标：政策制定考什么、学校就教什么、学生就学什么。各级各类部门把应试教育的模式发挥得淋漓尽致，当然包括在学校教育中的体育教育也是如此。因此，在本研究中，特别把中国中小学比较重要的体育课程评价抽出来进行调查与分析，在比较教育的理论和投入与产出理论支撑下，期望能够通过各种对比与分析，为各种重要体育考试与评价方案提出建议，以优化体育课程评价为出发点，使体育教育尽量向素质教育队伍靠拢，从而影响体育教育的投入与产出，进而影响学校体育的效益。

第二，在比较教育理论和投入与产出理论的支持下，通过问卷调查等方法全方位调查中小学体育投入与产出实施情况，结合国家制定的学校体育政策内容，解释目前中国中小学学校体育的实际情况，并利用比较教育理论之区域比较，分析中国学校体育效益的状况。首先，调查学校体育的投入，如学校体育教师的数量、职业发展，体育场地，学生体育课时间与次数，体育教学内容、教学大纲与教材情况，大课间操实施情况，课外体育活动组织情况，运动队的训练与比赛等情况，全方位了解学校体育投入情况。其次，调查学校体育的产出，如调查学生的BMI、身心健康状况、学生对体育课及运动的兴趣、学生社会适应性及自觉锻炼习惯等情况，全方位了解中小学体育的产出情况。最后，通过男女生数据之间的横向对比，了解男女生在身体素质、运动项目、运动兴趣等方面的差异。此外，还通过不同年级之间学生的数据纵向对比，了解不同年龄段学生健康状况以及对学校体育的不同需求和身心变化的规律，从而有利于教育部门了解不同性别、不同阶段学生的体育教育效果，区别对待，更有针对性地制定体育教育政策。

第三，在投入与产出理论以及DEA方法与理论支持下，分析广东省各地区、各级别、各地理位置学校体育的效率，通过DEA方法的运算，得出各地区、各级别、各地理位置决策单元的相对有效性，并提出调整建议。首先，通过主、客观分析相结合，搜集与统计各种学校体育的投入指标与产出指标。其次，通过对各种投入与产出指标相关性的分析，找到适合进行学校体育DEA分析的各种投入与产出指标。最后，利用DEA方法与原理，通过DEA 2.1软件对学校体育效率进行运算与分析，得到所有决策单元中相对有效和无效单元，相对无效单元即指学校体育效率是无效的，并根据其处于不同规模效益阶段，对提高其学校体育效率提出相应的调整建议。高效率是高效益的基础，可以通过提高学校体育的效率而提高学校体育的效益。对DEA方法的介绍与运用，可使体育界同行了解这种计算学校体育效率的方法与原理。学校体育效率的计算结果，可为体育教育主管部门在制定体育教育投入及相关管理政策时，提供实证分析数据支撑和理论依据。

第四，美国的大众体育和竞技体育都比较发达，美国体育发展得较好，学校体育功不可没。了解及借鉴美国比较先进的体育教育经验，对提高中国学校体育教育质量具有较高的研究价值。通过专家访谈、文献资料等方法了解美国中小学学校体育的开展情况，结合美国教育政策的要求，根据比较教育理论的区域比较和国与国间比较，研究与分析美国中小学学校体育效益的实施状况，如美国各州中小学体育教育政策、体育健康教育标准、体育教育重要性、体育教师认证情况及职业发展、学生体育教育时间要求、学生身体活动的内容与时间要求、参加健康体适能的学生比例、健康体适能测试项目及标准、美国学生体育免修政策要求、其他活动替代体育课学分的要求等，全方位了解美国中小学学校体育开展情况。在此基础上，根据中国学校体育实施现状结合素质教育方针，吸取美国体育教育的经验，为中国体育教育实施提供借鉴。此外，对美国学校体育实施的健康体适能进行详细调查与研究，是因为其健康体适能和中国目前非常重要的体测有相似之处，通过调查对比与分析，以期对体测提出优化建议。

本书旨在通过调查学校体育课程评价方案、学校体育投入与产出实施情况、学校体育效率充分了解学校体育效益现状，并通过对中美学校体育实施进行对比与分析，借鉴美国学校体育实施中的各种成功经验，结合中国素质教育的指导方针以及中国学校体育的实施现状，提出提高中国学校体育效益的途径与方法。中国学校体育效益研究的评价指标及理论分析框架如图2-6所示。

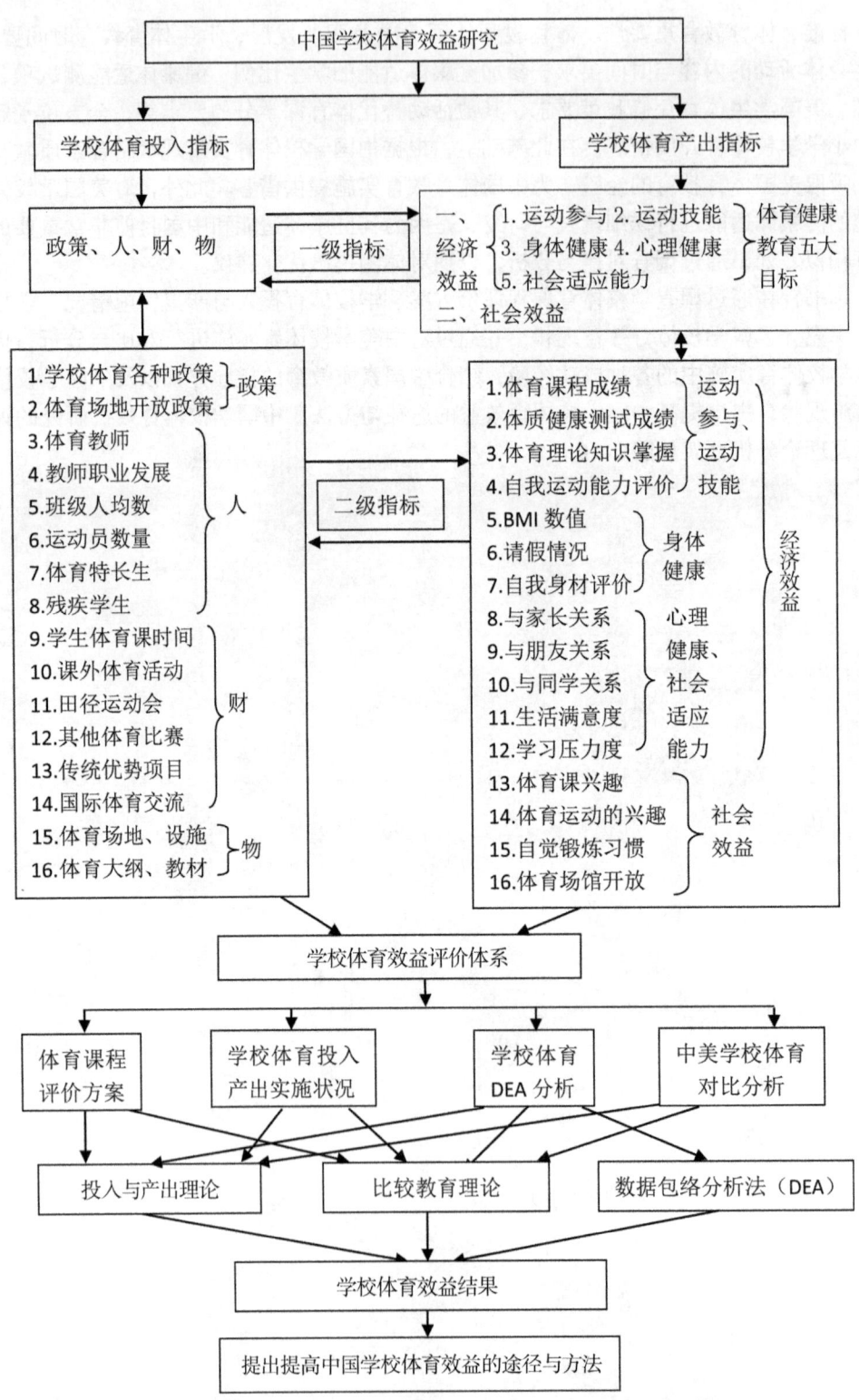

图2-6 中国学校体育效益研究的评价指标及理论分析框架

第三章　广东省中小学体育课程评价情况及分析

体育课程评价方案是学校体育实施过程中的重要政策，它关系着学校体育教育的投入与产出高低。这是因为体育课程评价是体育课程实施的重要组成部分，特别是目前中国的应试教育现象还比较严重，考试作为风向标在很大程度上决定着体育课程实施的内容与学校、教师的努力方向。因此，优化课程评价方案尤为重要，它是提高学校体育效益的关键环节，从体育课程评价情况可以间接了解学校体育的投入与产出情况。目前，全国中小学最重要的体育评价方案有两个：一个是初中毕业生升学体育考试（也称"体育中考"），另一个是体能测试（即"体测"）。广东省也是如此。本研究旨在对两种考试方案进行调查与分析并试图对其进行优化。

第一节　亟待优化毕业生升学体育考试方案

近年来，青少年体质不断下降，这引起了教育部门的广泛重视。2007 年颁布的《中共中央　国务院关于加强青少年体育增强青少年体质的意见》（中发〔2007〕7 号）明确指出："全面组织实施初中毕业升学体育考试，并逐步加大体育成绩在学生综合素质评价和中考成绩中的分量。" 2015 年，广东省颁布《关于深化教育领域综合改革的实施意见》（粤政发〔2015〕20 号），要求强化体育课和课外锻炼，把学校体育和学生体质健康列入教育部门及学校考核评价指标体系。一系列政策颁布与实施都表明，青少年体质健康发展越来越受到国家和政府重视。各地区根据实际情况，制定和实施了初中毕业生升学体育考试方案。本研究对广东省 21 个地市进行了实地调研，收集了各地区 2015 年初中生体育入学考试方案制度文件，并对 21 个地市考试情况进行考察，按照办校规模等对部分中小学的体育教师和学生进行抽样做问卷调查，并针对有关问题与学校有关部门分管领导、体育领域多位专家等进行深入交流。通过对上述资料进行分析和梳理，结合现实情况及素质教育的指导方针，尝试为优化体育考试方案提出建议与对策。

一、体育考试分值以及结构比例

体育分数的杠杆作用在一定程度上能够撬动学校对体育教育的重视。广东省各地市的体育中考分值情况见表 3-1。2007 年《中共中央　国务院关于加强青少年体育增强青少年体质的意见》（中发〔2007〕7号）明确指出："逐步加大体育成绩在学生综合素质评价和中考成绩中的分量。"《广东省教育厅关于做好2014年全省初中毕业生升学体育考试工作的通知》（粤教体函〔2013〕44号）规定："中考体育分值不能低于文化课总分的8%。"经笔者实地调研和统计得知，在广东省21个地市中，阳江的体育中考总分最高（76.8分），深圳、汕尾、肇庆三地的最低（30分）。每个地区中考总分不一样，因此体育中考总分多少并不能代表一个地区对体育的重视程度，但是体育中考分数所占中考全科分数比例则能在一定程度上代表该地区对学生体育教育的重视程度。广东省大部分地区的体育中考与文化课中考的分数比值保持在7.5%左右，韶关与东莞的比例最高，达8.3%，汕尾的比例最低，只有3.9%。

表3-1 广东省各地市的体育中考分值情况

地市	体育中考总分/分	中考总分/分	体育中考分数占中考总分比例/%	体育中考与文化课中考的分数比值/%
广州	60	810	7.4	8.0
深圳	30	460	6.5	7.0
珠海	45	605	7.4	8.0
汕头	60	820	7.3	7.9
佛山	50	710	7.0	7.6
韶关	55	715	7.7	8.3
河源	61	821	7.4	8.0
梅州	60	800	7.5	8.1
惠州	52.5	732.5	7.2	7.7
汕尾	30	800	3.8	3.9
东莞	60	780	7.7	8.3
中山	40	530	7.5	8.2
江门	50	830	6.0	6.4
阳江	76.8	1036.8	7.4	8.0
湛江	70	930	7.5	8.1
茂名	50	780	6.4	6.9
肇庆	30	410	7.3	7.9
清远	60	870	6.9	7.4
潮州	60	820	7.3	7.9
揭阳	64	864	7.4	8.0
云浮	60	810	7.4	8.0

第三章 广东省中小学体育课程评价情况及分析

广东省各地市体育中考分值的构成与比例见表 3-2。广东省大部分地区体育中考分值由两个部分组成：初中三年级第二学期举行体育统一考试（终结性考试）分值和体测分值。表中数据在一定程度上反映了体育考试设置的合理性与科学性，可以看出学校是否对学生身体素质进行了全面测试与监督，同时可以了解各地市对体育过程性考试和终结性考试的重视程度。

表 3-2 广东省各地市体育中考分值的构成与比例

地市	体育中考总分/分	体育中考分值的构成与比例				体测时间
		体育统一考试占比/%	运动技能测试占比/%	平时体育课成绩占比/%	体测成绩占比/%	
广州	60	66.7	10	一、二年级，16.7	6.7（4分）	三个学年
深圳	30	100	0	0	0	—
珠海	45	95	0	0	5	三年级
汕头	60	90	0	0	10	三年级
佛山	50	92	0	0	8	三年级
韶关	55	95	0	0	5	三年级
河源	61	90	0	0	10	三年级
梅州	60	83.3	11.7	0	5	三年级
惠州	52.5	95.2	0	0	4.8	三年级
汕尾	30	100	0	0	0	—
东莞	60	95	0	0	5	二、三年级
中山	40	90	0	0	10	二、三年级
江门	50	80	0	0	20	二年级
阳江	76.8	95	0	0	5	三个年级
湛江	70	95	0	0	5	三年级
茂名	50	100	0	0	0	—
肇庆	30	95	0	0	5	三年级
清远	60	95	0	0	5	三年级
潮州	60	50	0	0	50	三年级
揭阳	64	39.1	0	三个学年，31.3	29.7	三个学年
云浮	60	95	0	0	5	三年级

注：— 表示不适用。

广东省大部分地市均重视体育终结性考试，即体育统一考试所占的比例很高。其中，有3个地市所占的比例高达100%。大部分地市在重视终结性考试的同时，还在一定程度上用国家学生体测的成绩来衡量学生运动能力，即把体测成绩作为体育成绩的一部分来考核学生。

除了体育统一考试和体测成绩，广州和揭阳还把学生平时体育课程成绩计入学生的中考体育成绩，广州一、二年级体育课程成绩共占体育中考总分的16.7%，而揭阳是三个学年体育课程成绩共占体育总分的31.3%，这种做法更加重视对学生的过程性评价。但调研发现，因为平时体育课成绩是由任课教师打分，在打分上较少做到差异区分，基本上都给予满分，即"送分考"。这种形式化的过程性评价失去了其应有的功能。另外，梅州和广州还对学生进行运动技能考试，分别占中考体育成绩的11.7%和10%。梅州测试项目为跳绳和男生引体向上、女生仰卧起坐，两个测试项目平均分合格者得7分，不合格者得4分，没有参加测试者得0分；广州则是从篮球、足球、排球、乒乓球、羽毛球、毽球、游泳、跳绳等8个项目中选2项测试[①]。从梅州运动技能考试内容可以看出，梅州实际上把统一考试选项考试内容作为运动技能进行考试；广州则是真正地对学生的运动技能进行测试。除了体能考试，进一步加强学生运动技能的学习与测评，无疑有利于提高学生体育兴趣，推动学校素质教育的发展，促进学生身体素质全面发展。

二、考试项目种类及具体分配

各地市统一考试项目基本上分为必考项目和选考项目，也有部分地市只有必考项目，而且在项目分配上差异也比较大。

（一）必考项目具体分配情况

广东省各地市体育统一考试必考项目分布见表3-3。为加强学生对心肺功能的锻炼，广东大部分地市的必考项目是中长跑（即男生考1000 m跑，女生考800 m跑），也有少数地区仍旧把短跑作为必考项目之一，如揭阳、汕头等。仅以中长跑作为必考项目的有9个地区，其中深圳可以用中长跑或用200 m跑作为必考项目。部分地区只有必考项目而没有选考项目。

---

① 广州体育中考近年有所调整。2022年起，广州体育中考总分70分，含体育素质综合评价（20分）和统一考试（50分）。其中2022年统一考试分为一类项目占20分［游泳或中长跑（女生800 m、男生1000 m）二选一］和二类项目占30分［球类（篮球、足球、排球）、跳类（立定跳远、三级蛙跳、一分钟跳绳）、投类（投掷实心球、推铅球）八选二（须为不同大类的项目）］。2023年之后的统一考试将分为一类项目占20分［游泳或中长跑（女生800 m、男生1000 m）二选一］和二类项目占15分［跳类和投类（立定跳远、三级蛙跳、一分钟跳绳、投掷实心球、推铅球）五选一］以及三类项目占15分［球类（篮球、足球、排球）三选一］。

表3-3 广东省各地市体育统一考试必考项目分布

地市	必考项目
佛山、韶关、河源、惠州、东莞、阳江、肇庆、清远、云浮	中长跑
广州	中长跑、100 m游泳（2选1）
梅州	中长跑、掷实心球
江门	中长跑，200 m游泳*（2选1）
中山	200 m跑，中长跑，100 m自由泳（3选1）
珠海	中长跑、100 m游泳*（2选1）
深圳	中长跑、200 m跑（2选1）
潮州	50 m跑、立定跳远
揭阳	50 m跑、男生引体向上、女生一分钟仰卧起坐
汕头	200 m跑
湛江、茂名	200 m跑、掷实心球
汕尾	跳绳、掷实心球

*不限泳姿、不限时间。

另外，广东地处南方，气温高、雨水多，为了提高学生心肺功能、增加考试多样性，大部分地区把游泳和中长跑一起作为必考选修项。广州、珠海、中山和江门把游泳作为必考可选项目之一，其中广州是100 m自选泳姿并考核游速，珠海是100 m游泳不限泳姿和时间，中山是100 m自由泳并考核游速，江门是200 m游泳不限泳姿和时间。增设游泳作为必考可选项目，既可以提高学生的体育兴趣及其身体素质，又可以保证教育评价公平，最重要的是让学生掌握一门生存技能。中国在2011年颁布了《全国游泳锻炼等级标准》，但是此标准存在一定缺陷，例如，中长距离的游距没有量化指标，用非时间限制游泳标准来对学生进行测试的实操性较差。因此，可以参考美国青少游泳标准（Age Group Time Standards），对于100 m及以上的游泳距离制定量化指标，使游泳考试更加科学和可实操。

（二）争议颇多的中考游泳考试

初中毕业生升学体育考试对青少年体质发展非常重要，全国青少年体测的成绩显示出初中生的身体素质最好，小学生其次，高中生最差。但是，全国大部分地区体育中考重体能、轻技能，应试体育抹杀了学生对体育的兴趣，导致初中生对体育课兴趣最低。近年来，部分地区开始将游泳作为必考项目纳入中考体育范围，这一举措提高了学生对体育课的兴趣，然而这一考试因标准不一而引起了很大的争议。2016年4月22日，广州市教育局公布了《2017年广州市初中毕业生学业考试体育考试实施意见（征求意见稿）》，规定考试距离是100 m，不限泳姿。在评分标准中，男生合格标准为1′25″[①]，女

---

① 1′25″代表1分25秒，全书同。

生合格标准为 1′35″。对比其他地区 100 m 的游泳标准，会发现此标准要求最高，几乎接近中国游泳三级运动员的标准。

根据各地考试资料和实地调查结果发现，在全国实施中考游泳考试的地区，游泳考试项目五花八门，各有一套标准，没有科学依据，缺乏标准化和规范化的考试要求，严重影响了考试评价的公平性和标准制定的严谨性。笔者通过对各地区的游泳标准进行细致比较，以揭示其欠缺标准化和规范性的问题，同时，借鉴中国业余游泳标准、中国游泳运动员等级标准、美国游泳协会制定的青少年游泳标准和加拿大青少年冠军游泳标准规范，并参考 2014 年体测中长跑标准和中国田径运动员等级标准等，力图为中考游泳考试制定一个比较科学合理、严谨规范的标准。

1. 中考体育增设游泳考试的必要性

增设游泳作为必考项目之一，是中考体育改革的一项重要举措。首先，游泳项目可较为全面地考察学生的身体素质，对青少年体质发展有深远的影响；其次，学会游泳有利于减少少年儿童的意外溺水发生率，因为初中生精力充沛、探险性强，有自己的见解，容易独自行事，他们喜爱游泳，但可能因对其中的危险估计不足而导致溺水；再次，可根据各地实际，在多雨水地区教授游泳以满足学生兴趣，因地制宜；最后，由于有多样化测试项目可供选择，提高了考试评价的公平性。总之，增设游泳考试，是一项一举多利的举措。

2. 各地区体育中考游泳考试项目不一，各立标准

2016 年 8 月，《南方都市报》的记者调查了全国 36 个城市①的体育中考，调查结果显示：各地考试项目因为地域不同而有所区别；执行游泳考试的地区主要分布在南方地区，分别是上海、宁波、杭州、厦门和南宁。为了扩大横向对比范围，除了这 5 个地区，笔者也对苏州、中山和广州的中考游泳项目考核标准进行了对比。其中，南宁将游泳列为体育中考选考项目，其他地区将游泳列为体育中考必考自选项目。

（1）上海游泳考试标准。

2016 年的上海体育中考考试项目评分标准显示：上海游泳考试的游距是 200 m，长池和短池②均可以考试且考试标准一样（男生满分标准为 4′36″，女生满分标准为 4′56″，男女生每个分值相差均为 20 s）。

（2）杭州游泳考试标准。

2016 年的杭州市区初中毕业升学体育考试要求和评分标准显示：杭州游泳考试的游距是 100 m，长池和短池均可以考试且考试标准一样（男生满分标准为 2′20″，女生满分标准为 2′30″，男女生等分值时间差均为 10 s，而且男女生前后分值时间差均为 5 s）。

（3）宁波游泳考试标准。

宁波的游泳考试规则比较独特。2016 届宁波市初中毕业学生升学体育考试实施方

---

① 36 个城市包括北京、上海、广州、深圳、哈尔滨、天津、重庆、长沙、南昌、郑州、南京、杭州、宁波、济南、太原、合肥、石家庄、西安、成都、兰州、沈阳、海口、长春、呼和浩特、南宁、西宁、昆明、银川、乌鲁木齐、贵阳、拉萨、厦门、福州、青岛、大连、武汉。

② 长池指 50 m 池，短池指 25 m 池，全书同。

案规定，根据学生游距来计算得分：男子 140 s 游完 100 m 得 10 分，游完 90 m 得 9 分，依此类推，游完 25 m 得 2 分，未游完 25 m 不得分；女子 160 s 游完 100 m 得 10 分，游完 90 m 得 9 分，依此类推，游完 25 m 得 2 分，未游完 25 m 不得分。测试成绩按成绩下限计算，男女生等分值时间差均为 20 s。另外，由于它是 10 分为满分，即每 1 分值距离差是 10 m。如果按百分制，则每 10 分值距离差是 10 m。

（4）厦门游泳考试标准。

2016 年游泳项目在厦门的体育中考中首次亮相。2016 年厦门市体育中考考试项目评分标准显示，有 5% 考生选择 100 m 游泳，考生游泳成绩两极分化。考试要求在 50 m 泳道进行考试，人工计时且不限泳姿，完成项目就可以获得 2 分，男生满分（12 分）标准是 2′18″，女生满分标准是 2′30″。男女生等分值时间差没有统一的规律，前后分值时间差也没有统一的规律。

（5）南宁游泳考试标准。

2016 年，南宁市初中毕业升学体育与健康考试实施方案要求学生在标准 50 m 的泳道上考试，人工计时且不限泳姿，并允许特殊学生进行考试。该市的游泳考试项目安排比较人性化：正常学生满分标准为男生 35 s，女生 40 s，男女生前后分值时间差均为 1 s，男女生等分值时间差是 5 s；残障学生满分标准为男生 48 s，女生 51 s，男女生前后分值时间差均为 1 s，男女生在等分值时间差是 3 s。实施残障学生游泳考试，保证了特殊学生受教育权利及教育评价公平性。南宁制定的体育中考游泳考试满分标准接近国家体育总局颁布的游泳 50 m 三级游泳运动员标准（男生 34.5 s，女生 38.5 s）。

（6）苏州游泳考试标准。

关于组织 2016 年苏州市初中毕业生体育考试的通知显示，苏州游泳考试的游距为 50 m，长池、短池均可以考试且考试标准一样，考试评分设为 6 个等级（A 级 = 10 分，B 级 = 9 分，C 级 = 8 分，D 级 = 7 分，E 级 = 6 分，F 级 = 5 分）。男女生等分值时间差均为 10 s，男生和女生前后分值时间差一样但不是均值，分别是 25 s、15 s、10 s、10 s、1 s。男生满分标准为 1′10″，女生满分标准为 1′20″。与同样测试 50 m 游泳的南宁体育中考的满分标准比，苏州 50 m 游泳的满分标准相对较低。

（7）中山游泳考试标准。

2016 年中山市体育中考考试项目评分标准显示：中山市游泳考试项目游距为 100 m，长、短池均可且考试标准一样；男生取得 100 分需要 2′10″，女生取得满分需要 2′30″，男女生等分值时间差均为 20 s；男女生前后分值差不是均衡的，男生和女生在 90 分之前，前一个分值和下一个分值相差是 5 s，90～100 分的每一个分值之间是 8 s 时间差。

3. 各地区游泳考试标准暴露的具体问题

（1）考试游距不合适。

目前，体育中考游泳考试有三个游距，分别是 50 m、100 m 和 200 m。作为中长跑的替代考试项目，游泳考试的时间和强度应尽量与中长跑的锻炼效果相一致。如果游泳考试的距离太短，如 50 m，这与中长跑时间锻炼的心肺功能要求不一致。众所周知，普通学生中长跑成绩大多数在 3～4 分钟，而 50 m 游泳时间在 1 分钟左右。如果考 200

m游泳,而每条泳道上只允许一个人考试,尽管游泳考试时间与中长跑的时间接近,但由于泳场的泳道少,每组考试人数则较少,再加上每个考生200 m游泳考试过程相对较长(整个过程中还包括学生入水与出水、换衣),且存在安全和设施等问题,因此200 m游泳也不适合多人数同期测试。经过小范围抽样,得知普通学生100 m游泳需要时间为2分钟左右,而且游泳技能特点是对学生心肺锻炼较多。综合考虑上述因素,100 m游泳和中长跑一起作为体育中考必考自选项目相对比较合理。

(2) 长短池标准未区分。

在游泳考试场地要求上,有的地方规定只能在50 m的泳道上进行考试,但大部分地区受体育设施等条件限制或不具备50 m泳池。虽然在50 m和25 m泳道上都可以进行测试,但考试场地标准不一样就会导致成绩、评价的不公平。例如,在短池中测试时,学生可以通过多次蹬泳池壁回游,这使得测试成绩普遍好一些。因此,这种不区分长、短池的测试标准缺乏科学依据。

(3) 男女分值差异不合理。

每个地区间等分值男女时间差都不一样,而同一个地区中男女等分值时间差基本上一致,比如在上海,男女每个等分值时间差均为20 s。另外,各地区对前后分值时间差要求也五花八门。这些男女等分值时间差设为一致是缺乏科学论证的,而前后分值时间差是否设为均值也值得商榷。

(4) 地区间考试标准差异大。

由于不同游距的考试无法进行横向对比,因而对同是考100 m游泳的杭州、宁波、厦门、中山、广州5个地区进行满分标准对比,见表3-4。

表3-4 全国5个地区100 m游泳考试的满分标准

性别	杭州	宁波	厦门	中山	广州
男	2′20″	2′20″	2′38″	2′10″	1′25″
女	2′30″	2′40″	2′42″	2′30″	1′35″

宁波是在固定考试时间内观测应试者游距给予评分,其他地区则是固定游距测应试者花费的时间。对比表3-4的数据得知,广州的满分标准最高,厦门的最低。游泳考试100 m游距相对比较合理,那么到底100 m游泳考试时间应该遵照什么依据,另外,长短池标准差异是多少,男女等分值时间差、前后分值时间差如何规定,这些都是值得重点探讨和亟待解决的问题。

4. 各级别游泳标准对比分析

国家体育总局于2011年颁布了《全国游泳锻炼等级标准》,该标准适用于非专业运动员(业余人员)游泳锻炼。但该标准存在一定缺陷,例如,中长距离的游距没有量化指标,用非时间限制标准来对学生进行测试的实操性较差。

如若参照《全国游泳锻炼等级标准》的成年男女业余100 m自由泳等级标准、中国游泳协会指定的游泳运动员等级标准,以及美国青少年游泳运动员等级标准、加拿大青少年游泳运动员冠军等级标准,给青少年100 m游泳考试制定出操作性强的量化指标,将使得体育中考的游泳考试更有可操作性与科学性。

（1）中国游泳锻炼等级标准。

《全国游泳锻炼等级标准》（国家体育总局，2011）的实施对象为全民。在小学生、中学生、成人女子、成人男子四类人群均设五个等级（一级金海豚、二级银海豚、三级粉海豚、四级绿海豚、五级蓝海豚）。

对于小学生、中学生，每个等级的男女生标准一样，而且对于100 m或以上距离游泳没有量化标准。中学生（初中生和高中生）不限泳姿、不限时间，只需要能游100 m就可以达到四级绿海豚级，能游50 m就可以达到五级蓝海豚级。至于100 m游多少时间可以达到一级、二级、三级，该标准没有说明。

由于中小学生100 m及以上距离游泳的等级没有时间量化标准，游泳考试就缺乏可操作性，而男女标准无差异区分，更不符合男女生理结构差异规律，缺乏科学性。而成年人的业余游泳标准有时间限制，该标准为制定中小学生游泳标准提供参考。由于中考游泳考试多是不限泳姿，而四种泳姿中最快的是自由泳，这里只介绍自由泳的等级标准。全国成年男女业余100 m自由泳锻炼等级标准见表3-5。

表3-5　全国成年男女业余100 m自由泳锻炼等级标准

项目	一级金海豚	二级银海豚	三级粉海豚	四级绿海豚	五级蓝海豚
成年男子	1′40″	1′58″	2′20″	2′50″	不限泳姿，在2′10″内连续游完50m
成年女子	2′15″	2′25″	2′55″	3′20″	不限泳姿，在2′30″内连续游完50m
时间差	0′35″	0′27″	0′35″	0′30″	0′20″

注：根据全国游泳锻炼等级标准整理而成。

业余自由泳考试的泳道为50 m或25 m，符合国家标准《体育场所开放条件与技术要求》（GB 19079—2003），长短池标准一致。由表3-5可以看出，同等级相比，全国成年男女业余100 m自由泳存在一定时间差，且时间差较大；而不同等级相比，等级之间的时间差不是均等的。成年男子业余100 m自由泳一级和二级标准相差18 s，二级和三级标准相差22 s，三级和四级标准相差30 s；女子一级和二级标准相差10 s，二级和三级标准相差30 s，三级和四级标准相差25 s。同等级的成年男女业余100 m自由泳锻炼标准之间的时间差在20 s～35 s之间。

（2）中国三级游泳运动员等级标准。

中国游泳协会规定了中国游泳运动员（国际级健将，运动健将，一级、二级和三级运动员）的等级标准，因为专业运动员与业余运动员的游泳等级标准差异较大，所以本书主要参考了其中最低等级（三级运动员）的标准。

100 m游泳的等级标准，三级男子游泳运动员在长池的要求是1′22″，短池是1′20.5″；三级女子游泳运动员的长池要求是1′34″，短池是1′33″。100 m男女三级游泳运动员在长池之间差异是12 s，在短池之间的差异是12.5 s。为了更加清楚了解运动员在长短池中的差异规律，把每个级别（国际健将，运动健将，一级、二级、三级运动员）的 100 m 男和女各自在长短池时间差计算出来，结果发现除了二级女运动员的长短池时间差是 2 s，三级女运动员长短池时间差是 1 s 外，其他每个级别的男运动员和女运动员在长短池时间差均为 1.5 s。另外，为了观察不同游距男女之间的时间差以及男和女各自在长短池的时间差，计算了 100 m、200 m、400 m、800 m、1500 m 各个级别自由泳男女之间的时间差和男女各自在长短池的时间差。最后得知，游距越长，男运动员和女运动员各自在长短池时间差越大；此外，男女之间的差异也是游距越长，差异越大。

（3）美国青少年游泳运动员等级标准。

美国青少年游泳运动员等级标准（Age Group Time Standards）分为六级。考虑到中国大部分地区对学生的中长跑要求时间约为 4 分钟，因此本书只对美国青少年（13～14 岁）400 m 及以下距离游泳等级进行说明与分析。由于此年龄符合中国初中毕业生的年龄而且游泳时间不会太长。其每个级别男女时间差与中国游泳运动员标准具有同样的规律：游距越长，男女的时间差越大；等级越低，男女的时间差越大。在标准的 50 m 长池的泳道上，游 50 m 的男女平均相差 2.7 s 左右，游 100 m 的男女平均相差 4.4 s 左右，游 200 m 的男女平均相差 8.2 s 左右，游 400 m 的男女平均相差 12.2 s 左右。从短池（25 m）的标准也可以发现同样的规律。在标准的 25 m 短池的泳道上，游 50 m 的男女平均相差 2.4 s 左右，游 100 m 的男女平均相差 4.8 s 左右，游 200 m 的男女平均相差 8.9 s 左右，游 400 m 的男女平均相差 16.7 s 左右。另外，游距越长，男性在短池中的成绩越有优势，男女之间的时间差越大。

2016 年美国青少年运动员（13～14 岁）100 m 游泳等级成绩及长短池对比见表 3-6。由表中数据可以看出，美国青少年运动员在短池中游泳的成绩都要优于在长池中的成绩。对比每个同等级的长短池成绩，男运动员有 2.2 s～2.9 s 的时间差，女运动员有 1.8 s～2.4 s 的时间差，且等级越低差异越大。此外，男女之间的差异也不一样，同样遵循等级越低差异越大的规律，长池相差 3.8 s～5.1 s，短池相差 4.2 s～5.6 s。

表 3-6　2016 年美国青少年运动员（13～14 岁）100m 游泳等级成绩及长短池对比

项目		4A 时间	3A 时间	2A 时间	1A 时间	2B 时间	1B 时间
长池 (50 m)	男子	57.19″	59.89″	1′02.59″	1′05.29″	1′10.79″	1′16.19″
	女子	1′00.99″	1′03.89″	1′06.79″	1′09.69″	1′15.49″	1′21.29″
	男女差值	3.8″	4″	4.2″	4.4″	4.7″	5.1″
短池 (25 m)	男子	54.99″	57.59″	1′00.19″	1′02.79″	1′08.09″	1′13.29″
	女子	59.19″	1′01.99″	1′04.79″	1′07.59″	1′13.29″	1′18.89″
	男女差值	4.2″	4.4″	4.6″	4.8″	5.2″	5.6″
男子长短池差值		2.2″	2.3″	2.4″	2.5″	2.7″	2.9″
女子长短池差值		1.8″	1.9″	2″	2.1″	2.2″	2.4″

资料来源：https://www.usaswimming.org/times/popular-resources/national-age-group-records。

注：根据美国青少年游泳运动员等级标准的数据整理而成。

(4) 加拿大青少年游泳运动员冠军等级标准。

与美国青少年运动员相比，加拿大游泳锦标赛14岁年龄组的冠军水平［2015年加拿大游泳标准年龄组（14岁）锦标赛成绩见表3-7］和美国青少年运动员（13～14岁）4A级水平差不多。由表3-7的数据同样可以看出，游距越远，则男女运动员长短池的时间差越大。

表3-7 2015年加拿大游泳标准年龄组（14岁）锦标赛成绩

自由泳项目	男子成绩			女子成绩			长池男女时间差	短池男女时间差
	长池	短池	长短池差值	长池	短池	长短池差值		
50 m游	26.40″	25.60″	0.80″	28.40″	27.70″	0.70″	2″	2.10″
100 m游	57.80″	56.50″	1.30″	1′01.40″	1′00.10″	1.30″	3.60″	3.60″
200 m游	2′06.50″	2′02.60″	3.90″	2′12.90″	2′09.90″	3″	6.40″	7.30″
400 m游	4′30.20″	4′21.80″	8.40″	4′42.40″	4′34.30″	8.10″	12.20″	4.10″
800 m游	9′34.40″	9′09.80″	24.60″	9′46.50″	9′28.20″	16.30″	12.50″	18.40″
1500 m游	18′02.40″	17′28.90″	33.50″	18′59.3″	18′27.3″	32″	56.90″	58.40″

数据来源：http://www.swimming.ca/en/rankings/?competition = Toptimes&gender = M&course = LCM&season = Alltime&age = 14_14。

注：根据加拿大青少年游泳运动员最高纪录整理而成。

加拿大14岁年龄段100 m自由泳男女项目的长短池成绩差值均为1.3 s；不管是长池成绩还是短池成绩，男女的时间差均为3.6 s。因为这是加拿大14岁运动员的最高水准，与美国青少年运动员（13～14岁）4A级男女长池相差3.8 s及4A级男女短池相差4.2 s相比，两国该年龄段最高水平运动员的成绩总体差异不大；而男女运动员级别越低，则成绩差异越大。

对比各类规范游泳成绩，可得出相同的规律：一是短池的游泳成绩明显优于长池的；二是游距越长，男女的时间差越大；三是运动员等级越低男女的时间差越大，即级别越低，前一个级别和下一个级别的时间差越大；四是短池里男女时间差和长池里男女时间差也不一样，每个级别男女时间差不是均值分布的。

（三）选考项目具体分配情况

广东省21个地市中有6个地市的体育中考没有选考项目，其他15个地市的选考项目差异很大。体育中考统一考试的选考项目分布见表3-8。有的地区选考的项目很多，如佛山是在12个项目之中选一项。提供多种考试项目选择无疑符合素质教育评价标准，不仅能提高学生的学习兴趣，还可以提高考试平等性及教育评价的公平性。当然，考试项目多样性在某种程度上增加了考试难度，各个考点难以把握标准的一致性。然而有的地区选考项目只有2项，甚至有的地区没有选考项目，如梅州、汕尾等。考试项目单一，虽然实施考试的难度降低了，但教育评价的公平性等却难以得到体现。

表3-8 广东省体育中考统一考试的选考项目分布

类别	项目	广州	深圳	珠海	汕头	佛山	韶关	河源	梅州	惠州	汕尾	东莞	中山	江门	阳江	湛江	茂名	肇庆	清远	潮州	揭阳	云浮	频数
跑类	中长跑		√																				1
游泳	100米游泳					√																	1
素质类	引体向上（男）		√									√											2
	1分钟仰卧起坐（女）			√	√	√	√					√		√									5
	1分钟排球对墙连续传球					√	√																2
球类	篮球半场来回运球上篮	√	√	√	√	√	√	√				√		√									9
	1分钟篮球投篮											√											1
	足球踢球																						1
	足球25米绕杆运球	√	√	√	√	√	√											√					6
投掷类	推铅球		√		√																		2
	投掷实心球		√	√	√	√	√	√		√		√	√	√				√	√			√	12
	1分钟跳绳		√	√	√	√	√	√		√		√	√	√	√			√	√			√	12
跳跃类	跳远	√																					1
	三级蛙跳	√				√	√						√										4
	立定跳远	√	√		√	√				√		√	√	√	√								8
其他	1分钟踢毽子					√						√						√					3
	双杠1分钟杠跳起支撑前摆下																						1
合计		5	7	5	2	12	5	2	0	3	0	7	5	6	2	0	0	5	3	0	0	2	71

表 3-8 显示，投掷实心球和 1 分钟跳绳的使用频数最高，广东省有 12 个地区将两者作为选考项目，其次是篮球半场来回运球上篮和立定跳远，使用的频数分别是 9 和 8。自 2015 年起，佛山开始尝试在选考项目中增设游泳项目。体育中考主要包括学生体能类与运动技能类考试，其中体能包括耐力、速度、柔韧性、力量和灵敏性五种。有的地区既有体能类考试，又有技能类考试，促进了学生身体素质的全面发展；然而有的地区只是监测学生体能发展情况，没有兼顾到学生运动技能发展。体育中考统一考试项目大部分为田径类项目，极少为球类项目。体育考试选项设置太少，不利于学生身体素质的全面发展以及体育兴趣的培养。

三、特殊生的体育免择考方案

特殊生主要包括体育优异生、丧失运动能力残障学生、能参加部分体育项目的残障学生、突发意外免考与补考学生四种。每个地区的特殊生的体育免择考方案差异比较大。

（一）体育优异生的免考方案

对于一些在体育比赛中获奖的学生，广东省有 15 个地区没有相关的优待条件，而东莞、阳江等 6 个地区对于体育优异生给予一定免试条件（体育优异生政策见表 3-9）。

表 3-9 广东省部分地区体育优异生政策

地区	体育优异生政策
东莞	按当年全市考生体育考试平均成绩赋分
中山	体育比赛获奖经审批免体育考试的考生，其体育考试成绩按 90 分计算。获国家等级运动员称号三级以上经审批免体育考试的考生，其体育考试成绩按 100 分计算
阳江	参加市级体育比赛，获得个人比赛前 6 名、集体比赛前 3 名，或者参加省级比赛个人或者集体前 6 名，成绩按满分计算
清远	参加省、市级以上教育部门和体育部门联合主办的体育比赛，获省赛前 6 名、市赛前 3 名（含个人项目和集体项目）者，中考体育成绩按满分计算
揭阳	参加或代表揭阳在省或省级以上层级教育和体育行政部门主办的体育比赛中，获前 8 名（个人和集体）者，可免参加体育考试，中考体育考试按满分（25 分）计算
云浮	参加省级以上教育行政部门或与体育部门联合主办的体育比赛，获前 6 名（含个人项目和集体项目）者，体育考试成绩按满分计算

2014 年，《国务院关于深化考试招生制度改革的实施意见》（国发〔2014〕35 号）出台，很多地区对国务院的改革精神领会不足，取消了体育优异生的政策照顾规定，这样做不利于提高学生参与体育运动的兴趣。2014 年 12 月 10 日，教育部等五部门印发《关于进一步减少和规范高考加分项目和分值的意见》（教学〔2014〕17 号）。该意见规定，"在高级中等教育阶段获得'重大国际体育比赛集体或个人项目前 6 名、全国性

体育比赛个人项目前6名''国家二级运动员（含）以上称号'的考生，均不再具备高考加分资格"。文件还规定，"相关考生可选择报考高校高水平运动队招生，或运动训练、武术与民族传统体育专业单独考试招生，或其他体育学类专业招生"。这给真正有运动技能特长的学生提供了更好的入学途径。经教育部批准，全国共有287所大学进行高水平运动员招生，其中不乏985、211高校和"双一流"高校。比如，中山大学高水平运动队的录取政策规定，获得单考单招拟录取资格并经过指定程序后考取的，或者超过二本线65%、获得二本线资格的考生考取的，可被录取就读公共事业管理专业。举办一些体育比赛有利于提高学生的身体素质和体育兴趣，活动学生身心，促进素质教育的全面发展；对于参加比赛学生取得的荣誉给予肯定，也可以增强学生的自信心。另外，统一考试受限于场地、设施、时间等因素，主要组织考田径类项目，没有或者很少组织考球类项目。而举办非田径类体育比赛可以提高学生的体育兴趣，可在一定程度上弥补统一考试项目太少的缺憾，促进素质教育的发展。

然而，也有人利用加分政策，滥用手中的特权给一些学生"谋利益"，篡改体育比赛成绩，为一些体质差的学生找捷径，这大大损伤了教育公平原则。如2013年深圳市出现3000余名"尖子生"体育免考的事件。

（二）残障学生及突发事件时的体育免择考方案

《中共中央 国务院关于促进残障人事业发展的意见》（中发〔2008〕7号）和《中国残障人事业"十二五"发展纲要》（国发〔2011〕7号）指明了新时期我国残障人体育事业的发展方向。发展好特殊教育对于全民素质的提高至关重要。

在对广东省普通中小学进行调查得知，有58.8%的中小学有残障学生就读，然而其中有41.6%学校表明这些残障学生根本不用上体育课。每个地区的体育考试免择考条件差异很大、内容庞杂，表3-10罗列了广东省主要体育免择考方案。

表3-10 广东省主要体育免择考方案

免考生的体育成绩授予方案	择考生的体育择考方案
①全部考生的体育成绩平均分 ②按参加体育理论考试的成绩 ③体育成绩给予满分 ④由其文化课总得分决定 ⑤直接给予体育满分的60% ⑥直接给予体育满分的80% ⑦直接给予体育满分的54.5% ⑧直接给予体育满分的50%	①择考2项的，按平均分的95%计算；择考1项的，按所考项目得分的90%计算 ②择考1项的，按所考项目得分的70%计算 ③择考2项的，按平均分的90%计算；择考1项的，按所考项目得分的70%计算 ④选择1个考试项目的，按项目实际得分计算 ⑤选择2个考试项目的，按平均分的100%计算；选择1个考试项目的，按实际总得分的75%计算 ⑥选择2个考试项目的，按平均分的80%计算；选择1个考试项目的，按实际总得分的70%计算 ⑦择考1个考试项目的，按满分为15分计算；择考2个项目的，每个项目满分按12分计算，两个项目成绩相加 ⑧择考生考试成绩，按实际考试的成绩计算

在普通学校就读的部分残障学生，因为部分肢体失去了运动能力，如果直接根据伤残等级或者根据考生体育理论课、文化课等考试成绩给予他们体育分数，不仅没有帮助提高残障学生的体质，而且没有真正给予残障学生关怀。如何设置一些特殊体育项目，如何制定残障学生的考试标准，如何真正帮助残障学生提高体质，使他们的健康得到长足发展，这是教育界一个最值得关注和亟待解决的问题。

另外，对于同样的免试标准，每个地区甚至每个区域间执行的力度都有所差异，比如学生的身体条件、伤残程度标准及医院等级证明等，各地区的要求都有所差异，这就给一部分人钻了空子，甚至使一些正常的、只是体质差的学生成了免试生。学生的身体素质没有得到真实评价，更使他们缺少锻炼和监督。而对于一些突发意外伤病考生，部分地区在考试方案中并没有给予详细说明和规定。此时，应该根据学生的实际情况给予缓考，经过一段时间后，缓考仍不能参加的学生，才给予详细的免择考条件。

四、体育中考的组织

考试组织主要涉及考务人员安排、场地设施、考试时间等方面。为了避免考生与考评人员在考试之前有联系和不必要接触，一些地区在考试的前一天才组织考评人员进行抽签分组，然而也有一些地区，在考试前很多天就通知考生考试地点安排以及具体考评人员的分配与组织安排等，这其实是在无形中泄露了考试信息。

由于经费、场地等原因，一部分地区采用人工计时，这样既造成了人力资源浪费，也增加了人为干扰因素；有的地区尽管使用了电子计时，但由于考务人员专业技术水平等方面原因，会产生一定的失误等。部分地区采用相对规范的塑胶跑道，而有一些地区的跑道根本未达到考试要求。考试场地设施条件不一样，难以保证考试的公平、公正。因此，应尽可能组织集中考试，以确保考试条件的一致性。

在考试的组织方面，首先应该考虑到考试过程中尽量避免危险事故的发生，其次保证考试结果的精准性，最后确保考试的公平与公正。良好的组织和秩序可以帮助更加准确地评测出学生身体素质和运动能力的高低，提高教育评价质量。

五、存在的主要问题

（一）体育成绩的权重与结构比例不平衡

广东省有文件规定体育成绩不得低于文化课总成绩的8%，然而仍有近50%的地区还没有达到这个标准。在体育考试成绩中，过程性考核与终结性考核比重不合理，大部分地区只重视终结性考核，不重视过程性评价。而仅仅用终结性考核不能真实评判学生整体运动能力。结合采用终结性考核与过程性考核的地区较少，又由于任课教师在打分时没有做到差异区分，使得过程性评价没有起到客观的评价功能。

（二）体测成绩作为体育考试成绩误差较大

大部分地区把体测结果作为一个标准来衡量学生的体育成绩，而在调查中笔者发现体测的主要目的是及时向上级部门提交体测成绩。体测成绩一般占体育总分的比例都比较小，除了潮州的体测成绩占体育总分50%和江门的占20%外，其余地区体测成绩占比均不超过10%，多数地区体测成绩只占体育总分的5%，甚至部分地区规定只要完成体测就可以得满分，因此通过设置体测成绩对学生体质锻炼起到的监督作用有限。另外，大部分学生由于主观努力不够，或不够重视体测成绩，再加上部分仪器不精确，以及体测考务人员松懈管理等原因，也导致体测成绩误差较大。

（三）统一体育考试项目内容设置上重体能、轻技能

首先，统一考试必考项目和选考项目的选择没有统一标准。对于必考项目，大部分地区以有氧耐力中长跑作为必考项目，也有部分地区开始把游泳作为体能耐力类项目进行考试，但基本上也是属于试行阶段，而且各地区游泳标准差异太大，或者没有量化评价标准，使考试的可操作性较差。也有部分地区以短跑类作为必考项目，但该项目不能促进学生通过运动改善心肺功能，不能扭转近年来学生心肺功能持续下降的现状。对于选考项目，有的地区可供选择的项目太少，有些地区甚至没有选考项目，这有悖于素质教育的全面发展，教育评价的公平性得不到体现。

其次，体测项目与统一考试（终结性考试）内容有重复，增加了学生考试负担，浪费了大量人力、物力。

最后，所有的考试项目中，体能类运动项目过多，技能类运动项目较少。只重视提高学生体能素质，却忽视学生运动技能发展，不利于学生体育兴趣的培养。

（四）以普通学生考试项目和标准来测试残障学生不科学

以普通学生考试项目和考试标准让残障学生进行择考，然后按一定比例给予其成绩，或者让残障学生免考并直接按照一定比例给予其体育分数，这些做法显然不够科学。

（五）考试的免试与加分制度混乱，地区间免择考标准也不一致

广东省21个地区在对待体育优异生、残障学生、突发事件缓考学生，免择考的方案五花八门、标准不一，执行力度也不一样，包括伤残等级认定、审核等均没有统一的标准，以致教育评价公平如同海市蜃楼。

（六）考试成绩的客观性得不到保障

部分地区在对考评人员的安排处理上欠缺妥当，电子计时与人工计时的差异，再加上部分考评人员对考试仪器操作不够熟练，考试场地设施条件迥异等，各种考试实施条件差异使得考生的成绩误差较大，考试成绩不够客观，考试的公平性无法得到体现。

第二节　国家学生体质健康标准测试

中国要求在校普通中小学生参加国家学生体质健康标准测试（简称"体测"），学生因病或残障可向学校申请免测。本书通过比对广东省2015年学生体测成绩，了解每个阶段学生体质状况变化规律，计算每个阶段每个年级男女生成绩差距，结合实际，试图找出成绩偏差的原因并给出优化方案。另外，目前国际上比较盛行的体测方案是美国健康体适能测试，本书期望对比分析美国健康体适能测试的做法，提出中国体测优化方案等。

一、体测成绩与分析

（一）优秀率数据与分析

广东省学生体测优秀率分布如图 3-1 所示，各年级男女生体测优秀率差距如图 3-2 所示。从图 3-1 可以得知，初中阶段学生体测优秀率最高，小学阶段其次，高中阶段学生体测优秀率开始大幅降低，大学阶段的最低。

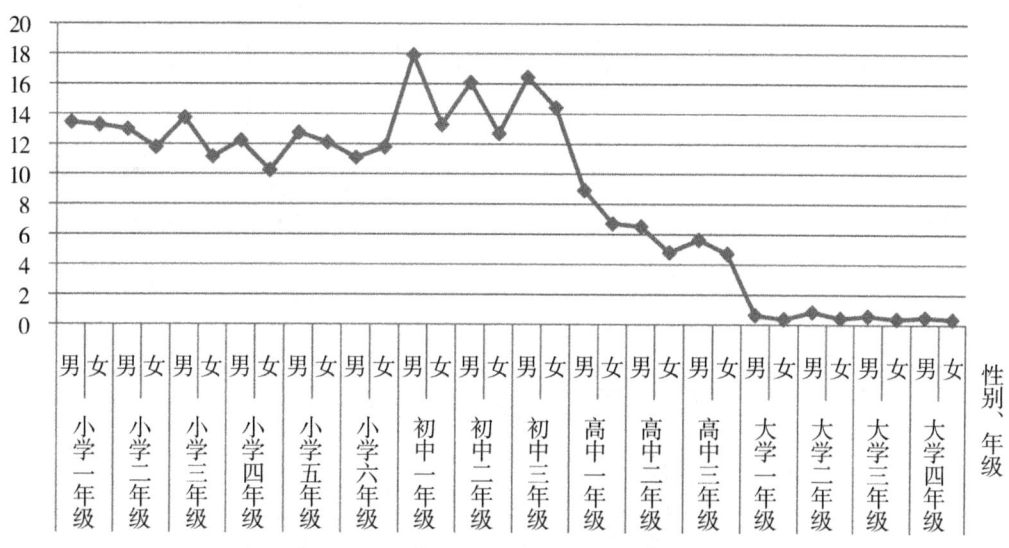

图 3-1 广东省学生体测优秀率分布

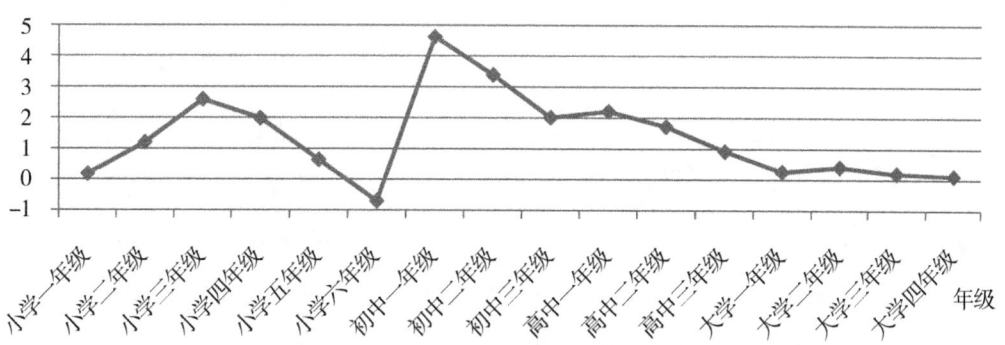

图 3-2 广东省各年级男女生体测优秀率差距

结合数据及图 3-2 可以看出，除了小学六年级，每个学段学生体测优秀率都是男生高于女生，小学一年级、五年级、六年级和大学的男女生体测差别较小，其他年级均有一定的差距，其中以初中阶段的差距最大。

(二) 良好率数据与分析

广东省学生体测良好率分布如图3-3所示，各年级男女生体测良好率差距如图3-4所示。从图3-3可以看出，小学生和初中生体测良好率最高，高中生其次，大学生最低。小学生和初中生体测良好率基本上没有大的变化，保持在40%～50%之间；高中生的体测良好率开始不断下降；大学生体测良好率最低，下降至10%左右。

从图3-4可以得知，女生体测良好率均高于同年级男生，这与体测优秀率大部分男生优于女生的情况相反。男女生体测良好率差距的数值全部为负，所有年级均为女生体测良好率高于男生，特别是初三年级女生体测的良好率高于男生近10%。

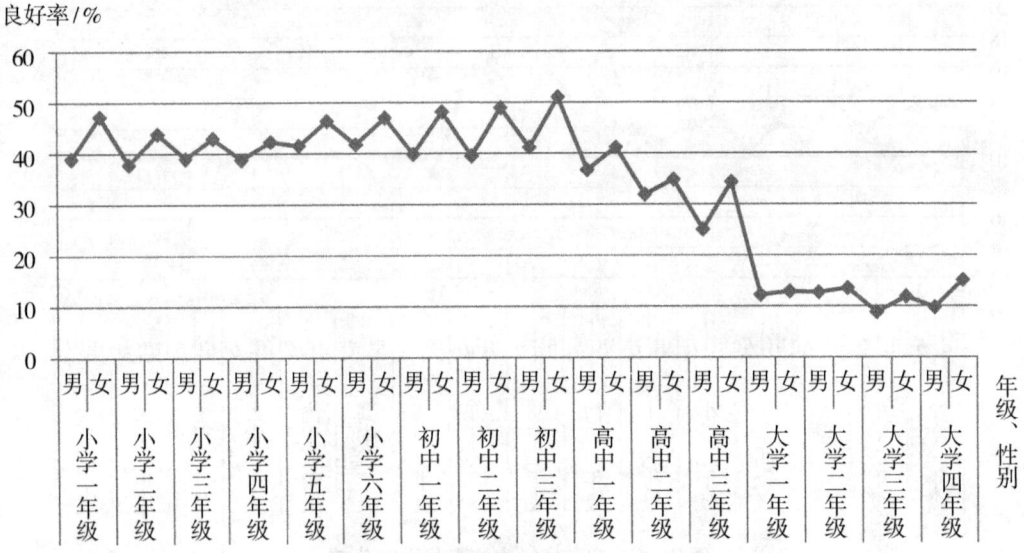

图3-3 广东省学生体测良好率分布

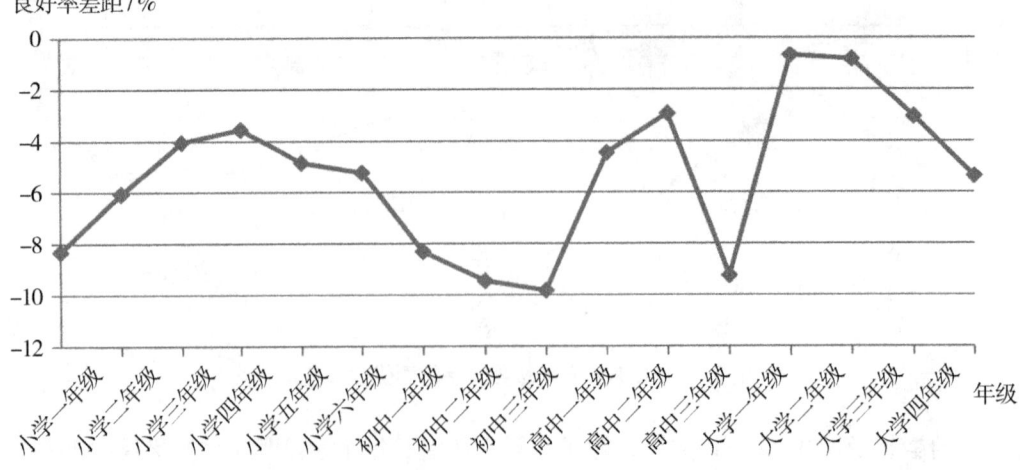

图3-4 广东省各年级男女生体测良好率差距

（三）及格率数据与分析

广东省学生体测及格率分布如图 3-5 所示。从图 3-5 可以看出，小学生和初中生的体测及格率基本上保持一致（约占 40%），高中阶段上升至约 55%，大学阶段则保持在 75% 左右。也就是说，大学期间体测及格率最高，高中其次，小学与初中阶段最低。这里及格率指的是处于良好率与不及格率之间总体学生的比例数据，不包括良好及以上者。然而，大学阶段学生体测及格率最高，主要原因是该阶段学生的体测优秀率与良好率较低。

广东省各年级男女生体测及格率差距如图 3-6 所示。由图 3-6 可知，广东省中小学男女生体测及格率的差距仅在高中二年级（11 年级）达到男女生平衡（接近于 0），其他年级均为男生高于女生；然而大学阶段，男生的体测及格率却普遍低于女生的。

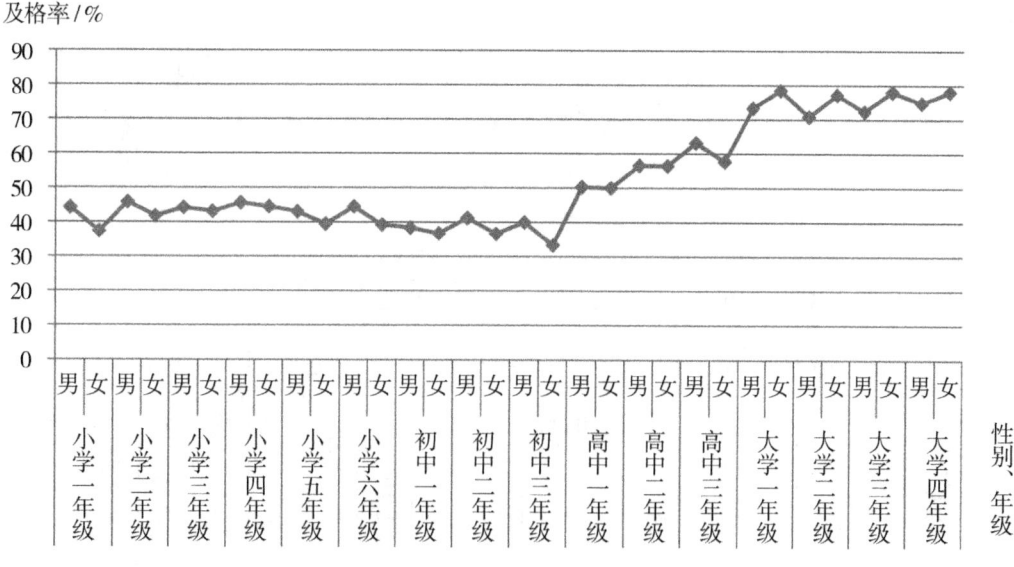

图 3-5　广东省学生体测及格率分布

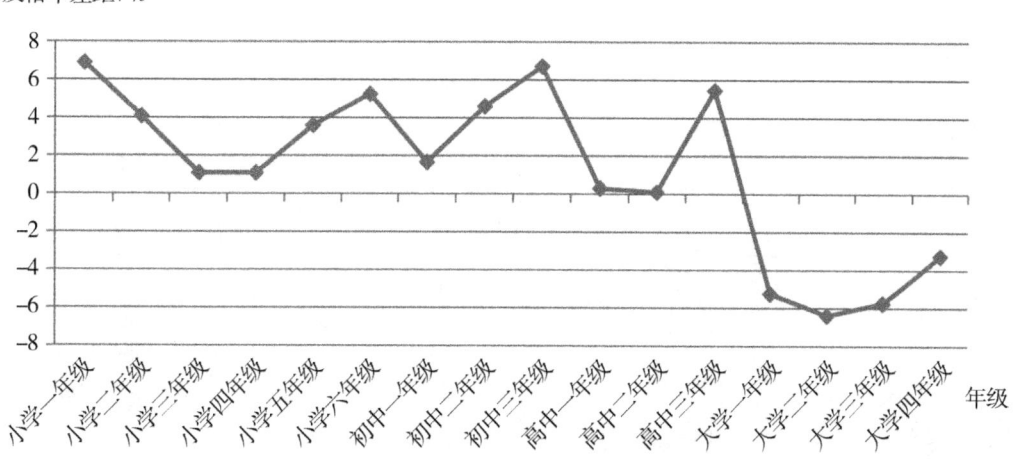

图 3-6　广东省各年级男女生体测及格率差距

(四) 不及格率与分析

广东省学生体测不及格率分布如图3-7所示,各年级男女生体测不及格率差距如图3-8所示。由图3-7可知,小学一年级至初中二年级,体测不及格率基本保持在2%～4%;初中三年级的学生由于备考升学体育考试,体测不及格率最低,只有1%～2%;高中一年级的体测不及格率也保持在2%～4%;高中二年级之后,体测不及格率越来越高;大学三年级男生不及格率最高达18.5%。从图3-8中可以清楚看出,各年级学生体测不及格率的变化规律与趋势。男生与女生不及格率差距均为正值,即每个学段不及格率均为男生高于女生;在小学三年级男女生基本上达到平衡;从高中三年级开始,男生体测不及格率越来越高于女生。

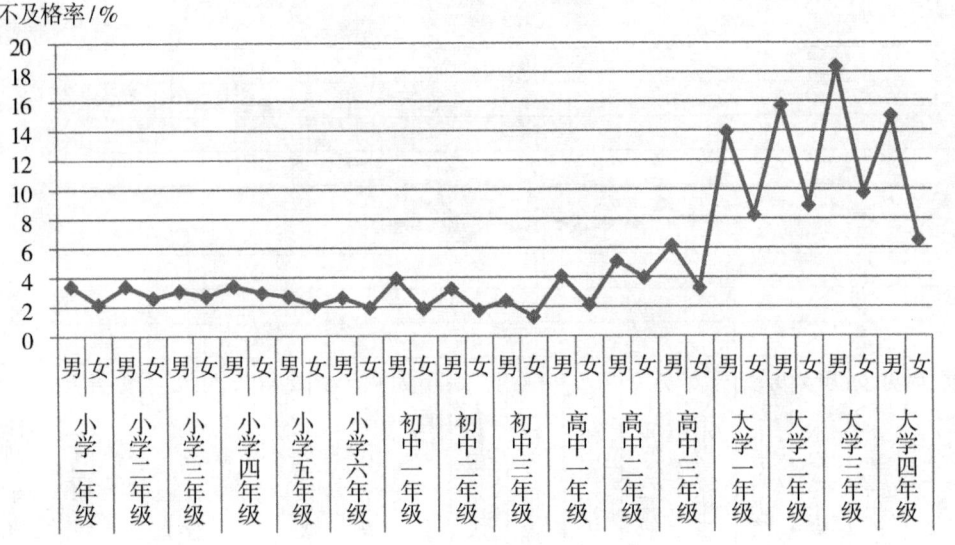

图3-7 广东省学生体测不及格率分布

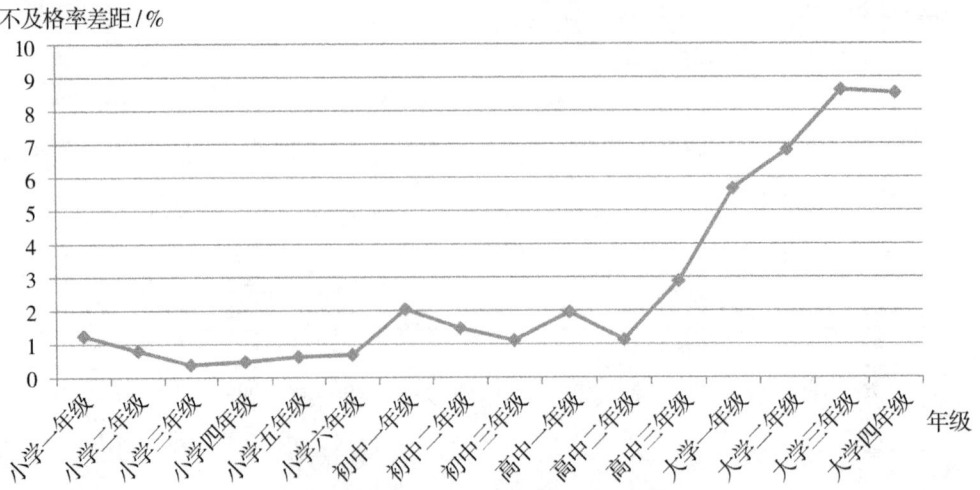

图3-8 广东省各年级男女生不及格率差距

（五）成绩差异及原因分析

1. 各学段成绩差异及原因分析

由图 3-1 至图 3-8 可以看到，学生体测的优秀率、良好率都是在初中达到最高，小学其次，高中第三，大学最低。而及格率则是大学较高，高中其次，小学和初中最低。不及格率在小学和初中最低，高中其次，大学最高。因为小学和初中的体测优秀率和良好率所占比例较大，所以及格的比例相对偏低。如果把体测成绩分为及格与不及格两大类，则体测不及格率的高低在一定程度上反映了学生身体素质的好坏。由图 3-7 可知，初中一、二年级及小学生的体测不及格率基本一致，初中三年级升学体育考试时的体测不及格率最低。结合每个阶段体测数据发现：我国初中生身体素质最好，小学生身体素质较好，高中生其次，大学生的身体素质最差。

小学阶段与初中阶段身体素质较好，多半是因为小学阶段的学生活泼爱动，文化课学业压力较小且热爱体育课，体育课参与度较高；而初中阶段实施了初中毕业升学体育考试，在一定程度上促进了学生多参加体育运动，从而使其体质得到健康发展。然而尽管如此，结合学校体育产出的调查结果之一"学生体育兴趣"的数据来看，初中生最不喜欢体育课。这说明了初中升学体育考试并没有做到"双赢"，仅提高了学校体育近期效益，没有从培养学生体育兴趣入手，收到的远期效益较差。

高中阶段由于没有实施高中毕业升学体育考试，再加上高考的升学压力，以及人们对体育教育重要性认识不足，导致分配给学生进行体育运动的时间相对减少，学生体质水平急剧下降。杨乃虹（1997）的研究指出，与中国高考招生制度相比，美国等西方的一些名牌大学录取大学生采取综合选拔制，"除了大学入学考试和学术性测验成绩外，还要参考中学成绩、能力、兴趣、体育、个人背景等其他因素"。中国高考是选拔性考试，有着"一考定终身"的弊端，识记性内容又多，身体素质好又活泼爱动的孩子未必是高考的"宠儿"，能被选拔进入大学的学生与全国全体高三学生的身体素质相比偏弱，进入大学后大一、大二基本每周上一次体育课，大三、大四体育课免修，教师在体育课上更多是在教授与提高学生运动技能，体能类身体素质训练减少，重体能运动素质的体测成绩也就处于各个阶段最低水平。

2. 男女生成绩差异及原因分析

各个学段体测优秀率、良好率、及格率和不及格率，均出现了不同程度的男女差异。除了小学六年级，其他年级均为男生的体测优秀率高于女生。其中，初中二年级时差距最大，男生体测优秀率高于女生 4.6 个百分点，各学段两者差别率在 -0.71% ~ 4.6%；而体测良好率恰恰相反，全部女生体测良好率都高于男生。初中三年级时，达到差距最高峰，女生体测良好率高于男生 9.84 个百分点，各学段两者差别率在 -0.67% ~ -9.84%；体测及格率除了大学期间女生优于男生，其他学段都是男生优于女生，两者差别率在 -6.40% ~ 6.91%；男生在每个学段的体测不及格率均高于女生，两者差别率在 0.38% ~ 8.62%，小学阶段差别较小，初中和高中阶段差距拉大，大学阶段差距最大。

出现差异的可能原因有三个。其一，男女生考试项目要求不同。比如，大学期间要求女生考仰卧起坐、男生考引体向上，项目计分标准存在差异，成绩出现差异。其二，体测的项目单一，没有替代项目，测试结果不足以全面反映学生的身体素质。其三，测试标准没有综合考虑男女生每个阶段发育及生理结构特点。比如，女生的身高体重分数和速度灵巧类（立定跳远）项目分数显著高于男生，而肺活量体重分数低于男生（赵定麟，1996：305），各项目分值在男女生标准要求上偏差大。

除了成绩差异较大的问题外，体测项目与方法等也有待优化。考虑到美国健康体适能测试和中国体测试在测试的内容、方法有较多相似之处，本书将国际上比较盛行且得到体育界共识的美国体适能测试与本研究的调查结果进行对比分析，旨在扬长避短，以期能对我国体测提出优化建议。

二、中国体测与美国体适能测试的对比

美国大部分州进行体适能的测试是参考美国库珀研究所（The Cooper Institute）制定的儿童青少年体质健康体适能及健康体能区域（HFZ）指标与标准，其包括体能测试项目（fitnessgram）、身体活动测试项目（activitygram）以及总统青少年体适能项目等。

（一）体测与健康体适能适用范围

体测属于中国体育健康教育课程评估的组成部分，中国中小学生体育与健康课程评价的实施情况见表3-11；体适能测试属于美国体育与健康教育课程评估的组成部分，美国体育与健康课程评价及体适能测试的实施情况见表3-12。

表3-11 中国中小学体育与健康课程评价的实施情况

项目	小学	初中	高中
统一考试	学校体育与健康课程评价、体测	学校体育与健康课程评价、体测	学校体育与健康课程评价、体测
不同考试	—	初中毕业升学体育考试	高中学业水平考试
毕业要求	要求修完体育课时，没有升学体育考试	要求修完体育课时，大部分省份实施了初中毕业升学体育考试，作为中考的重要指标之一	要求修完体育课时，部分省份要求参加体育学业水平考试达到合格后方可高中毕业，没有升学体育考试

表3-12 美国体育与健康课程评价及体适能测试的实施情况

项目	体育课程评估要求	体适能测试	高中毕业要求	是否收集BMI
评估要求情况	24个州有相应的体育与健康课程评估要求	15个州有相应的要求	40个州要求学生毕业需要获得体育教育学分	12个州有相应的收集要求
占比/%	47.1	29.4	78.4	23.5

中国教育部要求所有入校的学生参加体测并上报成绩；美国各州并没有强制要求学生参加体适能的测试，不同的州要求迥异，一些州要求学生进行体适能的测试和收集学生BMI数据，一些州则不需要，有的州甚至严禁收集学生BMI等数据。2016年，美国

约有 47.1% 的州要求中小学生参加体育健康教育课程评估，但并非对所有学段学生，更多的是对个别年级进行评估，而且参加评估的州也不是要求学生参加 5 个体育健康教育标准中的所有评估；29.4% 的州要在部分年级参加体适能的测试；23.5% 的州有相应的 BMI 收集要求。美国主要通过抽样体适能测试成绩来了解当代美国青少年学生的身体健康状况。78.4% 的州（40 个州）要求高中生毕业时，要达到体育教育要求的学分。

通过对比可以看到，无论是考试内容，还是考试的对象，体测都比体适能测试多，也就是说体测的考试内容多且要求参加测试的学生范围大。对于测试数据保密方面，体适能测试的部分数据是保密的，有的地区甚至不允许收集学生的 BMI 等数据；体测虽然没有相关文件规定要求数据保密，但数据很难从官方网站或其他途径自由获取。而美国体适能测试的数据可以直接解释和分析学生体质健康状况，或者可以作为科研分析等用途。

（二）体测与体适能测试内容

1. 测试对象

中国要求所有学生都应参加体测，特殊学生可以申请免测；而美国约有 29.4% 的州要求进行体适能测试，有测试要求的州也仅要求部分年级的学生参加测试。

2. 测试内容、标准及分值

2016 年，中国规定的体测项目包括有氧耐力、柔韧性、肌肉力量与耐力、身体形态与机能、运动能力，共五个维度。在中国规定的学生体测项目中，大部分是反映学生运动素质的测试指标，体测项目见表 3-13。

表 3-13　中国国家学生体测项目

序号	测试维度	测试项目
1	有氧耐力	1000 米（男）、800 米（女）、50 米×8 往返跑
2	柔韧性	坐位体前屈
3	肌肉力量与耐力	引体向上（男）、仰卧起坐（女）
4	身体形态与机能	身高、体重、肺活量
5	运动能力	立定跳远、50 米、1 分钟跳绳

美国体育界认为身体素质分为两个部分：提高与运动成绩相关的运动素质和增进与健康相关的健康素质。他们认为高水平的速度、爆发力等对身体健康没有特别的直接关系，所以在 1975 年取消了投实心球和往返跑的测试，1985 年又取消了立定跳远和 50 米的测试，并增加了 1 英里（约 1609 米，下同）跑和坐位体前屈测试。至此完成了体适能测试由"运动技术指标"向"健康指标"过渡，确定了健康体适能测试主要包括心肺耐力（也称"有氧能力"）、身体成分、肌肉力量、肌肉耐力、柔韧性等测试维度。美国库帕研究所体适能测试项目见表 3-14。

表 3-14 美国库帕研究所体适能测试项目

序号	测试维度	测试项目
1	有氧能力（aerobic capacity）	1 英里跑（one-mile run）
		步行测试（walk test）
		20 米冲刺（20 m PACER）
2	身体成分（body composition）	体重指数（body mass index，BMI）
		脂肪比例（skinfold measurements / bioelectric impedance analyzer，percent body fat）
3	腹部力量与耐力（abdominal strength and endurance）	卷腹（curl-up）
4	躯干伸肌力量与柔韧性（trunk extensor strength and flexibility）	俯卧上体抬起（trunk lift）
5	上体力量与耐力（upper body strength and endurance）	俯卧撑（90° push-up）
		屈臂悬垂（flexed-arm hang）
		修正引体向上（modified pull-up）
6	柔韧性（flexibility）	坐位体前屈（back-saver sit and reach）
		肩部伸展（shoulder stretch）

大部分美国库帕研究所体适能测试项目适合不同年龄段的测试者，但有氧能力的测试项目除外。有氧能力测试有 3 个运动项目：1 英里跑、步行测试、20 米冲刺，但是这 3 项测试都不适合 5～9 岁的孩子，而步行测试也不适合 10～12 岁的孩子。

美国体适能测试比较重视学生灵活性（也称"柔韧性"），包括躯干以及背部、肩膀的灵活性和柔韧性，测试的项目有 3 个：俯卧上体抬起、坐位体前屈、肩部伸展。

在美国，体适能测试结果划分多个区域，如有氧能力分为风险区、需要改进区、健康区共 3 个区域，体质指数与脂肪比例则分为风险区、需要改进区、健康区、偏瘦区共 4 个区域，其他测试结果按评价标准分为合格与不合格两种（见表 3-15）。例如，卷腹测试的合格标准与性别和年龄相关，5 岁男性的合格标准是≥2 个，而 17 岁及以上男性的则是≥24 个为合格。体适能测试在每个年龄段男女达标评价标准见表 3-16、表 3-17。

表 3-15 美国体适能区域分类

种类	中文全称	英文全称与缩写
体适能区域（fitness area）	风险区域	needs improvement health risk，NIHR
	需要改进区域	needs improvement zone，NIZ
	健康区域	healthy fitness zone，HFZ
	偏瘦区域	very lean，VL
评价标准（standard）	合格	qualified
	不合格	unqualified

表 3-16 美国体适能达标评价标准（男性）

年龄/岁	腹部力量与耐力	躯干伸肌力量与柔韧性	上体力量与耐力			柔韧性	
	卷腹/个（最大完成值为75）	站姿提踵摸高*/英寸（最大完成值为12）	俯卧撑/个（最大完成值为75）	修正引体向上/个（最大完成值为75）	屈臂悬垂（个/秒）（最大完成值为90）	坐位体前屈/英寸（范围为5～12）	肩部伸展
5	≥2	6.0～12.0	≥3	≥2	≥2	8	单手抬起，从背部向下伸（掌心向背部），另一侧手从背部由下向上伸（掌心向背部），双手在背部相互接触。左右手交换，双手亦可接触
6	≥2	6.0～12.0	≥3	≥2	≥2	8	
7	≥4	6.0～12.0	≥4	≥3	≥3	8	
8	≥6	6.0～12.0	≥5	≥4	≥3	8	
9	≥9	6.0～12.0	≥6	≥5	≥4	8	
10	≥12	9.0～12.0	≥7	≥5	≥4	8	
11	≥15	9.0～12.0	≥8	≥6	≥6	8	
12	≥18	9.0～12.0	≥10	≥7	≥10	8	
13	≥21	9.0～12.0	≥12	≥8	≥12	8	
14	≥24	9.0～12.0	≥14	≥9	≥15	8	
15	≥24	9.0～12.0	≥16	≥10	≥15	8	
16	≥24	9.0～12.0	≥18	≥12	≥15	8	
17	≥24	9.0～12.0	≥18	≥14	≥15	8	
17+	≥24	9.0～12.0	≥18	≥14	≥15	8	

*1英寸=2.54厘米。

续表 3-16

年龄/岁	有氧能力 最大摄氧量/[mL/(kg·min)]*			身体成分 脂肪比例/%			身体成分 体重指数			
	风险区域	需要改进区域	健康区域	风险区域	需要改进区域	健康区域	偏瘦区域	风险区域	需要改进区域	健康区域	偏瘦区域

年龄/岁	风险区域	需要改进区域	健康区域	风险区域	需要改进区域	健康区域	偏瘦区域	风险区域	需要改进区域	健康区域	偏瘦区域
5	—	—	—	≥27.0	≥18.9	18.8~8.9	≤8.8	≥18.1	≥16.9	16.8~13.9	≤13.8
6	—	—	—	≥27.0	≥18.9	18.8~8.5	≤8.4	≥18.8	≥17.2	17.1~13.8	≤13.7
7	—	—	—	≥27.0	≥18.9	18.8~8.3	≤8.2	≥19.6	≥17.7	17.6~13.8	≤13.7
8	—	—	—	≥27.0	≥18.9	18.8~8.4	≤8.3	≥20.6	≥18.3	18.2~14.0	≤13.9
9	—	—	—	≥30.1	≥20.7	20.6~8.7	≤8.6	≥21.6	≥19.0	18.9~14.2	≤14.1
10	≤37.3	37.4~40.1	≥40.2	≥33.2	≥22.5	22.4~8.9	≤8.8	≥22.7	≥19.8	19.7~14.5	≤14.4
11	≤37.3	37.4~40.1	≥40.2	≥35.4	≥23.7	23.6~8.8	≤8.7	≥23.7	≥20.6	20.5~14.9	≤14.8
12	≤37.6	37.7~40.2	≥40.3	≥35.9	≥23.7	23.6~8.4	≤8.3	≥24.7	≥21.4	21.3~15.3	≤15.2
13	≤38.6	38.7~41.0	≥41.1	≥35.0	≥22.9	22.8~7.8	≤7.7	≥25.6	≥22.3	22.2~15.8	≤15.7
14	≤39.6	39.7~42.4	≥42.5	≥33.2	≥21.4	21.3~7.1	≤7.0	≥26.5	≥23.1	23.0~16.4	≤16.3
15	≤40.6	40.7~43.5	≥43.6	≥31.5	≥20.2	20.1~6.6	≤6.5	≥27.2	≥23.8	23.7~16.9	≤16.8
16	≤41.0	41.1~44.0	≥44.1	≥31.6	≥20.2	20.1~6.5	≤6.4	≥27.9	≥24.6	24.5~17.5	≤17.4
17	≤41.2	41.3~44.1	≥44.2	≥33.0	≥21.0	20.9~6.7	≤6.6	≥28.6	≥25.0	24.9~18.1	≤18.0
17+	≤41.2	41.3~44.2	≥44.3	≥35.1	≥22.3	22.2~7.0	≤6.9	≥29.3	≥25.0	24.9~18.6	≤18.5

*—表示不适用;最大摄氧量标准不适用于5~9岁的应试者,步行测试标准也不适用于10~12岁的应试者。

表 3-17 美国体适能达标评价标准（女性）

年龄/岁	腹部力量与耐力 卷腹/个（最大完成值为75）	躯干伸肌力量与柔韧性 站姿提踵摸高/英寸（最大完成值为12）	上体力量与耐力			柔韧性	
			俯卧撑/个（最大完成值为75）	修正引体向上/个（最大完成值为75）	屈臂悬垂/（个/秒）（最大完成值为90）	坐位体前屈/英寸（范围为5～12）	肩部伸展
5	≥2	6.0～12.0	≥3	≥2	≥2	9	单手抬起，从肩部向下伸（掌心向背部），另一侧手从背部由下向上伸（掌背向背部），双手在背部相互接触。左右手交换，双手亦可接触
6	≥2	6.0～12.0	≥3	≥2	≥2	9	
7	≥4	6.0～12.0	≥4	≥3	≥3	9	
8	≥6	6.0～12.0	≥5	≥4	≥3	9	
9	≥9	6.0～12.0	≥6	≥4	≥4	9	
10	≥12	9.0～12.0	≥7	≥4	≥4	10	
11	≥15	9.0～12.0	≥7	≥4	≥6	10	
12	≥18	9.0～12.0	≥7	≥4	≥7	10	
13	≥18	9.0～12.0	≥7	≥4	≥8	10	
14	≥18	9.0～12.0	≥7	≥4	≥8	12	
15	≥18	9.0～12.0	≥7	≥4	≥8	12	
16	≥18	9.0～12.0	≥7	≥4	≥8	12	
17	≥18	9.0～12.0	≥7	≥4	≥8	12	
17+	≥18	9.0～12.0	≥7	≥4	≥8	12	

续表 3-17

年龄/岁	有氧能力 最大摄氧量/[mL/(kg·min)]*			身体成分 脂肪比例/%			身体成分 体重指数			
	风险区域	需要改进区域	健康区域	风险区域	需要改进区域	健康区域	偏瘦区域	风险区域	需要改进区域	健康区域	偏瘦区域

年龄/岁	风险区域	需要改进区域	健康区域	风险区域	需要改进区域	健康区域	偏瘦区域	风险区域	需要改进区域	健康区域	偏瘦区域
5	—	—	—	≥28.4	≥20.9	20.8~9.8	≤9.7	≥18.5	≥16.9	16.8~13.6	≤13.5
6	—	—	—	≥28.4	≥20.9	20.8~9.9	≤9.8	≥19.2	≥17.3	17.2~13.5	≤13.4
7	—	—	—	≥28.4	≥20.9	20.8~10.1	≤10.0	≥20.2	≥18.0	17.9~13.6	≤13.5
8	—	—	—	≥28.4	≥20.9	20.8~10.5	≤10.4	≥21.2	≥18.7	18.6~13.7	≤13.6
9	—	—	—	≥30.8	≥22.7	22.6~11.0	≤10.9	≥22.4	≥19.5	19.4~14.0	≤13.9
10	≤37.3	37.4~40.1	≥40.2	≥33	≥24.4	24.3~11.6	≤11.5	≥23.6	≥20.4	20.3~14.3	≤14.2
11	≤37.3	37.4~40.1	≥40.2	≥34.5	≥25.8	25.7~12.2	≤12.1	≥24.7	≥21.3	21.2~14.7	≤14.6
12	≤37.0	37.1~40.0	≥40.1	≥35.5	≥26.8	26.7~12.7	≤12.6	≥25.8	≥22.2	22.1~15.2	≤15.1
13	≤36.6	36.7~39.6	≥39.7	≥36.3	≥27.8	27.7~13.4	≤13.3	≥26.8	≥23.0	22.9~15.7	≤15.6
14	≤36.3	36.4~39.3	≥39.4	≥36.8	≥28.6	28.5~14.0	≤13.9	≥27.7	≥23.7	23.6~16.2	≤16.1
15	≤36.0	36.1~39.0	≥39.1	≥37.1	≥29.2	29.1~14.6	≤14.5	≥28.5	≥24.4	24.3~16.7	≤16.6
16	≤35.8	35.9~38.8	≥38.9	≥37.4	≥29.8	29.7~15.3	≤15.2	≥29.3	≥24.9	24.8~17.1	≤17.0
17	≤35.7	35.8~38.7	≥38.8	≥37.9	≥30.5	30.4~15.9	≤15.8	≥30.0	≥25.0	24.9~17.5	≤17.4
17+	≤35.3	35.4~38.5	≥38.6	≥38.6	≥31.4	31.3~16.5	≤16.4	≥30.0	≥25.0	24.9~17.8	≤17.7

*——表示不适用；最大摄氧量标准不适用于5~9岁的应试者，步行测试标准也不适用于10~12岁的应试者。

目前，美国学校体适能测试仍受到一些学者与专家的质疑：第一，如果以体适能测试成绩为评判体育课程质量优劣的标准，那么必然会犯以偏概全的错误；第二，学生体适能测试成绩除了自身努力外，还与先天的遗传因素关系密切，可能有些学生无论如何努力都很难达到体适能合格标准；第三，体适能测试一般是在公开场合进行的，由于处于这种压力氛围中，学生所取得成绩往往并不理想，使他们的自尊心受到挫伤，从而对其以后参加体育活动产生不利的影响。

中国不同年龄段学生的体测项目迥异，小学生根据年级分三个组别，初中生、高中生和大学生为第四组别，第四组别的男女生的体测项目也有一定差异。中国大中小学生体测的内容及其权重见表3–18。

表3–18 中国大中小学生体测的内容及权重

单位：%

学生类别		体重指数*	肺活量	50米跑	坐位体前屈	1分钟跳绳	1分钟仰卧起坐	8×50米往返跑	立定跳远	引体向上	1000米跑	800米跑
小学一、二年级		15	15	20	30	20	0	0	0	0	0	0
小学三、四年级		15	15	20	20	20	10	0	0	0	0	0
小学五、六年级		15	15	20	10	10	20	10	0	0	0	0
初中、高中、大学	男	15	15	20	10	0	0	0	10	10	20	0
	女	15	15	20	10	0	10	0	10	0	0	20

数据来源：2014年《国家学生体质健康标准》。

*体重指数（BMI）＝体重（kg）÷身高（m）的平方。

3. 体测与体适能测试的对比

第一，身体成分的测试。从体重指数来推测学生的肥胖程度，还存在一定误差。因为运动员、孕妇、儿童等人群不适合用体重指数来判断其肥胖程度。而体适能测试是测身体成分的脂肪比例和体重指数两个指标，可以较为准确地监测到学生的肥胖情况。

第二，腹部力量与耐力的测试。体测是通过仰卧起坐来检测学生的腹部力量与耐力。仰卧起坐是所有学生群体都需要测试的项目，但是有学者（赵定麟，1996；陈伯华等，2007；韩明建 等，2011；宋国强，2011）通过实验证实，由于仰卧起坐的动作要求是抱头、固定脚，如果动作不准确，该项目可能造成应试者颈椎、脊椎或尾椎的损伤。因此，可以考虑选用优化后的仰卧起坐，该动作的特点是不固定脚、手不抱头而是放于胸前。体适能测试是通过卷腹项目来检测学生的腹部力量与耐力。卷腹动作与优化后的仰卧起坐在动作上基本一致，区别在于测试者手放的位置不同，而两种测试项目均可以降低应试者的颈椎、脊椎或尾椎损伤的发生率。

第三，柔韧性的测试。在测试学生的柔韧性方面，体测主要选用坐位体前屈；而体适能测试选用坐位体前屈、肩部伸展，并通过测试俯卧上体抬起的高度来衡量。从测试的内容来看，体适能测试更重视学生身体的柔韧性，而且其测试方法也更多样化。

第四，有氧能力的测试。中国主要通过学生参加中长跑（男生考1000米跑，女生考800米跑）的运动成绩来间接反映学生的心肺能力。但通过中长跑来测试学生的心肺功能有一定局限性，比如身体肥胖的学生，或者耐力较好但是速度较差的学生，他们中长跑测试成绩可能较差，但这并不代表其心肺功能一定很差。体适能测试通过三个项目测试学生的有氧能力，分别是1英里跑、20米PACER、步行测试，男女生的测试项目距离保持一致。而且，体适能测试通过跑步测试时收集氧气仪器的数据来直接记录学生的氧利用能力。

第五，上体力量与耐力的测试。体测中，用引体向上来测试应试者的上体力量与耐力。用引体向上测试上体力量与耐力也有争议，在体测时按照规范要求完成引体向上的成绩中，身体比较肥胖的学生测试成绩普遍较差，也有相当多的学生测试结果为0，但这并不能代表这些学生上体力量与耐力较差，也不代表他们完全丧失上体力量与耐力。体适能测试中，上体力量与耐力的项目有三个可选项目（俯卧撑、屈臂悬垂、修正引体向上），更为科学。

第六，男女测试项目的差异。体适能测试中，男女生的测试项目一致。而体测中，小学阶段男女生的测试项目一致；从初中开始，男女测试的项目有所差异。一方面，男女生的中长跑的距离不一样（男生测1000米，女生测800米）。而制定男女生的跑步测试有距离差异这一规定的依据不明确，因为所有标准田径比赛中没有1000米这个项目，而且在所有田径比赛中，男女运动员没有距离长短差异，包括世界上最长距离的马拉松比赛。另一方面，男生测试上体力量与耐力，女生测试腹部力量与耐力。由于不同学段的学生测试内容不同，而男女生测试的内容也不同，男女生测试结果也就没有可比性。这样的数据结果不利于对比、科学分析、制定相关政策等。

总体而言，美国体育界认为身体素质应分为运动素质和健康素质，高水平的速度、爆发力和上体力量与人体健康没有直接联系，所以美国体适能测试更加重视健康素质指标，而非运动素质指标；相比之下，中国体测则更注重运动素质指标，以此衡量学生体质健康水平。美国体适能测试与中国体测的对比见表3-19。

表3-19 美国体适能测试与中国体测的对比

项目	美国健康体适能测试	中国体测
测试机构	第三方机构	学校
测试对象	部分学生	全体在校学生
施测人员	专业人士	体育教师与学生助理
男女测试项目	一样	部分项目不一样
替代项目	有替代项目	无替代项目

续表 3-19

项目		美国健康体适能测试	中国体测
测试维度与项目	有氧能力	1 英里跑、步行测试、20 米冲刺	中长跑、50 米×8 往返跑
	身体成分	体重指数、脂肪比例	体重指数
	腹部力量与耐力	卷腹	仰卧起坐（需抱头、固定脚）
	上体力量与耐力	俯卧撑、屈臂悬垂、修正引体向上	引体向上
	柔韧性	坐位体前屈、肩部伸展、俯卧上体抬起	坐位体前屈
测试结果评价		·测试结果为等级； ·只有部分学生参加测试，样本少，可能产生抽样误差，不能通过体适能测试结果督促学生进行锻炼； ·同一测试维度，有一定的替代项目，测试结果较好地代表被测学生的体质健康水平； ·只有部分学生测试，测试所需动用的资源较少	·测试结果为分数； ·全体学生参加测试，有利于监测到整体学生运动素质； ·部分测试维度没有替代项目，不能充分反映学生的体质健康水平； ·数据存在一定误差，测试全体学生的总支出较大

　　美国体适能主要由第三方机构进行测试，特别是对于氧利用能力和学生的脂肪比例的测试，由于测试需要用到精密仪器，由专业机构进行测试能较准确地把握数据。

　　中国为了监测学生体质健康发展状况，要求各学校自行组织在校学生参加体测，并上报体测成绩给教育部。为了应对上级布置的任务，可能会出现部分学校佯报数据行为；部分测试人员对测试仪器不熟悉，测试结果数据可能存在较大误差。中国全体在校学生均需要参加体测，全员体测可以督促学生参加体育锻炼，有助于体育任课教师掌握学生的运动能力，从而可以在一定程度上更有针对性地实施课堂教学。

小　　结

　　广东省各地区之间的经济与教育水平差异较大，以广东省中小学体育教育投入与产出情况来解释全国中小学体育教育具有一定的模板效应，特别是对于影响学校体育投入与产出的体育课程评价方案。在调查过程中，笔者发现广东省与全国其他省区体育评价方案基本上无明显差异，初中毕业升学体育考试方案与国家学生体质健康测试这两种重要的体育考试方案都有一些问题亟待解决。

　　第一，关于初中毕业升学体育考试。由于各地区初中毕业升学体育考试项目单一，再加上学校实施的应试体育，体育中考大部分学生体育成绩是"满分"，中考体育成了名副其实的"送分考"；初中生身体素质相对较好，但学生的体育兴趣最低，出现了学生喜欢体育但讨厌上体育课的"怪圈"。升学体育考试出现了一些问题：体育成绩的权重与结构不平衡；将体测成绩作为体育考试成绩误差较大；统一考试项目内容选择不合理，重体能、轻技能；以普通生考试项目和标准来评价残障学生不科学；考试的免试与加分制度混乱，地区间免择考标准也不一致；考试成绩的客观性得不到保障；各地区游泳考试的标准不一，不利于考试公平性和规范性。

第二，关于国家学生体质健康测试标准。体测也存在一些争议，如各学段学生之间及男女生之间成绩差异很大，不利于综合分析学生身体发育状况；接受体测的群体范围很广，尽管这在一定程度上对学生体质锻炼起到了督促作用，但也消耗了大量的人力、财力、物力；测试人员专业水平低，以及测试场地、设备器材差异等问题，导致测试结果成绩存在误差；用运动素质指标来反映学生健康水平不够合理；没有替代项目，不能真实反映学生的运动素质水平；部分测试项目可能引起学生的身体损伤。

因此，如何提高学生测试效率，保证评价的公平性、科学性，节约测试资源，减少测试压力，缩小各阶段学生及男女成绩差异等，都是体测亟待解决的问题。

体育课程评价是体育健康教育课程重要组成部分，对于应试教育依旧风靡的当下，相当多学校执行"体育政策规定考什么、学校体育就教什么、学生就学什么"的教学流程。优化各种学校体育课程评价方案，在一定程度上可以增加学校体育的投入与产出，扩大规模经济，提高学校体育效益。比如，增加可供选择的体育考试项目，可以丰富学生上课内容，从而通过增加学校体育教师的数量与改善体育场地设施等，扩大学校体育的投入。另外，通过优化考试和测试方案，可以增加体育课授课内容多样性，提高学生们的体育兴趣，使学生的体能、运动技能等得到均衡发展。学生体育兴趣的增加有利于学生养成自觉锻炼的好习惯，培养学生终身体育的观念，从而扩大学校体育的产出。因此，优化体育课程评价方案可以在一定程度上提高学生身体素质，提高学生体育兴趣，培养学生终身体育意识，最终达到提高学校体育的总体效益。

总而言之，可以通过扩大投入、优化资源配置、优化课程评价方案等途径来提高学校体育的效益。从各种课程评价方案中不难发现，考试项目单一及项目制定不科学等严重影响了学生对体育的兴趣。各种课程评价方案依旧是教育的风向标，由此可以间接地反映出学校体育的投入与产出较差。那么，学校体育的总体投入与产出情况到底如何，需要根据学校体育实施过程中投入的资源来了解学校体育的投入情况，根据学校体育健康教育的运动参与、运动技能、身体健康、心理健康、社会适应良好五大课程目标实施结果等来了解学校体育的产出情况。

第四章　广东省中小学体育投入与产出分析

投入少而要求产出多，容易使学校体育效益陷入"巧妇难为无米之炊"的窘境；投入多且产出多，有时候也会造成资源的浪费；投入比例适当且产出高才是学校体育效益追求的最终目标。而效益等于有效产出与投入之间的比例，因此，欲研究学校体育的效益状况，首先要了解学校体育的投入情况，然后再观察学校体育所有的有效产出。广东省下辖21个地市（其中副省级城市2个，包括省会广州市和经济特区深圳）、119个县级行政区。以珠江三角洲经济带为中心的广东，全省的经济总量持续领跑全国，但省内各区域间的经济发展非常不平衡，教育水平也是如此。

第一节　学校体育投入情况及分析

本书通过对广东省204所中小学的调查研究，了解广东省中小学对体育的总体投入情况，如学校体育教师人数及资历情况、学校体育教师职业发展情况、学校体育课课程实施情况、课间操实施情况、课外体育活动组织情况、运动队训练等，以全方位分析广东省各地区对学校体育事业的投入。

一、学校领导、体育教师配备情况

（一）学校领导、体育教师

1. 体育工作分管校领导

《广东省中小学体育发展三年行动计划（2015—2017年）》规定，校长要将学校体育工作列入工作职责，明确由一名副校长分管学校体育工作，每学期校长听体育课不少于4次，分管体育的副校长则不少于6次。笔者对广东省204所中小学校分管体育工作的校级领导情况进行调查，结果见表4-1。

表4-1 广东省中小学校分管体育工作的校级领导情况

项目	有分管校级领导				没有分管校级领导	
岗位	书记	副书记	校长	副校长	教导主任或其他非校级领导分管	无分管领导
数量/人	9	2	14	106	30	43
百分比/%	4.4	1.0	6.8	52.0	14.7	21.1
合计/%	64.2				35.8	

学校有无分管体育的校级领导在一定程度上可以反映出学校对体育工作的重视程度。校级领导分管学校体育工作，有利于学校协调相关资源、顺利开展体育课程，有利于学校体育事业的发展。本研究的调查结果显示，有35.8%的学校未设置校级领导分管体育工作或由非校级领导分管体育工作，这与《广东省中小学体育发展三年行动计划（2015—2017年）》的要求存在一定距离。

如果一所学校没有分管体育的校级领导，则很难协调各方资源以顺利开展体育工作，这反映了该学校对体育的重视程度较低。此外，一所学校的体育分管领导在学校的职位，也在一定程度上反映了体育在该学校教育中的地位。

2. 体育教师

体育教师是体育教学的主体，他们通过体育教学，向学生传授体育知识与运动技能，让学生掌握锻炼身体的方法，提高学生的运动技能与身体素质。同时，体育教师组织第二课堂，辅导与训练各运动队，使其承担各项体育比赛任务等，是开展学校各项体育工作的重要保证。体育教师的数量在一定程度上反映了一所学校体育规模的大小、人力资源利用效率，其中生师比（师生比）是衡量学校办学水平是否合格的重要指标。生师比越低（师生比越高），就代表该学校体育教师配备越充足。

2008年，教育部、财政部等部门联合印发《国家学校体育卫生条件试行基本标准》（教体艺〔2008〕5号），文件明确了学校应按照教学计划中体育课授课时数和开展课外体育活动的需要配备体育教师：小学一、二年级每5~6个班配备1名体育教师，小学三至六年级每6~7个班应配备1名体育教师；初中每6~7个班配备1名体育教师；高中（含中等职业学校）每8~9个班配备1名体育教师。200名学生以上的农村中小学校至少配备1名专职体育教师。

广东省中小学总体规模与配备体育教师情况见表4-2。调查的204所学校的学生总人数为532731人，配备了2092名体育教师，体育教师的总体生师比是254.7∶1。

表4-2 广东省中小学总体规模与配备体育教师情况

学校类型	学校总数/所	学生总人数/人	体育教师总人数/人	体育教师的生师比	校均学生人数/人
小学	41	50551	190	266.1∶1	1233.0
初中	64	137121	618	221.9∶1	2142.5

续表 4-2

学校类型	学校总数/所	学生总人数/人	体育教师总人数/人	体育教师的生师比	校均学生人数/人
高中	79	275536	1030	267.5∶1	3487.8
有小学、初中学段的学校（义务教育学校）	5	9128	46	198.4∶1	1825.6
有初中、高中学段的学校（完全中学）	12	40090	159	252.1∶1	3340.8
有小学、初中、高中学段的学校（完全学校）	3	20305	49	415.3∶1	6768.3
合计	204	532731	2092	254.7∶1	2611.4

由于调查的义务教育学校、完全中学和完全学校样本较少，在本书分析中，根据调查体育教师本人所教授学生群体，分别对应归入小学、初中和高中进行分析。由表4-2的数据可见，义务教育学校（有小学和初中学段的学校）体育教师的生师比最低（198.4∶1），这说明该阶段学校比较重视学校体育，在体育教师配备上投入较好。但这个阶段学校的样本量较少，不足以代表总体。从大样本分析可以看出，初中阶段学校体育教师的生师比最低（221.9∶1），这可能与初中毕业升学体育考试有很大联系。初中毕业升学体育考试影响了学校在体育教师人数配备上的投入。

广东省全省中小学体育生师比约为255∶1，体育教师的配备量远远低于2008年国家规定的标准人数（农村学校生师比200∶1）。与全国其他省份相比，广东属于经济、教育相对发达的省份，而广东省体育教师的生师比尚未达到国家规定最低农村标准。本次调研发现，河源等地的一些农村学校，整所学校没有专职体育教师，体育课由班主任或者其他任课教师代课。非专职体育教师上课时，课程内容的安排与组织比较混乱，"放羊式"体育教学时有发生，有的学校甚至随意取消或者借用体育课。这种现象在广州市一些学校也经常发生。由于学校体育教师配备不充分，体育教师外出参会或者生病时，学校甚至安排学生在体育课上观看动画片，或者进行一些其他静态课程内容的学习。

据中国青年网2012年12月2日的报道，在清华大学体育部举办成立百年大会上，教育部体卫艺司司长王登峰说："义务教育阶段教师整体超编100多万，但体育教师缺编30多万，体育教师缺乏的问题非常严峻。"王司长指出体育教师缺编的窘况和广东省中小学调查得来的数据大同小异。

体育教师的人数对学校体育组织实施等有着重要的影响，体育教师的受教育程度是影响学生对体育知识的理解和运动技能熟练掌握的重要因素。本次调查发现，广东省体育教师的学历情况为：硕士研究生及以上学历占5.9%，本科学历占84.9%，大专学历占9.0%，大专以下学历约占0.2%，基本达到了国家规定的学历要求。现代体育发展迅速，体育教师持续提升职业素养与个人能力是必要的。

（二）体育课班级规模、课时量及体育教师工作量

根据《国务院办公厅转发中央编办、教育部、财政部关于制定中小学教职工编制标

准意见的通知》(国办发〔2001〕74号)和《关于进一步落实〈国务院办公厅转发中央编办、教育部、财政部关于制定中小学教职工编制标准意见的通知〉有关问题的通知》(中央编办发〔2009〕6号),以及中央编办、教育部、财政部《关于统一城乡中小学教职工编制标准的通知》(中央编办发〔2014〕72号)等文件精神,各地推进城乡发展一体化和基本公共服务均等化工作,将县镇、农村中小学教职工编制标准统一到城市标准,即高中的教职工与学生比为1∶12.5、初中为1∶13.5、小学为1∶19。鼓励有条件的地方,探索将一般性教学辅助和工勤岗位不再纳入编制管理范围,并相应适当降低教职工编制核定标准。

教育部颁布与实施的各项政策,都是鼓励增加教师人员的比例,提高学校师生比。师生比例恰当,教学效果显著;但如果体育课的学生过少,则不容易建立良好的学习氛围和不便组织交流互动;人数过多不仅增加教师负担,也不利于素质教育的开展,特别是以身体活动技术为主的体育课,人数更不能过多。目前,义务教育学校办学基本标准指标要求201人以上的学校要求师生比为1∶20,200人及以下的学校按班师比(班级与班级教师比)规定比例(小学1∶1.7,初中1∶1.6)。班级师生比过低,教师难以兼顾每个学生的个性需要。调查得知广东省中小学体育课实施情况见表4-3。

表4-3 广东省中小学体育课实施情况

类别	上课频率/周次	每次上课时间/分钟	班级人数/人	教师认为的体育课最佳频率/周次
小学	2.9	40.0	45	3.4
初中	2.5	41.4	49	2.8
高中	2.0	41.1	53	2.6

广东省各小学每班平均45人,初中平均49人,高中平均53人。与教育部规定班级人数(小学40~50人/班,中学45~50人/班)相比,班级规模偏大。结合表4-2的数据来看,调查学校的校均学生人数中,小学1233人,初中2142.5人,高中3487.8人。按照每班45人计算,学校总人数除以班级规模人数,得出小学约为27.4个班级,初中约为47.6个班级,高中则约为77.5个班级,通过计算得知广东省中小学学校规模较大。在实际调研中发现,很多学校班级学生人数超过国家规定标准,有的地区的班级人数高达70多人,班级人数超编现象较为严重。

在体育课课时数能否满足学生身体锻炼需要的问题上,体育教师普遍认为应该每周保持一定的体育课课时(小学生3.4次、初中2.8次、高中2.6次),而对比中小学实际上课的次数(见表4-3)可知,体育教师普遍认为目前体育课的课时数不能满足学生的锻炼需要,认为学校需要分配更多时间用于学生锻炼以提高学生的体质健康水平。全国中小学体育教师已经存在较大缺口,而近年来学生体质又在不断下降,需要通过增加体育课课时来实现学生运动参与目标,从而达到提高学生的体质健康效果,而这愈发凸显体育教师严重不足的问题。

广东省中小学体育教师每周的课时分配见表4-4。

表4-4 广东省中小学体育教师每周的课时分配

单位：%

学校类别	10课时及以下	11～15课时	16～19课时	20课时及以上
小学	3.4	31.1	58.6	6.9
初中	5.8	76.9	17.3	0.0
高中	10.0	80.0	6.0	4.0

从表4-4的数据可以看出，小学有58.6%的体育教师每周有16～19课时，初中有76.9%的体育教师每周有11～15课时，高中有80%的体育教师每周有11～15课时。除了上体育课，体育教师还需要承担组织实施学校大课间操、课外体育活动、学校运动队训练、校运动会比赛等工作，在学校配备体育教师人数不足的情况下，体育教师长期处于非常繁忙的工作状态。

为了促进学生提高身体素质，教育部部长袁贵仁2014年在全国学校体育工作座谈会上表示，在新一轮基础教育课改中，在总课时减少的情况下，将把小学三至六年级每周3节体育课提高为4节，高中每周2节提高到3节。同时，逐步建立健全小学、初中、高中和大学四级足球联赛机制。

部分学者认为，学校可运用弹性时间（如晨间、课间或课后）上体育课，通过举办体育竞赛、广开运动社团活动、提高学生参与率等措施实现增加体育课时与学生运动时长。但在现实情况下，体育教师的工作量已经接近饱和，增加体育课的课时数量需要在保证体育教师人数的前提下实现。提高体育经费、强化体育教师专业能力、保证体育教师人数、改善体育课被调课甚至借课的情况，才能从根本上解决学生体育课时量不达标的问题。

（三）体育教师的绩效考核与职业发展

体育教师承载着学校体育教育的职责，是学校体育教育工作的传导者。学校对于体育教师的绩效考核方法，一方面是对体育教师在一定时间内的工作与表现进行评价，另一方面指引着体育教师的行为方式。为了更好地发挥教师的积极性、主观能动性和创造性，保证教学工作的顺利完成，学校应建立完善教师的绩效考核体系。

考虑到班主任、体育教师是影响学生体育成绩的关键因素之一，调研问卷设置了关于学生的体育成绩是否作为衡量评价体育教师或者班主任绩效的重要指标、与体育教师的奖金挂钩的问题，调研结果见表4-5。

表4-5 广东省中小学生的体育成绩与教师的绩效评价指标、与其奖金的挂钩情况

单位：%

学校类型	属于体育教师或班主任的绩效评价指标		与体育教师的奖金挂钩	
	是	否	是	否
小学	27.6	72.4	27.6	72.4
初中	51.9	48.1	38.5	61.5
高中	12.0	88.0	10.0	90.0

从表 4-5 可以看出，大部分小学和高中学校未将学生的体育成绩列入体育教师或班主任的绩效评价指标，也鲜有与体育教师的奖金挂钩，而有 51.9% 的初中学校将学生的体育成绩纳入体育教师或班主任的绩效评价体系，也有 38.5% 的初中学校将其与体育教师的奖金挂钩。这些数据背后可能的原因如下：其一，初中毕业生的升学体育考试影响学校的总体升学率，这在一定程度上促使初中学校将学生的体育成绩纳入班主任或者体育教师的绩效评价指标；其二，学校对体育教师的作用认知不足，忽视了体育教师和体育课对学生体质健康与人格培养等方面的重要作用。

而在高中学校，有高达 88% 的被调查者表示，学生的体育成绩和体育教师的绩效评价没有关系；有 90% 的被调查者表示，学生的体育成绩和体育教师的奖金不挂钩。这在一定程度上反映了高中阶段学校领导层对体育课的重视程度。在调查中也发现，因部分教师和学校行政主管领导对体育课可以健脑、益智、消除疲劳等积极作用的认识不足，体育课常被其他课程占用，甚至被直接取消。这也导致高三学生参加完高考之后，身体素质降到了低谷。2012 年 9 月，《中国青年报》的一篇题为"学生体质将成高校评价指标"的报道指出，"北京大学学生在两周军训期间，近 3500 名学生累计看病超过 6000 人次，特别是第一周，晕倒者众多"。在调侃大学生体质健康堪忧之余，学校和家长都应该对此提高警惕。智力发展是建立在体质健康发展的基础之上，仅重视高考成绩，而忽视了学生的体质健康发展，实属得不偿失。

体育教师地位低、体育课在教育中的作用常被忽视，这使得部分体育教师无心组织体育课堂教学，再加上工作量比较大，体育课出现"无组织"的现象。笔者在与其他省份教师的访谈中得知，这种"无组织"的教学现象是普遍存在的。

为了保持体育教师知识和技能的先进性，教师在走上工作岗位后，应该进行再学习和进修。在现代体育快速发展的今天，体育教师继续学习的迫切性和重要性就尤为突出，不学习、不接受新知识、吃老本或凭经验，都不能适应现代体育教学需要。对于体育教师继续学习和进修情况，每所学校支持的力度有所差异。根据《中华人民共和国体育法》第二十一条，学校应当按照国家有关规定，配备合格的体育教师，保障体育教师享受与其工作特点有关的待遇。《学校体育工作条例》第十九条规定，各级教育行政部门和学校应当有计划地安排体育教师进修培训。对体育教师的职务聘任、工资待遇应当与其他任课教师同等对待。《国家学校体育卫生条件试行基本标准》规定，中小学体育教师必须经过体育专业学习或培训，获得教师资格证书，并且每学年接受的继续教育应不少于 48 个学时。

教师可以通过参加短期培训或长期进修而提高自己的职业能力、开阔视野。广东省中小学支持体育教师参加短期培训的情况见表 4-6。调查结果显示，大部分中小学支持体育教师参加短期培训，支持率均超过 80%；在短期培训的经费方面，超过 50% 的学校全额报销培训报名费与车旅费用，但不予报销相关经费的学校占比也超过 6%，其中，小学对体育教师短期培训相关费用的报销比例最低，还有 20.7% 的小学不予报销相关费用。

表4-6 广东省中小学支持体育教师参加短期培训的情况

单位:%

学校类型	态度		短期培训的报名费、车旅费用报销		
	支持	不支持	全额报销	部分报销	不报销
小学	89.7	10.3	51.7	27.6	20.7
初中	84.6	15.4	61.5	21.2	17.3
高中	88.0	12.0	60.0	34.0	6.0

广东省中小学支持体育教师参加长期进修的情况见表4-7。与支持体育教师参加短期培训的情况相比,各类型学校对于体育教师参加长期进修的支持率均有所降低。与短期培训的报销比例相比,在体育教师长期进修的学费和车旅费的报销比例方面,学校给予的报销比例也明显降低。通常长期进修比短期培训的相关费用多,这可能是学校报销比例下降的重要原因之一。另外,体育教师长期进修期间,学校需要安排其他教师完成本应由该进修教师完成的工作,而这可能加剧了原本学校体育教师紧缺的状况,这也可能是影响学校支持体育教师参加长期进修力度下降的另一重要原因。

表4-7 广东省中小学支持体育教师参加长期进修的情况

单位:%

学校类型	态度		学费报销			车旅费用报销		
	支持	不支持	全额报销	部分报销	不报销	全额报销	部分报销	不报销
小学	72.4	27.6	34.5	27.6	37.9	34.5	20.7	44.8
初中	57.7	42.3	24.0	32.0	44.0	24.0	40.0	36.0
高中	76.0	24.0	20.4	42.9	36.7	29.2	29.2	41.7

二、学校体育课、课间操、课外体育活动

(一)体育课

1. 体育教学大纲与教材

教材是供教学用的材料,如课本、讲义等。广义上说,凡是有利于学习者增长知识或发展技能的材料都可称之为教材;而狭义的教材即教科书。教科书是一个课程的核心教学材料。毛振明教授(2001)认为:"如果其他学科提出教学大纲是'四个依据'的话,那是因为那些学科需要教学大纲来规定教学内容,而且这种规定因为具有科学性而有绝对的权威性,这种科学性和权威性来自终极考试的要求和学科内容的内在逻辑性。不具有这两个条件的体育学科,从本质上讲没有必要对内容进行强制性的统一,如果有也是一种倡导的意义和时期性的要求。如果体育教学大纲不必对内容进行统一的规定的话,那么既没有必要以体育教学大纲为依据进行教学管理和评价(教学管理和评价的依据可以有许多),更不可能成为对教材、对教学、对教学质量进行评价的依据。"

从毛教授的观点可以看出，体育学科没有必要拥有统一规定的教学大纲与教材内容，可根据每个地区经济、教育文化水平、师资力量等情况，发挥体育教学多样性的特点，灵活地安排体育教学。但是如果学校没有体育教学大纲和体育教材，学校体育教学就没有了依据与标准，体育教师上课随心所欲，上课进度与内容可能随体育教师的个人喜好而确定，这会在一定程度上助长了体育课"放羊式"教学的惰性。另外，即便学校有体育教学大纲和教材，体育教师也有可能并非依照体育教学大纲与教材上课，使体育教学大纲和教材成了摆设。初中学校为了学生在毕业升学体育考试中取得好的成绩，体育教学脱离了教学大纲与教材，将体育课的大部分内容安排成体育考试相关内容，非体育考试的内容安排很少或者基本不安排。由于初中毕业升学体育考试"重体能、轻技能"，仅安排升学体育考试内容的体育课变得枯燥，影响学生对体育运动的兴趣，导致学生喜欢运动却讨厌上体育课的怪象出现。

通过调查得知，广东省中小学体育教学大纲与教材的使用情况见表4-8。

表4-8 广东省中小学体育教学大纲与教材的使用情况

单位：%

学校类型	体育教学大纲						体育教材				
	有					没有	有				没有
	省编	市编	校编	其他	小计		省编	自编	其他	小计	
小学	41.4	17.2	6.9	13.8	79.3	20.7	51.8	10.3	10.3	72.4	27.6
初中	50.0	23.1	1.9	5.8	80.8	19.2	69.2	7.7	9.6	86.5	13.5
高中	50.0	4.0	8.0	4.0	66.0	34.0	54.0	12.0	6.0	72.0	28.0

2. 体育课的教学内容

广东省中小学体育课的教学内容见表4-9。调查显示，体育课的教学内容除体能、运动技能之外，体育教师都比较重视学生的意志品质的培养。小学体育教师上课时体能与运动技能并重；初中体育教师更加重视学生体能发展，这与广东省初中毕业升学体育考试之中体能类项目较多、技能类运动项目较少密切相关，中考是风向标，考试内容在一定程度上决定了学校教学内容；高中体育教师在重视学生体能的基础上，兼顾了学生运动技能的发展。另外，在对学生意志品质培养方面，如不怕吃苦、不怕困难、团结协作等品质的培养，小学体育教师关注得更多一些，初中教师次之，高中教师相对最少。

表4-9 广东省中小学体育课的教学内容

单位：%

学校类型	意志品质培养	体能	运动技能	心理能力	智能训练
小学	75.9	93.1	93.1	55.2	55.2
初中	73.1	100.0	80.8	53.8	55.8
高中	64.0	92.0	82.0	38.0	42.0

关于体育课上课内容是否固定，本次调查结果显示，只有48.3%的小学体育课内容是固定的；有80.8%的初中体育课内容是固定的，且大部分学校上课的内容就是初中毕业升学体育考试的内容；有62%的高中体育课内容是固定的。相对来说，广东省小学体育教师安排了更丰富的运动项目。

通过本书第三章的分析得知，影响中小学体育教学内容的根本原因在于学校体育教师的师资力量，体育课教学内容随意性和学校体育场馆设施条件也有很大的关系。比如，一些学校由于无室内运动场所，一到下雨天，体育课只能改为自习课。此外，体育课教学内容不合理导致了体育课的枯燥乏味，出现了"学生虽然喜欢体育运动，但不喜欢上体育课"的现象，"培养学生运动的兴趣和终身体育意识"成了一句空话，体育课的内在价值不能真正得到体现。梁月红、崔颖波（2014）研究了日本中小学生设置体育教学项目的情况，发现该课程设置模式使近年来日本学生的体质健康得到了长足发展，其中小学生身体素质明显优于中国中小学生身体素质。中国体育课程教育可以借鉴日本中小学体育教学大纲及内容，也可以参考美国SPARK体育课程是如何提高学生体育兴趣的，同时借鉴国外其他一些体育教育开展较好的国家和地区，把每个阶段的教学内容详细化，按照教学大纲及教材来选择合适内容进行教学。

（二）课间活动

除了体育课，学校课间活动的实施情况也关系着学生体质的健康成长。中小学的上午课程时间较长，在文化课学习的中段安排学生参加一些体育运动，有利于学生消解疲劳、放松身心。组织有序的课间活动，不仅可以调节学生紧张的学习状态，而且可以促进学生身心发展与体质健康。因此，课间活动是学校切实减轻学生课业负担的需要，为学生每天一小时体育锻炼提供保证，是学校实施素质教育的有效途径，也是全国阳光体育运动的重要组成部分。

广东省中小学课间活动的内容见表4-10。调查结果显示，小学的课间活动选择比例排列前三位的是广播体操、慢跑、校园自编操；初中的课间活动排列前三位的是慢跑、广播体操、眼保健操；高中的课间活动排列前三位的是广播体操、慢跑、眼保健操。学校在三个学段选择课间活动的差异在于眼保健操和校园自编操。其中，初中和高中选择眼保健操作为课间活动的比例增加，而选择校园自编操的比例降低。这应该与初中、高中阶段学生的课业压力增加，眼保健操可以在一定程度上减轻视疲劳。

表4-10 广东省中小学课间活动的内容

单位：%

学校类型	自由活动	慢跑	眼保健操	广播体操	校园自编操	其他
小学	31.0	75.9	10.3	79.3	69.0	20.7
初中	30.7	78.8	46.2	71.2	38.5	13.5
高中	24.0	58.0	42.3	72.0	30.0	10.0

调查结果还显示，有超过70%的学校选择将广播体操作为课间活动，有超过50%的学校选择慢跑作为课间活动。由于慢跑容易组织、实施，而且学校为了更好地完成初

中毕业升学体育考试中的中长跑测试,初中学校选择慢跑作为课间活动的比例最高,高达78.8%。而简单枯燥的跑步并不能满足学生对运动的需要,也不利于学生体育兴趣的培养。

笔者在调研中发现,小学课间操的组织实施过程中出现了一些问题,比如,课间操时间被占用,课间操的活动内容单一,考核标准不科学或者考核流于形式,执行课间操考核标准不严格,用学生的课间操的出勤率评价年度班级体育锻炼情况,等等。浙江宁波市江北区慈城中心小学课间操活动的内容(见表4-11)值得大家借鉴。该校尝试利用简单器材编排多种形式与内容的活动,以满足学生对运动项目多样化的选择,提高学生的体育兴趣。

表4-11 浙江省宁波市江北区慈城中小学课间操活动的内容

要求	基本体操	皮筋	竹竿舞	板鞋	跳绳	高跷	游戏	其他
掌握相关活动的具体要求	校园集体舞和4套基本体操(草盘操、武术操、踏板操、广播操)	5种以上跳法	2种以上跳法	多人合作走法	单人、多人形式的跳法	不同距离踩节奏的走法	5种以上集体性体育游戏	机动变化(常规活动的棋类和球类)

资料来源:熊其军《体育大课间活动的实践与相关问题探析》,载《教学与管理》2008年第6期,第46~47页。

对于课间操的评价和管理活动,学者熊其军(2008)认为,要做到三个有机结合——综合评价与单项评价相结合、整体评价与个体评价相结合、过程评价和结果评价相结合,以及三种管理合理运用——组织机构系统化、活动管理制度化和活动内涵丰富化。

学校应该严格执行课间操活动,严禁随意取消课间操活动,丰富课间操活动的形式与内容,做好课间操组织、评价与管理。这样不仅有利于提高学生的体育兴趣,而且也是补偿学生体育课课时量欠缺的重要途径之一。此外,严禁中小学随意取消学生课间身体活动。学校应该多鼓励学生每次课间走出教室进行各种身体活动,而不是为了所谓的学生"安全",下课只允许学生上厕所、喝水、看书等,不允许学生在校园内随意跑动和嬉戏,是变相取缔了学生课间身体活动。课间10分钟的活动,不仅可以使学生疲劳的大脑和神经得到休息与恢复,还可以增加学生身体活动的时间、提高学生下节课的专注力等。

(三)课外体育运动

《中华人民共和国体育法》规定:"对学生在校期间每天用于体育活动的时间给予保证。"《学校体育工作条例》要求中小学校要保证学生每天有一小时体育活动的时间。课外体育活动系指体育课之外,运用各种身体练习与方法,以发展身体,增强体质,丰富业余文化生活为目的的身体活动。它是面向学生有目的、有计划、有组织的群众性体育活动,对一个学生的健康成长具有极其重要意义。

1. 课外体育活动

"两操一课"（即眼保健操、课间广播操、体育课）校园体育活动在一定程度上可以提高学生的身体素质，但学校课外体育活动对学生身体素质锻炼同样重要。

调查得知，随着年级的升高，学生放学后留校参加体育活动的比例越来越高。小学生放学回家的比例最高，有62.1%的小学生放学直接回家，仅有37.9%的小学生放学后留在学校里继续其他活动，而这其中有24.1%的小学生放学后参加学校统一组织的课外体育活动，有13.8%的学生参加课外自由活动。初中各年级学生放学后直接回家的比例逐渐降低，55.8%的学生放学后留在学校，其中有42.3%的学生放学后参加学校组织的课外体育活动，有13.5%的学生留在学校自由活动。高中生放学后留校活动的比例持续升高，64%的高中生放学后留在学校里，其中，有48%的高中生放学后参加学校统一组织的课外体育活动，16%的学生放学后留在学校自由活动。调查结果显示，初中和高中阶段学校组织学生参加课外体育活动的比例较高，究其原因是初中毕业升学体育考试在一定程度上提高了学生参加课外体育活动的积极性，而高中阶段学生开始住校，故参加课外体育活动的比例最高。

广东省中小学生每日课外体育活动的时长、形式见表4-12。

表4-12 广东省中小学生每日课外体育活动的时长、形式

单位：%

学生类型	时长					形式		
	30分钟以内	30～60分钟	60～90分钟	90～120分钟	120分钟以上	教师教授学生运动技能	学生自己运动，教师在一旁负责安全保障	其他
小学生	28.6	71.4	0.0	0.0	0.0	57.1	42.9	0.0
初中生	27.3	45.5	13.6	13.6	0.0	33.3	53.4	13.3
高中生	30.4	56.6	13.0	0.0	0.0	11.5	73.1	15.4

调查显示，初中生每日参与课外体育活动的时长比较灵活，30分钟以内到120分钟不等；相比于其他学段的同学，初中生运动时长最长，有13.6%的初中生超过90分钟。高中生的课外体育活动时长次之，有13%的高中生超过60分钟；受限于学业紧张等因素，高中生课外体育活动时长均控制在90分钟以内。小学生的活动时长相对最短，都在60分钟以内，有71.4%的小学生活动时长为30～60分钟。在课外体育活动的形式上，小学生以教师教授运动技能为主，初中生、高中生以自由活动为主，高中生自由活动比例最高，73.1%的高中生课外体育活动是学生自己运动、教师在一旁负责安全保障。从表4-12的数据可以明显看出，随着年龄的增长，学生课外体育活动的自主性越来越强。

如何更好地开展课外体育活动，学者兰润生（2005）关于少数民族课外体育活动的观点值得大家借鉴。他指出，应培养学生的兴趣与爱好、发展体育传统项目、建立课外体育活动管理网络，以学生的个性发展和本体需要为出发点，培养学生的兴趣和爱

好，养成良好的锻炼习惯。体育教师应认识到学生获得同等教育机会的重要性，并采取措施满足学生的不同需要。课堂教学中应着重培养学生的健身意识，帮助学生掌握多种简单有效的健身方法和手段，培养其自觉参与课外体育锻炼的能力。

对于课外体育活动评价，评价的主要功能是改进和发展，而不是鉴定和选拔。它应由单一内容评价向多元内容评价转变，由单一评价方法向多样评价方法转变，由单一评价主体向多元评价主体转变，建立评价内容多元、评价方法多样的课外体育活动评价体系。

对于课外体育活动的管理，应建立有校级分管领导、体育教师、政教处教师、团委教师、班主任组成的监督管理网络。在增加体育活动经费的同时，应发动师生自制体育器材、社会力量集资。体育教育部门还要充分利用场地器材，就地取材，在课外体育活动时间向全体学生开放，并建立体育教师辅导制。

2. 田径运动会和其他体育比赛

运动会是学校体育运动竞赛的一种重要形式，主要指学校每年春季或秋季的田径运动会（简称"校运会"）。通过举办校运会，学校可以全面检阅学生田径运动开展情况，检查田径教学和训练成果，推动学校群众性体育活动的开展，促进田径运动技术水平的提高，培养学生奋发向上、遵守纪律、集体主义和荣誉感等品质，振奋师生精神，活跃校园生活等。中国学校运动会始于1890年在上海圣约翰书院举办的以田径为主的运动会，后来逐渐发展到全国许多城市的中等和高等学校。中华人民共和国成立后，校运会在城市和乡村各级各类学校中普遍开展，成为学校的传统活动和学校教育生活中一项重要内容。1990年，教育部制定的《学校体育工作条例》规定，学校每学年至少举行一次以田径项目为主的全校性运动会。

调查发现，在广东省中小学中，每年都会举办校运会的学校不尽相同。有96%的高中举办校运会，校运会平均持续时长为2.2天；有94.2%的初中举办校运会，校运会平均持续时长也为2.2天；有89.7%的小学举办校运会，平均持续时长为1.7天。

除了每年一度的田径运动会，每所学校根据各自办学特色举办了一些非田径类比赛，这无疑对提高学生体育兴趣、丰富学生业余生活有积极意义。广东省中小学举办非田径类体育比赛的情况见表4-13。可以看出，在非田径类比赛中，小学举办位列前三的分别是广播体操、花样跳绳、拔河；初中和高中举办的最多的比赛项目基本一致，位列前三的均分别是篮球、足球、乒乓球。

表4-13 广东省中小学举办非田径类体育比赛的情况

单位：%

序号	比赛项目	小学	初中	高中
1	足球	6.9	21.2	20.0
2	篮球	1.3	36.5	30.0
3	乒乓球	6.9	11.5	14.0
4	健美操	3.4	1.9	2.0
5	羽毛球	3.4	1.9	6.0
6	游泳	0.0	0.0	4.0

续表 4-13

序号	比赛项目	小学	初中	高中
7	排球	0.0	5.8	6.0
8	毽球	6.9	1.9	0.0
9	手球	3.4	0.0	0.0
10	棒球	0.0	0.0	2.0
11	拔河	10.3	7.7	4.0
12	象棋	3.4	1.9	0.0
13	花样跳绳	13.8	1.9	2.0
14	广播体操	13.8	5.8	2.0
15	其他球类	3.4	1.9	4.0
16	田径单项	3.4	0.0	0.0
17	集体项目	3.4	0.0	2.0
18	趣味运动会	6.9	5.8	8.0
19	特色运动会	3.4	0.0	0.0
20	传统体育运动会	0.0	1.9	2.0
21	体育花会	3.4	0.0	0.0
22	区运动会	0.0	0.0	2.0

为了更清晰地看出各比赛项目的总体占比，根据表 4-13 的数据制成图 4-1，结合图表不难看出，广东省中小学举办最多的非田径比赛是篮球比赛，其次是足球比赛，第三是乒乓球比赛，再接着是拔河比赛、广播体操比赛、趣味运动会和跳绳比赛，比赛项目主要集中在前三个项目之中，由此可见广东省中小学非田径类体育比赛项目相对单一。

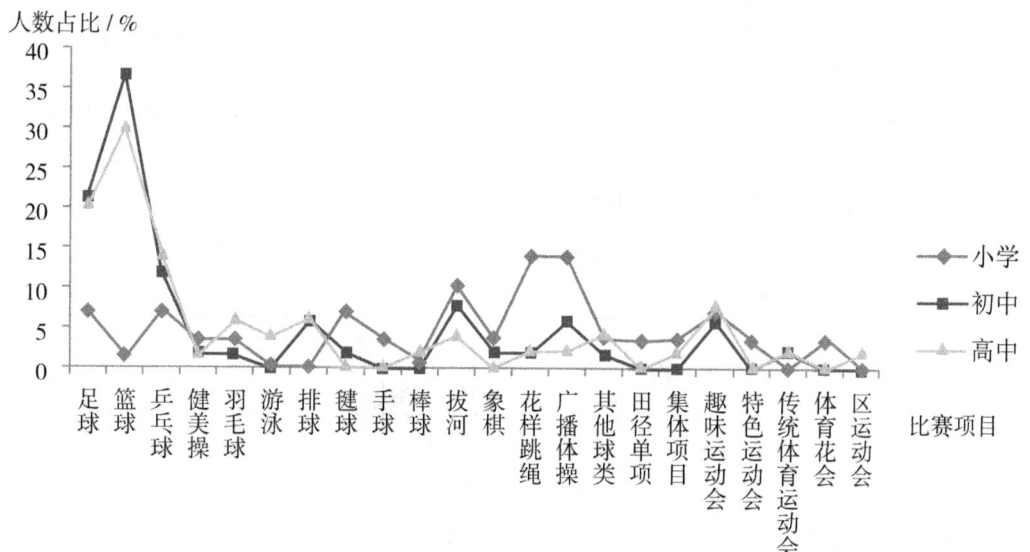

图 4-1 广东省中小学举办非田径类体育比赛的情况

3. 体育比赛取得名次的师生奖励

体育比赛取得名次之后，学校有无奖励以及奖励的多寡，在一定程度上反映了该校对体育比赛的重视程度。学校可以采用颁发奖状、奖牌（杯）或者发放奖金的方法，鼓励更多学生参与体育比赛。广东省中小学对于学生在体育比赛中取得名次的奖励情况见表4-14。

表4-14 广东省中小学对于学生在体育比赛中取得名次的奖励情况

单位：%

学校类型	有奖状	有奖牌（杯）	有奖金	无奖励
小学	86.2	24.1	3.4	10.3
初中	76.9	36.5	19.2	7.7
高中	74.0	30.0	16.0	14.0

调查结果显示，对于学生在运动比赛中取得名次，大部分学校都有给予一定的奖励。其中，颁发奖状是最常使用的奖励措施；部分学校除了颁发奖状与奖牌（杯），还设置了奖金。给予在体育比赛中取得名次的学生一定的奖励，对学生建立自信心、激发自主体育锻炼、培养终身体育意识等有一定的促进作用。研究认为，奖励学生应把物质奖励和精神奖励结合起来，以精神奖励为主、物质奖励为辅。如果采用物质奖励的手段，则应把握"度"，不可过多过滥。因为"物无尽善，过则为灾"，过多地使用物质奖励，反而会容易出现"德西效应"（单松涛，1996），影响学生体育锻炼的积极性和自觉性。

学生能在体育比赛中获得一定的名次，很大程度上与体育教师的指导、训练和陪伴有关，其体育教师也付出了大量的时间与精力。学校对于获奖学生的体育教师的奖励是对他们的辛勤付出予以肯定，这能激发体育教师的工作热情。广东省中小学对在体育比赛获奖学生的体育教师的奖励情况见表4-15。调查显示，广东省中小学中有超过50%的学校设有对体育比赛获奖学生的体育教师的奖励，奖励主要采用三种形式：发放奖金、计算课时（工作量）或者绩效、颁发荣誉奖。同时，也有近50%的学校对此没有任何奖励，这反映了有部分学校对体育比赛成果的支持力度较小，不利于激发体育教师对组织学生参与体育比赛训练的积极性。

表4-15 广东省中小学对在体育比赛获奖学生的体育教师的奖励情况

单位：%

学校类型	奖励		何种奖励				
	没有	有	工资提升	课时或绩效	奖金	荣誉奖	其他
小学	44.8	55.2	0	20.7	20.7	17.2	0
初中	40.4	59.6	0	17.3	28.8	26.9	0
高中	44.0	56.0	0	24.0	24.0	12.0	0

4. 组建学校运动队及训练

组建学校运动队、有针对性的训练，可以提高学生体育兴趣、丰富其业余文化生活、培养其意志品质。另外，可通过训练和选拔，培养并输送优秀体育人才。

广东省中小学运动队的情况见表4-16。调查发现，广东省中小学中，有超过70%的学校组建了运动队，其中，有72.4%的小学、71.2%的初中、88%的高中拥有学校运动队。在学校运动队的项目方面，广东省各中小学之间有所差异。除其他项目外，小学的学校运动队排在前五的运动项目依次是：田径（69%）、篮球（55.2%）、足球（34.5%）、乒乓球（20.7%）、羽毛球和游泳（各占13.8%）。初中学校运动队设置比例最多的五个项目依次是：田径（65.4%）、篮球（55.8%）、足球（42.3%）、乒乓球（25%）和定向越野（19.2%）。高中学校运动队设置比例最多的五个项目依次是：田径（78%）、篮球（66%）、足球（48%）、乒乓球和排球（各占26%）、羽毛球（20%）。将三个学段综合来看，田径、篮球和足球分别位列前三，乒乓球、羽毛球分别位列第四、第五，而且从小学、初中到高中，设置这些项目运动队的学校比例越来越高，但各学段比例接近。比较而言，排球项目在不同学段的差异较大，小学学校没有设置排球项目运动队，初中有15.4%的学校设置该项目运动队，而这个比例到高中学校上升为26%。关于其他项目的运动队，在小学中有27.6%，初中有17.3%，高中有14%。通过调查发现，随着年级的升高，越来越多的学校拥有运动队，而且运动项目越来越集中化。

表4-16 广东省中小学运动队的情况

单位：%

学校类型	学校运动队		运动项目											
	有	无	田径	篮球	排球	足球	乒乓球	羽毛球	网球	毽球	棒垒球	游泳	定向越野	其他
小学	72.4	27.6	69.0	55.2	0.0	34.5	20.7	13.8	0	3.4	3.4	13.8	6.9	27.6
初中	71.2	28.8	65.4	55.8	15.4	42.3	25.0	17.3	1.9	7.7	0.0	9.6	19.2	17.3
高中	88.0	12.0	78.0	66.0	26.0	48.0	26.0	20.0	4.0	8.0	4.0	16.0	10.0	14.0

广东省中小学运动队的规模及训练情况见表4-17。调查显示，有72.4%的小学拥有运动队，其中58.6%的小学运动队平时有训练，平均每周训练5.3次，每次训练时长约为57分钟；有71.2%的初中拥有运动队，其中53.8%的初中运动队平时有训练，平均每周训练4次，每次训练时长约为68.6分钟；有88%的高中拥有运动队，其中70%的高中运动队平时训练，平均每周训练4.4次，每次训练时长约为76.6分钟。表4-17的数据说明，随着年级的升高，拥有运动队的学校越来越多，运动队的训练时长也随之增加，学校运动队队员占学生总人数的比例却逐渐降低（小学1∶17.7，初中1∶32.9，高中1∶43.5）。参训运动员人数比例的降低在一定程度上说明了体育产出的减少，即训

练效益降低了。此外，随着年级的升高，学生训练时长也相应增加了，这与学生身体生长发育特点有关，即随着年龄增长，学生的训练负荷能力提高了。

表4-17 广东省中小学运动队的规模及训练情况

学校类型	学校有运动队			平时是否训练/%		训练情况	
	学校占比/%	学生总人数/人	队员人数/人	平时有训练	平时不训练，有比赛任务才训练	每周次数/次	每次时长/分钟
小学	72.4	1328	75	58.6	13.8	5.3	57
初中	71.2	2497	76	53.8	17.3	4.0	68.6
高中	88.0	2869	66	70.0	18.0	4.4	76.6

5. 学校国际体育文化交流

2017年，国家体育总局下发年度青少年体育工作十项要点，"继续开展青少年体育国际交流活动和赛事"被列入其中，要求做好中日韩、中日俄等国际青少年运动会等赛事，开展中日、中韩等青少年交流活动和体育指导者交流活动。

体育文化交流常常与轻松、灵活、亲和力强相伴而生。国际体育文化交流常常是一种宣传手段，对增进交流主体国家的人民之间的友谊、提高相关能力、开阔视野等都有裨益。中小学校开展国际体育文化交流活动，除能够提高同学们的语言能力之外，还有助于培养学生独立生活、解决问题、与人沟通等能力，增进各国人民的相互了解，促进不同文化相互沟通，提高学生的体育兴趣，拓宽学生的国际视野，促进学生形成良好的世界观、价值观、人生观。

调查发现，广东省中小学中，开展国际体育文化交流活动频次有限。其中，调查的小学基本没有开展国际体育文化交流活动；有11.5%的初中学校提供国际体育文化交流机会，这些学校平均每年举办1.3次国际体育文化交流活动；有12.0%的高中学校提供国际体育文化交流机会，这些学校平均每年举办1次国际体育文化交流活动。

三、学校体育传统优势项目

（一）学校体育传统优势项目

根据本校在职体育教师的专长和场地设施等条件，广东省部分学校选择一至两个运动项目进行普及和提高，培养优秀运动员，逐渐发展、形成学校体育传统项目。学校拥有体育传统项目表明该学校此体育项目的软硬件都较为完备，具有较好的竞赛基础，该校此项目具备一定的竞争优势。同时，学校通常会在该体育传统项目上持续投入一定资金，这对于引导本校学生参加该项目相关的课外体育锻炼及丰富学生业余文化生活发挥了重要的促进作用。广东省中小学体育传统优势项目的分布见表4-18。

表 4-18　广东省中小学体育传统优势项目的分布

单位：%

序号	运动项目	小学	初中	高中
1	田径	3.4	19.2	28.0
2	毽球	10.3	7.7	4.0
3	陆地冰球	0.0	1.9	0.0
4	足球	3.4	5.8	10.0
5	体操	3.4	0.0	0.0
6	篮球	3.4	11.5	14.0
7	排球	6.9	3.8	10.0
8	游泳	6.9	1.9	4.0
9	羽毛球	0.0	3.8	4.0
10	武术	0.0	3.8	0.0
11	健美操	0.0	3.8	12.0
12	跳水	3.4	0.0	0.0
13	射击	3.4	1.9	0.0
14	跆拳道	0.0	7.7	2.0
15	手球	0.0	1.9	2.0
16	巧固球	0.0	1.9	0.0
17	乒乓球	6.9	0.0	2.0
18	舞龙	0.0	0.0	2.0
19	啦啦操	0.0	0.0	2.0
20	艺术体操	3.4	0.0	0.0
21	武术龙狮	0.0	0.0	2.0
22	棒球	0.0	0.0	4.0
23	跳绳	3.4	0.0	0.0
24	象棋	3.4	0.0	0.0
	合计	61.6	76.6	102

通过调查得知，有 41.5% 的小学设有本校体育传统优势项目，有 56.3% 的初中设有本校体育传统优势项目，而在高中这个比例则上升至 70.9%。总体来讲，随着年级的升高，设置本校体育传统优势项目的学校比例逐渐增加，体育传统优势项目数量与比

例也均有所增加。小学的体育传统优势项目较少，且项目呈多样化和分散的特点；初中和高中项目相对比较单一，且项目呈集中趋势。体育传统优势项目在小学学校有 13 项，初中学校有 14 项，高中学校有 15 项。另外，小学最多的是以毽球为体育传统优势项目，比例为 10.3%，其次依次是排球、游泳、乒乓球；初中最多的是田径，比例达19.2%，其次依次是篮球、跆拳道、毽球、足球；高中最多的同样是田径，比例高达28%，其次依次是篮球、健美操、排球和足球。初中、高中学校比较重视田径运动，一方面，这与初中毕业升学体育考试有一定的联系，升学体育考试内容重体能、轻技能，田径类项目考试内容偏多；另一方面，这也与高中体育特长生专项有一定的联系，在考取体育类大学时，田径类体育特长生比非田径类体育特长生占比更高。田径类体育特长生偏多的一个重要原因，是初中和高中学校为了追求升学率，将田径这种考试类项目作为体育传统优势项目大力发展。

广东省教育厅（2016）公示了 2016—2020 年度全省体育传统项目学校拟定名单。推进拟定体育传统项目学校工作不仅可以提升学校的知名度，还可以促进学校大力发展其体育传统优势项目。这对于提高学生的身体素质、丰富学生体育文化生活具有重要的积极意义。然而广东省教育厅公示的学校的数量远低于本次调查的实际有体育传统优势项目的学校数量，这说明政府支持各学校开展体育传统项目还有很大提升空间，仍有一部分已经拥有体育传统项目的学校尚未得到政府的认可或未达到认可所需要的规模。由于单一的体育传统项目不利于学生体育兴趣的培养，所以笔者建议政府通过优化体育考试内容、增加运动项目，来促使学校多样化发展体育项目，进而促进学生运动技能全面发展。

（二）学校招收体育特长生

对具有运动天赋的体育特长生给予一定招生优惠政策，一方面，可以提高学生体育兴趣、提升学生参与运动的积极性、促进学校素质教育全面发展；另一方面，可以确保教育公平性、实现教育评价多元化。广东省中小学招收体育特长生的情况见表 4-19。

表 4-19 广东省中小学招收体育特长生的情况

单位：%

学校类型	体育特长生		运动项目											
	有	无	田径	篮球	排球	足球	乒乓球	羽毛球	网球	毽球	棒垒球	游泳	定向越野	其他
小学	0.0	0.0	0.0	0.0	0.0	0.0	0.0	0.0	0.0	0.0	0.0	0.0	0.0	0.0
初中	36.5	63.5	32.7	19.2	5.8	9.6	11.5	7.7	0.0	5.8	0.0	7.7	1.9	17.3
高中	66.0	34.0	52.0	38.0	12.0	30.0	16.0	10.0	2.0	4.0	4.0	10.0	4.0	8.0

通过调查发现，小学阶段没有设置体育特长生招生政策，大部分小学生按照所处地段入学；初中和高中阶段，部分学校设有体育特长生招生政策，有 36.5% 的初中、66% 的高中设有体育特长生招生计划。另外，在运动项目的分布方面，与学校体育传统

优势项目相一致,初中体育特长生的运动项目比较多样,除田径、篮球的占比较高之外,其余运动项目比较分散;高中体育特长生的运动项目中,田径、篮球、足球占有较高比例,项目设置相对单一,招生比例也显著提升。

调查还发现,在招收政策中,广东省初中学校有 20 种运动项目招收体育特长生,高中学校有 15 种运动项目招收体育特长生。初中招收的体育特长生人数占比较高的前 4 种运动项目依次是田径、篮球、乒乓球和足球,4 个项目的招生人数占比合计 73%;高中招收的体育特长生人数占比较高的前 4 项运动项目依次是田径、篮球、足球和乒乓球,4 个项目的招生人数占比合计 136%(部分学校不仅招收一种运动项目的体育特长生,累加比例可能超过 100%)。数据比较来看,初中学校重在对具有体育天赋的同学的发现与培养,招生项目相对多样化;而高中学校更加关注于集中培养,招生项目较为集中,但这种过于集中的招生政策不利于广泛培养学生体育兴趣,会在一定程度上影响学生形成终身体育意识。

四、残障学生的招收及体育课实施

《中共中央 国务院关于促进残障人事业发展的意见》(中发〔2008〕7 号)和《中国残障人事业"十二五"发展纲要》的颁布为我国残障人体育事业的发展指明了方向。它们要求各地在招生、入学等方面不得歧视残障学生,创造条件招收残障学生,深化课程改革,完善教材建设,加强教学研究,不断提高特殊教育教学质量和水平,全面提高残障学生思想道德、科学文化、身心健康素质和社会适应能力。残障学生平等享有接受教育的权利,同样也平等享有接受体育教育的权利。广东省普通中小学招收残障学生及其体育课的情况见表 4-20。

表 4-20 广东省普通中小学招收残障学生及其体育课的情况

单位:%

学校类别	残障学生		残障学生上体育课的情况				
	有	没有	不用上体育课	参加普通学生体育课		学校统一组织残障学生上体育课	其他
				自由活动	有教师单独指导残障学生做运动		
小学	55.2	44.8	20.7	17.2	13.8	0.0	3.4
初中	78.8	21.2	34.6	19.2	21.2	1.9	1.9
高中	40.0	60.0	14.0	12.0	12.0	0.0	2.0
平均	58.8	41.2	23.1	16.1	15.7	0.6	2.4

调查结果显示,在广东省普通中小学中,平均有 58.8% 的学校有残障学生跟班就读,这些残障学生多属于智力正常但是部分肢体残缺。学校对这些残障学生上体育课的做法不一,其中,平均有 23.1% 的学校不组织残障学生上体育课,平均有 16.1% 的残

障学生在体育课时自由活动,平均有 15.7% 的学校有教师单独指导残障学生做运动,仅平均有 0.6% 的学校统一组织残障学生上体育课。

残障学生体育课的组织情况不容乐观,无法提高残障学生身体素质,不仅无助于他们顺利完成学业,也给残障学生公平地接受教育带来挑战。残障学生由于身体原因等对体育锻炼有特殊要求,与普通生一起上体育课,不能保障其人身安全,也不能满足其锻炼需求;而免修体育课更是无法保证残障学生体育锻炼的需求。因此,这些做法在对待残障学生接受教育上并非公平公正。在普通体育课中,随班就读的残障学生人数通常很少,在没有助理教师的情况下,体育教师往往没有精力对残障学生给予单独指导,他们通常会把残障学生按照"见习生"对待,而忽略了残障学生的情感需求和身心教育。

残障学生与普通学生一样拥有接受教育的权利和机会,所以学校应该统一组织残障学生上体育课,以使其获得公平教育、提高其身体素质,从而保障其顺利完成学业。此外,对于身体有残障的学生,体育教师还要有针对性地选用教材,发挥教师的主导作用、调动学生的主体作用,使残障学生勇敢地走出教室、走入集体。对于如何上好残障学生体育课,李本尊(2012)指出体育教师可以从以下四个方面做起:首先,体育教师应着重于打开残障学生的心扉,使其摆正态度、保持良好心态;其次,体育教师应注重培养残障学生的体育兴趣,让他们能体验成功与快乐;再次,应鼓励他们多交朋友;最后,帮助残障学生树立和增强自信心。

学者梁占锁等(2010)基于对河北省学校残障学生的调查指出,要想提高残障学生体育教育权利,应该建立健全相关政策法规,对随班就读残障学生给予政策支持和倾斜,提高认识、转变观念,加强对教师进行特殊教育专业知识的培训,加强对学生体育健康知识的传授,提高学生体育意识。学者王义(2011)对于残障学生如何上好体育课从实操等方面给出建议。他从体育课教学时间的安排以及分班情况、体育课内容的选择、教学方法的针对性方面进行分析,认为应加强心理疏导工作,提高残障学生参加体育锻炼的积极性;建立师生互动机制,及时掌握学生的锻炼效果;科学设置残障学生的体育考核标准;加强对普通体育教师的专业技能培训,使他们掌握教授残障学生体育课的组织与方法;保障残障学生体育权利,提高残障学生的体质健康水平。

五、体育经费、场馆与器材

(一)体育经费

1990 年公布、2017 年修正的《学校体育工作条例》第二十条规定,学校的上级主管部门和学校应当按照国家或者地方制订的各类学校体育场地、器材、设备标准,有计划地逐步配齐。学校体育器材应当纳入教学仪器供应计划。新建、改建学校必须对有关场地、器材的规定进行规划、设计和建设。在学校比较密集的城镇地区,逐步建立中小学体育活动中心,并纳入城市建设规划。该条例第二十一条明确,学校应当制定体育场地、器材、设备的管理维修制度,并由专人负责管理。任何单位或者个人不得侵占、破坏学校体育场地或者破坏体育器材、设备。该条例第二十二条要求,各级教育行政部门和学校应当根据学校体育工作的实际需要,把学校体育经费纳入核定的年度教育经费预算内，予以妥善安排。

《学校体育工作条例》的实施有助于保障学校体育场地、器材、设备以及体育工作经费。然而在实际调查中，笔者发现广东省部分中小学的学校领导、教师存在对体育工作实际投入与产出不清楚、不明晰的现象；部分学校和教师虽然可以准确提供学校在体育工作中的经费投入金额，但不能对学校体育经费的使用情况、产出做出客观评价。这对于计算学校体育的投入与产出效益带来了很大的挑战。因此，本书关于学校体育经费的研究只能依据体育教师关于学校对体育工作的支持力度等的主观评价而间接分析学校体育的投入情况。

按照《学校体育工作条例》的要求，各级政府每年都需要安排一定数额的体育经费，以保证学校体育工作的开展。然而由于学校无法准确预测年度体育经费，本书主要通过分析五个方面来间接了解调研对象体育经费的投入情况：一是学校对体育场地、器材的购置情况；二是学校组织与参加校内外体育比赛的情况；三是学校的体育场地、器材能否满足学生的运动需求；四是学校对体育场地、器材的修缮是否及时；五是学校的体育场地的情况。

调查得知，在广东省中小学中，有24.1%的小学学校没有经费购置与修缮运动器材，24.1%小学学校没有提供校内外体育比赛经费；约有17.3%初中学校没有经费购置与修缮运动器材，32.7%初中学校没有提供校内外体育比赛经费；有约10%高中学校没有经费购置与修缮运动器材，28%高中学校没有提供校内外体育比赛经费。广东省中小学的体育器材情况见表4-21。由表4-21的数据可知，有27.6%的小学、36.5%的初中和34%的高中配备的体育器材不能满足学生的运动需求。

表4-21 广东省中小学的体育器材情况

单位：%

学校类型	能否满足学生的运动需求			是否及时修缮		
	能	不能	基本可以	及时	不及时	基本可以
小学	31.0	27.6	41.4	31.0	24.1	44.8
初中	32.7	36.5	30.8	46.2	21.2	32.7
高中	20.0	34.0	46.0	28.0	28.0	44.0

通过调查得知，并不是所有学校每年都有一定的经费购置与修缮运动器材，而且部分学校根本就没有提供校内外体育比赛经费。经费得不到保障，影响了学校对体育器材的购置与修缮及学生体育比赛训练，这对学校顺利开展体育运动提出了很大的挑战。

（二）体育场地

近年来，一些学校为了学生的安全起见，容易引发安全事故的运动项目，诸如单双杠等体操类项目在校内鲜有开展，再加上这些运动项目的人均体育场地面积较难确定，本次调查未包括体操类体育场地的面积。2005年10月，《中小学体育器材和场地》国家标准（教育部，2005）开始实施。这是根据我国中小学生生理、心理发展规律和特点而制定的，是义务教育阶段中小学校体育器材配备和场地建设的规范性文件。2008年，教育部、财政部等部门印发《国家学校体育卫生条件试行基本标准》（以下简称《基本标准》），要求各中小学根据班级的规模建设学校体育场地。广东省中小学的体育场地与《基本标准》的对比见表4-22。

表4-22 广东省中小学的体育场地与《基本标准》的对比

学校类型		田径场/块	跑道/m	泳池/个	泳道/m	篮球场/块	排球场/块	网球场/个	羽毛球场/个	乒乓球台/张
小学	《基本标准》	1.0	300～400	—	—	3.0	2.0	—	—	2.0
	调查结果	1.0	203	0.2	4.9	3.0	0.7	0.0	2.0	6.8
初中	《基本标准》	1.0	300～400	—	—	3.0	2.0	—	—	2.0
	调查结果	1.1	306	0.2	6.3	5.0	1.3	0.3	3.6	8.3
高中	《基本标准》	1.0	400	—	—	3.0	3.0	—	—	2.0
	调查结果	1.2	392	0.5	18.1	9.8	2.6	0.5	6.9	13.5

注：1. 被调查学校绝大多数有30个班级及以上，故对比的是30个班级规模对应的《基本标准》。

2. —表示无数据。

《基本标准》未规定所有运动项目的场地标准，本研究时只对比了《基本标准》有列明的运动项目体育场地标准。调查结果显示，广东省中小学的篮球场地、乒乓球台及田径场的数量达到或略高于《基本标准》，其余体育场地均未达到30个班级应当具备的标准。再加上调查分析的这些学校的大部分班级学生人数在一定程度上存在超标现象，说明《基本标准》出台近十年来，广东省中小学的体育场地投入依旧不足，广东省政府对学校体育事业的支持力度有待进一步加强。

党的十九大报告中提出"实施健康中国战略"。增进人民健康福祉，事关人的全面发展、社会的全面进步，事关"两个一百年"奋斗目标的实现，必须从国家层面统筹谋划推进。"十四五"时期的体育改革发展，就是要在推动体育和医疗融合、体育和教育融合上下功夫，更好地发挥体育在全面建设社会主义现代化强国新征程中的独特作用。

各级人民政府在安排年度学校教育经费时，应当安排一定数额的体育经费，以保证学校体育工作的开展。国家和地方各级体育行政部门在经费上应当尽可能对学校体育工作给予支持，鼓励各种社会力量以及个人自愿捐资支援学校体育工作。各地区与学校使用体育经费应透明化、清晰化，确保体育经费落到实处。

（三）学生对学校体育设施的态度

保障体育场地设施充足及多样化，是提高学生体育兴趣的基础，本研究以5级量表来呈现广东省中小学生对学校体育设施的满意度，调查结果见表4-23。

表4-23　广东省中小学生对学校体育设施的满意度

单位：%

年级		非常满意		比较满意		满意		不满意		非常不满意	
		男生	女生	男生	女生	男生	女生	男生	女生	男生	女生
小学	三年级	64.3	58.6	19.0	18.9	14.3	19.8	1.6	2.7	0.8	0.0
	四年级	40.7	34.1	27.5	28.9	18.2	28.3	8.9	6.3	4.7	2.4
	五年级	24.6	20.9	32.0	31.9	27.5	35.3	11.0	9.0	5.0	2.9
	六年级	20.1	15.9	25.7	31.3	32.7	38.3	14.3	10.4	7.2	4.0
初中	一年级	16.1	12.0	30.7	33.9	34.8	39.2	11.6	11.4	6.8	3.5
	二年级	9.4	7.6	31.3	31.6	30.2	37.5	17.8	18.6	11.3	4.7
	三年级	8.9	8.0	30.4	33.2	32.7	37.9	17.3	16.4	10.7	4.5
高中	一年级	5.7	6.4	32.4	29.6	31.9	42.1	20.0	17.3	10.0	4.6
	二年级	5.1	1.9	27.8	28.5	30.2	39.4	23.0	24.3	13.7	5.9
	三年级	5.3	4.6	23.6	23.4	31.1	34.4	25.4	31.4	14.6	6.3

调查结果显示，广东省中小学生对学校体育设施的满意度随着学生年级的升高而降低，即低年级学生对学校体育设施的满意度更高，高年级学生对学校体育设施的不满意率更高。

"十一五"以来，随着社会经济迅速发展，城市化进程不断加快，义务教育阶段学校规模也发生了明显的变化（周福盛，2012），一些农村地区、特别是偏远农村地区的学校相继被撤并，农村中小学在校生人数不断减少；城市和县镇中小学在校生人数不断增加，出现了一些大规模、甚至是超大规模的学校。城市、县镇中小学的大班额比例逐年增加，学校班级规模扩大了，然而校舍、运动场所、体育设施却没有相应地跟着改变，满足不了学生的需求。

为了了解不同年级学生对体育设施的需求程度，将表4-23的数据制成图4-2，学生对体育设施满意度评价对应图4-2中的5条折线。从图4-2可以看到，有3条折线在不同年级之间的变化很大。第一条是表示非常满意的折线，随着学生年级的升高，他们对体育设施非常满意度越来越低；第二条变化较大是不满意折线，和非常满意折线的变化正好相反，随着年级的升高，不满意度越来越高；第三条折线非常不满意也是不断上升，但变化没有前2条折线变化幅度大。比较满意和满意2条折线在不同阶段变化不是很大，刚开始较低，小学五年级以后基本变化不是很大，其中比较满意折线在高中阶段又有所回落，但变化不是很大。另外，非常满意和非常不满意2条折线还有相同的规律，男生的非常满意度、非常不满意度均高于同年级的女生。这在一定程度上说明了男生对体育设施的关注度高于女生，而且男生对体育设施的需求高于女生。

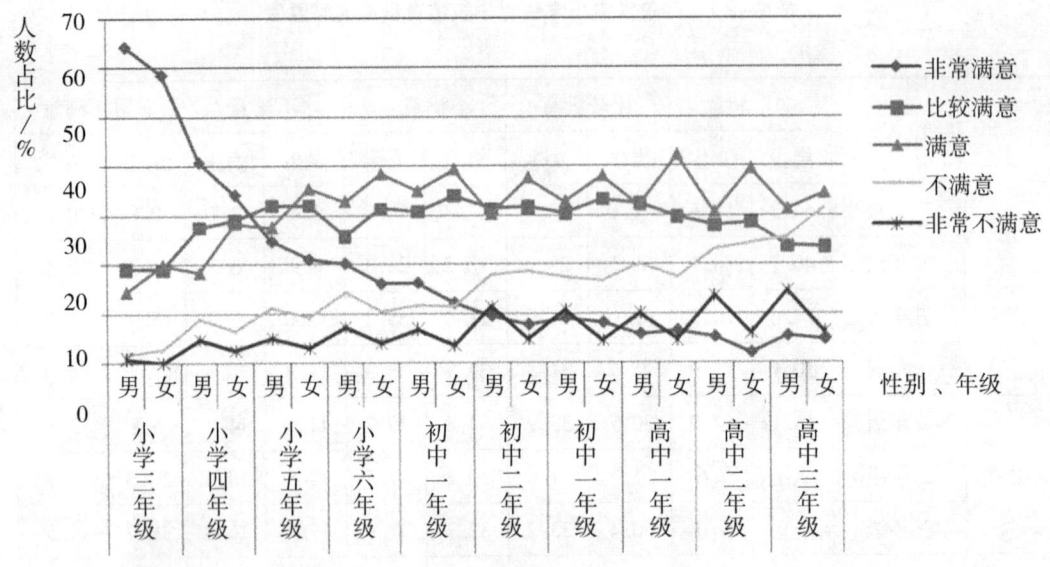

图4-2 广东省中小学生对学校体育设施的满意度

(四) 学校体育场馆向社会开放情况

习近平总书记在全国卫生与健康大会上强调,"要坚定不移贯彻预防为主方针,坚持防治结合、联防联控、群防群控,努力为人民群众提供全生命周期的卫生与健康服务",将全生命周期健康管理提到新的高度。在党中央的坚强领导下,随着《"健康中国2030"规划纲要》《健康中国行动(2019—2030年)》等系列文件的推出,各地蓬勃地开展全民健身,人们对体育运动的热情日益高涨,对体育场馆的需求也随之增大。然而,由于目前中国人均体育场地面积不及发达国家的10%,而且大部分体育场地隶属于学校,形成了人民群众对健身场所需求的日益增长同健身场馆匮乏之间的矛盾。因此,国家从宏观上要求学校体育场馆向社会开放,这既是现实的需要,也有法律的要求,应提高各级管理部门对学校体育场馆向社会开放重要性的认识。学校体育场馆作为准公共产品,有必要服务于社会大众健身需求。将部分学校的体育场馆向社会公众开放,整合了体育场馆资源、提升了体育场馆利用率,有效地扩大了体育场馆的供给,为全民健身发挥了积极作用。

提高学校体育场馆的综合利用率,发挥学校体育场馆的社会效益,是社会主义"发展成果共享"理念的必然要求,更是满足人民群众日益增长的多样化体育需求的现实选择。国家和地方行政相关部门制定与颁布了一系列政策法规、指导文件,要求学校体育场馆资源向社会开放。从2008年开始,为了提高学校体育场馆的利用率,提高学校体育场馆的效益,顺利将学校体育场馆、体育设施等向社会开放,广东省、广州市各级职能部门印发了若干文件。笔者收集和整理了广东省、广州市关于学校体育场馆向社会开放的部分政策,见表4-24。

表4-24　广东省、广州市关于学校体育场馆向社会开放的部分政策

年份	文件名称	文号	发文单位
2008	关于印发《广东省学校体育场馆向社会开放实施办法》的通知	粤体群〔2008〕28号	广东省体育局
2013	关于印发《广州市体育设施向社会开放管理办法》的通知	穗府办〔2013〕45号	广州市人民政府办公厅
2014	关于印发《广州市学校体育设施向社会开放实施意见》的通知	穗教发〔2014〕93号	广州市教育局
2015	关于开展广东省学校体育场馆向社会开放示范单位创建活动的通知	粤教体函〔2015〕126号	广东省教育厅、广东省体育局
2016	关于广东省学校体育场馆向社会开放示范单位名单的公示	不详	广东省教育厅

广东省中小学体育场地的开放与收费情况见表4-25。

表4-25　广东省中小学体育场地的开放与收费情况

单位：%

学校类型	体育场地		体育场地对公众开放		是否对外收费	
	有	无	开放	不开放	收费	不收费
小学	100	0	31.0	69.0	6.9	24.1
初中	100	0	19.6	80.4	0.0	19.6
高中	100	0	30.0	70.0	4.0	26.0

由表4-25的数据可知，广东省小学的体育场地开放率是31%，其中6.9%是对外收取费用的，24.1%不收费；初中的体育场地开放率是19.6%，这些开放体育场地的学校均不收费；高中开放体育场地的学校占比与小学基本一致，有30%的高中对公众开放体育场地，其中4%对外收费，26%不收费。

广东省中小学体育馆的开放与收费情况见表4-26。

表4-26　广东省中小学体育馆的开放与收费情况

单位：%

学校类型	体育馆		体育馆对公众开放		是否对外收费	
	有	无	开放	不开放	收费	不收费
小学	31.0	69.0	13.8	17.2	6.9	6.9
初中	45.1	54.9	11.8	33.3	0.0	11.8
高中	54.0	46.0	22.0	32.0	10.0	12.0

调查结果显示，广东省小学体育馆的拥有率为31%，初中为45.1%，高中为54%，撇开体育馆的建设规模不说，广东省中小学体育馆的建设有待进一步加强。其中，有13.8%的小学向公众开放体育馆，且收费、不收费各占一半；有11.8%的初中向公众开放体育馆，且全部不收费；有22%的高中向公众开放体育馆，其中10%是收费的。

结合分析表4-25、表4-26的数据可以发现，广东省中小学体育场馆开放的比例较低，开放的初中体育场馆都不收费，部分小学和高中对开放的体育场馆收取一定的费用。然而学校体育场馆作为准公共产品不同于公共产品特性，其在使用过程中，具有一定的排他性和竞争性。因此，对个人或者团体收取一定的使用费用，有利于学校场馆的管理与器材更新、运维等。

对于广东省学校体育场馆向社会开放情况，学者张宏等（2008）做了实证研究，成果值得大家借鉴。他们认为目前学校体育场馆开放效果仍不理想，主要表现在学校体育场馆向社会开放意愿不强、整体开放率低，学校体育场馆向社会开放会给学校带来利益损失，而传统的政策引导和收费使用均未能使学校利益损失得到有效补偿。这是影响学校向社会开放体育场馆积极性的最主要的原因。然而学校体育场馆向社会开放有利有弊，要综合考虑各种问题，扬长避短，争取体育场馆利益最大化、效率最大化，提高全民的身体素质。在关注学校体育场馆向社会开放的积极作用时，更要避免或者解决体育场馆开放后给学校带来的负面影响等。

学校体育场馆向社会开放的积极作用体现在以下五点：有利于树立现代教育观念，发展社区体育，建设和谐社区；有利于促进学校体育自身发展，促进学生个体的社会化；有利于缓解社会健身场地的不足，完善全民健身服务体系；有利于减轻学校经济负担，提高国有资产投资效益；有利于学校体育向产业方向发展。

学校体育场馆向社会开放带来的主要问题包括四点：一是组织管理问题。管理方法缺少统一性和规范性，整体管理水平有待改进完善；存在器材损坏无法责任到人的现象，管理人员不能给予积极有效合理的指导。二是安全以及责任划分问题。开放后学生安全管理复杂，校方担心会对学生造成伤害，参加锻炼的居民安全责任归属也不明确。三是维护和经费问题。场馆的损耗、日常维持养护、管理人员工资等学校无能力支付。四是场地容量问题。免费开放带来了资源约束问题，而全部开放也难以满足公众的需要。

因此，应该充分发挥学校体育场馆对社会开放的积极作用，在保障安全的前提下，大力向公众开放学校体育场馆。同时，针对体育场馆开放容易出现的问题，主动制定、公布管理政策与应对措施，争取把体育场馆的效益最大化，为全民健身和实现健康中国战略提供物质保障。

第二节 学校体育产出情况及分析

学校体育健康教育课程目标为运动参与、运动技能、身体健康、心理健康和社会适应良好,目标成效决定了体育产出的结果。研究根据 204 所广东省中小学校学生体育参与等情况来调查与反映学校体育产出情况,调查范围是小学三年级至高中三年级的学生。一方面,因为小学一、二年级的学生认知能力较差,纸质版问卷填答能力有限;另一方面,鉴于研究精力有限,无法对学生一一进行口头访问。因此,笔者没有对小学一、二年级学生进行调查,而是调查了少量小学三年级的学生,调查对象的年龄主要集中在 8～20 岁的学生。本书根据学生的调查问卷结果,通过一系列纵向调查数据分析与对比,了解学生从小学三年级到高中三年级体育教育对其影响及其各方面的身体变化规律;同时,笔者也做了大量的横向对比,研究相同年龄段不同性别学生体育教育对其的影响等。本书通过对学生身体状况、运动能力、体育兴趣、社会交往等情况的分析,了解学校体育健康教育五大课程目标实施效果,从而推断出学校体育教学质量及学校体育教育产出情况。

一、学生身体状况及评价

(一) 身体特征及自我评价

通过测量广东省中小学生调查对象的身体特征,包括身高、体重、BMI 等,了解学生身体发育及肥胖情况。广东省与全国中小学生的身体特征对比见表 4-27。

调查结果显示,调查对象男生和女生的 BMI 均随着年龄的增大而增加。由于笔者在文献及各类电子期刊中没有查阅到 2015 年全国中小学生的身体特征的数据,所以本书用 2014 年国民体质监测公报的数据和本次调研得到的 2015 年广东省中小学生调查对象的身体特征数据进行比较与分析。两者的比较结果见表 4-27。

从表 4-27 的数据可以看出,在平均身高方面,与全国同年级中小学生相比,广东省中小学男生身高在初中三年级之前弱于全国平均水平,之后略高于全国平均水平;而广东省中小学女生身高在小学五年级之前和全国平均水平有一定的差距,小学六年级、初中三年级、高中二年级和高中三年级稍高于全国平均水平,初中一年级略低于全国平均水平,初中二年级和高中一年级与全国平均水平一致。在平均体重方面,与全国同年级中小学生相比,广东省中小学所有年级男生的体重都低于全国平均水平,女生的情况也是如此。中国南方人较北方人体重偏轻,是气候的原因,还是其他原因?这有待于进一步深入探究。通过以上分析可知,广东省中小学生的身高与全国中小学生相比各有高低,但是不管是在哪个学段,广东省中小学男女生的体重都低于全国平均水平,广东男女学生体重相对偏轻。而从 BMI 的数据可知,广东省中小学生男生和女生的 BMI 均比全国平均水平略低一些,且处于标准 BMI 范围的中段。

广东省中小学生对自己体型外观的主观认识如何,可以从其对自己身材的评价(见表 4-28)来了解。评价主要分非常棒、比较棒、一般、差、非常差五个等级。

表4-27 广东省与全国中小学生的身体特征对比

年级		调查对象人数/人	平均年龄/岁		平均身高/cm				平均体重/kg				BMI/(kg/m²)					
					男生		女生		男生		女生		男生			女生		
			广东	全国	广东	全国	广东	全国	广东	全国	广东	全国	广东	全国	标准	广东	全国	标准
小学	三年级	244	9.2	9	134.0	137.2	131.2	136.3	30	33.6	28.3	31.3	16.7	17.8	13.9~19.4	16.3	16.8	13.6~18.6
	四年级	980	10.2	10	140.4	142.1	140.5	142.6	35.4	37.2	33.2	35.5	18.0	18.4	14.2~20.1	16.8	17.5	13.7~19.4
	五年级	994	11.2	11	146.2	148.1	147.2	149.3	38.4	41.9	36.6	40.6	18.0	19.1	14.4~21.4	16.9	18.2	13.8~20.5
	六年级	905	12.2	12	153.4	154.5	154.0	153.7	43.1	46.6	41.3	44.5	18.3	19.5	14.7~21.8	17.4	18.8	14.2~20.8
初中	一年级	1696	13.2	13	160.4	161.4	156.6	157.0	48.6	52.0	44.8	48.0	18.9	20.0	15.5~22.1	18.3	19.5	14.8~21.7
	二年级	2174	14.1	14	166.1	166.5	158.7	158.7	53.1	56.2	46.7	50.4	19.2	20.3	15.7~22.5	18.5	20.0	15.3~22.2
	三年级	1472	15.2	15	169.3	169.8	159.6	159.4	56.1	59.5	48.2	51.6	19.6	20.6	15.8~22.8	18.9	20.3	16.0~22.6
高中	一年级	1768	16.1	16	171.8	171.4	159.8	159.8	58.5	61.5	48.8	52.7	19.8	20.9	16.5~23.2	19.1	20.6	16.5~22.7
	二年级	2002	17.0	17	172.5	172.1	160.2	159.8	59.8	63.3	49.2	53.0	20.1	21.4	16.8~23.7	19.2	20.8	16.9~23.2
	三年级	1544	18.1	18	172.8	172.0	160.0	159.4	61.4	63.5	49.6	52.6	20.6	21.5	17.3~23.8	19.4	20.7	17.1~23.3

数据来源：广东省数据为笔者根据调查结果整理得到，全国数据来自2014年国民体质监测公报，标准数据来自国际卫生组织（WHO）规定的亚洲人标准。BMI=体重（kg）/身高（m）的平方。

表 4-28 广东省中小学生对自己身材的评价

单位：%

年级		非常棒		比较棒		一般		差		非常差	
		男生	女生	男生	女生	男生	女生	男生	女生	男生	女生
小学	三年级	45.2	32.7	29.0	45.2	24.2	22.1	0.8	0.0	0.8	0.0
	四年级	26.8	28.6	33.3	41.7	33.9	54.5	4.4	2.7	1.7	2.4
	五年级	20.5	13.5	35.7	38.2	39.2	43.9	2.8	3.5	1.8	1.0
	六年级	15.6	12.0	32.8	31.0	46.7	53.4	3.2	2.8	1.7	0.8
初中	一年级	12.1	6.8	29.6	21.5	49.6	60.3	6.7	8.2	2.1	3.2
	二年级	17.8	6.3	31.5	21.2	43.1	62.1	5.2	8.1	2.4	2.4
	三年级	16.7	7.5	30.7	24.0	44.1	57.9	5.9	8.4	2.6	2.2
高中	一年级	12.0	5.6	26.2	18.3	51.8	62.5	7.8	10.7	2.1	2.9
	二年级	15.8	6.6	23.5	14.4	50.9	64.2	7.0	10.8	2.8	3.9
	三年级	18.5	6.1	26.0	18.1	44.2	63.4	7.6	8.9	3.7	3.5

为了有一个更加直观的效果，以便观察广东省中小学生对自己身材的评价规律，将每个年级学生的数据绘制成图 4-3 至图 4-7，结合表 4-28 的数据来观察学生对自己身材评价的结果。

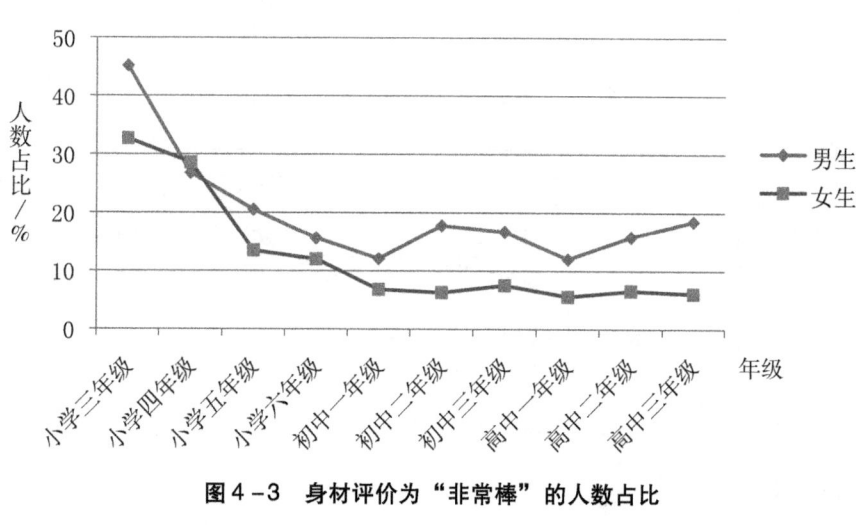

图 4-3 身材评价为"非常棒"的人数占比

图 4-4 身材评价为"比较棒"的人数占比

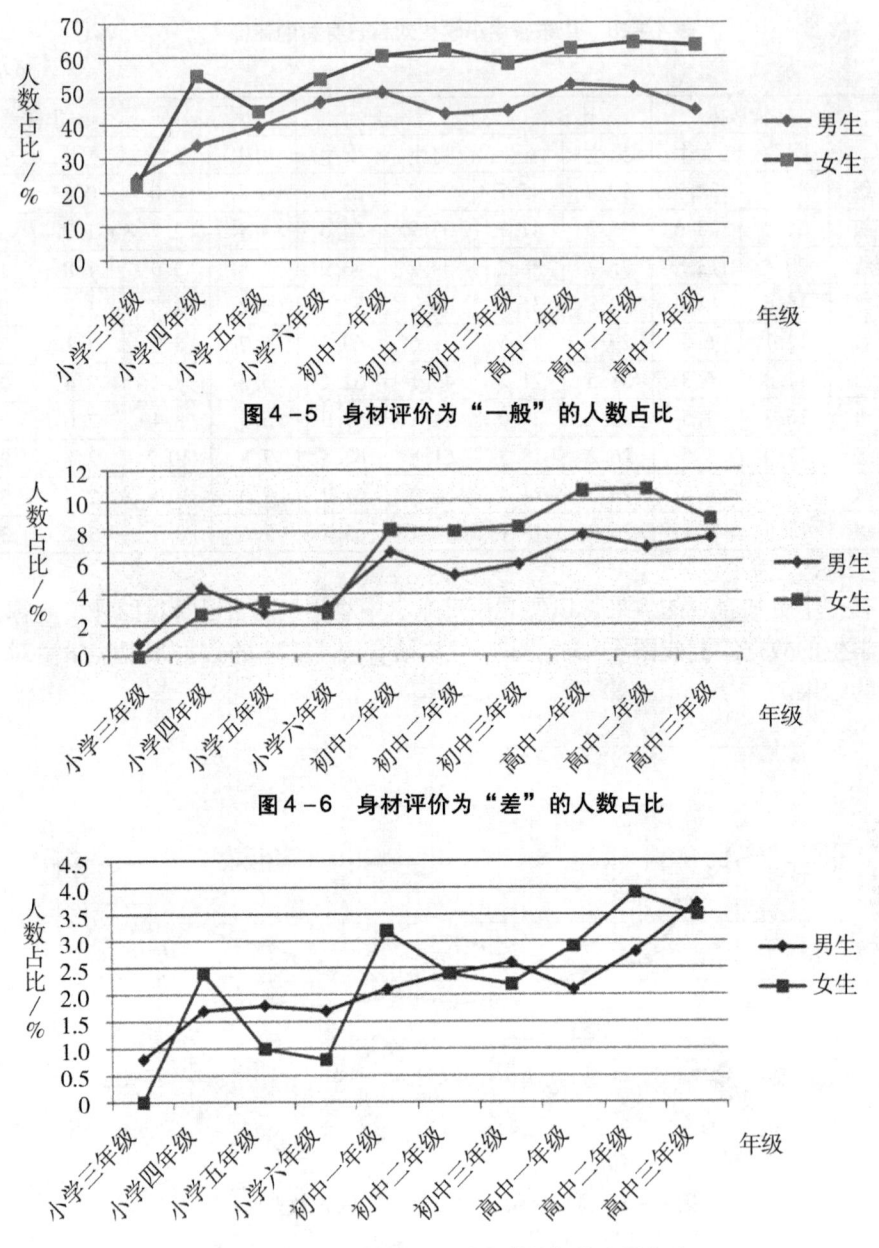

图4-5 身材评价为"一般"的人数占比

图4-6 身材评价为"差"的人数占比

图4-7 身材评价为"非常差"的人数占比

从图4-3、图4-4可以看出，随着年级的升高，广东省中小学生对自己身材评价为"非常棒""比较棒"的学生人数占比越来越少；除小学四年级学生外，选择"非常棒"的男生比例均高于同年级女生；在选择"比较棒"的同学中，小学五年级之前女生的人数比例均高于同年级男生，小学五年级之后男生的人数比例均高于同年级的女生。

从图4-5可以看出，广东省中小学生对自己身材评价为"一般"的学生中，除小学三年级之外，其他年级女生的人数比例均高于同年级男生的。

从图4-6可以看出，广东省中小学生对自己身材评价为"差"的学生中，除小学三、四、六年级的男生人数比例高于同年级女生外，其他年级都是女生高于同年级男生。

如图4-7所示，在对自己身材评价为"非常差"的学生中，没有找到评价规律。

从表4-28和图4-3至图4-7可以看出，随着年级的升高，广东省中小学生对自己身材的评价越来越差，男生的自评结果通常优于女生。这可能存在两个原因：第一个可能原因是学生随着学习压力增加，体育锻炼的时间减少，学生的身材由于缺少体育锻炼的确变得越来越差；第二个可能原因是学生的身材并没有变差，而是学生受学习、环境等因素的影响，自信心越来越不足了。自信心是一个人对自身价值和能力的充分认识和评价，是对自己的能力和水平所持的一种肯定性态度，是对待自我态度方面的一种性格特征，是后天习得的结果。学生对自己身材的评价属于自信心的外在表现之一，而体育锻炼对培养学生自信心大有益处。

（二）学生健康状况

1978年，世界卫生组织（World Health Organization，WHO）对健康提出了一个多维度的新定义：健康不仅仅指没有疾病或虚弱现象，还包括生理上、心理上和社会适应上的完好状态（1989年又增加了"道德健康"）。笔者调查的主要包括广东省中小学生的身体健康和心理健康。身体健康又可分为躯体健康、视力健康、听力健康等方面，其中因为听力健康受先天遗传因素影响较大，所以笔者主要针对学生的身体健康、视力健康进行调查。心理健康的理想状态是保持性格完好、智力正常、认知正确、情感适当、意志合理、态度积极、行为恰当、适应良好的状态。笔者从学生生活态度、学习压力等情况来反映学生心理健康状况。以一个学期为时长跨度，调查广东省中小学生中经常生病的学生占比及其因生病请假的天数（见表4-29），从学生生病的频率来了解学生的身体健康状况。

表4-29 广东省中小学生的身体健康状况

年级		经常生病者				非经常生病者			
		是/%		人均累计病假天数/天		是/%		人均累计病假天数/天	
		男	女	男	女	男	女	男	女
小学	三年级	4.2	5.9	10	3.3	95.8	94.1	1.8	2.0
	四年级	11.0	7.2	2.6	5.4	89.0	92.8	1.4	1.1
	五年级	5.3	5.8	3.7	3.5	94.7	94.2	1.4	1.4
	六年级	4.2	7.5	2.2	3.4	95.8	92.5	1.6	1.2
初中	一年级	4.3	6.7	4.5	1.7	95.8	93.3	0.9	0.6
	二年级	6.6	8.6	5.8	2.3	93.4	91.4	1.0	1.0
	三年级	6.9	10.4	3.4	3.7	93.1	89.6	1.3	1.3

续表4-29

年级		经常生病者				非经常生病者			
		是/%		人均累计病假天数/天		是/%		人均累计病假天数/天	
		男	女	男	女	男	女	男	女
高中	一年级	8.0	10.3	2.7	3.2	92.0	89.7	0.8	0.7
	二年级	8.3	14.2	3.3	3.8	91.7	85.8	1.3	1.1
	三年级	10.7	15.4	5.2	4.4	89.3	84.6	1.5	1.5

注：人均累计请假天数为一个学期的累计量。

将表4-29的数据绘制成图4-8、图4-9、图4-10，以便直观了解广东省中小学生的身体健康状况。结合表4-28、图4-8可以看出，普遍来讲，广东省中小学生的男生经常生病的情况发生率低于同年级的女生，但小学四年级的男生除外，他们的生病率高于女生；而且随着年级的升高，广东省中小学生经常生病的情况发生率越来越高，高中时期的学生的生病率急剧上升，高三女生经常生病率为15.4%，高三男生的经常生病率与高一女生接近，均超过10%。也就是说，广东省中小学男生的体质普遍优于同年级女生，但是，无论男生还是女生在高中阶段体质都较差，且高三时期最差。这种状况与实际调研中广东省中小学生参与体育运动的情况可以互相印证。广东省中小学生在小学阶段体育课最多，高中阶段最少，特别是高三的情况更糟，部分学校变向取消或者替代体育课，结果使学生的运动参与目标远远没有达到，学生运动过少、精神压力较大是学生经常生病的重要原因之一。

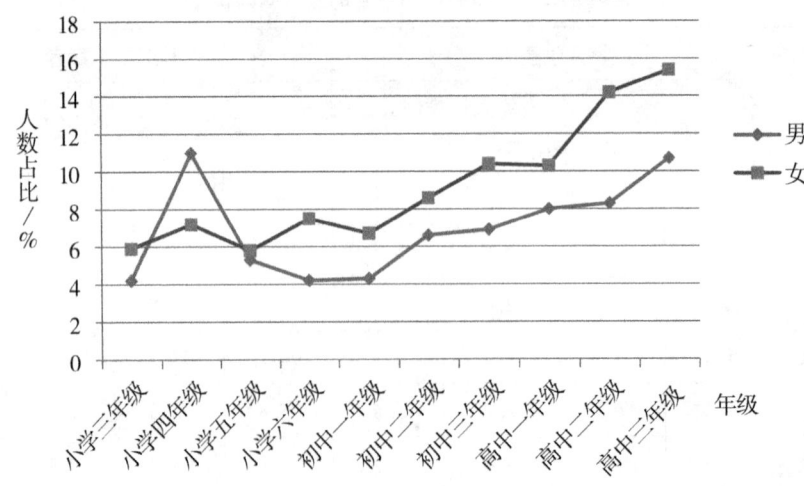

图4-8 男女学生是否经常生病比例

第四章 广东省中小学体育投入与产出分析

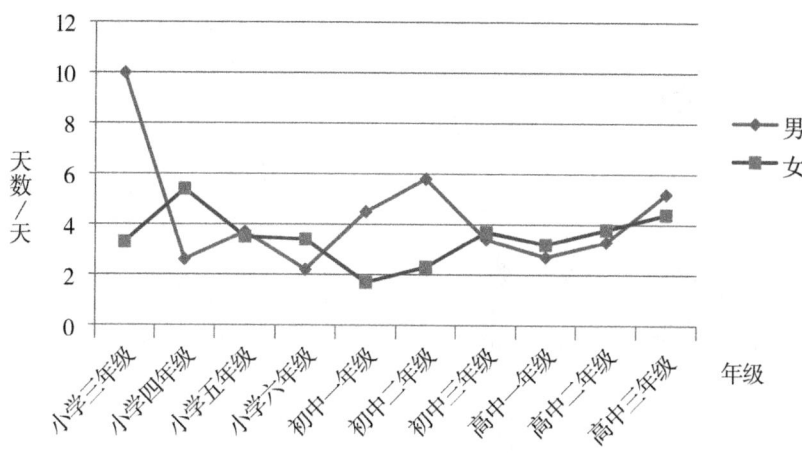

图4-9 经常生病男女学生一个学期请假天数

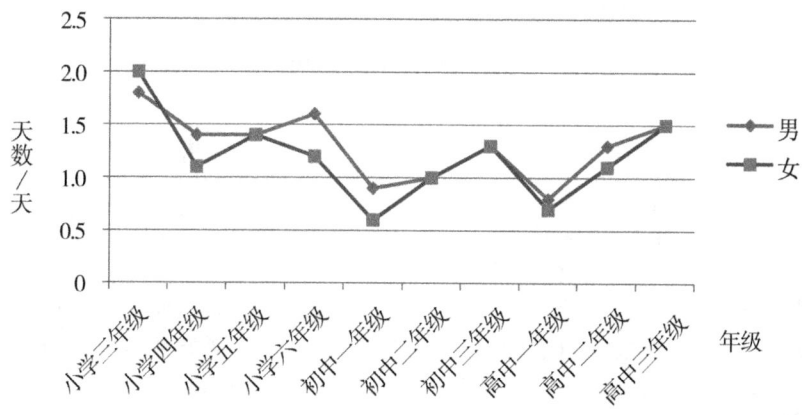

图4-10 不经常生病男女学生一个学期请假天数

从图4-9、图4-10可以看出，广东省中小学生中，经常生病的学生每学期请假的天数在2～6天居多，不经常生病的学生每学期请假天数在0.5～1.5天居多。学生生病率较高但是一个学期请假的天数却不高，说明了有很多学生可能带病返校上课。带病学习虽说精神可嘉，却有可能造成更加严重的结果，比如患流感学生带病上课，会增加传染他人的概率。另外，带病返校学生的学习效率不高，而且病情有可能会因此加重、病程可能会增长等。

学生的视力健康一直是国内外专家关注的重点，而学生视力健康近年来急剧下降，严重影响着他们的学习和生活。广东省中小学生近视情况如图4-11至图4-14所示。

从图4-11至图4-14可以明显地看出，随着年级的升高、年龄的增大，广东省中小学生的近视率越来越高，不近视率从最高的86.7%逐年下降，其中最严重的年级是高二，高二女生不近视率仅为18.8%，高二男生则为25.1%。另外，除小学三年级男

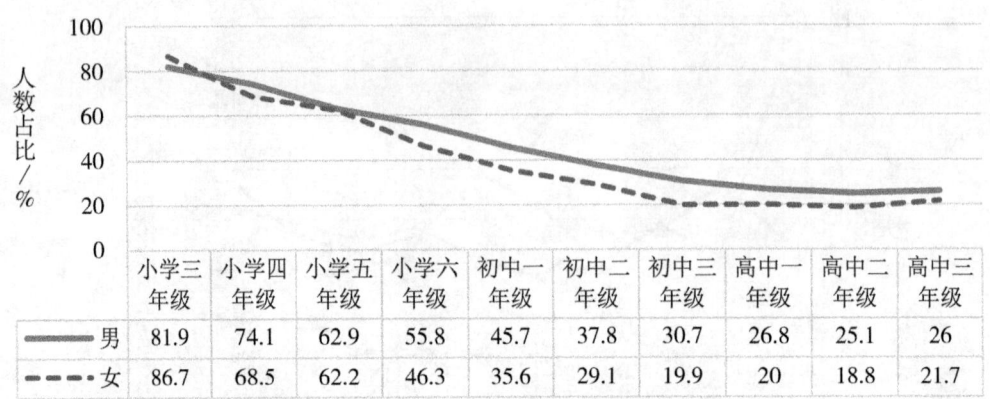

图 4-11　广东省中小学生不近视者占比

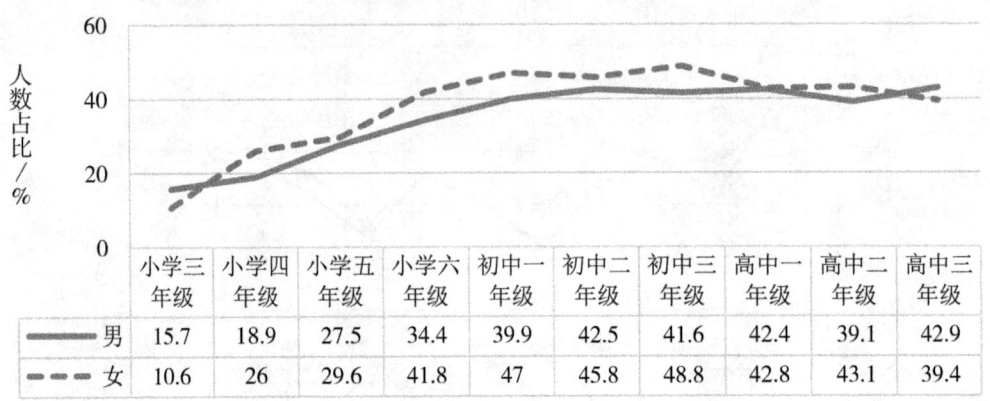

图 4-12　广东省中小学生近视 300 度以下者占比

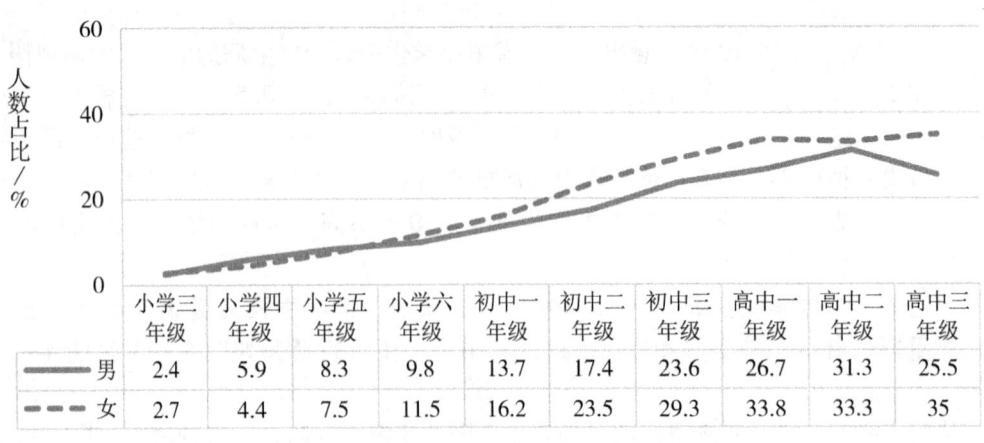

图 4-13　广东省中小学生近视 300～600 度者占比

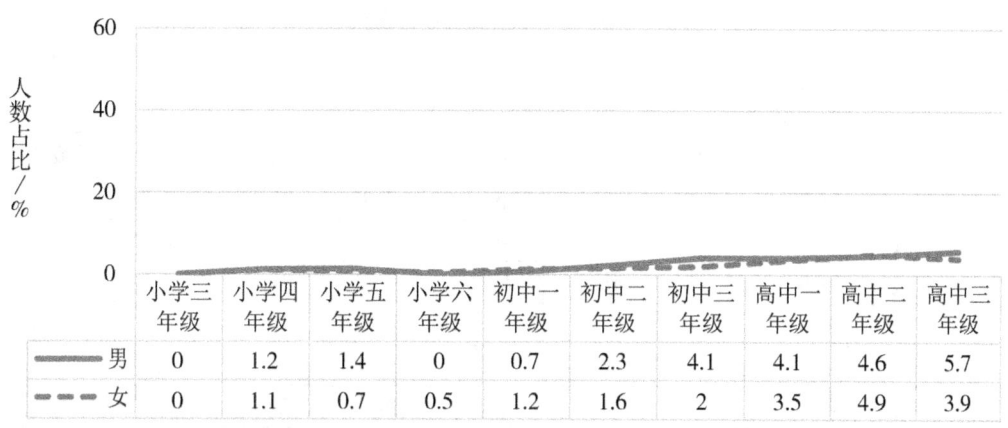

图 4-14　广东省中小学生近视 600 度以上者占比

生的不近视率比女生低之外，其他各年级男生普遍比女生的不近视率高。在小学与初中阶段，学生的视力急剧下降；到了高中阶段，近视发生率趋缓。

学生的近视问题应该引起家庭、学校和社会三方面的足够重视。近视的形成是一个循序渐进的过程。近年来，国家教育部门倡导给学生减负、减压，但是学生的课业压力依旧大，学生学习时间较长而运动不足，再加上长时间使用电子产品等，造成了近视率急剧上升。因此，教师与家长应多鼓励学生积极参加体育锻炼，纠正其不良用眼习惯，保持良好坐姿和看书习惯，保证充足的睡眠，减少学生看电视等电子产品的时长，加强眼保健操等预防措施，以降低学生近视发生率。此外，应特别关注低年级学生，由于他们对近视的危害性认识不足、自控力薄弱、眼保健知识匮乏，学校和家长更应该多加干涉，减少其使用电子产品的时长，鼓励并引导他们多参加户外运动和体育锻炼。

二、学生运动成绩及评价

全国各地对中小学体育健康教育课程的评价体系基本上相同，除了初中毕业生要参加毕业升学体育考试外，各年级中小学生还需要参加每学期班级体育课程成绩测试和全国统一要求的每学年的体测。按照国家体测评分标准，可把学生体育课程成绩分为四个级别，分别是优秀（90 分以上）、良好（80～90 分）、及格（60～79 分）、不及格（60 分以下），广东省中小学生的体育课成绩分布见表 4-30。

表4-30 广东省中小学生的体育课成绩分布

单位：%

年级		优秀		良好		及格		不及格	
		男生	女生	男生	女生	男生	女生	男生	女生
小学	三年级	54.0	45.0	38.1	49.5	7.9	5.4	0.0	0.0
	四年级	41.3	39.2	42.1	46.9	13.8	13.1	2.8	0.9
	五年级	35.0	32.7	48.9	51.6	13.8	14.0	2.4	1.7
	六年级	30.8	30.1	49.6	53.5	17.6	14.9	2.0	1.5
初中	一年级	23.0	16.9	42.3	46.1	26.1	28.3	8.6	8.7
	二年级	31.1	26.0	34.6	37.1	26.1	29.2	8.3	7.8
	三年级	51.9	45.8	25.9	31.6	15.8	17.3	6.3	5.3
高中	一年级	33.8	21.7	38.1	41.5	24.9	32.6	3.2	4.2
	二年级	31.1	15.2	41.5	42.1	24.7	39.3	2.8	3.4
	三年级	32.9	15.1	40.1	40.9	22.7	40.4	4.4	3.6

通过体测可以监测学生身体素质发展情况，广东省中小学生的体测成绩分布见表4-31。

表4-31 广东省中小学生的体测成绩分布

单位：%

年级		优秀		良好		及格		不及格	
		男生	女生	男生	女生	男生	女生	男生	女生
小学	三年级	56.6	58.5	33.6	34.0	9.8	6.6	0.0	0.9
	四年级	39.6	39.9	45.1	47.4	13.2	12.2	2.0	0.4
	五年级	38.7	37.8	53.1	54.3	7.6	6.9	0.5	1.0
	六年级	34.3	37.8	53.3	52.4	10.9	9.5	1.5	0.3
初中	一年级	25.6	18.8	51.2	56.1	19.0	20.6	4.2	4.5
	二年级	35.4	27.3	40.9	47.2	19.6	21.9	4.0	3.6
	三年级	48.7	41.5	34.8	41.7	13.3	13.4	3.1	3.4
高中	一年级	33.7	21.1	44.0	49.2	19.7	26.3	2.6	3.5
	二年级	29.7	16.9	46.3	50.5	21.0	29.8	3.1	2.9
	三年级	32.8	18.9	46.4	48.2	17.9	30.2	2.9	2.7

由表4-30、表4-31的数据可以看出，广东省中小学生的体育课成绩和体测成绩基本都能达到及格或以上，各年级段及格率相当，不及格的学生占比很小；小学阶段的优秀率最高，高中阶段最低；高中阶段的良好率最高，小学阶段最低。总体来说，广东省中小学生在小学阶段体育成绩最好，在高中阶段时成绩最差。

学生运动能力自我评定按照李克特五点量表法，在非常高、较高、一般、较低、非常低5个选项之间选择，广东省中小学生的运动能力自我评价见表4-32。

表 4-32 广东省中小学生的运动能力自我评价

单位：%

年级		非常高		较高		一般		较低		非常低	
		男生	女生	男生	女生	男生	女生	男生	女生	男生	女生
小学	三年级	28.7	23.0	47.5	31.9	19.7	31.9	4.1	10.6	0.0	2.7
	四年级	22.5	9.2	36.8	30.4	31.6	48.7	6.6	8.9	2.4	2.9
	五年级	15.4	6.8	38.4	31.0	35.7	49.5	7.2	9.8	3.3	2.9
	六年级	10.7	6.5	31.6	24.7	47.7	52.9	7.7	11.3	2.3	4.5
初中	一年级	9.9	2.7	31.1	19.9	44.3	57.0	10.9	14.7	3.8	5.7
	二年级	10.5	4.0	30.3	20.2	44.5	53.8	10.2	17.3	4.4	4.7
	三年级	12.7	5.5	33.1	24.6	42.4	52.4	8.8	14.3	2.9	3.2
高中	一年级	7.1	2.3	28.5	19.0	50.2	54.9	9.4	19.1	4.8	4.8
	二年级	9.9	2.4	27.8	15.7	48.3	54.8	10.5	20.2	3.4	6.9
	三年级	13.9	4.0	29.9	16.0	43.7	53.7	8.3	20.6	4.1	5.7

结合分析表4-30、表4-31、表4-32的数据，可以比较分析广东省中小学生的体育课成绩、体测成绩和运动能力自我评价结果，观察成绩与学生的运动能力自我评价之间的关系，了解学生对自己运动能力的认知情况。把体育课和体测两项成绩为优秀、良好、及格的学生比例分别与自评运动能力为"非常高""较高""一般"的学生比例，以及两项测试成绩为不及格的学生比例与自评运动能为"较低"和"非常低"的比例进行对比，如图4-15、图4-16、图4-17和图4-18所示。

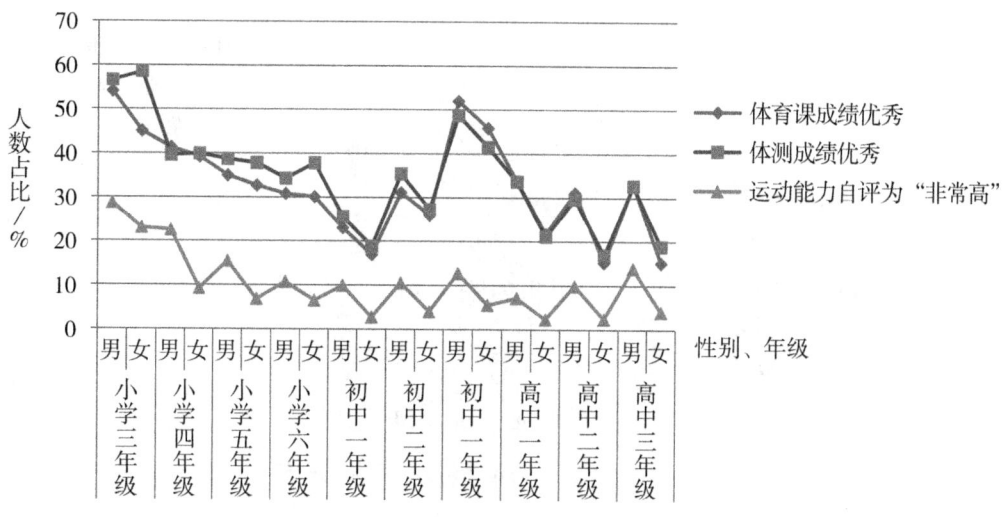

图 4-15 两项测试成绩优秀与运动能力自评为"非常高"者占比

从图 4-15 可以看出，学生体育课和体测两项测试的成绩为优秀的比例基本一致；学生对自己运动能力评价都比较低，学生自评为"非常高"的比例远低于两项测试成绩为优秀的比例。

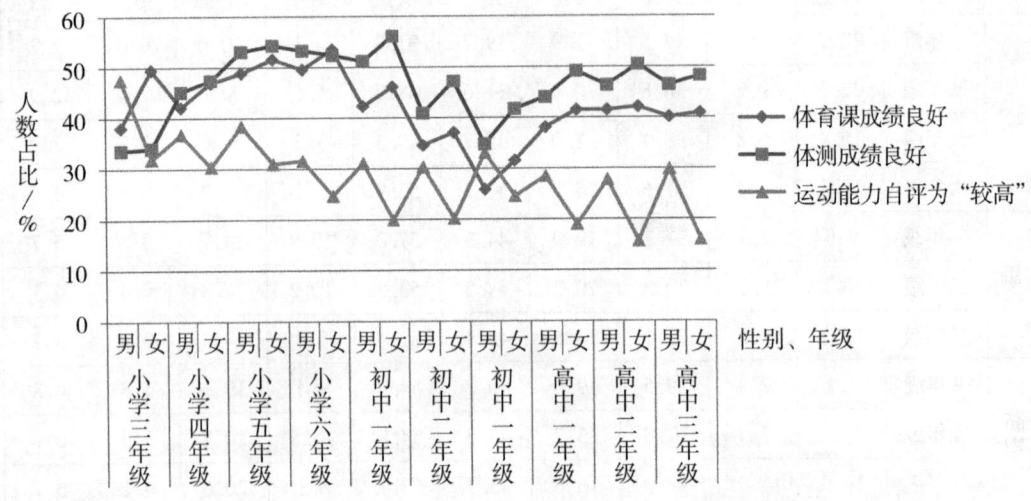

图 4-16　两项测试成绩良好与运动能力自评为"较高"者占比

从图 4-16 可以看出，学生体育课和体测两项测试的成绩为良好的比例相差无几，总体上体测的成绩良好率略高于体育课的，且两项测试的成绩为良好的比例在大部分情况下高于同年级学生运动能力自评为"较高"的比例。

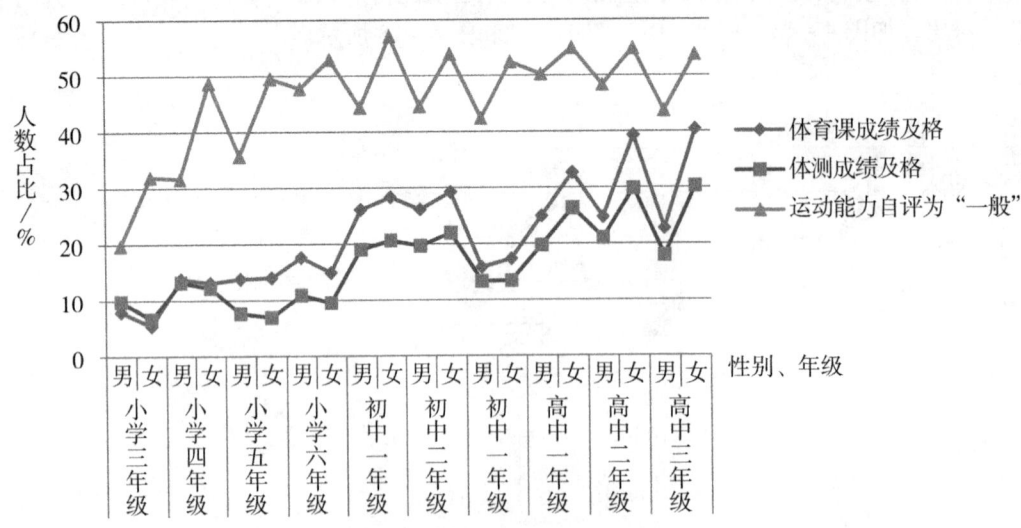

图 4-17　两项测试成绩及格与运动能力自评为"一般"者占比

从图 4-17 可以看出，学生体育课和体测两项测试的成绩为及格者的比例相差无几，而且体测成绩及格者占比略低于体育课的，而学生的运动能力自评为"一般"的比例远远高于两项测试成绩为及格的比例。

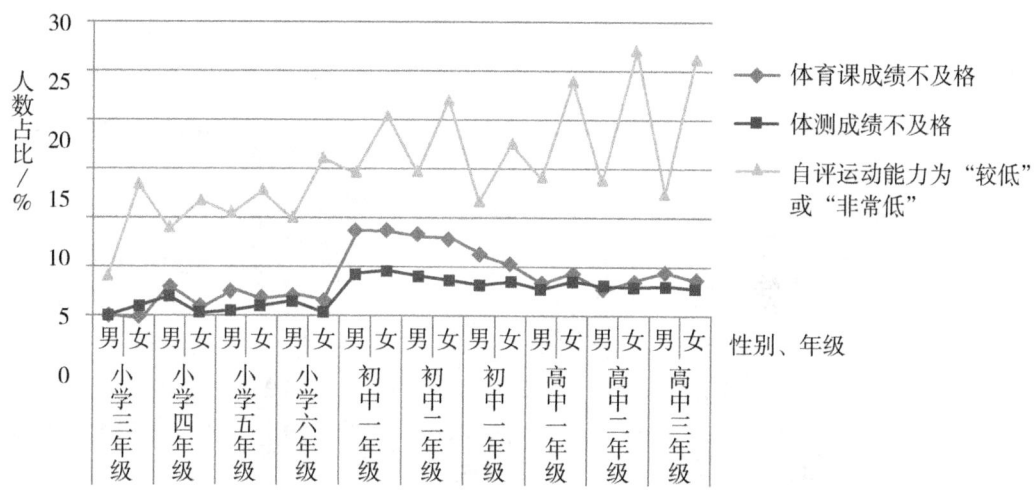

图 4-18　两项测试成绩不及格与运动能力自评为"较低"和"非常低"者占比

从图 4-18 可以看出，学生体育课和体测两项测试的成绩不及格的比例相差无几，而且体测成绩不及格比例略低，而学生运动能力自评为"较低"和"非常低"的比例远远高于两项测试成绩为不及格的比例。

结合表 4-30、表 4-31、表 4-32 和图 4-15 至图 4-18 可以看出，广东省中小学生的体育课和体测两项测试的成绩为优秀、良好的占比较高，而及格、不及格的占比较低；学生对运动能力自评的情况恰好相反，学生认为自己运动能力"非常高"与"较高"的比例较低，认为自己运动能力为"一般""较低"和"非常低"的比例较高；此外，运动能力自评为"非常高"和"较高"比例都是女生低于男生，在运动能力自评为"较低"与"非常低"的比例则是女生远远高于男生，这说明女生自认为运动能力普遍弱于同年级男生。学生的体育课及体测成绩与学生运动能力自评认识之间偏差较大，可能的原因有四个：一是学生运动能力较差、自信心也较差；二是体育课与体育成绩的测试过程存在误差；三是体育课和体测的测试标准太低；四是体育课与体测两项测试涉及的运动项目单一，容易达标，而运动能力评价则是全方位的评价，包括学生对自己的体能、运动技能、运动智能等的综合评价。

三、学生体育课、课间操、课外体育活动

（一）体育课情况

1. 学生对体育课的态度

体育课是对学生进行体育教育的重要组成部分，体育课开展的好坏，很大程度上影响了学生体育兴趣的培养、科学锻炼习惯的养成以及终身体育观念的形成。本研究把学

生对体育课的态度分为喜欢、不喜欢、无所谓三个等级，调查了解随着年级的升高、年龄的增大，学生对体育课态度的变化。广东省中小学生对体育课的态度如图 4-19 所示。

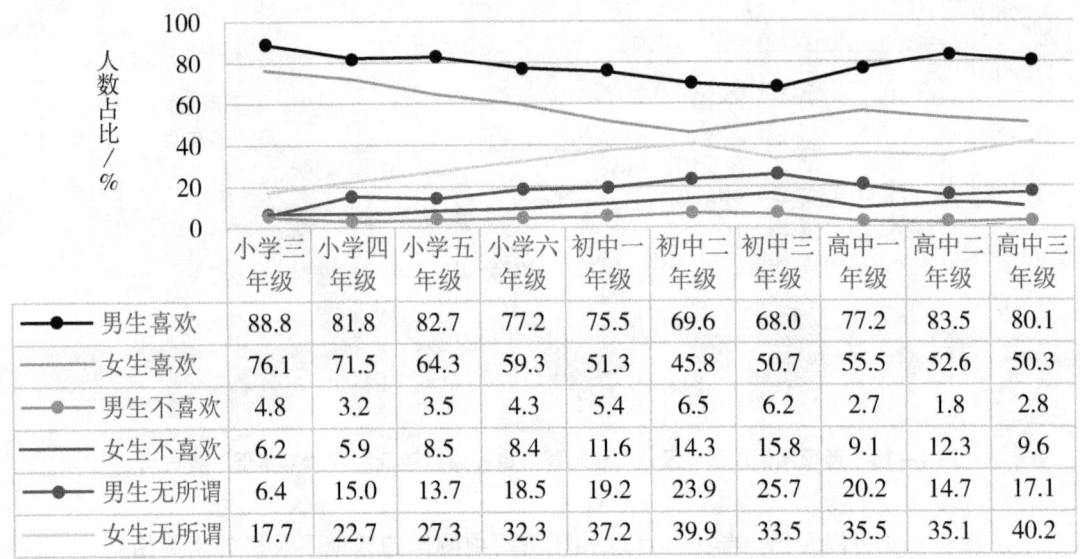

图 4-19 广东省中小学生对体育课的态度

总体而言，广东省中小学生对体育课的态度人数占比从多到少分别是男生喜欢、女生喜欢、女生无所谓、男生无所谓、女生不喜欢、男生不喜欢，也就是说，男生普遍比女生喜欢体育课，随着年级的升高，男女生喜欢体育课者占比均有所降低，而且不喜欢体育课者占比变化不大，学生对体育课持有无所谓态度的人数占比略有增加。

图 4-19 的最高人数占比两条折线分别代表广东省中小学男生、女生喜欢体育课的学生情况，从图中可以看出，小学三年级喜欢体育课的男女生最多，随后逐渐减少，初中二、三年级降至低谷，之后喜欢体育课的学生人数有一定恢复；普遍来说，女生同期下降比男生迅速，增长比男生缓慢。初中阶段的男女生对体育课的喜欢程度最低，这与初中阶段实施了初中毕业升学体育考试有关。正如本书第三章所述，体育考试是风向标，规定考什么体育课就上什么，再加上广东省升学体育考试的内容重体能、轻技能，这促使体育课的教学内容单一，学生慢慢对体育课失去了兴趣。因此，在初中阶段学生对体育课喜欢的程度较低。

图 4-19 的最低人数占比两条点划线分别代表广东省中小学男生、女生不喜欢体育课的学生情况，从图中可以看出，女生不喜欢体育课者多于同年级男生，女生不喜欢体育课者占 5.9%～15.8%，男生不喜欢体育课者占 1.8%～6.5%；各年级学生的情况接近，学生在初中阶段对体育课喜欢程度最低，特别是初中三年级女生，不喜欢体育的比例达 15.8%。

图 4-19 的中间人数占比两条折线分别代表广东省中小学女生、男生表示对体育课

无所谓的学生情况，从图中可以看出，女生表达无所谓者多于男生，女生对体育课无所谓者占17.7%～40.2%，而男生对体育课无所谓者占6.4%～25.7%；初中男女生表达无所谓者都有增加，高中阶段女生的占比变化不大，而男生认为体育课无所谓的比例有一定减少。

随着年级的升高、年龄的增大，喜欢体育课的学生占比慢慢降低，初中生对体育课的喜欢程度最低，参加完初中毕业升学体育考试后，高中生对体育课的喜爱程度又有所增加。关于大学生对体育课的态度，学者李静波（2006）做过一些调查并发现，我国绝大多数大学生喜欢体育课，其中有34.8%的大学生很喜欢体育课，43.6%的大学生喜欢体育课，18.8%的大学生态度一般，2.7%的大学生不喜欢体育课。

综上所述，大学生和低年级小学生对体育课喜欢程度较高，高中生其次，初中生最低。此外，男生对体育课的喜欢程度普遍高于同年级女生。

为了进一步了解学生对体育课的态度，笔者根据情绪等级（李寿山，2013）中的关键词语，把上体育课的情绪分为五个等级（兴奋、高兴、没有感觉、难过、痛苦），对广东省中小学生上体育课时的情绪进行调查，调查结果见表4-33。

表4-33 广东省中小学生上体育课时的情绪

单位：%

年级		兴奋		高兴		没有感觉		难过		痛苦	
		男生	女生	男生	女生	男生	女生	男生	女生	男生	女生
小学	三年级	52.8	51.4	32.0	27.5	13.6	17.4	0	2.8	1.6	0.9
	四年级	42.1	25.7	29.4	36.8	25.2	33.2	0.6	0.9	2.7	3.4
	五年级	35.5	19.2	33.8	33.2	29.2	45.1	0.2	1.2	1.3	1.2
	六年级	24.4	16.5	34.5	28.4	36.9	52.0	1.1	1.0	3.2	2.0
初中	一年级	22.5	8.8	35.8	27.0	39.2	58.5	0.6	2.7	1.8	2.9
	二年级	19.4	7.8	30.3	22.3	46.5	61.7	1.3	3.3	2.5	5.0
	三年级	21.0	9.7	27.8	20.1	46.5	63.2	1.0	1.6	3.7	5.3
高中	一年级	27.5	9.3	34.4	27.7	36.3	60.9	0.4	0.7	1.5	1.3
	二年级	32.3	11.1	33.3	28.9	33.0	56.9	0.4	1.2	0.9	1.8
	三年级	30.7	12.4	32.9	29.4	35.0	55.4	0.6	0.7	0.8	2.1

为进一步了解学生对体育课的态度与上体育课时情绪之间的差异，对两者之间进行综合对比，本书将学生在选择上体育课的情绪为"兴奋"与"高兴"选项时，认定为学生喜欢体育课；学生选择"没有感觉"选项，则认为学生对体育课无所谓；学生选择"难过"和"痛苦"选项，则认为学生不喜欢体育课。对比广东省中小学生对体育课的态度与上体育课时的情绪之间的比例之差（以下简称"距差"，见表4-34），可以

了解学生对体育课的态度与上体育课时的情绪之间的联系。

表4-34 广东省中小学生对体育课的态度与上课情绪对比

单位：%

年级		性别	喜欢			中立			不喜欢		
			喜欢	兴奋、高兴	距差	无所谓	没有感觉	距差	不喜欢	痛苦、难过	距差
小学	三年级	男	88.8	84.8	4.0	6.4	13.6	-7.2	4.8	1.6	3.2
		女	76.1	78.9	-2.8	17.7	17.4	0.3	6.2	3.7	2.5
	四年级	男	81.8	71.5	10.3	15.0	25.2	-10.2	3.2	3.3	-0.1
		女	71.5	62.5	9.0	22.7	33.2	-10.5	5.9	4.3	1.6
	五年级	男	82.7	69.3	13.4	13.7	29.2	-15.5	3.5	1.5	2.0
		女	64.3	52.4	11.9	27.3	45.1	-17.8	8.5	2.4	6.1
	六年级	男	77.2	58.9	18.3	18.5	36.9	-18.4	4.3	4.3	0.0
		女	59.3	44.9	14.4	32.3	52.0	-19.7	8.4	3.0	5.4
初中	一年级	男	75.5	58.3	17.2	19.2	39.2	-20.0	5.4	2.4	3.0
		女	51.3	35.8	15.5	37.2	58.5	-21.3	11.6	5.6	6.0
	二年级	男	69.6	49.7	19.9	23.9	46.5	-22.6	6.5	3.8	2.7
		女	45.8	30.1	15.7	39.9	61.7	-21.8	14.3	8.3	6.0
	三年级	男	68.0	48.8	19.2	25.7	46.5	-20.8	6.2	4.7	1.5
		女	50.7	29.8	20.9	33.5	63.2	-29.7	15.8	6.9	8.9
高中	一年级	男	77.2	61.9	15.3	20.2	36.3	-16.1	2.7	1.9	0.8
		女	55.5	37.0	18.5	35.5	60.9	-25.4	9.1	2.0	7.1
	二年级	男	83.5	65.6	17.9	14.7	33.0	-18.3	1.8	1.3	0.5
		女	52.6	40.0	12.6	35.1	56.9	-21.8	12.3	3.0	9.3
	三年级	男	80.1	63.6	16.5	17.1	35.0	-17.9	2.8	1.4	1.4
		女	50.3	41.8	8.5	40.2	55.4	-15.2	9.6	2.8	6.8

根据学生对体育课的态度与上课情绪的人数占比绘制图4-20、图4-21和图4-22，观察广东省中小学生对体育课的态度与上课情绪的情况。

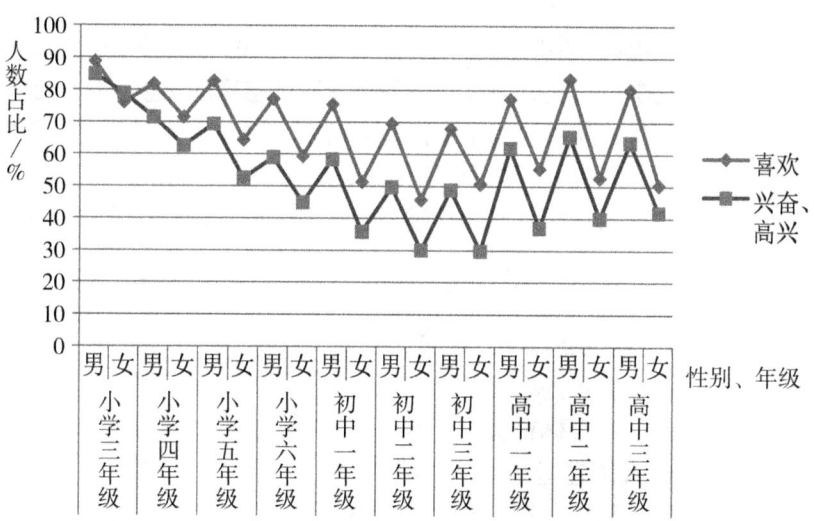

图4-20 广东省中小学生对体育课的态度为"喜欢"与上课时兴奋、高兴者占比

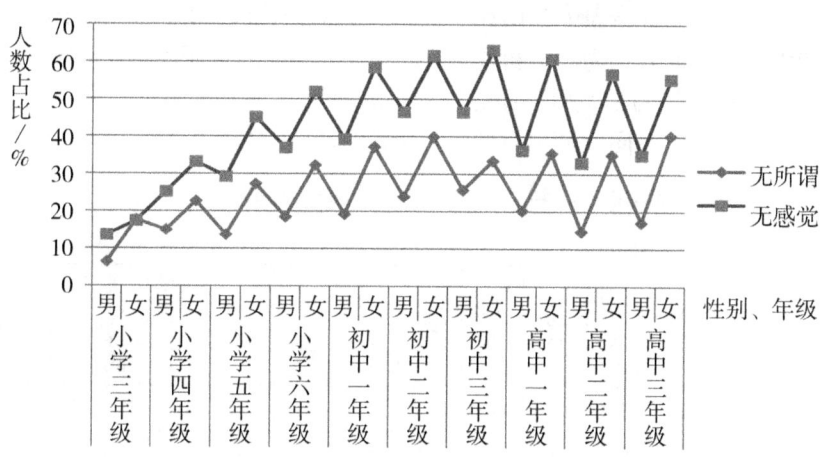

图4-21 广东省中小学生对体育课的态度为"无所谓"与上课时无感觉者占比

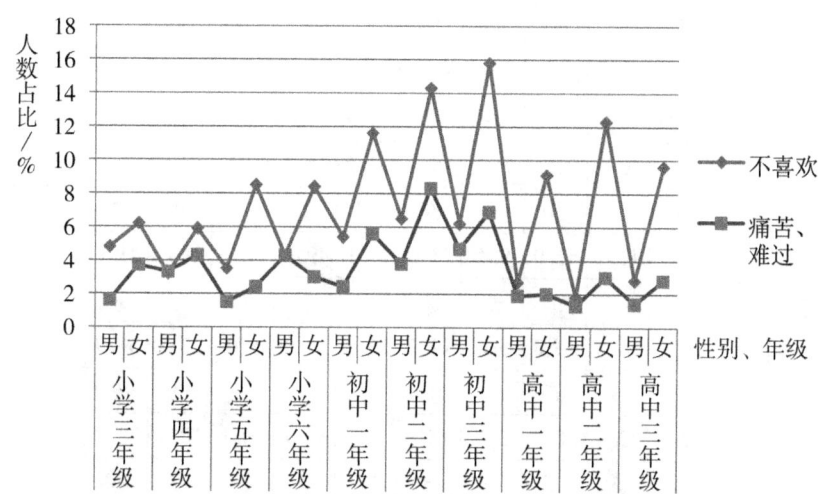

图4-22 广东省中小学生对体育课的态度为"不喜欢"与上课时痛苦、难过者占比

从图4-20、图4-21、图4-22可以看出,喜欢上体育课的学生占比高于上体育课是兴奋、高兴情绪的学生占比,对体育课保持无所谓态度的学生占比低于上体育课时无感觉的学生占比,不喜欢体育课的学生占比略高于上课时痛苦、难过的学生占比。这说明学生喜欢上体育课,但在情绪上没有表现出特别兴奋与高兴;学生不喜欢上体育课,但在情绪上没有表现出特别痛苦与难过,态度上也没有特别的爱憎趋向。因此,把不喜欢体育课的这部分学生吸引到课堂教学中,提高其对运动的兴趣,使学生养成自觉锻炼的习惯,培养学生终身体育观念至关重要。

2. 学生对运动项目的偏爱

中小学每个阶段都有各自的教学目标,课程安排上亦有所差异。根据学生不同阶段对运动项目的不同需求,结合体育教育目标,制订学生喜欢的课程计划,有利于提高学生的运动兴趣和促进学生掌握运动技能。调查学生喜爱的运动项目时,问卷给出了跑步、游泳、篮球、排球、足球、乒乓球、羽毛球、网球、踢毽子、体育游戏、玩沙包、跳绳、其他共13个运动项目的选项,学生可以在其中多选。问卷回收之后,笔者计算了每个运动项目选择人数占总人数的比例,将其从高到低进行排序,以明晰学生对各运动项目的偏爱程度。同时,为了分析简单化,只对位列前十的运动项目进行排序。

(1) 喜欢上体育课的学生对不同运动项目的爱好。

广东省中小学生对不同运动项目的喜好情况见表4-35。

表4-35 广东省中小学生对不同运动项目的喜好情况

单位:%

年级		性别	跑步	游泳	篮球	排球	足球	乒乓球	羽毛球	网球	踢毽子	体育游戏	玩沙包	跳绳	其他
小学	三年级	男	64.9 ①	48.6 ②	42.3 ④	10.0 ⑩	46.8 ③	15.3 ⑨	41.4 ⑤	8.1 —	8.1 —	39.6 ⑥	24.3 ⑦	17.1 ⑧	8.1 —
		女	44.2 ③	45.3 ②	18.6 ⑧	8.1 —	20.9 ⑦	12.8 ⑨	34.8 ④	7.0 —	11.6 ⑩	55.8 ①	29.1 ⑥	32.6 ⑤	5.8 —
	四年级	男	60.0 ①	40.7 ⑥	53.7 ②	8.5 —	52.0 ③	29.8 ⑧	50.2 ④	10.7 ⑩	11.5 ⑨	45.9 ⑤	31.2 ⑦	24.6 ⑨	11.5 ⑩
		女	45.1 ④	46.0 ③	30.2 ⑤	6.4 —	15.2 ⑧	17.7 ⑦	56.4 ①	6.7 —	17.1 ⑨	51.5 ②	25.9 ⑥	51.5 ②	13.1 ⑩
	五年级	男	52.8 ③	41.5 ⑤	61.9 ①	9.4 —	53.6 ②	28.1 ⑦	49.4 ④	10.0 ⑩	9.1 —	41.1 ⑥	22.1 ⑧	17.0 ⑨	8.5 —
		女	39.1 ③	38.3 ④	36.8 ⑤	5.6 —	19.2 ⑧	16.5 ⑩	56.0 ①	6.0 —	17.3 ⑨	51.9 ②	19.5 ⑦	35.7 ⑥	10.5 —
	六年级	男	42.7 ④	33.3 ⑤	58.9 ①	5.9 —	42.9 ③	27.7 ⑥	46.7 ②	10.1 ⑨	10.9 ⑩	33.3 ⑦	18.9 ⑧	15.5 —	5.9 —

续表 4-35

年级		性别	跑步	游泳	篮球	排球	足球	乒乓球	羽毛球	网球	踢毽子	体育游戏	玩沙包	跳绳	其他
小学	六年级	女	44.8 ②	30.1 ⑥	40.2 ④	6.3 —	12.1 ⑩	18.0 ⑨	59.8 ①	6.7 —	20.9 ⑦	43.9 ③	18.4 ⑧	33.9 ⑤	7.5 —
初中	一年级	男	52.8 ②	30.1 ⑦	66.4 ①	6.3 —	37.5 ④	34.9 ⑤	50.3 ③	7.9 ⑩	7.4 —	32.0 ⑥	16.9 ⑨	18.8 ⑧	7.4 —
初中	一年级	女	47.8 ②	25.9 ⑥	39.8 ④	7.5 —	13.4 ⑩	21.9 ⑦	63.3 ①	6.6 —	15.1 ⑨	40.0 ③	14.1 ⑧	31.8 ⑤	6.6 —
初中	二年级	男	53.3 ②	25.5 ⑦	66.0 ①	9.4 ⑧	39.5 ④	29.8 ⑥	45.3 ③	12.4 ⑩	7.4 —	30.0 ⑤	12.4 ⑨	17.5 ⑧	10.1 —
初中	二年级	女	48.2 ②	27.5 ⑥	43.2 ③	10.8 ⑩	15.1 ⑦	22.1 ⑦	64.3 ①	12.4 —	19.5 ⑧	42.6 ④	15.3 ⑨	31.7 ⑤	7.4 —
初中	三年级	男	43.9 ③	26.4 ⑥	68.7 ①	5.9 —	36.4 ④	30.5 ⑤	45.1 ②	11.2 ⑩	8.5 —	25.6 ⑦	11.6 ⑨	11.8 ⑧	6.3 —
初中	三年级	女	48.0 ②	26.1 ⑥	41.8 ④	12.1 ⑥	11.9 ⑩	15.6 ⑨	63.6 ①	7.5 ⑧	20.2 ⑦	43.1 ③	14.8 —	27.8 ⑤	5.7 —
高中	一年级	男	36.9 ④	29.1 ⑥	68.7 ①	9.9 —	38.3 ③	35.7 ⑤	52.0 ②	12.2 ⑧	12.1 ⑨	22.8 ⑦	10.0 —	10.5 ⑩	5.6 —
高中	一年级	女	38.0 ④	29.2 ⑤	45.8 ②	16.4 ⑨	13.3 —	25.0 ⑥	67.6 ①	13.6 ⑦	22.6 ⑧	38.2 ③	14.4 ⑩	21.4 ⑧	9.4 —
高中	二年级	男	32.0 ⑤	27.1 ⑥	67.0 ①	15.8 ⑧	40.3 ③	36.4 ④	50.8 ②	13.4 ⑨	10.0 —	19.7 ⑦	11.6 ⑩	8.2 —	7.5 —
高中	二年级	女	31.7 ③	21.8 ⑥	44.0 ②	24.3 ⑦	14.5 ⑧	28.4 ⑤	72.0 ①	14.0 ⑩	27.3 ⑥	31.4 ④	12.2 ⑩	20.2 ⑨	9.6 —
高中	三年级	男	41.1 ③	30.8 ⑥	69.0 ①	16.3 ⑧	37.3 ④	36.0 ⑤	54.6 ②	13.7 ⑩	14.9 ⑨	20.4 ⑦	11.2 —	10.3 —	8.0 —
高中	三年级	女	37.2 ②	24.5 ⑥	33.1 ③	20.1 ⑧	10.2 —	21.8 ⑦	73.6 ①	12.9 ⑧	24.8 ⑤	31.1 ④	10.0 —	17.4 ⑨	8.3 —

注：①～⑩表示最受学生喜爱的运动项目排序，—表示排序不属于前十位的运动项目。

由表 4-35 的数据可见，广东省中小学生对运动项目的喜好呈现低年级选择分散、高年级选择集中的态势。小学三年级学生由于对运动项目接触有限，其对运动项目的选择较少；小学四年级学生选择"其他"运动项目选项排第十，且选项较为分散；高年级学生对喜欢的运动项目越来越单一，项目针对性较强。

为了更加清晰地了解到每个阶段学生喜欢的运动项目，本研究列出了最受广东省中小学生欢迎的前三项运动项目（见表4-36）。

表4-36 最受广东省中小学生欢迎的前三项运动项目

年级		性别	第一位		第二位		第三位	
			投票学生占比/%	运动项目	投票学生占比/%	运动项目	投票学生占比/%	运动项目
小学	三年级	男	64.9	跑步	48.6	游泳	46.8	足球
		女	55.8	体育游戏	45.3	游泳	44.2	跑步
	四年级	男	60.0	跑步	53.7	篮球	52.0	足球
		女	56.4	羽毛球	51.5	体育游戏、跳绳	46.0	游泳
	五年级	男	61.9	篮球	53.6	足球	52.8	跑步
		女	56.0	羽毛球	51.9	体育游戏	39.1	跑步
	六年级	男	58.9	篮球	46.7	羽毛球	42.9	足球
		女	59.8	羽毛球	44.8	跑步	43.9	体育游戏
初中	一年级	男	66.4	篮球	52.8	跑步	50.3	羽毛球
		女	63.3	羽毛球	47.8	跑步	40.0	体育游戏
	二年级	男	66.0	篮球	53.3	跑步	45.3	羽毛球
		女	64.3	羽毛球	48.2	跑步	43.2	篮球
	三年级	男	68.7	篮球	45.1	羽毛球	43.9	跑步
		女	63.6	羽毛球	48.0	跑步	43.1	体育游戏
高中	一年级	男	68.7	篮球	52.0	羽毛球	38.3	足球
		女	67.6	羽毛球	45.8	篮球	38.2	体育游戏
	二年级	男	67.0	篮球	50.8	羽毛球	40.3	足球
		女	72.0	羽毛球	44.0	篮球	31.7	跑步
	三年级	男	69.0	篮球	54.6	羽毛球	41.1	跑步
		女	73.6	羽毛球	37.2	跑步	33.1	篮球

调查结果显示，广东省中小学生中，除了小学三年级和四年级男生第一喜欢的是跑步，四年级女生第一喜欢的是体育游戏，其他各年级学生对于运动项目的喜爱选择指向均非常明确——即男生最喜欢的是篮球，女生最喜欢的是羽毛球。广东省中小学生第二喜欢的运动项目中，除了篮球和羽毛球，其他项目是游泳、体育游戏、跑步、跳绳。在河海较多且多雨的南方地域，游泳不但可以提高运动者的心肺功能，还是重要的生存技能。初中阶段，学生们第二喜欢的是跑步，这与初中毕业升学体育考试不无关系。除了高三年级女生第一喜欢的是羽毛球，第二喜欢跑步，其他年级高中生的喜好选择都遵循这个规律——如果第一选择了篮球，第二则选的是羽毛球；反之，如果第一选择了羽毛

球，第二则选的是篮球。综上所述，广东省中小学生最喜欢的运动项目依次是羽毛球、篮球、跑步、体育游戏、足球和游泳。

将表4-36的数据绘制成图4-23，可以看出，随着年级的升高，受学生欢迎、排第一的运动项目人数占比逐渐增多，排第二、第三的项目人数数值基本上保持稳定。这种规律表明学生年级较低、年龄较小时，其喜爱的运动项目呈现多样化状态；而随着学生年级的升高、年龄的增大，其对运动项目的偏爱指向越来越集中。因此，在安排体育课程内容方面，建议以提高学生对体育的兴趣为主要目的，体育教师可以根据学生对运动项目的偏爱程度选择相应的教学内容，即小学阶段体育课程的内容应尽量多样化，高中阶段则尽量选择学生喜欢的运动项目组织授课。

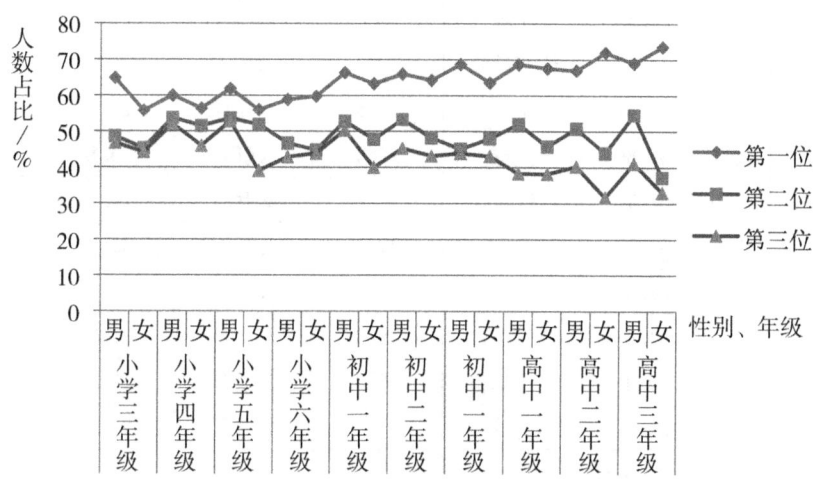

图4-23　最受广东省中小学生欢迎的前三项运动项目的人数占比

为了了解广东省中小学生对运动项目的其他选择，笔者也分别罗列了学生喜欢的位列第四、第五、第六的运动项目，见表4-37，发现学生比较喜欢的运动项目依次为：乒乓球、跳绳、踢毽子和玩沙包。

表4-37　广东省中小学生喜欢的位列第四、第五、第六的运动项目

年级		性别	第四位		第五位		第六位	
			投票学生占比/%	运动项目	投票学生占比/%	运动项目	投票学生占比/%	运动项目
小学	三年级	男	42.3	篮球	41.4	羽毛球	39.6	体育游戏
		女	34.8	羽毛球	32.6	跳绳	29.1	玩沙包
	四年级	男	50.2	羽毛球	45.9	体育游戏	40.7	游泳
		女	45.1	跑步	30.2	篮球	25.9	玩沙包
	五年级	男	49.4	羽毛球	41.5	游泳	41.1	体育游戏
		女	38.3	游泳	36.8	篮球	35.7	跳绳

续表 4-37

年级		性别	第四位		第五位		第六位	
			投票学生占比/%	运动项目	投票学生占比/%	运动项目	投票学生占比/%	运动项目
小学	六年级	男	42.7	跑步	33.3	游泳、体育游戏	27.7	乒乓球
		女	40.2	篮球	33.9	跳绳	30.1	游泳
初中	一年级	男	37.5	足球	34.9	乒乓球	32.0	体育游戏
		女	39.8	篮球	31.8	跳绳	25.9	游泳
	二年级	男	39.5	足球	30.0	体育游戏	29.8	乒乓球
		女	42.6	体育游戏	31.7	跳绳	27.5	游泳
	三年级	男	36.4	足球	30.5	乒乓球	26.4	游泳
		女	41.8	篮球	27.8	跳绳	26.1	游泳
高中	一年级	男	36.9	跑步	35.7	乒乓球	29.1	游泳
		女	38.0	跑步	29.2	游泳	25.0	乒乓球
	二年级	男	36.4	乒乓球	32.0	跑步	27.1	游泳
		女	31.4	体育游戏	28.4	乒乓球	27.3	踢毽子
	三年级	男	37.3	足球	36.0	乒乓球	30.8	游泳
		女	31.1	体育游戏	24.8	踢毽子	24.5	游泳

为了发现排前六位的学生喜欢运动项目的人数占比变化规律，根据表 4-36、表 4-37 绘制成图 4-24。

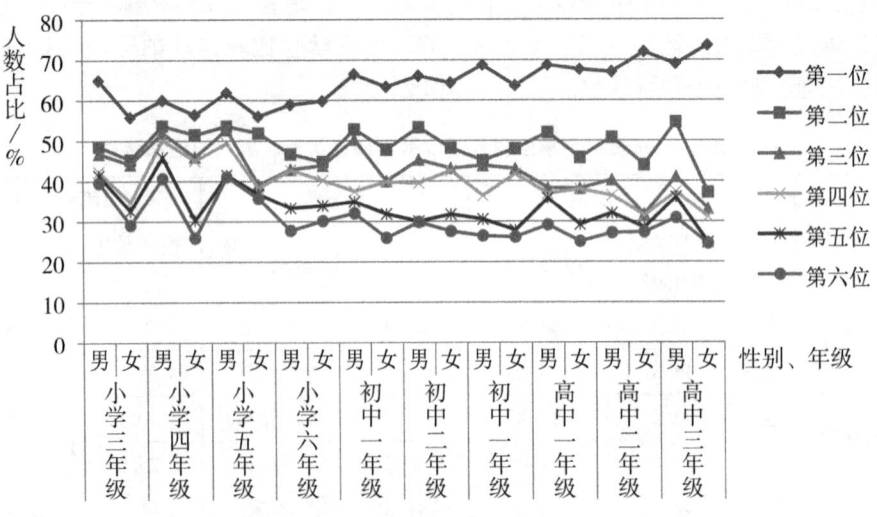

图 4-24 广东省中小学生喜欢的、排前六位的运动项目的人数占比

从图 4-24 可以看出，随着年级的升高、年龄的增大，在学生喜欢的运动项目中，位居第一的运动项目人数占比越来越高，位居第二到第六的运动项目人数占比均有不同程度地减少。这表明，男女生在运动项目的选择上越来越集中化，而低年级学生喜欢的运动项目呈多样化。

（2）不喜欢体育课或者认为无所谓的学生对运动项目的喜好。

广东省中小学生中，不喜欢体育课或者认为无所谓的学生样本量较少，为了解这类学生对运动项目的喜好情况，本研究将这类学生分男女汇总、统计调查结果（见表 4-38）。

表 4-38 广东省中小学生对体育课持不喜欢或中立态度者对运动项目的喜好情况

单位：%

年级	性别	跑步	游泳	篮球	排球	足球	乒乓球	羽毛球	网球	踢毽子	体育游戏	玩沙包	跳绳	其他
所有年级	男	26.7	22.5	41.0	7.4	27.1	29.2	47.3	10.0	8.2	23.5	14.5	12.4	11.3
		⑤	⑦	②	—	④	③	①	—	—	⑥	⑧	⑨	⑩
	女	21.3	22.9	22.9	8.1	7.3	16.1	62.2	8.5	15.7	32.6	13.3	22.9	9.0
		④	③	③	⑩	—	⑤	①	⑨	⑥	②	⑦	③	⑧

注：①~⑩表示最受学生喜爱的运动项目排序，—表示排序不属于前十位的运动项目。

由表 4-38 的数据可知，在对体育课持不喜欢或中立态度的广东省中小学生中，男生最喜欢的前三项运动项目依次是羽毛球、篮球和乒乓球；女生最喜欢的依次是羽毛球、体育游戏、游泳、跳绳与篮球并列第三。由于女生对体育课的喜欢比例都低于同年级男生的，所以建议体育教师在安排课程时，应充分考虑女生对体育课的要求与运动项目的偏爱程度。

3. 学生不喜欢上体育课的原因

尽管部分学生对体育课保持中立态度甚至不喜欢体育课，但在调查问卷中，笔者发现某些运动项目还是很受这些学生欢迎的。其中，超过 20% 的男生比较喜欢的运动项目依次有羽毛球、篮球、乒乓球、足球、跑步、体育游戏、游泳等，运动项目趋于多样化；超过 20% 的女生比较喜欢的项目有羽毛球、体育游戏、游泳、篮球、跳绳、跑步等，选择前三个运动项目的学生人数占比较高，运动项目趋于集中化。因此，如果遇到自己喜欢的运动项目，原本对体育课保持中立和排斥态度的同学可能会转变态度。

究竟是什么原因阻碍了学生对体育课的喜爱，调查问卷也尝试探究原因。广东省中小学生不喜欢上体育课的原因调查结果见表 4-39。

表4-39 广东省中小学生不喜欢上体育课的原因

单位：%

年级	性别	上课内容单一	上课活动量太大	上课活动量太小	上课活动场所太少	缺乏室内活动场所	体育课缺乏趣味性	运动器材少	其他
所有年级	男	23.8	45.7	9.6	11.7	51.5	45.4	23.4	6.4
	女	25.0	44.0	4.4	7.3	50.6	48.5	18.0	9.4

由表4-39的数据可知，广东省中小学生不喜欢上体育课的原因比较多，位列前三位的原因有：一是缺少室内活动场所，二是体育课缺少趣味性，三是上课的活动量太大。此外，笔者通过访谈了解到，体育教师的外观体态是影响学生体育课态度的重要原因之一，所以体育教师体格魅力非常重要，其个人形象可以呈现体育锻炼的直观结果。在中小学体育课堂中，体育理论知识传授通常贯穿在包含体能、技能的身体活动课程中进行，体育教师优美健壮的身材是吸引学生参与运动的关键因素之一。试想一个大腹便便的体育教师给学生上体育课，该课程对学生的吸引力也将大打折扣。特别是低年级段的学生，对体育教师的体貌特征要求较高，容易依据外表体态评价体育教师，进而影响其对体育课的喜爱程度。同时，学生没有充分认识到体育课的功能，对体育理论基础知识掌握得不好也是影响学生参与体育运动的原因之一。

学生每周对体育课时量方面的期望值在一定程度上反映了他们对体育课的态度。广东省中小学生对体育课次数的期望调研结果见表4-40、如图4-25所示。

表4-40 广东省中小学生对体育课次数的期望

年级		认为次数多了				认为次数正好		认为次数少了			
		人数占比/%		期望的每周上课次数/次		人数占比/%		人数占比/%		期望的每周上课次数/次	
		男	女	男	女	男	女	男	女	男	女
小学	三年级	5.6	3.6	4.9	2.7	64.8	64.0	29.6	32.4	4.4	3.6
	四年级	5.5	6.2	2.5	2	40.8	58.0	53.7	35.8	4.6	4.2
	五年级	3.7	5.2	2.7	2.4	47.3	59.0	49.0	35.9	4.5	4.1
	六年级	3.6	4.8	2.1	1.9	46.8	67.2	49.6	28.1	4.2	3.8
初中	一年级	4.1	8.0	1.7	2.1	58.2	72.3	37.7	19.7	4.2	3.9
	二年级	4.0	7.3	2	1.7	53.2	73.4	42.6	19.3	5.1	4.3
	三年级	4.5	8.2	2.5	2.2	53.6	71.0	41.9	20.8	4.2	3.5
高中	一年级	1.5	2.2	2.6	1.1	41.5	64.4	57.0	33.4	3.7	3.2
	二年级	1.4	3.2	4.0	1.5	33.9	61.1	64.8	35.6	3.8	3.3
	三年级	1.5	2.0	1.2	1.0	31.8	50.4	66.7	47.7	3.6	2.9

第四章 广东省中小学体育投入与产出分析

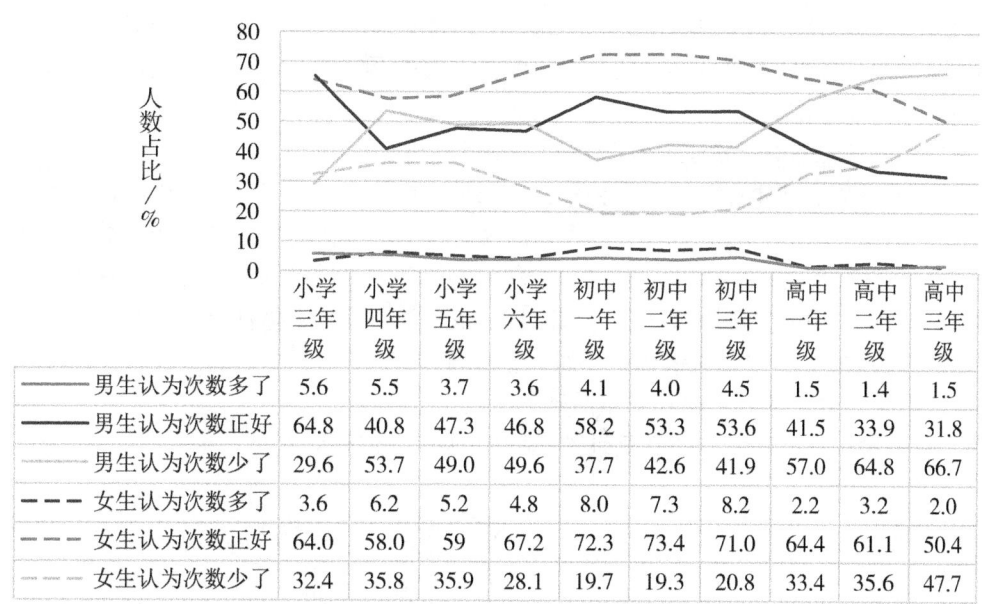

图4-25 广东省中小学生对体育课次数的态度

如图4-25所示，广东省中小学生大多数认为体育课次数正好，女生认为体育课次数正好的人数占比最高；只有1.4%～5.6%的男生和2%～8.2%的女生认为体育课次数多了；初中男女生认为体育课次数正好的人数显著多于同年级其他态度者，而高中男女生认为体育课次数少了的人数均显著增加。

也就是说，初中生比较满意目前体育课次数。对体育课次数评价为过少者，初中生占比最低，小学生其次，高中生最高。这在一定程度上说明了小学生希望能适当增加体育课的次数，高中生对此需求更为迫切。

调查结果显示，高中三年级的男女生认为体育课少了的人数占比明显多于其他年级同样态度者。由表4-40的数据可知，在高中三年级学生中，有66.7%的男生认为体育课少了并期望每周上3.6次体育课，有47.7%的女生认为体育课少了并期望每周上2.9次体育课；有31.8%的男生和50.4%的女生认为体育课次数合适。

尽管部分学生评价体育课次数过多，但他们每周对体育课次数的期望值还是略高于实际教育部规定执行体育课的次数，小学生期望平均值约是每周3.1次，初中生约是每周2.1次，高中生约是每周2.6次。39.3%的小学生认为每周体育课次数少了，并且期望每周上课4.2次；30.3%的初中生认为每周体育课次数少了，并且期望每周上课4.2次；50.9%的高中生认为每周体育课次数少了，并且期望每周上课3.4次。从小学的39.3%、初中的30.3%到高中的50.9%，这一比例可以明显看出，高中生对实际上体育课的次数最不满意。

总体而言，希望增加体育课次数的学生人数远大于希望减少体育课次数的学生人数。对于目前实施的每周体育课的次数，最想增加体育课次数的是高中生，其次是小学生，最后是初中生。在实际调研中发现，由于体育考试不作为高中生升学的指标之一，再加上校方对体育的重要性认识不足，高中阶段体育课缺课、借课的现象时有发生。高中生学习压力大、紧张情绪得不到缓解、体质健康得不到锻炼，是高中生期望增加体育课次数的主要原因之一。

(二) 学校课外体育活动实施情况的调查与分析

课外体育活动是体育课的有益补充，特别是没有体育课的当日，学生参加课外体育活动对缓解大脑疲劳、锻炼身体、增强体质大有裨益。学生对课外体育活动的态度影响其参与课外体育活动的积极性与频次。丰富多彩、形式多样的课外体育活动是吸引学生参与课外体育锻炼的关键因素，应尽可能保证中小学生每日身体活动的时长能够达到教育部（2011）规定的"每天锻炼一小时"的标准。

1. 广东省中小学生对课外体育活动的态度

广东省中小学生对课外体育活动的态度如图 4-26 所示。

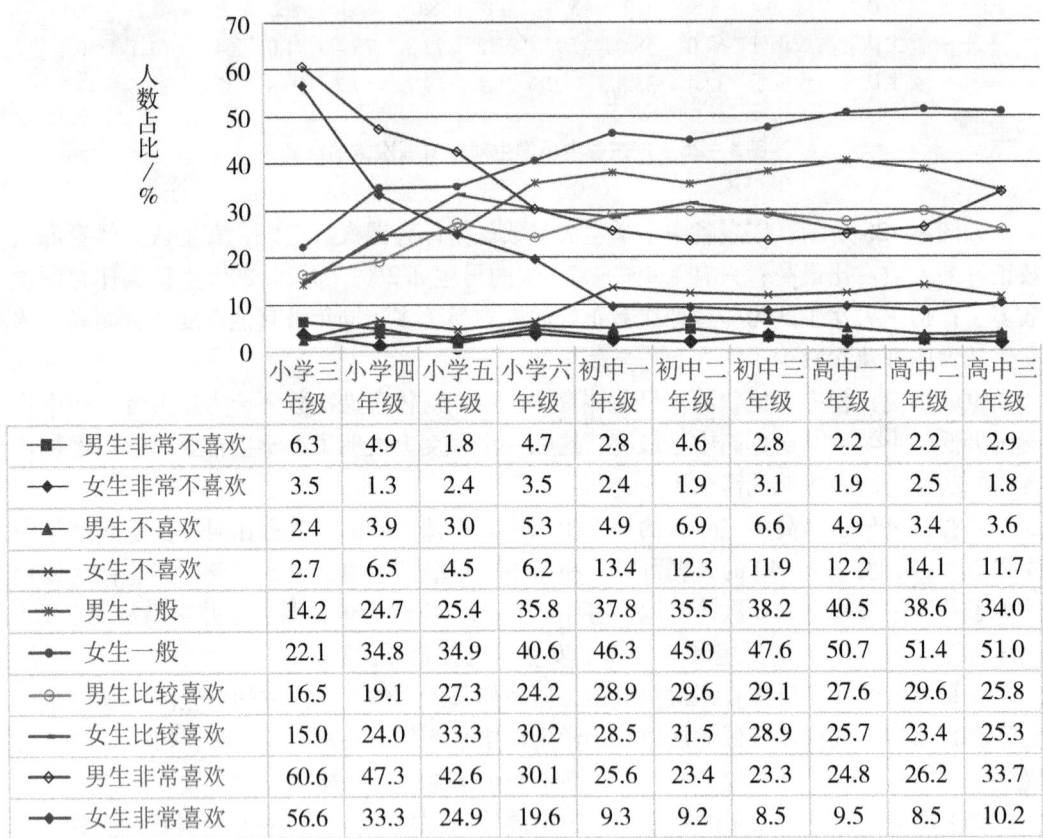

图 4-26　广东省中小学生对课外体育活动的态度

从图 4-26 可以看出，有 1.8%～6.3% 的男生和 1.3%～3.5% 的女生表示非常不喜欢课外体育活动，有 2.4%～6.9% 的男生和 2.7%～14.1% 的女生表示不喜欢课外体育活动。其中，不喜欢课外体育活动的女生人数占比变化比较大，有 2.7%～6.5% 的小学女生不喜欢课外体育活动，而初中、高中女生不喜欢者比例接近，有 11.7%～

14.1%的初中、高中女生不喜欢课外体育活动。

小学三、四年级的学生选择非常喜欢课外体育活动者为最高比例人群,小学五、六年级的学生中这个比例有较大幅度减少;初中男女生选择非常喜欢课外体育活动的比例基本稳定;高中男女生选择非常喜欢课外体育活动的比例呈现不同变化趋势,其中高中男生非常喜欢课外体育活动者占比相比初中有所上升,而女生这一比例则是高中与初中的比例相当。

随着选择非常喜欢课外体育活动的学生人数变化,选择比较喜欢课外体育活动的学生比例也有一定变化,在小学阶段选择比较喜欢者占比有一定增长,初中生、高中生的这一比例保持稳定。在初中、高中阶段,对课外体育活动持一般态度的学生为最高比例人群。

对于课外体育活动的态度,男生选择不喜欢和一般者人数占比低于同年级选择该选项的女生,而男生选择非常喜欢者人数占比高于同年级选择该选项的女生。选择其他选项的男女生比例差异不大,有的年级比例高,有的年级比例低。

总体上看,小学生最喜欢课外体育活动,初中生的喜欢程度下降很快,高中生的喜欢程度又稍微有所上升;男生比女生更喜欢课外体育活动。

2. 广东省中小学生课外体育锻炼的次数

2006年12月,教育部提出"每天锻炼一小时,健康工作五十年,幸福生活一辈子"的口号。这是对每一位学生的要求,也是向全国人民提出的共同号召。随后教育部等多部门制定配套政策,要求监督学生进行体质健康锻炼。但究竟学生每天锻炼实施情况如何?通过学生体育锻炼的次数、时长、内容等可以了解到学生参与课外体育活动的情况。广东省中小学生每周课外体育锻炼的次数分布见表4-41、如图4-27所示。

表4-41 广东省中小学生每周课外体育锻炼的次数分布

年级		性别	调查对象人数/人	每周课外锻炼次数分布/人							人均频次/(次/周)
				0次	1次	2次	3次	4次	5次	6次及以上	
小学	三年级	男	127	7	16	26	23	10	7	38	3.5
		女	111	2	22	22	24	13	8	20	3.2
	四年级	男	505	31	42	76	109	48	47	152	3.7
		女	458	16	46	414	92	57	52	81	3.3
	五年级	男	566	37	42	120	112	47	79	129	3.5
		女	114	23	46	109	92	31	50	63	3.1
	六年级	男	486	43	45	113	113	42	44	86	3.1
		女	402	37	53	108	85	28	29	62	2.9
初中	一年级	男	822	73	102	161	169	72	67	178	3.2
		女	819	128	146	218	145	42	64	76	2.4
	二年级	男	1034	113	136	211	201	61	95	217	3.1
		女	1086	167	209	257	155	77	118	103	2.5
	三年级	男	711	62	97	158	128	41	85	140	3.1
		女	725	122	153	178	90	29	51	102	2.4

续表 4-41

年级		性别	调查对象人数/人	每周课外锻炼次数分布/人							人均频次/(次/周)
				0次	1次	2次	3次	4次	5次	6次及以上	
高中	一年级	男	817	130	106	190	150	63	55	123	2.7
		女	915	260	197	221	85	29	62	61	1.8
	二年级	男	897	93	103	227	158	56	86	174	3.0
		女	1050	335	230	215	113	42	55	60	1.7
	三年级	男	806	136	17	155	105	35	83	185	2.9
		女	707	211	134	153	72	27	50	60	1.9

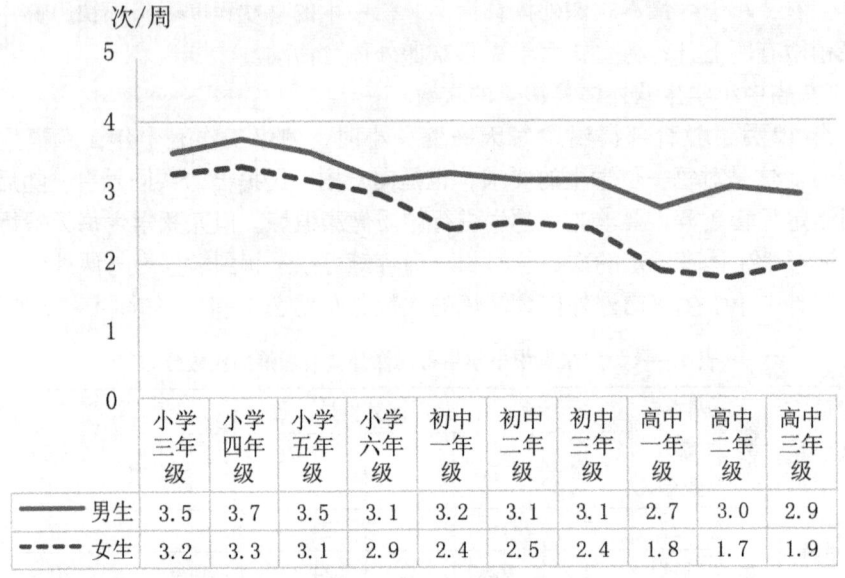

图 4-27 广东省中小学生每周的课外体育锻炼均次

每周人均锻炼频次最高的是小学四年级的男生，平均每周锻炼 3.7 次；每周人均锻炼频次最低的是高中二年级的女生，平均每周锻炼 1.7 次。从图 4-27 可以看出，随着年级的升高、年龄的增大，男女生锻炼的次数都有所减少，其中男生锻炼次数减少的幅度比较小，女生减少的幅度比较大。男生的每周人均锻炼频次从最高的小学四年级 3.7 次，减少到高中一年级的 2.7 次；女生的每周人均锻炼频次从最高的小学四年级 3.3 次，减少到高中二年级 1.7 次。而且各年级女生的每周人均锻炼频次都要比同年级的男生低。

在保障锻炼频次的基础上，锻炼时长对身体素质也有很大的影响。笔者分三个时间段（不到半小时、半小时到 1 小时、1 小时以上）调查广东省中小学生每次课外体育锻炼的时长，调查结果见表 4-42。

表4-42 广东省中小学生每次课外体育锻炼的时长

单位：%

年级		男生			女生		
		不到半小时	半小时到1小时	1小时以上	不到半小时	半小时到1小时	1小时以上
小学	三年级	14.9	47.1	38.0	17.6	52.8	29.6
	四年级	17.3	50.5	32.2	20.4	57.3	22.2
	五年级	14.0	51.8	34.2	20.6	56.9	22.6
	六年级	19.1	52.5	28.4	27.2	73.0	18.8
初中	一年级	25.6	46.9	27.4	37.2	50.1	13.7
	二年级	28.4	44.7	26.9	40.5	49.5	10.0
	三年级	28.0	50.4	21.5	40.8	49.6	9.6
高中	一年级	31.4	46.2	22.4	57.5	36.6	6.0
	二年级	29.8	45.5	24.7	58.9	34.0	7.1
	三年级	38.7	42.4	18.9	69.3	26.2	4.4

为了便于发现不同年级学生每次课外体育锻炼时长的变化规律，根据表4-42的数据绘制成图4-28。广东省中小学生每次课外体育锻炼的时长如图4-28所示。

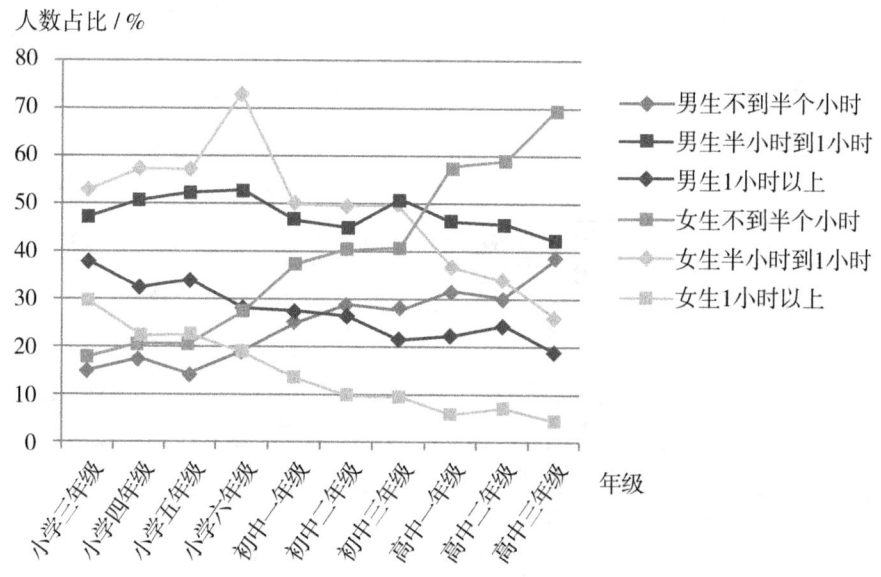

图4-28 广东省中小学生每次课外体育锻炼的时长

随着年级的升高，学生课外锻炼的时长越来越短，锻炼时长在半小时到1小时或者超过1小时的人数占比都在降低，而锻炼时长不到半小时的人数占比在增多。此外，男女生相比，男生课外锻炼时长普遍比同年级的女生长。

学校通常安排每天下午放学后到晚饭前的时间段为学生课外锻炼时间，这段时间是学生提高身体素质的关键时间。通过访谈，笔者获知广东省中小学生下午放学后的安排，主要有7项内容：在学校和同学一起玩或者做体育运动、在学校里做作业、回家做作业、回家自己玩或者和朋友一起玩、上非体育类兴趣班、在学校里参加一些体育培训、在校外参加一些体育培训。广东省中小学生下午放学后的安排情况见表4-43。

表4-43 广东省中小学生下午放学后的安排情况

单位：%

年级		性别	在学校和同学一起玩或者做体育运动	在学校里做作业	回家做作业	回家自己玩或者和朋友一起玩	上非体育类兴趣班	在学校里参加一些体育培训	在校外参加一些体育培训	其他
小学	三年级	男	28.9 ②	21.1 ③	62.5 ①	10.2 ④	6.3 ⑥	8.6 ⑤	8.6 ⑤	5.5 ⑦
		女	14.9 ③	28.1 ②	64.0 ①	11.4 ④	5.3 ⑤	3.5 ⑥	3.5 ⑥	4.4 ⑦
	四年级	男	24.6 ④	25.0 ③	66.3 ①	25.5 ②	6.8 ⑦	6.0 ⑧	9.9 ⑤	8.6 ⑥
		女	16.1 ④	20.2 ③	73.5 ①	24.1 ②	7.1 ⑥	5.6 ⑧	5.8 ⑦	10.0 ⑤
	五年级	男	31.4 ②	19.4 ④	62.1 ①	29.0 ③	6.5 ⑧	7.0 ⑦	8.4 ⑥	9.1 ⑤
		女	19.8 ③	19.5 ④	74.0 ①	29.5 ②	10.2 ⑤	5.2 ⑧	6.2 ⑦	6.4 ⑥
	六年级	男	24.9 ③	23.3 ④	69.8 ①	27.6 ②	5.4 ⑥	4.0 ⑦	3.8 ⑧	8.2 ⑤
		女	22.2 ③	19.5 ④	78.0 ①	28.4 ②	7.9 ⑥	3.0 ⑧	4.0 ⑦	9.6 ⑤
初中	一年级	男	43.6 ②	36.3 ③	58.9 ①	31.9 ④	4.3 ⑦	4.3 ⑦	4.6 ⑥	8.6 ⑤
		女	31.9 ④	35.3 ②	72.9 ①	32.4 ③	5.8 ⑥	2.9 ②	4.0 ⑦	9.7 ⑤

续表 4-43

年级		性别	在学校和同学一起玩或者做体育运动	在学校里做作业	回家做作业	回家自己玩或者和朋友一起玩	上非体育类兴趣班	在学校里参加一些体育培训	在校外参加一些体育培训	其他
初中	二年级	男	45.5 ②	32.1 ④	54.0 ①	35.0 ③	5.9 ⑦	6.8 ⑥	5.2 ⑧	11.4 ⑤
		女	31.5 ④	36.0 ②	67.5 ①	32.6 ③	7.1 ⑥	4.5 ⑦	3.5 ⑧	10.1 ⑤
	三年级	男	37.4 ②	33.1 ③	49.0 ①	29.4 ④	5.4 ⑦	7.3 ⑥	3.3 ⑧	10.7 ⑤
		女	26.8 ③	46.8 ②	60.5 ①	22.3 ④	5.5 ⑦	7.3 ⑥	1.4 ⑧	7.6 ⑤
高中	一年级	男	48.7 ①	37.6 ②	23.9 ④	26.6 ③	3.2 ⑧	4.8 ⑥	4.2 ⑦	15.8 ⑤
		女	25.3 ④	55.8 ①	31.4 ②	31.3 ③	5.9 ⑥	2.2 ⑧	3.9 ⑦	15.4 ⑤
	二年级	男	52.7 ①	37.2 ②	17.2 ④	26.0 ③	4.0 ⑦	5.0 ⑥	2.5 ⑧	12.9 ⑤
		女	27.4 ④	56.0 ①	30.7 ③	32.8 ②	4.9 ⑥	2.0 ⑦	1.7 ⑧	12.7 ⑤
	三年级	男	41.6 ①	39.4 ②	21.3 ④	28.3 ③	2.3 ⑧	4.0 ⑥	3.2 ⑦	14.7 ⑤
		女	20.4 ④	59.4 ①	29.5 ③	31.7 ②	1.5 ⑦	2.5 ⑥		13.5 ⑤

注：①～⑧表示学生放学后的安排排序前8位。

由表4-43的数据可知，不同年级的学生放学后的安排侧重点有所不同，无论男女，小学生和初中生放学后第一选项都是回家做作业；而高中阶段的男女生有所差异，男生放学后的第一选项是在学校和同学一起玩或者做体育运动，女生则是在学校里做作业，小学生及初中生选择这一选项者所占的比例相对降低。

为了更加清楚展示每个年级男女生放学后的安排差异，根据表4-43的数据绘制成图4-29。如图4-29所示，在学校和同学一起玩或者做体育运动、在学校里做作业、回家做作业、回家自己玩或者和朋友一起玩，这4个放学后的活动选项都占有较高的比例。随着年级的升高，放学后选择"在学校和同学一起玩或者做体育运动"的学生占比有所上升；放学后选择"在学校里做作业"的学生占比越来越大；放学后选择"回家做作业"在小学生和初中生中占有绝对的大比例,在高中生中的占比则有所降低;放学后选择"回家自己玩或者和朋友一起玩",随着年级的升高,比例稍微有所上升,但比例变化不是很大。另外,一个比较明显的规律是放学后选择"回家做作业"的女生比男生的占比高,选择"在学校里做作业"同样也是女生比男生的占比高,然而选择"在学校里和同学一起玩"或者"做体育运动"却是男生比女生占比高。这说明女生比同年级的男生更爱做作业,男生比同年级的女生更爱玩或者做体育运动。随着年级的升高,放学后选择"上非体育类兴趣班""在学校里参加一些体育培训"和"在校外参加一些体育培训"在图 4 – 29 中没有明显规律,选择"其他"的学生比例有所增加。这在某种程度上说明了随着年级的升高、年龄的增大,学生放学后的活动内容呈现多样化,出现了更多形式的活动,如去图书馆、逛街、吃东西等。

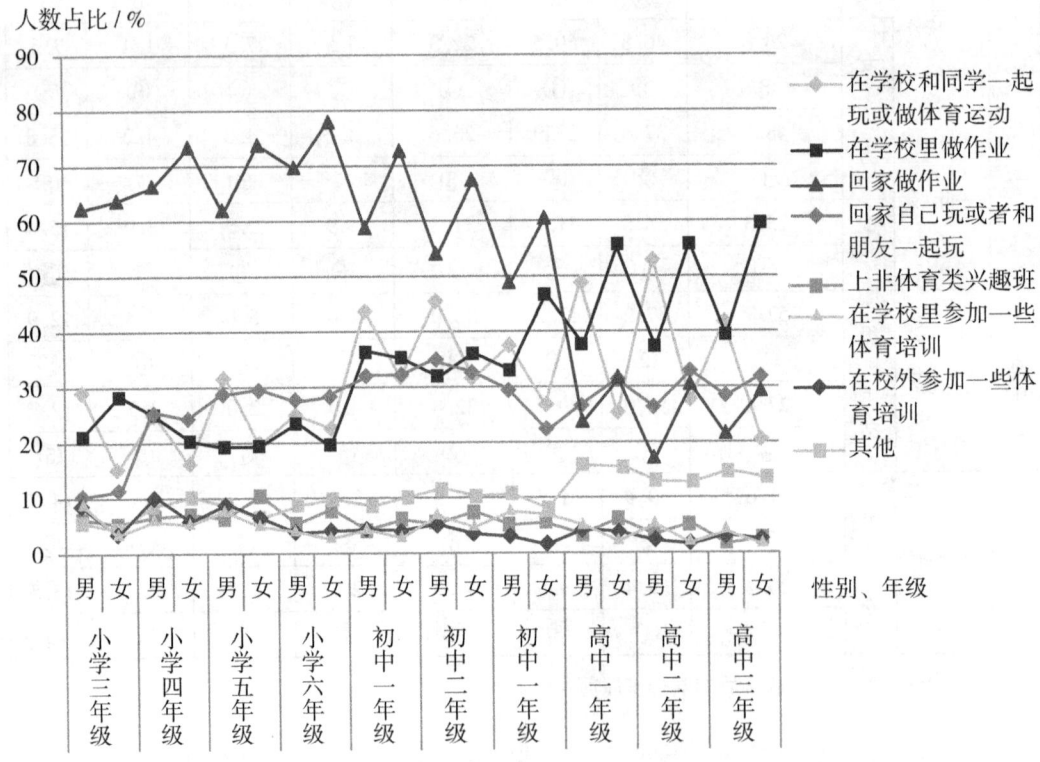

图 4 – 29　广东省中小学生放学后的活动内容

家庭教育在孩子的成长过程中起着非常重要的作用,家长的支持对孩子能否有规律地参加体育运动的影响很大。通过调查学生认为家长对其参加体育运动的态度及家长自身参与体育运动的情况,可以间接了解学生对体育的认识、理解与参与程度。广东省中小学生认为家长对其参加体育运动的态度及家长自身参与情况见表 4 – 44。

表4-44 广东省中小学生认为家长对其参加体育运动的态度及家长自身参与情况

单位：%

年级		家长对其参加体育运动的态度				家长自身参与体育运动的情况					
		支持		不支持		经常运动		偶尔运动		基本不动	
		男生	女生	男生	女生	男生	女生	男生	女生	男生	女生
小学	三年级	92.2	91.2	7.8	8.8	57.0	43.8	34.4	50.0	8.6	6.3
	四年级	90.2	91.7	9.8	8.3	36.5	35.7	53.1	58.3	10.4	6.1
	五年级	93.3	93.3	6.7	6.7	33.6	27.4	57.9	64.7	8.6	7.9
	六年级	92.7	94.3	7.3	5.7	26.8	27.2	58.1	64.9	15.1	7.9
初中	一年级	93.7	95.3	6.3	4.7	25.9	22.6	62.9	66.5	11.2	11.0
	二年级	92.4	93.8	7.6	6.2	23.4	18.2	60.1	67.0	16.5	14.8
	三年级	93.4	93.9	6.6	6.1	25.5	21.4	59.0	64.9	15.4	13.8
高中	一年级	92.5	95.7	7.5	4.3	20.4	20.7	57.7	62.5	22.0	16.8
	二年级	95.6	93.8	4.6	6.2	24.8	16.9	56.3	64.6	18.9	18.6
	三年级	90.9	95.5	9.1	4.5	21.0	19.8	55.0	62.7	24.0	17.5

由表4-44的数据可知，学生认为家长对自己参加体育运动的支持率超过90%，且相比于男生的选择，除了小学三年级和高中二年级，其他年级的女生更加认为家长支持自己参加体育运动；随着学生年级的升高、年龄的增大，女生认为家长对其参加体育运动的支持率略高于男生家长。这也与本书多项调查数据相吻合。相比较而言，男生比女生更偏爱体育运动，多数家长们也意识到女生比男生更缺乏运动、更需要增加运动，所以女生会认为家长对其参与体育运动的支持率更高一些。而据本书调查结果，相比于男生，女生的请病假天数更多，这使得女生家长更希望孩子通过多参加体育活动来提高身体素质、改善身体健康状况。

学生家长参与体育运动在一定程度上影响着学生对体育的认识、理解与参与程度，广东省中小学生家长参与体育运动的情况如图4-30所示。在学生心目中，男女学生家长偶尔运动都占有很高的比例，小学三年级男生家长经常运动占比最高，其他年级男生家长经常运动者占比逐渐减小，而基本不动者逐渐增加；小学生的家长最爱运动，初中生的家长其次，高中生的家长在学生心目中最不喜欢运动。这在一定程度上说明年轻家长比年长家长更能认识到体育锻炼的重要性，而家长对体育持积极态度与孩子参加课外体育锻炼有着重要的联系。

近年来，学生参加课外辅导班的情况非常普遍，学者陈娜娜（2014）调查了学生参加非体育课外辅导的情况，发现福州、泉州等六地市有超过85%的学生参加课外补课，在这个比率最低的莆田也达到了63.83%。该研究说明家长更重视学生文化课的学习。广东省中小学生参加课外体育培训的情况见表4-45。

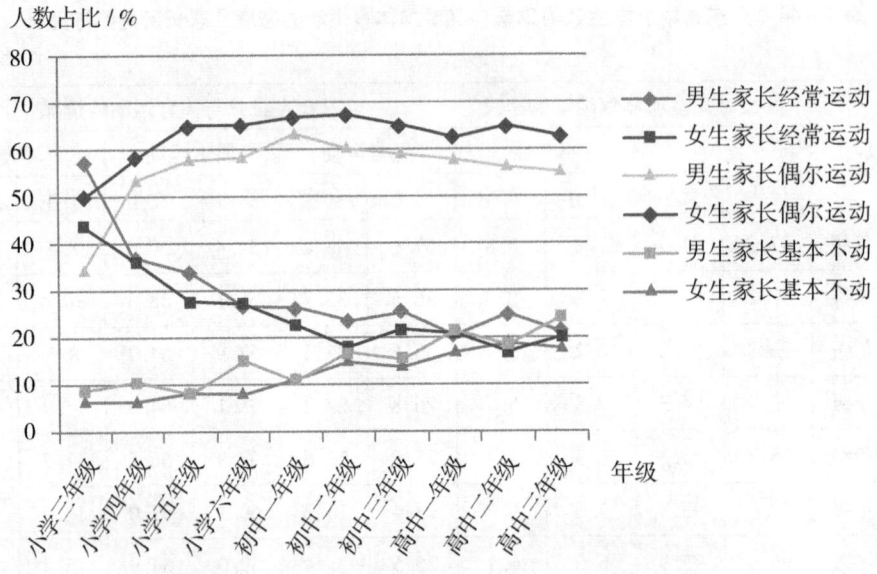

图 4-30 广东省中小学生家长参与体育运动的情况

表 4-45 广东省中小学生参加课外体育培训的情况

单位：%

年级		是否参加过课外体育培训				是否正在参加课外体育培训			
		是		否		是		否	
		男生	女生	男生	女生	男生	女生	男生	女生
小学	三年级	33.3	22.7	66.7	77.3	18.5	15.3	81.5	84.7
	四年级	39.2	27.5	60.8	72.5	23.3	18.8	76.7	81.2
	五年级	38.8	36.6	61.2	63.4	20.2	19.9	79.8	80.1
	六年级	32.3	31.2	67.7	68.8	11.2	8.7	88.8	91.3
初中	一年级	27.8	21.7	72.2	78.3	12.2	7.8	87.8	92.2
	二年级	25.8	18.8	74.2	81.2	12.9	9.3	87.1	90.7
	三年级	27.1	20.6	72.9	79.4	14.4	9.5	85.6	90.5
高中	一年级	22.0	19.3	80.0	80.7	8.1	4.8	91.9	95.2
	二年级	22.3	15.7	77.7	84.3	8.2	2.9	91.8	97.1
	三年级	20.2	16.4	79.8	83.6	4.6	2.9	95.4	97.1

由表 4-45 的数据可知，广东省中小学生有参加过课外体育培训的比例为 15.7%～39.2%，正在参加课外体育培训的比例约为 2.9%～23.3%，而且男生的这两个比例均高于同年级女生。然而这个比例远低于被调查学生参加文化课辅导班的比例，且随着年级的升高，参加体育培训者的占比均明显降低。小学生有 32.7% 参加过课外体育培训，初中生有 23.6% 参加过课外体育培训，高中生有 19.3% 参加过课外体育培训。正在参加课外体育培训的占比更低（小学生为 17.0%，初中生为 11.0%，高中生为 5.3%）。

广东省中小学生参加课外体育培训的规律与趋势如图 4-31 所示。无论哪个年级，女生有参加过或者正在参加课外体育培训的人数占比均低于男生；小学生有参加过课外体育培训的比例最高，初中生其次，高中生最低；小学生正在参加课外体育培训的比例最高，初中生其次，高中生最低。这也在一定程度上说明了，女生比男生参加课外体育培训的意愿要低，小学生家长比初中生、高中生的家长更注重孩子身体的锻炼与运动技能的掌握等。

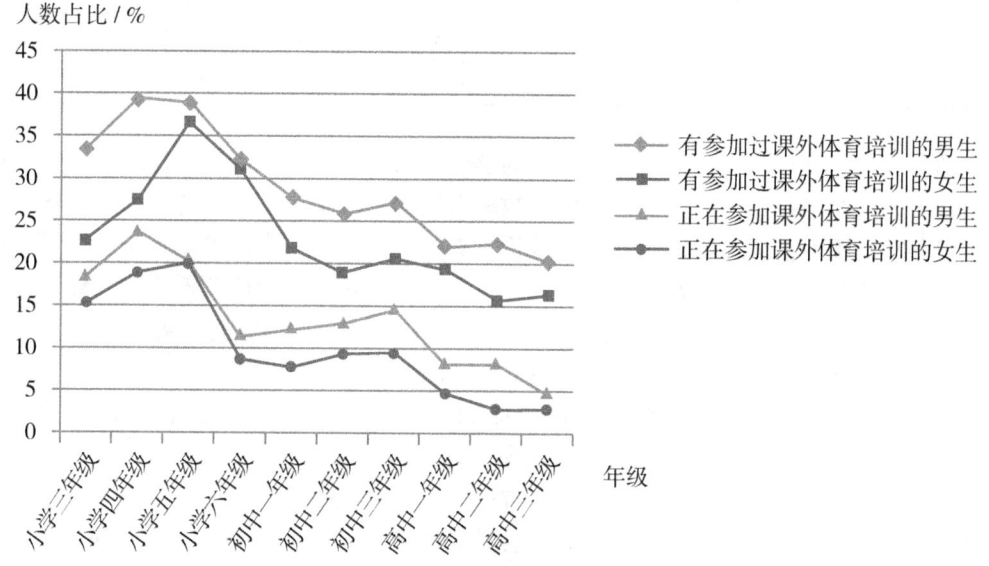

图 4-31 广东省中小学生参加课外体育培训的人数占比

运动会是课外体育活动的重要组成部分，是检验学生运动技术与展现学校精神风貌的体育盛会。它为学生搭建了展示个人运动能力的平台，对培养学生自信心、磨炼坚强意志、发扬拼搏精神、提升集体意识等都有很好的促进作用。学生参加运动会比赛的意愿通常有主动报名参加、被要求报名参加、不参加三种，广东省中小学生报名参加运动会比赛的情况见表 4-46。

表 4-46 广东省中小学生报名参加运动会比赛的情况

单位：%

年级		主动报名参加比赛		被要求报名参加比赛		不参加比赛	
		男生	女生	男生	女生	男生	女生
小学	三年级	76.2	75.0	11.9	11.6	11.9	13.4
	四年级	61.6	54.8	11.3	14.7	27.1	30.5
	五年级	62.5	56.9	11.8	17.8	25.6	25.3
	六年级	51.2	48.9	12.6	16.5	36.2	34.6

续表 4-46

年级		主动报名参加比赛		被要求报名参加比赛		不参加比赛	
		男生	女生	男生	女生	男生	女生
初中	一年级	45.7	40.0	19.8	20.5	34.5	39.4
	二年级	38.9	35.2	19.1	18.8	42.0	46.1
	三年级	34.2	32.2	21.7	18.5	44.1	49.2
高中	一年级	32.2	27.9	23.2	20.7	44.6	51.4
	二年级	38.7	25.1	22.6	19.5	38.7	55.4
	三年级	41.4	25.8	21.1	20.8	37.5	53.4

随着年级的升高，主动报名参加比赛的学生人数越来越少，不参加比赛的学生人数越来越多，被要求报名参加比赛的学生人数略有增加。但是，不管是哪个学段，男生主动报名参加比赛者占比都要大于女生。分析不参加比赛的学生数据可以看出，除了小学五年级和六年级男生的比例略高于女生外，其他年级都是男生的比例低于同年级女生。

平均而言，有 60.9% 的小学生主动报名参加比赛，有 13.5% 是被要求报名参加比赛，有 25.6% 不参加比赛；有 37.7% 的初中生主动报名参加比赛，有 20.2% 是被要求报名参加比赛，有 42.6% 不参加比赛；有 31.9% 的高中生主动报名参加比赛，有 21.3% 被要求报名参加比赛，有 46.8% 不参加比赛。

由表 4-46 的数据可以看出，在广东省中小学生中，小学生参加运动会比赛的积极性最高，初中生其次，高中生最低；而不管是哪个学段，男生参加运动会比赛的积极性都高于同年级的女生。

笔者也调查了广东省中小学生认为父母对其参加运动会并取得名次的态度（见表4-47）。这在一定程度上反映了家长对孩子参加体育锻炼的支持力度。

表 4-47 广东省中小学生认为父母对其参加运动会并取得名次的态度

单位：%

年级		父母为之高兴与骄傲		父母只关心我的学习成绩		无所谓	
		男生	女生	男生	女生	男生	女生
小学	三年级	84.7	86.6	4.8	5.4	10.5	8.0
	四年级	71.0	76.8	15.9	8.6	13.1	14.7
	五年级	75.6	72.2	9.3	11.8	15.1	15.9
	六年级	62.6	63.5	15.7	10.9	21.7	25.7
初中	一年级	67.7	68.8	13.3	9.1	18.9	22.1
	二年级	61.1	63.2	12.7	10.7	26.2	26.0
	三年级	61.2	67.4	12.5	7.6	26.3	25.1

续表 4-47

年级		父母为之高兴与骄傲		父母只关心我的学习成绩		无所谓	
		男生	女生	男生	女生	男生	女生
高中	一年级	59.6	59.4	11.5	5.9	28.9	34.7
	二年级	58.7	53.0	10.7	9.0	30.6	38.0
	三年级	56.2	51.5	14.2	9.2	29.6	39.3

在小学阶段，选择"父母为之高兴与骄傲"者占比最高。随着学生年级的升高、年龄的增大，选择这一选项的人数慢慢减少，高中则比例最低。调查中，各年级学生选择"父母只关心我的学习成绩"的人数都比较少。因此，由表 4-47 的数据可以看出，超过一半的家长都支持孩子参加运动会比赛，而随着年级的升高、学生课业压力的增加，家长们对孩子参加运动会比赛的支持力度有所降低。

（三）学校课间操实施情况调查与分析

除了体育课和课外体育活动，课间操也是学生进行休息与锻炼的好活动。课间操又被称为"课间体育活动"，是学生每天必须参加的体育活动，是学生在紧张学习之余的一种积极性休息方式，也是校园体育文化建设的重要内容和综合性反映。课间操有助于消除紧张学习所产生的疲劳，使大脑得到充分的休息，提高学生学习效率，使其身体得到充分舒展，防止形成不良体姿，有利于学生的健康发育。课间操的形式与内容对学生的生理、心理影响是重要而深刻的，一般是在每天上午第二节课和第三节课之间进行，时长为 20 分钟。课间操的内容以广播体操为主，还可做脊柱弯曲防治操、慢跑和活动量较小的游戏等。根据学校具体要求，每所学校课间操的活动内容、形式有所不同。广东省中小学的男女生课间操活动内容分别如图 4-32、图 4-33 所示。

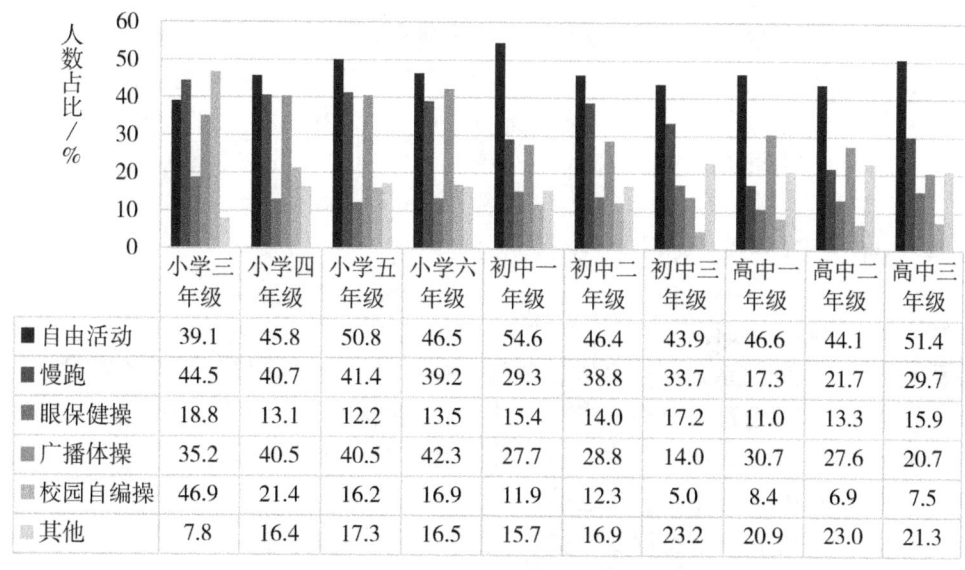

图 4-32　广东省中小学的男生课间操活动内容

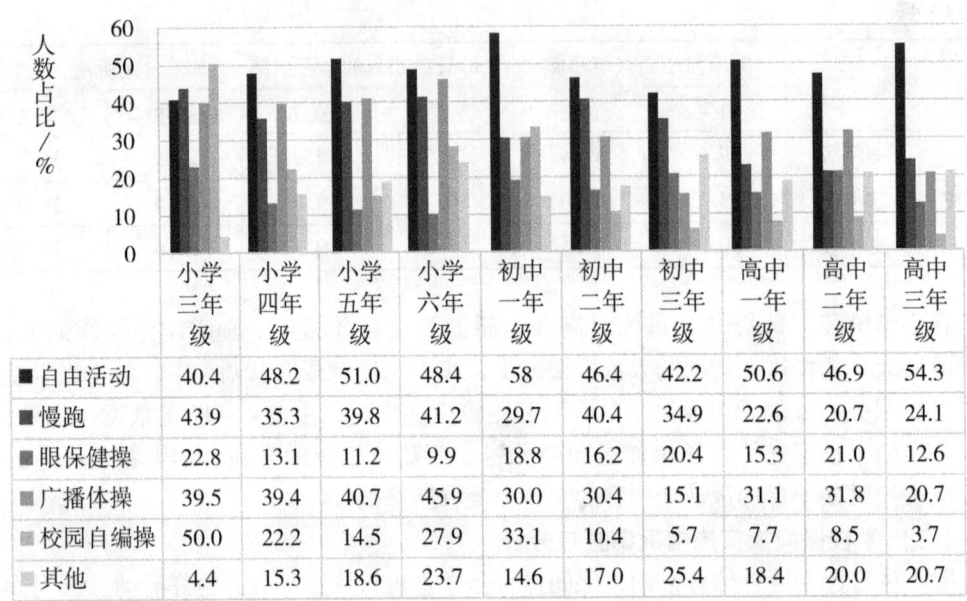

图4-33　广东省中小学的女生课间操活动内容

　　图4-32、图4-33显示，在广东省中小学课间操活动内容之中，小学三年级男女生均是以校园自编操最多，其他年级进行得最多的是自由活动。也就是说，学校让学生在一定程度上自由支配课间操时间。接下来选择较多的课间操项目是慢跑与广播体操。由此可见，广东省中小学校的课间操活动内容单一，且有相当比例的学校未组织课间操活动，采用学生自由活动的形式，但学校并未引导学生进行体育锻炼。

　　在调研中，笔者还发现存在文化课教师拖堂而将原本属于学生身体活动的课间操时间占用的现象。更糟糕的是，有一些学校仅允许低年级学生课间喝水、上厕所，不许学生嬉戏、跑动。这无疑变相剥夺了学生进行身体活动的机会。

　　实际上，学生利用课间操时间参加适当的体育运动，不仅可以强身健体，避免上午第三、四节课出现脑疲劳、困乏等现象，还可以促使其放松身心、调节情绪，有利于大脑发育，提高上课专注力，从而提高学习效率。

四、学生心理健康及社会适应能力

　　对于学生的心理健康及社会适应能力，主要从学生和朋友、家人以及同学之间的人际关系来判断。人际关系是影响个人发展的主要因素，建立良好的人际关系对人格特质、自我评价、情绪管理、心理健康、学习适应、生活工作等方面具有广泛的影响力。不良的人际关系，可使人产生焦虑、不安等不良情绪，甚至导致抑郁；良好的人际关系，能使人保持心境轻松平稳、态度乐观。

　　广东省中小学生的交友情况及朋友对自己参与运动的态度见表4-48。

表4-48 广东省中小学生交友情况及朋友对自己参与运动的态度

单位：%

年级		是否有一些要好的朋友				参与运动经常得到朋友鼓励			
		有		没有		是		不是	
		男生	女生	男生	女生	男生	女生	男生	女生
小学	三年级	96.1	94.7	3.9	5.3	70.1	76.1	29.9	23.9
	四年级	94.5	97.2	5.5	2.8	58.5	65.1	41.5	34.9
	五年级	95.4	95.0	4.6	5.0	54.2	63.1	45.8	36.9
	六年级	96.0	95.8	4.0	4.2	54.2	69.9	45.8	30.1
初中	一年级	95.1	96.3	4.9	3.7	64.2	69.0	35.8	31.0
	二年级	94.2	97.1	5.8	2.9	67.3	71.3	32.7	28.7
	三年级	94.1	96.1	5.9	3.9	72.2	78.4	27.8	21.6
高中	一年级	94.8	96.6	5.2	3.4	70.6	65.7	29.4	34.3
	二年级	94.9	96.3	5.1	3.7	73.4	67.6	26.6	32.4
	三年级	94.3	95.9	5.7	4.1	70.0	67.9	30.0	32.1

由表4-48的数据可知，无论哪个年级的学生，94%以上的学生都拥有要好的朋友。而约有5%的学生没有要好的朋友，这是更应该引起教育界关注的问题，这些学生性格往往比较孤僻，不愿意与他人交流，更愿意待在自己的世界里，多数时候也会感到孤独。而孤独又是导致抑郁症发病的诱因及外在表现之一。据2017年世界卫生组织统计，全球约有3.4亿抑郁症患者，全球抑郁症发病率约为11%，已成为仅次于心脏病的人类第二大疾病。如果学生连一位自己要好的朋友都没有，应该引起家长和教师们的高度注意，以帮助这些学生树立正确的人生观，多给他们营造一些与朋友欢聚的时刻，增加他们的运动时间，扩大他们社交范围。拥有一个或者多个好朋友，有助于学生缓解压力，提高生活质量和乐趣，增加自信心等。此外，不同年级的学生在参与运动时能够得到朋友鼓励的比例变化不是很大，每个年级都有约70%的学生认为自己参与运动经常得到朋友的肯定。运动可以减缓压力、消除不良情绪等，在运动中容易与别人建立起友谊，拥有良好的运动技能则更会引起其他同伴的羡慕，并吸引与其结交。

广东省中小学生与父母、同学们的关系见表4-49。调查结果显示，随着年级的升高、年龄的增长，学生与其父母的关系融洽度越来越低，从最高87.5%跌到最低61.1%。其中，初中和高中变化不大；而比较明显的规律是，小学五、六年级男女生与父母关系融洽的比例基本持平，其他年级都是女生与父母融洽者占比更高，说明女生和父母的关系融洽度较男生好。随着学生年级的升高、年龄的增大，其父母在认知及处理孩子事务方面和孩子可能会产生冲突，这是父母与孩子融洽度慢慢降低的主要原因。在学生学习之余，多安排一些家庭体育活动，可增加父母与孩子相处时间且提高父母与孩子的融洽度，减缓学生学习压力，提高学生体质健康水平，为其创造一个舒适、愉快的生活环境。

表 4-49 广东省中小学生与父母、同学们的关系

单位:%

年级		性别	与父母关系融洽		与同学们的关系				
			是	不是	非常好	比较好	一般	差	很差
小学	三年级	男	85.2	14.8	58.6	22.7	15.6	0.8	2.3
		女	87.5	12.5	62.3	25.4	12.3	0	0
	四年级	男	80.6	19.4	43.1	29.0	23.3	2.5	2.0
		女	86.0	14.0	52.3	28.0	18.0	0.4	1.3
	五年级	男	79.8	20.2	39.6	37.7	19.0	2.8	0.9
		女	78.6	21.4	40.9	39.7	18.2	0.7	0.5
	六年级	男	72.9	27.1	35.2	36.6	24.1	2.0	2.0
		女	73.0	27.0	39.5	39.3	18.8	1.7	0.7
初中	一年级	男	66.4	33.6	34.0	47.5	17.3	0.6	0.6
		女	69.1	30.9	34.6	45.2	19.1	0.8	0.2
	二年级	男	63.3	36.7	34.5	44.1	18.5	1.1	1.7
		女	67.8	32.2	30.7	49.4	18.9	0.5	0.6
	三年级	男	63.7	36.3	40.8	40.6	15.4	1.5	1.7
		女	68.5	31.5	31.3	47.4	20.2	0.4	0.7
高中	一年级	男	66.1	33.9	26.6	50.0	22.2	0.5	0.7
		女	70.7	29.3	21.9	49.0	27.9	0.9	0.4
	二年级	男	64.7	35.3	31.8	48.1	18.8	0.3	1.0
		女	67.6	32.4	21.8	53.2	23.8	0.5	0.7
	三年级	男	61.1	38.9	31.4	44.5	20.7	1.5	2.0
		女	66.2	33.8	22.4	51.5	25.3	0.4	0.4

为了更好地了解广东省中小学生与同学之间的关系变化规律,根据表 4-49 数据绘制成图 4-34。从图 4-34 可以看出,与同学关系差及很差的人数保持在较低水平;关系为一般随着年级的升高、年龄的增大,人数占比略有上升但变化不大;变化最大的就是同学间关系非常好的人数占比越来越少,关系比较好的人数占比越来越高,说明了高年级学生之间的关系没有低年级学生间融洽。

生活状态好坏以及生活或学习压力,是影响一个孩子心理健康的关键要素。心理压力是指生活中的各种刺激事件和不利因素对人在心理上所构成的困惑或威胁,表现为身心的紧张和不适(车文博,2001)。广东省中小学生的生活状态及压力情况见表 4-50。通过了解学生生活状态和学习压力情况,可以间接了解其社会适应能力状况。

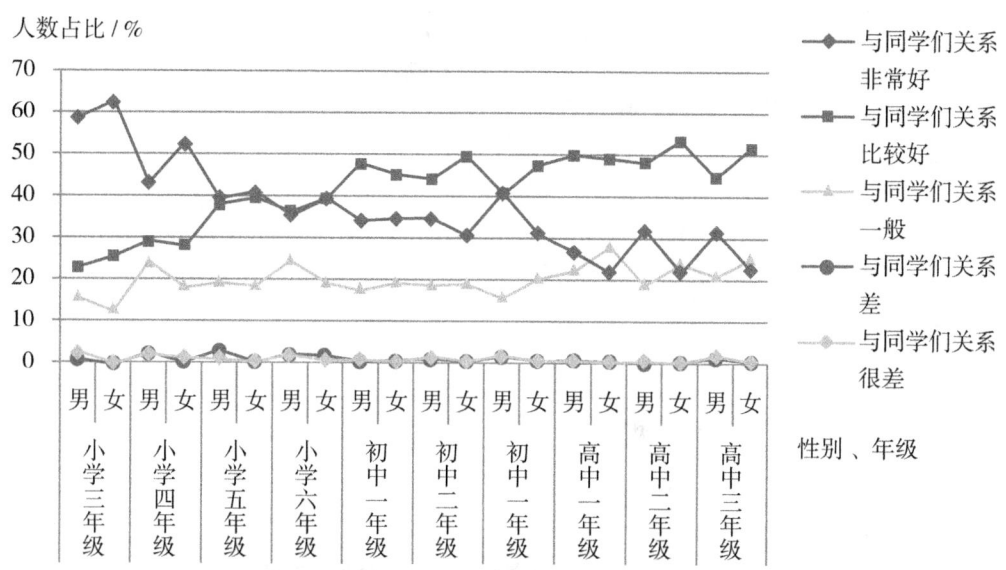

图 4-34 广东省中小学生与同学之间的关系情况

表 4-50 广东省中小学生的生活状态及压力情况

单位：%

	年级	对生活状态是否满意				是否感觉压力大			
		是		不是		是		不是	
		男生	女生	男生	女生	男生	女生	男生	女生
小学	三年级	85.0	91.9	15.0	8.1	19.2	15.0	80.8	85.0
	四年级	81.9	83.6	18.1	16.4	27.4	24.2	72.6	75.8
	五年级	81.9	81.3	18.1	18.9	31.5	29.6	68.5	70.4
	六年级	78.7	81.9	21.3	18.1	39.3	29.2	60.7	70.8
初中	一年级	73.8	73.1	26.2	26.9	39.1	39.8	60.9	60.2
	二年级	64.4	64.1	35.6	35.9	48.9	45.3	51.1	54.7
	三年级	59.2	58.7	40.8	41.3	58.2	55.7	41.8	44.3
高中	一年级	49.6	47.8	40.4	52.2	52.9	49.7	47.1	50.3
	二年级	49.0	46.3	51.0	53.7	51.5	54.9	48.5	45.1
	三年级	46.0	45.1	54.0	54.9	52.3	48.8	47.7	51.2

为了更加直观地了解不同年级学生对生活状态的满意度与压力变化的规律，结合表 4-50 绘制成图 4-35、图 4-36。

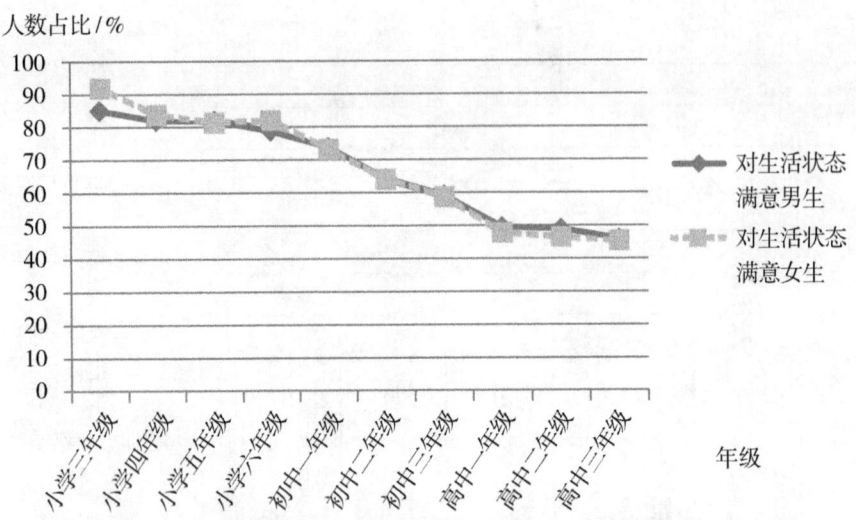

图 4-35　广东省中小学生对生活状态满意的情况

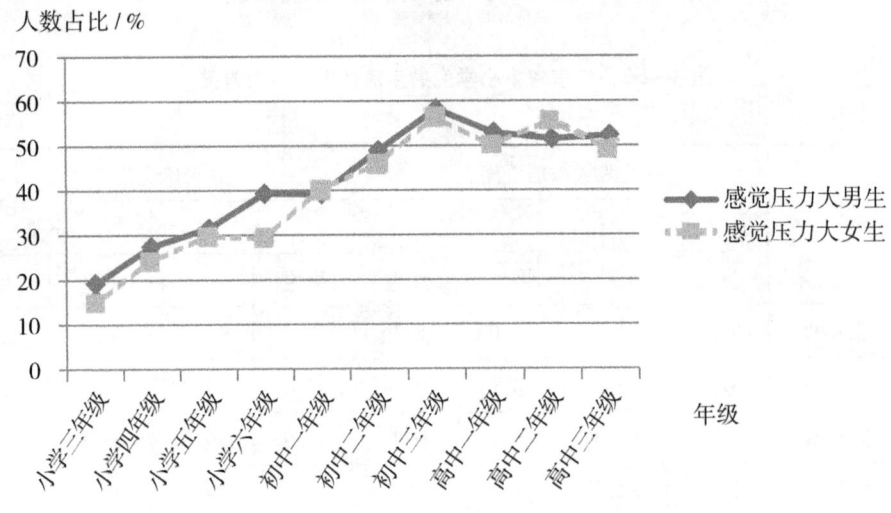

图 4-36　广东省中小学生的生活、学习压力情况

结合表 4-50 和图 4-35、图 4-36 可以清晰看到，随着年级的升高，学生对生活的满意度越来越低，而且觉得来自生活、学习上的压力越来越大。特别是到了高中阶段，有超过一半的学生不满意自己的生活状态，有近半的学生觉得压力大。不过，到了高中阶段，学生压力持续保持在一定水平上。除了初中一年级和高中二年级，男生的压力水平略低于女生，其他年级是男生的压力水平均高于女生，这一结果与王东等（2011）的研究结果一致。男生存在更多的不适应性，而压力正是导致其产生心理不适应性的主要原因（俞国良 等，2001）。

学生对生活状态的满意度急剧下降，以及学生觉得生活与学习压力越来越大的现象，应该引起大家足够的重视。如果这种生活、学习状态得不到缓解，将会导致学生出现抑郁、神经衰弱、厌学等其他负面情绪。学校、家庭及学生互相要保持沟通与及时交流，找到学生生活状态满意度降低及倍感压力的主要原因，客观地制定学习目标，引导学生学会学习，开展多种形式的活动来提高生活质量并舒缓压力，多组织一些以家庭为单位的户外运动，积极鼓励学生参加体育锻炼，以提高其生活满意度、舒缓学生压力。

五、学生体育理论知识及自觉锻炼习惯

熟练地掌握体育理论知识不仅有利于学生认知身体结构等，而且可以加强学生对运动技能的认识和理解，提高学生科学锻炼身体的能力，使学生切实做到理论与实践相结合，最终达到增加体育兴趣、提高体质、养成终身锻炼习惯的目的。广东省中小学生对体育锻炼促进身体健康的作用的认知见表4-51。

表4-51 广东省中小学生对体育锻炼促进身体健康的作用的认知情况

单位：%

年级		性别	体育锻炼促进身体健康的作用					
			促进睡眠		促进新陈代谢		抵抗疾病	
			对	错	对	错	对	错
小学	三年级	男	83.6	16.4	83.5	16.5	96.1	3.9
		女	80.7	19.3	85.1	14.9	89.5	10.5
	四年级	男	71.2	28.8	80.7	19.3	88.8	11.2
		女	77.3	22.7	79.5	20.5	85.7	14.3
	五年级	男	76.7	23.3	86.0	14.0	88.1	11.9
		女	78.0	22.0	85.1	14.9	87.8	12.2
	六年级	男	74.5	25.5	81.3	18.7	91.7	8.3
		女	79.4	20.6	86.7	13.3	89.8	10.2
初中	一年级	男	90.9	9.1	93.9	6.1	94.1	5.9
		女	89.9	10.1	92.0	8.0	93.1	6.9
	二年级	男	90.8	9.2	94.7	5.3	94.5	5.5
		女	89.7	10.3	95.5	4.5	91.9	8.1
	三年级	男	91.3	8.7	95.6	4.4	94.8	5.2
		女	90.8	9.2	95.0	5.0	90.1	9.9

续表 4-51

年级		性别	体育锻炼促进身体健康的作用					
			促进睡眠		促进新陈代谢		抵抗疾病	
			对	错	对	错	对	错
高中	一年级	男	94.7	5.3	97.5	2.5	95.6	4.4
		女	95.7	4.3	97.7	2.3	95.5	4.5
	二年级	男	96.2	3.8	98.6	1.4	96.3	3.7
		女	94.5	5.5	98.3	1.7	95.6	4.4
	三年级	男	94.7	5.3	98.2	1.8	94.6	5.4
		女	94.9	5.1	98.1	1.9	94.5	5.5

毋庸置疑，身体锻炼可以促进睡眠、提高新陈代谢并抵抗疾病，这是很多专家学者共同研究得出来的结论。通过对表 4-51 中的调查数据进行分析，发现学生对这些体育理论知识掌握得不是特别好，每个阶段都有部分学生关于体育锻炼对身体机能的影响存在一定的误解，特别是低年级的学生。体育锻炼除了对身体机能有影响，还对心理健康、自信心、智力发育等有一定的促进作用。广东省中小学生对体育锻炼促进心智发育的作用的认知情况见表 4-52。

表 4-52 广东省中小学生对体育锻炼促进心智发育的作用的认知情况

单位：%

年级		性别	体育锻炼促进心智发育的作用					
			促进心理健康		增强自信心		促进智力发育	
			对	错	对	错	对	错
小学	三年级	男	82.5	17.5	84.3	15.7	80.3	19.7
		女	81.6	18.4	84.1	15.9	77.9	22.1
	四年级	男	72.3	27.7	72.7	27.3	62.7	37.3
		女	72.5	27.5	70.2	29.8	69.4	30.6
	五年级	男	70.9	29.1	72.2	27.8	59.3	40.7
		女	69.5	30.5	64.5	35.5	63.3	36.7
	六年级	男	70.8	29.2	67.7	32.3	55.6	44.4
		女	71.0	29.0	63.7	36.3	64.6	35.4

续表 4-52

年级		性别	体育锻炼促进心智发育的作用					
			促进心理健康		增强自信心		促进智力发育	
			对	错	对	错	对	错
初中	一年级	男	84.4	15.6	80.7	19.3	72.0	28.0
		女	81.1	18.9	71.4	28.6	73.8	26.2
	二年级	男	88.2	11.8	83.7	16.3	74.3	25.7
		女	85.5	14.5	73.9	26.1	71.5	28.5
	三年级	男	89.5	10.5	83.7	16.3	77.5	22.5
		女	87.0	13.0	76.1	23.9	74.6	25.4
高中	一年级	男	91.9	8.1	86.2	13.8	78.6	21.4
		女	90.2	9.8	76.7	23.3	74.4	25.6
	二年级	男	92.5	7.5	89.8	10.2	79.1	20.9
		女	92.3	7.7	79.6	20.4	76.3	23.7
	三年级	男	94.4	5.6	89.4	10.6	81.6	18.4
		女	91.0	9.0	79.1	20.9	76.6	23.4

从表 4-52 的数据中可以看到，最高有 30.5% 的女生认为体育锻炼促进心理健康是错误的，最高有 36.3% 的女生认为体育锻炼增强自信心是错误的，最高有 44.4% 的男生认为体育锻炼促进智力发育是错误的。而且随着年级的升高、年龄的增大，学生关于体育锻炼促进心智发育的作用的认知并没有显著提高。对比表 4-51 和表 4-52 的数据可知，广东省中小学生关于体育锻炼促进心智发育的认知不足，对相关基本知识的掌握也不是很好，从某种程度上说，还不如其对体育锻炼促进身体健康的认知程度。部分学生对这部分体育基础理论认识薄弱，没有认识到体育具有促进自己体、智等多方面发展的积极作用。应使学生熟练掌握体育基础理论知识，才可以提高学生自觉锻炼的习惯，加强学生终身体育意识的培养。

学习一些生理卫生知识和人体组织结构知识有助于学生认识自己的身体结构、养成科学锻炼的习惯。广东省中小学生对生理卫生与人体组织结构知识掌握情况见表 4-53。升入初中后，学生接触关于青春期生理卫生的知识越来越多，然而他们对知识的掌握并没有随着年级的升高和年龄的增大而增加很多，女生对生理卫生知识掌握情况比男生要好一些。小学六年级之后，了解人体组织结构知识的人数占比在增加，掌握这些知识的人数占比持续保持在 85% 上下，女生对人体组织结构知识掌握情况也比男生要好一些。此外，笔者通过与学生的访谈了解到，很多学生没有科学锻炼的知识与意识，锻炼前后饮食时间、运动前后热身与放松等方面的基本运动常识都没有掌握。因此，在体育课堂教学中,教师应该充分利用课堂时间,在锻炼学生体能、提高运动技能的同时,教授学生体育基础理论知识。这些都有助于学生养成科学锻炼习惯。

表4-53 广东省中小学生对生理卫生及人体组织结构知识的掌握情况

单位:%

年级		性别	青春期生理卫生知识			人体组织结构知识		
			不了解	知道一些	非常熟知	不了解	知道一些	非常熟知
小学	三年级	男	30.5	56.3	13.3	18.0	60.2	21.9
		女	27.2	54.4	18.4	20.4	63.7	15.9
	四年级	男	35.8	56.0	8.3	26.8	59.5	13.7
		女	30.1	59.3	10.6	23.1	66.1	10.8
	五年级	男	28.1	58.8	13.1	27.6	60.6	11.9
		女	17.2	68.0	14.8	24.8	67.4	7.9
	六年级	男	26.2	63.3	10.5	26.4	63.5	10.1
		女	12.9	67.2	19.9	21.2	70.1	8.6
初中	一年级	男	11.7	73.8	14.5	9.6	74.9	15.5
		女	5.5	75.1	19.4	9.0	79.3	11.7
	二年级	男	12.2	69.6	18.2	12.7	67.9	19.4
		女	6.8	73.0	20.2	9.5	78.5	12.0
	三年级	男	13.8	69.6	16.6	12.4	69.9	17.7
		女	5.7	76.8	17.6	9.3	78.6	12.0
高中	一年级	男	13.0	72.2	14.9	15.6	74.2	10.2
		女	6.1	82.2	11.7	13.8	80.5	5.7
	二年级	男	13.4	69.8	16.8	14.1	71.6	14.3
		女	6.0	81.0	12.9	13.3	78.6	8.1
	三年级	男	11.9	66.5	21.6	12.9	71.8	15.3
		女	6.2	78.3	15.5	14.8	77.9	7.3

由表4-51至表4-53的数据显示,广东省中小学生对体育锻炼促进身体机能、心智发育的作用认知不足,对生理卫生及人体组织结构等体育理论知识的掌握情况尚不牢固,部分学生还不了解这些理论知识。体育教师可以充分利用雨天或场地无法满足学生在户外参加身体锻炼等时间,多教授学生一些体育基础理论知识,使学生在锻炼时能够将理论联系实际,提高学生自觉锻炼、科学锻炼的体育意识。

"每天锻炼一小时,健康工作五十年,幸福生活一辈子。"相比于学生养成自觉锻炼的习惯,家长、学校、教师对于学生身体锻炼的监督是辅助的、次要的。最重要的是学生自身对体育保持持久兴趣,将运动变成一种生活习惯。广东省中小学生养成自觉锻炼习惯的人数占比如图4-37所示。

第四章 广东省中小学体育投入与产出分析

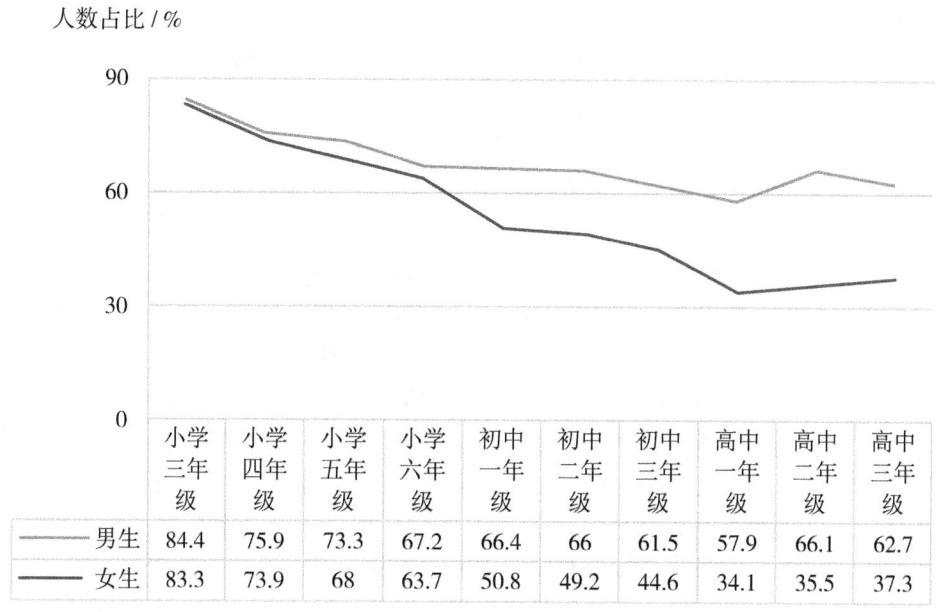

图 4-37 广东省中小学生养成自觉锻炼习惯的人数占比

如图 4-37 所示,从养成自觉锻炼习惯者的占比来看,低年级学生高于高年级学生,男生高于女生。小学六年级及以下的男女生有自觉锻炼习惯者占比较为接近,小学六年级以上男女生的情况逐渐拉开差距,差距最大的是高中二年级。有 66.1% 的高二年级男生有自觉锻炼的习惯,而只有 35.1% 的同年级女生有自觉锻炼的习惯。男生有自觉锻炼习惯者占比在初中阶段至高中一年级阶段有所下降,但下降的不是很多,维持在 57.9%～66.4% 的水平,高中二年级后有所上升;女生有自觉锻炼习惯者占比是从小学一直到高中一年级都是在不断下降的,高中二年级后则有所上升。

培养学生自觉锻炼习惯,特别是培养女生自觉锻炼习惯尤为重要。而培养学生自觉锻炼习惯,激发其兴趣是关键。因此,在体育教育中,丰富教学内容,采取多样化的教学方式,提高学生对体育课与体育运动的兴趣,培养学生的运动技能是体育教育的重点与难点。

小　结

关于广东省学校体育投入情况。通过对广东省中小学体育教育投入情况的调查发现,体育教育的投入相对比较匮乏。不少学校没有分管体育工作的领导,学校对体育课重视不够,体育教师严重缺编,生师比例太大,学校不重视体育教师职业发展。学生体育课时量偏少,且体育课缺课、少课的现象比比皆是。体育课上课内容单一,课堂组织"自由化",出现了学生喜欢体育运动但讨厌上体育课的"怪圈"。大课间操无组织或者内容形式单一,缺乏监督与评价。课外体育活动内容与时间得不到保证,远达不到国家规定"每天锻炼一小时"活动要求。体育特长生招生项目比较单一,运动队训练人数过少,政府规定体育传统项目学校较少。校园体育比赛项目比较集中,满足不了学生体育兴趣的广泛性要求,体育文化建设有待加强。学校体育场馆资源严重缺乏,生均体育场地面积较少,学校体育场馆在非教学时间对社会开放的力度不够,所以也存在着资源浪费现象。残障学生体育教育权利没有得到保障,体育教师不具备教授残障学生所需的知识与技能等。

关于广东省学校体育产出情况。如果学校体育的产出规律是高中生身体素质最好,即运动素质及健康水平最好,体育课及课外体育活动兴趣最浓厚,自觉锻炼习惯体育意识最好,则说明学校体育产出较高。然而通过对广东省中小学体育产出调查情况进行分析,发现中小学体育产出并不佳,而且通过对学生进行大量的纵向对比与横向对比发现学校体育产出有很多规律,具体表现在:广东省男生在初中三年级之前身高优于全国平均水平,之后就落后于全国平均水平,且逐步拉开差距;广东省女生在初中一年级之前的身高优于全国平均水平,之后落后于全国平均水平且差距逐渐扩大。从 BMI 结果来看,广东省中小学生在每个阶段相对偏瘦。调查发现,初中生身体素质最好,但对体育课与课外体育活动兴趣最低;小学生最喜欢体育课与课外体育活动,高中生其次。这种情况与初中阶段实施了毕业升学体育考试有关,体育中考在一定程度上促进学生的身体素质提高,但由于重体能、轻技能的考试降低了学生的体育兴趣,说明体育中考的实施提高了学校体育的近期效益,却没有从培养学生的兴趣出发,其远期效益较差。高中生身体素质最差而且生病率最高,每个阶段女生生病率均高于男生。高中生体育课与体育锻炼参与的时间最少。随着年级的升高,学生对自己身材的评价越来越差,男生自评结果要优于女生。随着年级的升高,学生生病率越来越高,其中高中的女生生病率特别高,且每个阶段女生生病率均高于同年级男生。随着年级的升高,学生的近视率越来越高,且每个阶段女生近视率均高于同年级男生。总体来讲,学生的体育课程成绩和体测成绩均是小学生最好,初中生其次,高中生最差。小学生对体育课喜欢程度最高,高中生其次,初中生最低,其中男生对体育课的喜欢程度总体高于女生,体育课程中项目设置不利于女生体育兴趣的培养。随着年级的升高,学生对运动项目的偏爱指向越来越集中,而年级越低、年龄越小,项目选择越多样化。男女生不喜欢体育课的三个主要原因一致:一是缺少室内活动场所,二是体育课缺少趣味性,三是体育课的活动量太大。最想增加体育课次数的是高中生,其次是小学生,最后是初中生。小学生最喜欢参与课外体育活动,初中生喜欢程度下降很快,高中生又稍微有所上升,男生比女生更喜欢课外体育活动。随着年级的升高,男女生每周锻炼的次数都有所减少,男生锻炼次数减少的幅度比较小,女生减少的幅度比较大,而且每个年级女生每周锻炼的频次均低于同年级男生。随着年级的升高,学生每次锻炼时间越来越短,不管是哪个阶段,男生的锻炼时间都比女生长,放学后女生比男生更偏向于静态活动。相比男生家长,女生家长对学生参与体育运动的支持率更高一些,家长更期望女生参与更多的体育运动来提高其身体素质。女生有参加过或者正在参加课外体育培训的比例都低于男生;小学生有参加过课外体育培训和正在参加课外体育培训的比例最高,初中生其次,高中生最低。小学生参与运动会的积极性最高,初中生其次,高中生最低。不管是哪个学段,男生参与运动会的积极性均高于女生。大部分学校课间操时间并没有组织体育活动，课间操活动形式内容单一。随着年级的升高，学生生活满意度及与父母关系融洽度越来越低，学习压力越来越大，女生和父母的关系融洽度较男生更好，男生的学习压力水平高于女生，而有部分学生竟然没有好朋友。女生掌握体育理论知识的情况略好于男生。随着年级的升高，学生对学校体育场馆的满意度越来越低，男女生有自觉锻炼习惯者占比越来越低，男生有自觉锻炼习惯者占比均高于同年级女生。

  投入比例适当、产出高，是学校体育效益追求的最佳目标。从广东省中小学体育教育实施现状调查中可以发现，广东省中小学体育投入少、产出也低，这不是学校体育效益好的表现。到底广东省中小学体育效益如何，如何去衡量效益结果，需要找到一种方法来解决这个问题。笔者通过阅读大量的文献，还没有找到直接计算学校体育效益的方法。但可以找到一些计算效率的方法，因为效益是效率、效果与利益三者的有机结合，计算出效率可以间接了解效益的高低。高效率是高效益的基础，低效率一定是低效益的成因，高效率并不代表高效益，然而追求高效益的前提是提高效率。对于多投入与多产出的学校体育决策单元，很多投入与产出指标又无法统一纲量，无法用经济学计量的方法计算出学校体育效率，这时候用 DEA 就可以显示出它特别的优势，根据本书第二章解释与分析的 DEA 的工作原理与方法，下一章将用此方法来计算广东省中小学体育效率。

第五章　广东省中小学体育效率分析

通过本书第四章对调查数据的分析，我们了解到广东省中小学校体育的现状属于投入偏少、产出偏低，这不是体育高效益的表现特征。那么，到底广东省学校体育的效益如何？效益是效果、利益和效率三者的有机结合。由于无法直接从学校体育投入与产出来计算效益，基于效率是效益的基础，接下来本章将从分析学校体育的效率来间接了解学校体育的效益。利用 DEA 计算效率的优势，本章将用 DEA 法来解释与分析广东省学校体育效率状况，按照三个步骤进行分析：第一步，分析广东省 21 个地区间的学校体育效率；第二步，分析各级别学校间的体育效率；第三步，分析各行政区域间的学校体育效率。即根据相对效率，分析效率结果，并为提高学校体育效率提出改进途径。

第一节　广东省不同地区间学校体育 DEA 效率实证分析

笔者比照中小学体育的实施内容及体育健康教育课程五大目标，确定反映学校体育教育的多种投入与产出指标。基于对广东省 204 所中小学的问卷调查，本着科学分层、抽样的方法确定每个 DEA 单元中的学校样本，通过问卷调查法了解每所学校体育实施情况。首先根据学校所在地区分类，然后统计每个地区学校的体育教育投入与产出数据，通过 DEA 法计算各地区的学校体育效率，再相应地进行分类与排序。最后，根据其技术效率与规模效率数值的结果，分析其技术无效或规模无效的具体原因，并提出合理改革的措施与建议。

一、投入指标

体育教育的投入指标不仅包括学校在体育教育中对人、财、物等方面的投入，还包括各级政府制定的体育相关法律法规，以及学校贯彻实施的体育方针政策等。学校体育教育投入指标如图 5-1 所示。本研究基于对广东省 204 所中小学的体育教师和学生的问卷调查，借助于问卷调查结果了解学校体育各项投入与产出情况。对于无法直接从问卷中获取的数据，如各种体育教育资金的投入等，笔者只能借助于学校对体育教师参加培训、参加体育比赛，及对组织课外体育活动等活动的支持力度来间接了解。

第五章 广东省中小学体育效率分析

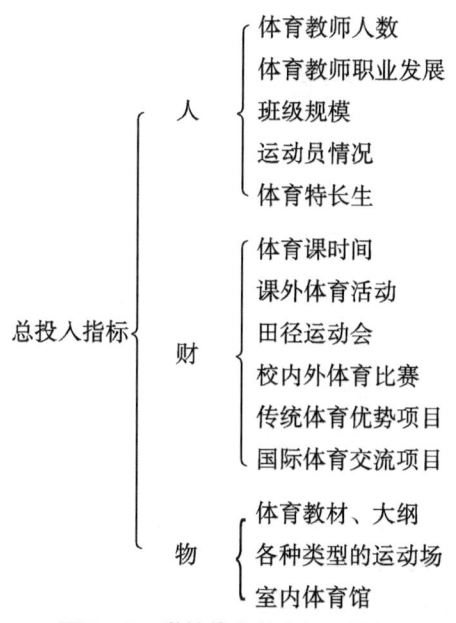

图 5-1 学校体育教育投入指标

（一）生师比

体育教育投入的重要指标之一是体育教师人数，本研究用调查得来的各地区的学校学生的总人数除以各学校的体育教师总人数，来计算各地区学校的生师比。广东省 21 个地市中小学体育教育的生师比情况见表 5-1。

表 5-1 广东省 21 个地市中小学体育教育的生师比情况

序号	地市	学生人数/人	体育教师人数/人	生师比	师生比	师生比排序
1	广州	74932	346	216.6	0.00462	4
2	深圳	39100	171	228.7	0.00437	8
3	珠海	12429	50	248.6	0.00402	12
4	汕头	32894	113	291.1	0.00344	17
5	佛山	29895	119	251.2	0.00398	13
6	韶关	9231	45	205.1	0.00488	2
7	河源	9391	39	240.8	0.00415	10
8	梅州	11931	81	147.3	0.00679	1
9	惠州	32656	98	333.2	0.00300	19
10	汕尾	17067	67	254.7	0.00393	14
11	东莞	22456	92	244.1	0.00410	11
12	中山	20015	78	256.6	0.00390	15
13	江门	14591	66	221.1	0.00452	6

153

续表 5-1

序号	地市	学生人数/人	体育教师人数/人	生师比	师生比	师生比排序
14	阳江	17938	75	239.2	0.00418	9
15	湛江	33111	148	223.7	0.00447	7
16	茂名	25177	95	265.0	0.00377	16
17	肇庆	57633	157	367.1	0.00272	20
18	清远	13118	61	215.0	0.00465	3
19	潮州	14656	48	305.3	0.00328	18
20	揭阳	23650	48	492.7	0.00203	21
21	云浮	20860	95	219.6	0.00455	5

由表 5-1 的数据可知，在广东省 21 个地市之中，梅州学校的体育教育的生师比最低，为 147.3；揭阳最高，高达 492.7，远高于 2008 年国家规定的生师比标准（在农村，200 名学生以上的中小学校至少配备 1 名专职体育教师）。体育教育的生师比越大，代表学校体育教师相对欠缺；生师比越小，代表学校体育教育对"人"的投入越多，也就是说学校配备体育教师越充足。

（二）学校场地设施

由于初中毕业升学体育考试中基本没有涉及体操类的考试项目，再加上学校顾及项目本身的安全性，所以中小学体育课基本上已经取消教授与练习单双杠、高低杠及跳马之类的体操项目。即便是部分学校有此类项目练习器材，学生也鲜有练习，最多利用单杠来练习引体向上，再加上这些体育场地的面积不容易计算与对比，所以本书没有考虑体操类项目运动器材的使用效率等，而仅计算学校里的常用体育场地，如田径场、三大球（足球、篮球、排球）场地、三小球（乒乓球、羽毛球、网球）场地、游泳池。常用标准体育场地的面积见表 5-2。

表 5-2 常用标准体育场地的面积

单位：平方米

序号	体育场地	标准体育场地面积
1	400 米 8 条跑道田径场	15223.83
2	350 米 6 条跑道田径场	11449.48
3	300 米 6 条跑道田径场	8868.12
4	250 米 4 条跑道田径场	5937.12
5	200 米 4 条跑道田径场	4081.14
6	150 米 4 条跑道田径场	2590.03
7	篮球场	608.00
8	排球场	756.00

续表 5-2

序号	体育场地	标准体育场地面积
9	5 人足球场	968.00
10	7 人足球场	3243.00
11	11 人足球场	7848.00
12	网球场	668.13
13	羽毛球场	301.74
14	乒乓球场	98.00
15	50 米泳道游泳池	1050.00 或 1250.00
16	25 米泳道游泳池	525.00 或 625.00

注：标准比赛用游泳池分为长池（50 米）和短池（25 米）两种，宽度为 21 米（奥运会用）或 25 米（游泳世锦赛用）。研究中统一使用游泳池标准，即短池为 525 平方米，长池为 1050 平方米。

由于研究精力有限，无法到调研学校一一核实各种体育场地是否规范和标准，故在研究中暂认为调查的每所学校体育场地都是标准的。根据各种体育标准场地面积和数量，把各地区所有学校调查得来的各种体育场地面积相加，得出总面积，再除以各个地区调查得来的学生总人数，得出每个地区中小学校生均体育场地面积。广东省各地区中小学校的生均体育场地面积见表 5-3。

表 5-3 广东省各地区中小学校的生均体育场地面积

序号	地市	体育场馆			体育馆	
		总体育场地面积/m²	生均体育场地面积/m²	生均体育场地面积排序	拥有率/%	排序
1	广州	637966.9	8.514	5	47.6	10
2	深圳	183601.5	4.696	18	69.2	4
3	珠海	96692.1	7.780	6	33.3	12
4	汕头	171412.6	5.211	17	80.0	3
5	佛山	330145.1	11.043	2	64.3	5
6	韶关	66133.7	7.164	9	14.3	18
7	河源	83113.7	8.850	4	0.0	20
8	梅州	70744.9	5.930	14	50.0	7
9	惠州	190374.1	5.830	15	22.2	17
10	汕尾	110029.6	6.447	10	0.0	20
11	东莞	227897.2	7.477	7	50.0	8
12	中山	236396.9	11.811	1	44.4	11
13	江门	135963.5	9.318	3	25.0	14

续表5-3

序号	地市	体育场馆 总体育场地面积/m²	生均体育场地面积/m²	生均体育场地面积排序	体育馆 拥有率/%	排序
14	阳江	108448.2	6.046	12	85.7	1
15	湛江	239317.9	7.228	8	63.6	6
16	茂名	149547.9	5.940	13	11.1	19
17	肇庆	258345.8	4.483	20	25.0	15
18	清远	74024.5	5.643	16	50.0	9
19	潮州	68194.3	4.653	19	83.3	2
20	揭阳	91918.6	3.887	21	25.0	16
21	云浮	132104.5	6.333	11	28.6	13

由表5-3的数据可以看出，广东省各地市中，中小学校生均体育场地面积最大的是中山（11.811平方米），最小的是揭阳（3.887平方米）；由于调查学校有限，体育馆的拥有率最高的是阳江（85.7%），而在河源和汕尾所调查的学校中均没有体育馆。因此，可以用学校体育馆的拥有率作为重要投入指标，但这不足以代表地区的总体情况。由于每所学校都有体育场地，可以从该地区学生生均体育场地面积来反映该地区学校体育投入的"物"的情况。

（三）学生周体育课时量及学校班级人均数

每个地区学校每周能分配给学生受体育教育的课时数是学校体育教育投入的又一重要指标，通过之前数据调查分析得知，由于很多地区中小学体育教师缺编严重，特别是农村偏远地区学校，竟然连一个专职体育教师都没有，体育课基本上由班主任或其他课目教师代上，"放羊式"组织教学时常发生，而且体育课可以被随意借用，因此部分学校并没有按照国家规定的次数标准（小学和初中每周3课时，高中2课时）来组织体育课。学校体育课时数受到体育教师和学生数量的影响，每所学校的每周体育课时都有所差异。体育课堂常设于室外且多为身体活动技术教学，班级规模对体育教学的质量、安全等影响较大，班级规模越大，体育课堂越难组织，每个地区班级规模可以作为衡量该地区体育教育重要的投入指标。广东省各地区中小学的每周体育课时均值及班级规模见表5-4。

表5-4 广东省各地区中小学的每周体育课时均值及班级规模

序号	地市	每周体育课时均值 平均课时/课时	排序	班级规模 每班平均人数/人	排序
1	广州	2.310	8	43.8	1
2	深圳	2.462	2	48.7	8

续表 5-4

序号	地市	每周体育课时均值		班级规模	
		平均课时/课时	排序	每班平均人数/人	排序
3	珠海	2.333	6	51.7	11
4	汕头	1.500	20	56.1	20
5	佛山	2.357	5	45.7	3
6	韶关	1.714	17	45.7	4
7	河源	2.200	11	46.5	7
8	梅州	1.667	19	53.2	13
9	惠州	2.222	10	53.9	15
10	汕尾	1.400	21	54.0	16
11	东莞	2.375	4	46.4	6
12	中山	2.111	13	49.8	9
13	江门	2.125	12	46.3	5
14	阳江	1.714	18	50.8	10
15	湛江	1.727	16	54.4	17
16	茂名	1.889	15	54.8	18
17	肇庆	2.417	3	55.7	19
18	清远	2.333	6	44.3	2
19	潮州	2.000	14	53.2	14
20	揭阳	2.500	1	61.0	21
21	云浮	2.286	9	51.7	12

由表 5-4 中数据可知，比较而言，广东省各地区中小学每周体育课时均值方面，揭阳最高（2.5 次），汕尾最低（1.4 次）；班级规模方面，广州最小（平均 43.8 人/班），揭阳最大（平均 61 人/班）。班级规模过大，反映了学校对体育的投入较少，也会影响体育课的教学效果。因此，每周课时均值、班级规模两项指标主要用于衡量学校体育教育的投入情况，而不适合用于计算学校体育教育的效率。

（四）学校体育大纲及教材执行情况

学校领导重视体育教育，在一定程度上可以促进学校体育各项工作的规范实施。这意味着该校可能会相应地通过建立监督体系，检查体育教师是否认真执行教学大纲，体育教材的内容等是否符合相应要求，体育课堂是否组织合理，等等，使各项体育工作能够更好地得到落实。因此，各个地区学校体育大纲和教材执行的情况也是反映学校体育投入指标内容之一。广东省各地中小学体育教学大纲和教材执行情况见表 5-5。

表 5-5 广东省各地区中小学校体育教学大纲及教材执行情况

序号	地市	拥有大纲 比例/%	排序	拥有教材 比例/%	排序
1	广州	71.4	14	81.0	7
2	深圳	76.9	11	69.2	13
3	珠海	83.3	6	83.3	4
4	汕头	80.0	9	50.0	17
5	佛山	92.9	3	71.4	12
6	韶关	71.4	15	42.9	19
7	河源	60.0	17	100.0	1
8	梅州	83.3	7	66.7	14
9	惠州	88.9	5	77.8	9
10	汕尾	80.0	10	80.0	8
11	东莞	75.0	12	75.0	10
12	中山	33.3	21	55.6	16
13	江门	62.5	16	75.0	10
14	阳江	42.9	20	28.6	21
15	湛江	90.9	4	81.8	6
16	茂名	100.0	1	88.9	3
17	肇庆	75.0	13	66.7	15
18	清远	83.3	8	83.3	4
19	潮州	50.0	18	33.3	20
20	揭阳	50.0	19	50.0	18
21	云浮	100.0	1	100.0	1

（五）学校对体育教师培训支持力度

现代体育知识、运动技能在不断更新与发展，体育教师需要不断学习与提高自己的知识技能才能跟上现代体育发展的节奏。体育教师职后教育（短期培训、长期进修等）非常重要，参加工作后，体育教师有机会参加各种体育培训与学习，对于自身技能、教学科研水平等都将获得提升，因此，学校是否支持体育教师参加各种短期培训与长期进修，是学校对体育教育投入的重要指标之一。此外，学校对培训相关费用的报销比例也是反映学校对体育投入的一个重要指标。广东省各地区中小学对体育教师短期培训、长期进修的支持情况分别见表 5-6、表 5-7。

第五章 广东省中小学体育效率分析

表5-6 广东省各地区中小学对体育教师短期培训的支持情况

序号	地市	支持的学校占比/%	费用*报销的学校占比及排序			
			全额报销/%	部分报销/%	不报销/%	全额报销的学校占比排序
1	广州	95.2	69.0	23.9	7.1	5
2	深圳	100.0	61.5	23.1	15.4	9
3	珠海	83.3	33.3	50.0	16.7	16
4	汕头	80.0	40.0	50.0	10.0	13
5	佛山	92.9	71.4	14.3	14.3	4
6	韶关	85.7	100.0	0.0	0.0	1
7	河源	100.0	40.0	60.0	0.0	14
8	梅州	83.3	33.3	33.3	33.3	17
9	惠州	77.8	66.7	22.2	11.1	6
10	汕尾	80.0	20.0	40.0	40.0	20
11	东莞	75.0	37.5	37.5	25.0	15
12	中山	77.8	55.6	33.3	11.1	12
13	江门	100.0	62.5	37.5	0.0	8
14	阳江	66.7	33.3	33.3	33.3	18
15	湛江	90.9	81.8	18.2	0.0	3
16	茂名	55.6	33.3	22.2	44.4	19
17	肇庆	91.7	58.3	33.3	8.3	10
18	清远	100.0	83.3	16.7	0.0	2
19	潮州	100.0	66.7	33.3	0.0	7
20	揭阳	50.0	0.0	100.0	0.0	21
21	云浮	100.0	57.1	42.9	0.0	11

*包括短期培训的报名费、车旅费。

表5-7 广东省各地区中小学对体育教师长期进修的支持情况

序号	地市	支持的学校占比/%	全额报销学费的学校占比/%	全额报销车旅费的学校占比/%	全额报销学费、车旅费的学校占比均值/%	均值排序
1	广州	78.6	28.6	26.2	27.40	10
2	深圳	76.9	15.4	7.7	11.55	17
3	珠海	50.0	16.7	16.7	16.70	14
4	汕头	50.0	10.0	10.0	10.00	18
5	佛山	78.6	14.3	28.6	21.45	13

续表 5-7

序号	地市	支持的学校占比/%	全额报销学费的学校占比/%	全额报销车旅费的学校占比/%	全额报销学费、车旅费的学校占比均值/%	均值排序
6	韶关	71.4	28.6	28.6	28.60	7
7	河源	60.0	0.0	20.0	10.00	18
8	梅州	83.3	33.3	33.3	33.30	5
9	惠州	55.6	22.2	22.2	22.20	12
10	汕尾	80.0	0.0	0.0	0.00	20
11	东莞	25.0	37.5	50.0	43.75	3
12	中山	66.7	33.3	22.2	27.75	9
13	江门	87.5	50.0	37.5	43.75	3
14	阳江	50.0	16.7	16.7	16.70	14
15	湛江	63.6	45.5	45.5	45.50	2
16	茂名	44.4	11.1	22.2	16.65	16
17	肇庆	75.0	33.3	33.3	33.30	5
18	清远	66.7	33.3	66.7	50.00	1
19	潮州	33.3	16.7	33.3	25.00	11
20	揭阳	25.0	0.0	0.0	0.00	20
21	云浮	71.4	28.6	28.6	28.60	8

（六）学校对体育比赛及场地器材经费支持力度

通过调研体育教师或学生，难以了解学校体育经费预算及支出分配办法，而关于体育经费的分配更是比较模糊，无法准确获知学校每年具体投入体育教育的经费总额。因此，笔者通过调查年度和学期体育的经费是否有支持学校购买、修缮运动器材，或者调查学校是否有专项经费来支持校内外体育比赛等，以间接了解学校投入体育教育经费的情况。广东省各地区中小学投入体育经费的情况见表5-8。

表5-8 广东省各地区中小学投入体育经费的情况

序号	地市	用于购置、修缮运动器材		用于校内外体育比赛	
		学校占比/%	排序	学校占比/%	排序
1	广州	85.7	7	81.0	5
2	深圳	84.6	9	69.2	10
3	珠海	66.7	15	66.7	11
4	汕头	80.0	11	30.0	21

续表 5-8

序号	地市	用于购置、修缮运动器材		用于校内外体育比赛	
		学校占比/%	排序	学校占比/%	排序
5	佛山	92.9	5	85.7	3
6	韶关	85.7	8	85.7	4
7	河源	60.0	19	40.0	19
8	梅州	66.7	16	50.0	15
9	惠州	77.8	13	55.6	14
10	汕尾	80.0	12	60.0	13
11	东莞	75.0	14	62.5	12
12	中山	100.0	1	77.8	6
13	江门	87.5	6	75.0	7
14	阳江	0.0	21	42.9	18
15	湛江	81.8	10	90.9	2
16	茂名	55.6	20	44.4	17
17	肇庆	100.0	1	91.7	1
18	清远	66.7	17	50.0	16
19	潮州	66.7	18	33.3	20
20	揭阳	100.0	1	75.0	8
21	云浮	100.0	1	71.4	9

由表 5-8 的数据可知，中山、肇庆、揭阳、云浮的中小学均投入体育经费用于购置、修缮运动器材，阳江的中小学未投入此项经费，而茂名、河源的有 55%～60% 的中小学对此项体育经费有投入，但比例低于其他地区中小学的投入；各地区均有一定比例的中小学每年固定投入体育经费用于校内外体育比赛，其中肇庆、湛江、佛山的中小学有投入这项体育经费的学校占比位列广东省前三，而河源、潮州、汕头地区则为广东省最末的三个地区。

（七）学校体育传统优势项目和国际体育交流情况

学校拥有体育传统优势项目，或者每年组织国际体育交流项目，对于提高学生体育兴趣和运动技能，促进校园体育文化建设等都特别重要。参加本问卷调查的学校中，鉴于有国际体育交流项目的学校样本量较少，不足以代表整个广东省的情况，因此有国际体育交流项目仅作为学校体育投入的参考因素，不影响本书关于体育效率的计算结果。广东省各地区中小学体育传统优势项目和国际体育交流项目情况见表 5-9。

表5-9 广东省各地区中小学体育传统优势项目和国际体育交流情况

序号	地市	拥有体育传统优势项目的学校 占比/%	排序	有国际体育交流项目的学校数量/所
1	广州	64.3	9	8
2	深圳	76.9	3	2
3	珠海	50.0	12	0
4	汕头	70.0	6	1
5	佛山	71.4	5	1
6	韶关	42.9	18	0
7	河源	20.0	20	0
8	梅州	50.0	13	0
9	惠州	66.7	7	0
10	汕尾	80.0	2	0
11	东莞	50.0	14	1
12	中山	88.9	1	1
13	江门	50.0	15	0
14	阳江	0.0	21	0
15	湛江	72.7	4	0
16	茂名	33.3	19	0
17	肇庆	58.3	10	2
18	清远	66.7	7	0
19	潮州	50.0	16	0
20	揭阳	50.0	17	0
21	云浮	57.1	11	0

由表5-9的数据可知，除阳江之外，广东省其他地区均有部分中小学拥有体育传统优势项目，其中中山、汕尾、深圳中小学拥有体育传统优势项目的学校占比位列广东省前三，茂名、河源、阳江则为广东省排名最末的三个地区。

(八) 学校组织课外体育活动

学生在放学后参加体育活动、体育运动队的训练，或参加年度校运会，都属于学校组织的课外体育活动的重要内容。广东省各地区中小学举办校运会以及放学后组织体育活动的情况见表5-10。

表 5-10　广东省各地区中小学举办校运会以及放学后组织体育活动情况

序号	地市	举办校运会的学校		放学后组织体育活动的学校	
		占比	排序	占比	排序
1	广州	97.6	8	35.7	11
2	深圳	92.3	9	61.5	2
3	珠海	100.0	1	16.7	19
4	汕头	100.0	1	40.0	7
5	佛山	100.0	1	42.9	4
6	韶关	85.7	11	42.9	4
7	河源	40.0	20	40.0	8
8	梅州	83.3	14	16.7	19
9	惠州	88.9	10	33.3	12
10	汕尾	40.0	20	20.0	18
11	东莞	75.0	17	37.5	9
12	中山	100.0	1	44.4	3
13	江门	100.0	1	37.5	10
14	阳江	100.0	1	28.6	14
15	湛江	81.8	16	27.3	15
16	茂名	100.0	1	66.7	1
17	肇庆	83.3	12	25.0	16
18	清远	83.3	13	33.3	12
19	潮州	83.3	15	16.7	19
20	揭阳	50.0	19	25.0	16
21	云浮	71.4	18	42.9	4

由表 5-10 的数据可知，广东省各地区中小学均有举办校运会，其中珠海、汕头、佛山、中山、江门、阳江、茂名 7 个地区有 100% 的中小学的举办校运会，而河源、汕尾仅有 40% 的中小学召开校运会，远低于其他地区。茂名、深圳有超过 60% 的中小学组织学生在放学后参加体育活动，领先于广东省其他地区；而潮州、梅州、珠海在全省并列垫底，仅有 16.7% 的中小学组织该活动。

广东省各地中小学的体育运动队情况见表 5-11。

表 5-11 广东省各地区中小学的体育运动队情况

序号	地市	学校运动队 拥有率/%	排序	学校运动队平均人数/名
1	广州	71.4	16	77.0
2	深圳	84.6	10	64.5
3	珠海	66.7	17	104.5
4	汕头	80.0	13	29.8
5	佛山	92.9	3	57.1
6	韶关	85.7	8	46.0
7	河源	60.0	19	99.3
8	梅州	66.7	17	37.0
9	惠州	77.8	14	33.5
10	汕尾	100.0	1	23.7
11	东莞	87.5	7	66.6
12	中山	88.9	6	69.5
13	江门	100.0	1	63.4
14	阳江	50.0	21	40.0
15	湛江	90.9	5	91.7
16	茂名	55.6	20	42.0
17	肇庆	91.7	4	27.3
18	清远	83.3	11	50.6
19	潮州	83.3	11	33.0
20	揭阳	75.0	15	30.3
21	云浮	85.7	9	110.0

由表 5-11 的数据可知，江门、汕尾的全部中小学都有组织体育运动队，而这一比例在茂名有 55.6%，在阳江仅有 50%，落后于广东省其他地区；云浮、珠海中小学的体育运动队平均人数均超过 100 人，属于人数最多的地区。由于每所学校的办学规模不同，学校的体育运动队队员的人数也就有多有少，故只将这个数据作为衡量学校体育教育投入的参考指标。

（九）学校体育教育投入指标小结

广东省各地区中小学的体育教育投入指标排序和投入指标数值分别见表 5-12 和表

5–13。

由表 5–12 和表 5–13 的数据可以发现，广东省各地区在中小学学校体育投入方面有高有低，没有哪个地区占有绝对优势。值得关注的是，即使是广东省经济较为发达地区的学校在体育教育的人、财、物等资源方面的投入也不占有绝对优势。从体育教育投入的均值与排序结果来看，佛山、江门、广州、云浮的中小学体育教育投入相对较好。

表 5–12　广东省各地区中小学的体育教育投入指标排序

序号	地市	师生比	生均体育场地面积	校周均课时	班级规模	拥有大纲	拥有教材	短期培训报销	长期进修报销	运动器材经费	体育比赛经费	传统优势项目	校运会	放学后体育活动	体育运动队	体育馆
1	广州	4	5	8	1	14	7	5	10	7	5	9	8	11	16	10
2	深圳	8	18	2	8	11	13	9	17	9	10	3	9	2	10	4
3	珠海	12	6	6	11	6	4	16	14	15	11	12	1	19	17	12
4	汕头	17	17	20	20	9	17	13	18	11	21	6	1	7	13	3
5	佛山	13	2	5	2	3	12	4	2	3	5	1	4	3	3	5
6	韶关	2	9	17	4	15	19	1	7	8	4	18	11	1	8	18
7	河源	10	4	11	3	17	1	2	18	19	19	20	8	19	20
8	梅州	1	14	19	13	7	14	17	5	16	15	13	14	20	17	7
9	惠州	19	15	10	15	5	9	6	12	13	14	9	10	12	14	17
10	汕尾	14	10	21	16	10	8	20	20	12	13	2	20	18	1	20
11	东莞	11	7	4	6	12	10	15	3	14	12	14	17	9	7	8
12	中山	15	1	13	9	21	16	12	9	1	6	1	3	6	11
13	江门	6	3	12	5	16	10	8	3	6	7	15	1	10	1	14
14	阳江	9	12	18	10	20	21	18	14	21	18	21	1	14	21	1
15	湛江	7	8	16	17	4	6	3	2	10	2	4	16	5	6
16	茂名	16	13	15	18	1	3	19	16	20	17	19	1	8	20	19
17	肇庆	20	20	3	19	13	15	10	1	1	10	12	16	4	15
18	清远	3	16	6	2	8	4	2	17	16	7	13	12	11	9
19	潮州	18	19	14	14	18	20	7	11	18	20	16	15	21	11	2
20	揭阳	21	21	1	21	19	18	21	20	1	8	17	19	16	15	16
21	云浮	5	11	9	12	1	1	11	8	1	9	11	18	4	9	13

表5-13 广东省各地区中小学的体育教育投入指标数值

序号	地市	师生比	生均体育地面积/m²	校周均课时/课时	拥有大纲	拥有教材	短期培训全额报销	长期进修全额报销	运动器材经费	体育比赛经费	传统优势项目	校运会	放学后体育活动	体育运动队	运动员平均人数/名	体育馆
1	广州	0.00462	8.514	2.310	0.714	0.810	0.690	0.274	0.857	0.810	0.643	0.976	0.357	0.714	77	0.476
2	深圳	0.00437	4.696	2.462	0.769	0.692	0.615	0.116	0.846	0.692	0.769	0.923	0.615	0.846	64.5	0.692
3	珠海	0.00402	7.780	2.333	0.833	0.833	0.333	0.167	0.667	0.667	0.500	1.000	0.167	0.667	104.5	0.333
4	汕头	0.00344	5.211	1.500	0.800	0.500	0.400	0.100	0.800	0.300	0.700	1.000	0.400	0.800	29.8	0.800
5	佛山	0.00398	11.043	2.357	0.929	0.714	0.714	0.215	0.929	0.857	0.714	1.000	0.429	0.929	57.1	0.643
6	韶关	0.00488	7.164	1.714	0.714	0.429	1.000	0.286	0.857	0.857	0.429	0.857	0.429	0.857	46	0.143
7	河源	0.00415	8.850	2.200	0.600	1.000	0.400	0.100	0.600	0.400	0.200	0.400	0.400	0.600	99.3	0.000
8	梅州	0.00679	5.930	1.667	0.833	0.667	0.333	0.333	0.667	0.500	0.500	0.833	0.167	0.667	37	0.500
9	惠州	0.00300	5.830	2.222	0.889	0.778	0.667	0.222	0.778	0.556	0.667	0.889	0.333	0.778	33.5	0.222
10	汕尾	0.00393	6.447	1.400	0.800	0.800	0.200	0.000	0.800	0.600	0.800	0.400	0.200	1.000	23.7	0.000
11	东莞	0.00410	7.477	2.375	0.750	0.750	0.375	0.438	0.750	0.625	0.500	0.750	0.375	0.875	66.6	0.500
12	中山	0.00390	11.811	2.111	0.333	0.556	0.556	0.278	1.000	0.778	0.889	1.000	0.444	0.889	69.5	0.444
13	江门	0.00452	9.318	2.125	0.625	0.750	0.625	0.438	0.875	0.750	0.500	1.000	0.375	1.000	63.4	0.250
14	阳江	0.00418	6.046	1.714	0.429	0.286	0.333	0.167	0.000	0.429	0.000	1.000	0.286	0.500	40	0.857
15	湛江	0.00447	7.228	1.727	0.909	0.818	0.818	0.455	0.818	0.909	0.727	0.818	0.273	0.909	91.7	0.636
16	茂名	0.00377	5.940	1.889	1.000	0.889	0.333	0.167	0.556	0.444	0.333	1.000	0.667	0.556	42	0.111
17	肇庆	0.00272	4.483	2.417	0.750	0.667	0.583	0.333	1.000	0.917	0.583	0.833	0.250	0.917	27.3	0.250
18	清远	0.00465	5.643	2.333	0.833	0.833	0.833	0.500	0.667	0.500	0.667	0.833	0.333	0.833	50.6	0.500
19	潮州	0.00328	4.653	2.000	0.500	0.333	0.667	0.250	0.667	0.333	0.500	0.833	0.167	0.833	33	0.833
20	揭阳	0.00203	3.887	2.500	0.500	0.500	0.000	0.000	1.000	0.750	0.500	0.500	0.250	0.750	30.3	0.250
21	云浮	0.00455	6.333	2.286	1.000	1.000	0.571	0.286	1.000	0.714	0.571	0.714	0.429	0.857	110	0.286

二、产出指标

根据中国中小学体育健康教育五大课程目标（运动参与、运动技能、身体健康、心理健康及社会适应良好）的实现情况来判断学校体育的产出及效益。现有的研究没有对体育教育经济效益及社会效益进行具体严格的划分，学校体育的产出不像实体经济那样，可以直接看到投入、产出数量的多少或者计算出效益高低，学校体育效益很多时候是隐性的，且不是即时的，并且常常同时产生经济效益和社会效益，比如，身体健康（包括心理健康）提高了，实际上既提高了经济效益，又提高了社会效益。因为人民身体健康水平提高了，生病率就会大大降低，为国家节省了大量医疗卫生资源，人民劳动能力也增强了，同时因身心疾病引起的犯罪率得到抑制，从而进一步增加社会效益。这里所指的社会效益主要包括学生体育兴趣及运动习惯培养等，因为这是学生终身体育意识培养的关键因素，此外，学校体育的社会效益也包括学校体育场馆的社会服务情况。学校体育场馆作为准公共产品，具有为社会服务的责任与义务，因此体育场馆社会服务情况也是考察学校体育产出效益的重要方面。学校体育教育的产出指标如图 5-2 所示。

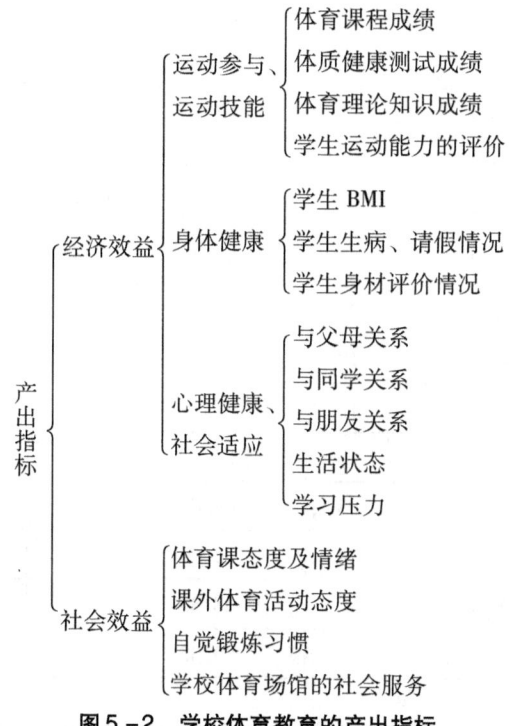

图 5-2 学校体育教育的产出指标

（一）学生的体育成绩和 BMI

学生体测成绩和体育课程成绩是评价学校体育工作成果的重要指标，用体质健康标准测试的成绩来评价学生身体健康状况，用体育课程成绩来衡量学生运动素质及运动技能。本研究调查学生体育成绩、运动能力等使用五级评价指标,由于学校体育效益是有效产出与投入之比,本书统一用优良率作为有效产出指标来进行分析。此外,体重指数(BMI)是反映学生身体健康的重要指标之一。广东省各地区中小学生体测、体育课程成绩及 BMI 均值见表 5-14。

表5-14 广东省各地区中小学生的体测、体育课程成绩及 BMI 均值

序号	地市	体测成绩 优良率/%	排序	体育课程成绩 优良率/%	排序	BMI 均值 数值	排序
1	广州	75.2	3	37.21	20	18.93	11
2	深圳	73.1	6	31.35	21	18.79	12
3	珠海	74.5	4	43.25	18	19.03	10
4	汕头	43.1	20	56.54	8	19.32	5
5	佛山	77.7	1	48.79	12	18.79	13
6	韶关	62.6	11	46.23	16	18.21	21
7	河源	56.7	17	47.92	14	19.70	3
8	梅州	68.4	9	57.30	7	18.60	15
9	惠州	57.8	16	41.22	19	19.19	8
10	汕尾	43.1	21	47.17	15	19.23	7
11	东莞	73.9	5	48.27	13	18.51	18
12	中山	71.6	7	53.14	10	18.54	16
13	江门	61.1	12	45.39	17	19.11	9
14	阳江	69.9	8	57.86	6	18.52	17
15	湛江	43.3	19	49.86	11	19.25	6
16	茂名	59.7	15	68.21	2	18.34	19
17	肇庆	60.4	13	58.14	5	19.51	4
18	清远	52.9	18	64.83	3	20.02	1
19	潮州	59.9	14	55.99	9	18.79	14
20	揭阳	62.8	10	68.36	1	18.28	20
21	云浮	75.3	2	59.32	4	19.96	2

根据 BMI 评价标准(见表 5-15),BMI 小于 18.5 者被认为偏瘦,大于 24 者则被认为超重。由表 5-14 的数据可知,总体而言,广东省中小学生普遍属于正常或偏瘦人群,而韶关、揭阳、茂名的中小学生则为偏瘦。由于该数据较为集中,在计算体育效益时,将不再进行转化而直接用于 DEA 效率分析。

表 5-15　BMI 评价标准

等级	世界卫生组织标准	亚洲标准	中国标准
偏瘦	<18.5		
正常	18.5～24.9	18.5～22.9	18.5～23.9
超重	≥25	≥23	≥24
偏胖	25～29.9	23～24.9	24～27.9
肥胖	30～34.9	25～29.9	≥28
重度肥胖	35～39.9	≥30	—
极重度肥胖	≥40	—	—

资料来源：国家体育总局《科学运动 健康减肥》，人民体育出版社 2017 年版。

（二）学生健康状况及指标

学生因病请假的情况、对自我身材及运动能力的评价指标，可以侧面反映其身体健康与参加体育锻炼的情况。广东省各地区中小学生健康（不经常因病请假）及对身材、运动能力的自我评价情况见表 5-16。

表 5-16　广东省各地区中小学生健康情况及对身材、运动能力的自我评价情况

序号	地市	健康情况		因病请假情况		身材自评		运动能力自评	
		不经常因病请假者占比/%	排序	累计请假天数/天	人均请假天数/天	优良率/%	排序	优良率/%	排序
1	广州	91.4	13	3987	0.9	41.9	5	16.8	15
2	深圳	89.9	17	987	1.2	42.5	4	17.0	14
3	珠海	91.6	11	756	1.1	39.9	7	17.5	12
4	汕头	92.8	5	97	0.7	27.1	18	22.4	2
5	佛山	91.5	12	1966.5	1.2	43.6	3	14.3	18
6	韶关	87.4	20	214	1.4	29.8	16	21.3	4
7	河源	89.5	19	140.8	1.2	33.6	12	24.6	1
8	梅州	92.1	10	645.5	1.0	36.5	11	17.4	13
9	惠州	90.5	15	552	1.2	32.0	14	19.1	9
10	汕尾	89.6	18	118	0.9	18.8	21	21.4	3
11	东莞	92.3	8	874	1.2	43.9	2	15.0	17
12	中山	93.1	4	670	0.8	40.7	6	15.5	16
13	江门	90.2	16	969	1.6	24.7	19	20.4	5
14	阳江	95.1	3	235	0.8	38.8	8	11.9	20
15	湛江	92.3	9	132	0.8	37.6	10	18.9	10

续表 5–16

序号	地市	健康情况		因病请假情况		身材自评		运动能力自评	
		不经常因病请假者占比/%	排序	累计请假天数/天	人均请假天数/天	优良率/%	排序	优良率/%	排序
16	茂名	91.4	14	661	1.0	29.8	17	18.1	11
17	肇庆	95.3	2	277	0.8	32.9	13	19.7	6
18	清远	85.2	21	431	1.6	30.6	15	19.7	7
19	潮州	92.7	6	83	0.6	24.7	20	19.4	8
20	揭阳	95.7	1	100.5	0.7	38.6	9	4.5	21
21	云浮	92.6	7	156	1.1	50.0	1	13.2	19

由表 5–16 的数据可知，广东省各地区中小学中，揭阳有 95.7% 的学生不经常请假，肇庆则为 95.3%，阳江为 95.1%，这 3 个地区分别名列三甲；而清远地区仅为 85.2%，位列最后，且人均因病请假 1.6 天。在学生对身材的自评优良率方面，云浮最好（50%），汕尾最差（18.8%）；学生对于运动能力自评优良率普遍较低，最好的河源也只有 24.6%，而最差的揭阳为 4.5%。

（三）学生对体育课的态度

学生对体育课的态度是体育教育产出的重要指标。兴趣是学习的驱动力，学生对体育课所持有的积极态度有助于其产生对体育运动的兴趣，有利于其养成自觉锻炼的习惯，对其形成终身体育的意识至关重要。广东省各地区中小学生对体育课的态度见表 5–17。

表 5–17 广东省各地区中小学生对体育课的态度

序号	地市	喜欢体育课的人数占比/%	排序
1	广州	64.2	11
2	深圳	43.3	20
3	珠海	63.2	15
4	汕头	42.1	21
5	佛山	71.1	4
6	韶关	57.1	19
7	河源	63.4	14
8	梅州	66.6	8
9	惠州	63.0	16
10	汕尾	58.9	18
11	东莞	65.9	9

续表 5-17

序号	地市	喜欢体育课的人数占比/%	排序
12	中山	70.4	5
13	江门	61.3	17
14	阳江	72.7	3
15	湛江	68.5	7
16	茂名	64.1	13
17	肇庆	69.3	6
18	清远	65.9	10
19	潮州	64.2	12
20	揭阳	86.3	2
21	云浮	87.5	1

由表 5-17 的数据可知，广东省各地区中小学中，云浮、揭阳的学生喜欢体育课者占比最高（分别是 87.5%、86.3%），对体育课的兴趣最高；而深圳、汕头学生对体育课的兴趣最低，喜欢体育课者占比仅对应为 43.3%、42.1%。

（四）学生心理健康及社会适应能力

关于学生心理健康及社会适应能力，研究使用五个指标来调查学生的心理健康及社会适应能力，同时考虑到各学段（小学三年级至高中三年级）学生的理解能力及问卷调查内容一致性，在调查中尽量选择较容易理解和回答的问题。调查包括学生的社会关系以及他们对生活的态度与学习压力情况。

1. 学生主要社会关系

这里的社会关系，指学生与父母、同学、好朋友的关系情况。为了统计学校体育的有效产出，统计学生与父母、同学关系维度，笔者计算了代表关系融洽的两个选项（"非常好""比较好"）的比例之和；关于学生拥有朋友情况，研究统计了选择"有好朋友"的学生比例。广东省各地区中小学生的主要社会关系调查结果见表 5-18。

表 5-18 广东省各地区中小学生的主要社会关系调查结果

序号	地市	与父母关系		与同学关系*		与好朋友关系	
		融洽者占比/%	排序	融洽者占比/%	排序	有好朋友者占比/%	排序
1	广州	71.0	5	81.7	3	94.9	15
2	深圳	70.2	7	80.0	7	95.4	11
3	珠海	69.9	9	74.1	11	96.4	6
4	汕头	74.8	1	60.3	20	94.5	17
5	佛山	71.8	4	83.2	2	97.0	5

续表 5-18

序号	地市	与父母关系		与同学关系*		与好朋友关系	
		融洽者占比/%	排序	融洽者占比/%	排序	有好朋友者占比/%	排序
6	韶关	62.3	16	65.6	18	96.2	7
7	河源	70.2	7	52.0	21	91.1	21
8	梅州	68.7	11	67.2	14	95.2	12
9	惠州	66.7	13	74.4	9	94.8	16
10	汕尾	58.5	20	66.2	16	97.9	2
11	东莞	69.2	10	78.3	8	95.8	8
12	中山	70.3	6	80.5	6	95.6	10
13	江门	60.5	17	70.2	12	94.3	18
14	阳江	57.6	21	64.1	19	95.0	14
15	湛江	66.5	14	83.6	1	97.1	4
16	茂名	65.8	15	66.2	16	93.8	20
17	肇庆	58.6	19	74.4	9	95.8	8
18	清远	67.4	12	66.9	15	94.3	18
19	潮州	72.7	3	81.4	4	99.4	1
20	揭阳	73.8	2	67.4	13	97.8	3
21	云浮	59.6	18	80.8	5	95.2	12

*指选择与同学关系"非常好""比较好"者。

2. 学生生活态度和学习压力

用生活态度的"满意"与"不满意"和学习压力的"有压力"与"无压力",来了解学校体育教育对学生社会适应性的培养情况。本研究计算了学生对生活持"满意"态度学生的比例和对学习持"无压力"态度学生的比例,以此作为体育教育产出指标进行分析。广东省各地区中小学生生活态度与学习压力情况见表 5-19。

表 5-19 广东省各地区中小学生生活态度与学习压力情况

序号	地市	生活态度		学习压力	
		满意者占比/%	排序	感觉无学习压力者占比/%	排序
1	广州	65.4	6	58.6	2
2	深圳	69.2	2	56.1	8
3	珠海	62.4	9	48.6	15

续表 5-19

序号	地市	生活态度		学习压力	
		满意者占比/%	排序	感觉无学习压力者占比/%	排序
4	汕头	31.7	19	57.3	5
5	佛山	67.4	4	56.9	7
6	韶关	63.0	8	40.6	21
7	河源	31.4	20	48.8	14
8	梅州	54.4	10	51.6	12
9	惠州	50.0	16	52.0	11
10	汕尾	25.9	21	40.9	19
11	东莞	65.7	5	58.1	3
12	中山	74.7	1	62.7	1
13	江门	46.9	17	41.4	18
14	阳江	69.2	2	53.9	9
15	湛江	53.8	12	48.2	16
16	茂名	54.4	10	49.9	13
17	肇庆	51.1	14	53.8	10
18	清远	40.9	18	40.8	20
19	潮州	52.2	13	46.0	17
20	揭阳	65.1	7	57.1	6
21	云浮	50.3	15	57.5	4

（五）学生对体育基础理论知识的掌握程度

体育基础理论知识是学生进行科学锻炼的基础，有助于学生对体育运动的理解与运用。本书从体育功能、生理卫生、人体组织结构三个方面考察学生对体育基础理论知识的掌握情况。对体育功能知识掌握情况，依照学生选择的正确率判断；对生理卫生及人体组织结构知识掌握情况，依照选择"熟知"或"知道一些"的学生占比总和（熟知率）判断。广东省各地区中小学生对体育基础理论知识了解情况见表 5-20。

表 5-20 广东省各地区中小学生对体育基础理论知识了解情况

序号	地市	体育功能知识		其他体育知识			
		正确率/%	排序	生理卫生知识熟知率/%	人体组织结构知识熟知率/%	均值	均值排序
1	广州	84.4	14	85.7	84.0	84.85	15

续表 5-20

序号	地市	体育功能知识		其他体育知识		均值	均值排序
		正确率/%	排序	生理卫生知识熟知率/%	人体组织结构知识熟知率/%		
2	深圳	84.9	13	85.0	84.8	84.90	14
3	珠海	83.8	16	87.0	84.3	85.65	10
4	汕头	84.1	15	85.7	81.6	83.65	17
5	佛山	89.5	4	91.2	87.7	89.45	8
6	韶关	82.8	17	84.6	86.0	85.30	12
7	河源	87.4	11	94.3	85.4	89.85	4
8	梅州	85.6	12	83.4	81.4	82.40	18
9	惠州	88.7	5	90.9	89.4	90.15	4
10	汕尾	88.1	8	87.3	80.3	83.80	16
11	东莞	82.0	18	86.0	84.3	85.15	13
12	中山	87.8	10	89.6	88.9	89.25	9
13	江门	88.0	9	91.8	87.6	89.70	6
14	阳江	76.0	20	75.9	76.6	76.25	20
15	湛江	89.6	3	92.4	93.0	92.70	2
16	茂名	80.5	19	83.3	79.6	81.45	19
17	肇庆	90.6	1	91.8	87.6	89.55	7
18	清远	88.7	5	87.2	84.1	85.65	11
19	潮州	88.7	5	91.3	95.0	93.15	1
20	揭阳	75.0	21	52.2	58.7	55.45	21
21	云浮	90.6	1	93.9	90.5	92.20	3

（六）学生是否养成自觉锻炼习惯

体育教育的终极目标之一是使学生能够养成自觉锻炼的习惯，形成终身体育意识并受益终身。广东省各地区中小学生养成自觉锻炼的习惯情况见表 5-21。

表 5-21 广东省各地区中小学生养成自觉锻炼的习惯情况

序号	地市	养成自觉锻炼的习惯者占比/%	排序
1	广州	59.4	6
2	深圳	60.0	5

续表 5-21

序号	地市	养成自觉锻炼的习惯者占比/%	排序
3	珠海	58.9	7
4	汕头	36.1	20
5	佛山	58.0	8
6	韶关	45.2	17
7	河源	41.5	19
8	梅州	56.7	10
9	惠州	50.7	13
10	汕尾	31.7	21
11	东莞	60.7	4
12	中山	62.9	3
13	江门	46.4	15
14	阳江	57.6	9
15	湛江	63.7	2
16	茂名	45.2	17
17	肇庆	47.3	14
18	清远	51.9	12
19	潮州	56.3	11
20	揭阳	45.7	16
21	云浮	67.3	1

由表 5-21 的数据可知，在广东省中小学中，云浮、湛江、中山、东莞、深圳 5 个地市的学生自觉锻炼者占比超过 60%，运动习惯较好；而汕头、汕尾的学生自觉锻炼者占比不足 40%，运动习惯较差。

（七）学校体育的社会服务情况

学校体育场馆、室外体育场地向社会开放情况体现了学校具有服务社会的功能，反映了学校体育社会效益的情况。考虑到部分调查对象所在的学校没有体育场（馆），所以笔者把体育场（馆）开放比例作为体育产出参考性指标，而把室外体育场地的开放比例作为计算体育效益的指标。广东省各地区中小学学校体育的社会服务情况见表 5-22。

表5-22 广东省各地区中小学学校体育的社会服务情况

序号	地市	体育场（馆）开放比例/%	室外体育场地开放情况	
			开放比例/%	排序
1	广州	45.0	19.0	17
2	深圳	11.1	7.7	21
3	珠海	0.0	16.7	18
4	汕头	0.0	40.0	8
5	佛山	22.2	21.4	15
6	韶关	100.0	66.7	2
7	河源	0.0	40.0	8
8	梅州	0.0	50.0	3
9	惠州	50.0	22.2	14
10	汕尾	0.0	20.0	16
11	东莞	25.0	12.5	20
12	中山	50.0	44.4	7
13	江门	50.0	25.0	12
14	阳江	0.0	14.3	19
15	湛江	42.9	45.5	6
16	茂名	100.0	33.3	10
17	肇庆	66.7	50.0	3
18	清远	100.0	50.0	3
19	潮州	20.0	33.3	10
20	揭阳	0.0	25.0	12
21	云浮	50.0	71.4	1

（八）学校各种产出指标小结

广东省各地区中小学体育教育产出指标数值和排序分别见表5-23、表5-24。从两表的数据可以看出，21个地区的16种学校体育教育的产出指标数值有高有低，可见体育教育的产出与地区经济发达程度并没有直接的联系。

表5-23 广东省各地区中小学的体育教育产出指标数值

序号	地市	体测优良率 out 1	体育课程成绩优良 out 2	BMI均值 out 3	健康情况 out 4	身材自评优良率 out 5	运动能力自评优良率 out 6	喜欢体育课 out 7	与父母融洽 out 8	与同学融洽 out 9	拥有好朋友 out 10	生活满意 out 11	学习无压力 out 12	熟知体育功能知识 out 13	熟知生理卫生、人体结构知识 out 14	养成自觉锻炼习惯 out 15	场地开放 out 16
1	广州	0.752	0.372	18.93	0.914	0.419	0.168	0.642	0.71	0.817	0.949	0.654	0.586	0.844	0.849	0.594	0.19
2	深圳	0.731	0.314	18.79	0.899	0.425	0.17	0.433	0.702	0.8	0.954	0.692	0.561	0.849	0.849	0.6	0.077
3	珠海	0.745	0.433	19.03	0.916	0.399	0.175	0.632	0.699	0.741	0.964	0.624	0.486	0.838	0.857	0.589	0.167
4	汕头	0.431	0.565	19.32	0.928	0.271	0.224	0.421	0.748	0.603	0.945	0.317	0.573	0.841	0.837	0.361	0.4
5	佛山	0.777	0.488	18.79	0.915	0.436	0.143	0.711	0.718	0.832	0.97	0.674	0.569	0.895	0.895	0.58	0.214
6	韶关	0.626	0.462	18.21	0.874	0.298	0.213	0.571	0.623	0.656	0.962	0.63	0.406	0.828	0.853	0.452	0.667
7	河源	0.567	0.479	19.7	0.895	0.336	0.246	0.634	0.702	0.52	0.911	0.314	0.488	0.874	0.899	0.415	0.4
8	梅州	0.684	0.573	18.6	0.921	0.365	0.174	0.666	0.687	0.672	0.952	0.544	0.516	0.856	0.824	0.567	0.5
9	惠州	0.578	0.412	19.19	0.905	0.32	0.191	0.63	0.667	0.744	0.948	0.5	0.52	0.887	0.902	0.507	0.222
10	汕尾	0.431	0.472	19.23	0.896	0.188	0.214	0.589	0.585	0.662	0.979	0.259	0.409	0.881	0.838	0.317	0.2
11	东莞	0.739	0.483	18.51	0.923	0.439	0.15	0.659	0.692	0.783	0.958	0.657	0.581	0.82	0.852	0.607	0.125
12	中山	0.716	0.531	18.54	0.931	0.407	0.155	0.704	0.703	0.805	0.956	0.747	0.627	0.878	0.893	0.629	0.444
13	江门	0.611	0.454	19.11	0.902	0.247	0.204	0.613	0.605	0.702	0.943	0.469	0.414	0.88	0.897	0.464	0.25
14	阳江	0.699	0.579	18.52	0.951	0.388	0.119	0.727	0.576	0.641	0.95	0.692	0.539	0.76	0.763	0.576	0.143
15	湛江	0.433	0.499	19.25	0.923	0.376	0.189	0.685	0.665	0.836	0.958	0.538	0.482	0.896	0.927	0.637	0.455
16	茂名	0.597	0.682	18.34	0.914	0.298	0.181	0.641	0.658	0.662	0.956	0.544	0.499	0.805	0.815	0.452	0.333
17	肇庆	0.604	0.581	19.51	0.953	0.329	0.197	0.693	0.586	0.744	0.938	0.511	0.538	0.906	0.896	0.473	0.5
18	清远	0.529	0.648	20.02	0.852	0.306	0.197	0.659	0.674	0.669	0.943	0.409	0.408	0.887	0.857	0.519	0.5
19	潮州	0.599	0.56	18.79	0.927	0.247	0.194	0.642	0.727	0.814	0.994	0.522	0.46	0.887	0.932	0.637	0.333
20	揭阳	0.628	0.684	18.28	0.957	0.386	0.045	0.863	0.738	0.674	0.978	0.651	0.571	0.75	0.555	0.457	0.25
21	云浮	0.753	0.593	19.96	0.926	0.5	0.132	0.875	0.596	0.808	0.952	0.503	0.575	0.906	0.922	0.673	0.714

表5-24 广东省各地区中小学的体育教育产出指标排序

序号	地市	体测优良率	体育课程成绩优良率	BMI均值	健康情况	身材自评优良率	运动能力自评优良率	喜欢体育课	与父母融洽	与同学融洽	拥有好朋友	生活满意	学习无压力	熟知体育功能知识	熟知生理卫生、人体结构知识	养成自觉锻炼习惯	场地开放
1	广州	3	20	11	13	5	15	11	5	3	15	6	2	14	15	6	17
2	深圳	6	21	12	17	4	14	20	7	7	11	2	8	13	14	5	21
3	珠海	4	18	10	11	7	12	15	9	11	6	9	15	16	10	7	18
4	汕头	20	8	5	5	18	2	21	1	20	17	19	5	15	17	20	8
5	佛山	1	12	13	12	3	18	4	4	2	5	4	7	4	8	8	15
6	韶关	11	16	21	20	16	4	19	16	18	7	8	20	17	12	17	2
7	河源	17	14	3	19	12	1	14	7	21	21	20	14	11	4	19	9
8	梅州	9	7	15	10	11	13	8	11	14	12	10	12	12	18	10	3
9	惠州	16	19	8	15	14	9	16	13	9	16	16	11	5	4	13	14
10	汕尾	21	15	7	18	21	3	18	20	16	2	21	19	8	16	21	16
11	东莞	5	13	18	8	2	17	9	10	8	8	5	3	18	13	4	20
12	中山	7	10	16	4	6	16	5	6	6	10	1	1	10	9	3	7
13	江门	12	17	9	16	19	5	17	17	12	18	17	18	9	6	15	12
14	阳江	8	6	17	3	8	20	3	21	19	14	2	9	20	20	9	19
15	湛江	19	11	6	9	10	10	7	14	1	4	12	16	3	2	2	6
16	茂名	15	2	19	14	17	11	13	15	16	20	10	13	19	19	17	10
17	肇庆	13	5	4	2	13	6	6	19	9	8	14	10	1	7	14	4
18	清远	18	3	1	21	15	7	10	12	15	18	18	20	5	11	12	5
19	潮州	14	9	14	6	20	8	12	3	4	1	13	17	5	1	11	11
20	揭阳	10	1	20	1	9	21	2	2	13	3	7	6	21	21	16	13
21	云浮	2	4	2	7	1	19	1	18	5	12	15	4	1	3	1	1

三、结果分析

作为一种效率评价方法，DEA 克服了其他方法将各种指标统一纲量的不足。而且该方法无须事先确定生产函数，能够对处于同一系统内的各个评价单元的效率有效性进行评价，并得到每个评价单元的效率值，因而能够较好地避免主观因素对评价结果的影响。

DEA 运用在分析学校效益的案例很多，主要用于来分析高等学校效益，鲜有用于分析初等学校效益。依照现有文献，未发现将 DEA 用于分析学校体育效益的研究。

（一）广东省不同区域学校体育效率 DEA 运算方法与步骤

1. 定指标

根据学校体育的内涵及体育健康教育目标，本书罗列了学校体育教育的 15 种投入指标（见表 5-13）与 16 种产出指标（见表 5-23）。因为 DEA 法计算不需要统一纲量，调查得到的这些投入、产出指标单位也并非一致，大部分数据是用百分比来表示，为了便于 DEA 软件对数值进行计算及结果分析，本研究把百分比数值统一转化为小数。考虑到如果投入与产出数据太多，将不利于比较各决策单元（21 个地区）的效率，因此，本研究把反映同种投入与产出指标的数据进行合并，原则是投入指标包括人（师生比）、财（各种体育经费投入的比例均值）、物（生均体育场地面积）3 个指标，产出指标包括身体健康（BMI 值和健康情况）、心理健康、社会适应性、运动技能（体测与体育课成绩均值）、终身体育意识（喜欢体育课、自觉锻炼习惯、体育基础理论知识）、学校场地对社会开放情况 9 个指标（见表 5-25）。

2. 在 Excel 表格中录入指标及数据

按照 DEA 计算的要求，原始数据应先录入 Excel 工作表。新建 Excel 表，将广东省 21 个地区（即 DEA 软件中的单元）作为首列数据，将选定的指标数据作为其他列数据，从左向右依次录入步骤 1 选定的各种广东省中小学体育效益的产出指标和投入指标及数据，如图 5-3 所示。

3. 通过 DEA 2.1 软件进行计算

第一，下载 DEA 数据处理软件压缩包，并解压。

第二，准备原始数据。将 Excel 格式所需要处理的数据表存储为文本格式，命名为"egX - dta.txt"（其中 X 为研究的顺序号，本研究顺序号为 33，下同），并放入 DEA 应用软件所在的文件夹，如图 5-4 所示。将时间跨度（year）内所有单元（firm）的面板数据放在一起。firm 代表公司、企业或者单元数，本次输入的是 21 个单元（广东省 21 个地区）的数据；year 代表调查时间跨度（默认时间跨度为 1 年，此时可以不用列出时间跨度），本次输入的是 1 年的数据。

第三，设置计算参数。打开 DEA 应用软件所在文件夹中的名为"egX - ins.txt"的记事本文件，输入 DEA 命令，如图 5-5 所示。各行命令与参数的含义对应为：第 1 行为储存数据的文件名，第 2 行为输出结果的文件名，第 3 行为样本数量（本研究选定的是广东省 21 个地区），第 4 行为数据的时间跨度（本研究时间跨度为 1 年），第 5 行为

表 5-25 进行 DEA 计算的广东省中小学体育教育投入与产出指标数据

序号	地市	运动技能优良率 out 1	BMI 均值 out 2	健康情况 out 2	喜欢体育课 out 4	心理健康 out 5	社会适应性 out 6	体育知识 out 7	自觉锻炼习惯 out 8	场地开放 out 9	师生比 in 1	生均体育场地面积 in 2	体育经费投入 in 3
1	广州	0.562	18.93	0.914	0.642	0.62	0.825	0.847	0.594	0.19	0.00462	8.514	0.55
2	深圳	0.523	18.79	0.899	0.433	0.627	0.819	0.849	0.60	0.077	0.00437	4.696	0.558
3	珠海	0.589	19.03	0.916	0.632	0.555	0.801	0.848	0.589	0.167	0.00402	7.78	0.361
4	汕头	0.498	19.32	0.928	0.421	0.445	0.765	0.839	0.361	0.4	0.00344	5.211	0.317
5	佛山	0.633	18.79	0.915	0.711	0.622	0.84	0.895	0.58	0.214	0.00398	11.043	0.584
6	韶关	0.544	18.21	0.874	0.571	0.518	0.747	0.841	0.452	0.667	0.00488	7.164	0.643
7	河源	0.523	19.7	0.895	0.634	0.401	0.711	0.887	0.415	0.4	0.00415	8.85	0.35
8	梅州	0.629	18.6	0.921	0.666	0.53	0.77	0.84	0.567	0.5	0.00679	5.93	0.333
9	惠州	0.495	19.19	0.905	0.63	0.51	0.786	0.895	0.507	0.222	0.003	5.83	0.445
10	汕尾	0.452	19.23	0.896	0.589	0.334	0.742	0.86	0.317	0.2	0.00393	6.447	0.30
11	东莞	0.611	18.51	0.923	0.659	0.619	0.811	0.836	0.607	0.125	0.0041	7.477	0.469
12	中山	0.624	18.54	0.931	0.704	0.687	0.821	0.886	0.629	0.444	0.0039	11.811	0.546
13	江门	0.533	19.11	0.902	0.613	0.442	0.75	0.889	0.464	0.25	0.00452	9.318	0.552
14	阳江	0.639	18.52	0.951	0.727	0.616	0.722	0.762	0.576	0.143	0.00418	6.046	0.322
15	湛江	0.466	19.25	0.923	0.685	0.51	0.824	0.912	0.637	0.455	0.00447	7.228	0.606
16	茂名	0.64	18.34	0.914	0.641	0.522	0.753	0.81	0.452	0.333	0.00377	5.94	0.454
17	肇庆	0.593	19.51	0.953	0.693	0.525	0.763	0.901	0.473	0.5	0.00272	4.483	0.542
18	清远	0.589	20.02	0.852	0.659	0.409	0.762	0.872	0.519	0.5	0.00465	5.643	0.50
19	潮州	0.58	18.79	0.927	0.642	0.491	0.845	0.91	0.563	0.333	0.00328	4.653	0.32
20	揭阳	0.656	18.28	0.957	0.863	0.611	0.797	0.653	0.457	0.25	0.00203	3.887	0.333
21	云浮	0.673	19.96	0.926	0.875	0.539	0.785	0.914	0.673	0.714	0.00455	6.333	0.524

第五章 广东省中小学体育效率分析

	A	B	C	D	E	F	G	H	I	J	K	L	M	N
1		out1	out2	out3	out4	out5	out6	out7	out8	out9	in1	in2	in3	
2	广州	0.562	18.93	0.914	0.642	0.62	0.825	0.847	0.594	0.19	0.00462	8.514	0.55	
3	深圳	0.523	18.79	0.899	0.433	0.627	0.819	0.849	0.6	0.077	0.00437	4.696	0.558	
4	珠海	0.589	19.03	0.916	0.632	0.555	0.801	0.848	0.589	0.167	0.00402	7.78	0.361	
5	汕头	0.498	19.32	0.928	0.421	0.445	0.765	0.839	0.361	0.4	0.00344	5.211	0.317	
6	佛山	0.633	18.79	0.915	0.711	0.622	0.84	0.895	0.58	0.214	0.00398	11.043	0.584	
7	韶关	0.544	18.21	0.874	0.571	0.518	0.747	0.841	0.452	0.667	0.00488	7.164	0.643	
8	河源	0.523	19.7	0.895	0.634	0.401	0.711	0.887	0.415	0.4	0.00415	8.85	0.35	
9	梅州	0.629	18.6	0.921	0.666	0.53	0.77	0.84	0.567	0.5	0.00679	5.93	0.333	
10	惠州	0.495	19.19	0.905	0.63	0.51	0.786	0.895	0.507	0.222	0.003	5.83	0.445	
11	汕尾	0.452	19.23	0.896	0.589	0.334	0.742	0.86	0.317	0.2	0.00393	6.447	0.3	
12	东莞	0.611	18.51	0.923	0.659	0.619	0.811	0.836	0.607	0.125	0.0041	7.477	0.469	
13	中山	0.624	18.54	0.931	0.704	0.687	0.821	0.886	0.629	0.444	0.0039	11.811	0.546	
14	江门	0.533	19.11	0.902	0.613	0.442	0.75	0.889	0.464	0.25	0.00452	9.318	0.552	
15	阳江	0.639	18.52	0.951	0.727	0.616	0.722	0.762	0.576	0.143	0.00418	6.046	0.322	
16	湛江	0.466	19.25	0.923	0.685	0.51	0.824	0.912	0.637	0.455	0.00447	7.228	0.606	
17	茂名	0.64	18.34	0.914	0.641	0.522	0.753	0.81	0.452	0.333	0.00377	5.94	0.454	
18	肇庆	0.593	19.51	0.953	0.693	0.525	0.763	0.901	0.473	0.5	0.00272	4.483	0.542	
19	清远	0.589	20.02	0.852	0.659	0.409	0.762	0.872	0.519	0.5	0.00465	5.643	0.5	
20	潮州	0.58	18.79	0.927	0.642	0.491	0.845	0.91	0.563	0.333	0.00328	4.653	0.32	
21	揭阳	0.656	18.28	0.957	0.863	0.611	0.797	0.653	0.457	0.25	0.00203	3.887	0.333	
22	云浮	0.673	19.96	0.926	0.875	0.539	0.785	0.914	0.673	0.714	0.00455	6.333	0.524	

图 5-3　广东省中小学体育教育的产出与投入指标和数据的录入

```
EG33-dta - 记事本
文件(F)  编辑(E)  格式(O)  查看(V)  帮助(H)

0.562   18.93   0.914   0.642   0.62    0.825   0.847   0.594   0.19    0.00462   8.514    0.55
0.523   18.79   0.899   0.433   0.627   0.819   0.849   0.6     0.077   0.00437   4.696    0.558
0.589   19.03   0.916   0.632   0.555   0.801   0.848   0.589   0.167   0.00402   7.78     0.361
0.498   19.32   0.928   0.421   0.445   0.765   0.839   0.361   0.4     0.00344   5.211    0.317
0.633   18.79   0.915   0.711   0.622   0.84    0.895   0.58    0.214   0.00398   11.043   0.584
0.544   18.21   0.874   0.571   0.518   0.747   0.841   0.452   0.667   0.00488   7.164    0.643
0.523   19.7    0.895   0.634   0.401   0.711   0.887   0.415   0.4     0.00415   8.85     0.35
0.629   18.6    0.921   0.666   0.53    0.77    0.84    0.567   0.5     0.00679   5.93     0.333
0.495   19.19   0.905   0.63    0.51    0.786   0.895   0.507   0.222   0.003     5.83     0.445
0.452   19.23   0.896   0.589   0.334   0.742   0.86    0.317   0.2     0.00393   6.447    0.3
0.611   18.51   0.923   0.659   0.619   0.811   0.836   0.607   0.125   0.0041    7.477    0.469
0.624   18.54   0.931   0.704   0.687   0.821   0.886   0.629   0.444   0.0039    11.811   0.546
0.533   19.11   0.902   0.613   0.442   0.75    0.889   0.464   0.25    0.00452   9.318    0.552
0.639   18.52   0.951   0.727   0.616   0.722   0.762   0.576   0.143   0.00418   6.046    0.322
0.466   19.25   0.923   0.685   0.51    0.824   0.912   0.637   0.455   0.00447   7.228    0.606
0.64    18.34   0.914   0.641   0.522   0.753   0.81    0.452   0.333   0.00377   5.94     0.454
0.593   19.51   0.953   0.693   0.525   0.763   0.901   0.473   0.5     0.00272   4.483    0.542
0.589   20.02   0.852   0.659   0.409   0.762   0.872   0.519   0.5     0.00465   5.643    0.5
0.58    18.79   0.927   0.642   0.491   0.845   0.91    0.563   0.333   0.00328   4.653    0.32
0.656   18.28   0.957   0.863   0.611   0.797   0.653   0.457   0.25    0.00203   3.887    0.333
0.673   19.96   0.926   0.875   0.539   0.785   0.914   0.673   0.714   0.00455   6.333    0.524
```

图 5-4　广东省中小学体育教育的产出与投入指标和数据的保存

产出变量个数（本研究最终选定 9 种产出指标），第 6 行为投入变量个数（本研究最终选定 3 种投入指标），第 7 行、第 8 行、第 9 行是 DEA 计算默认参数（本研究选用默认参数）。

将设置好参数的文件保存在 DEA 软件所在文件夹内，命名为"egX – ins. txt"。

```
Eg33-ins - 记事本
文件(F) 编辑(E) 格式(O) 查看(V) 帮助(H)
eg33-dta.txt        DATA FILE NAME
eg33-out.txt        OUTPUT FILE NAME
21          NUMBER OF FIRMS
1           NUMBER OF TIME PERIODS
9           NUMBER OF OUTPUTS
3           NUMBER OF INPUTS
0           0=INPUT AND 1=OUTPUT ORIENTATED
1           0=CRS AND 1=VRS
0           0=DEA(MULTI-STAGE), 1=COST-DEA, 2=MALMQUIST-DEA, 3=DEA(1-STAGE), 4=DEA(2-STAGE)
```

图5-5　在"egX-ins.txt"文件中设置 DEA 计算的参数

第四，DEA 计算。运行软件 DEAP.exe（应用程序），在界面最下面一行"Enter instruction file name:"即在光标所示位置输入 DEA 计算参数所在的文件名（本研究为"eg33-ins.txt"），然后按下回车键（enter）进行 DEA 计算。

计算后，在 DEA 软件所在的文件夹内可以看到计算结果所在的文本文件（本研究为"eg33-out.txt"）。

```
DEAP Version 2.1
*****************

A Data Envelopment Analysis (DEA) Program

by Tim Coelli
    Centre for Efficiency and Productivity Analysis
University of Queensland
Brisbane, QLD 4072
Australia.
Email: t.coelli@economics.uq.edu.au
Web: http://www.uq.edu.au/economics/cepa


Enter instruction file name: eg33-ins.txt
```

图5-6　运行 DEA 软件的界面

第五，获取 DEA 计算结果。打开输出文件"egX-out.txt"得到 DEA 计算结果，如图5-7所示。

第五章 广东省中小学体育效率分析

```
Results from DEAP Version 2.1

Instruction file = eg33-ins.txt
Data file        = eg33-dta.txt

Input orientated DEA

Scale assumption: VRS

Slacks calculated using multi-stage method

EFFICIENCY SUMMARY:

 firm  crste  vrste  scale
  1   0.681  1.000  0.681 drs
  2   1.000  1.000  1.000  -
  3   0.924  1.000  0.924 drs
  4   1.000  1.000  1.000  -
  5   0.725  1.000  0.725 drs
  6   0.842  0.850  0.991 drs
  7   0.975  1.000  0.975 drs
  8   1.000  1.000  1.000  -
  9   0.959  0.989  0.969 drs
 10   1.000  1.000  1.000  -
 11   0.800  1.000  0.800 drs
 12   0.845  1.000  0.845 drs
 13   0.669  0.695  0.963 drs
 14   1.000  1.000  1.000  -
 15   0.770  1.000  0.770 drs
 16   0.772  0.859  0.898 drs
 17   1.000  1.000  1.000  -
 18   0.918  1.000  0.918 drs
 19   1.000  1.000  1.000  -
 20   1.000  1.000  1.000  -
 21   1.000  1.000  1.000  -

mean  0.899  0.971  0.927
```

图 5-7　DEA 软件的计算结果

（二）广东省各地区学校体育效率结果

1. 得出 DEA 相对有效值与规模阶段

运用 DEA 2.1 软件计算广东省 21 个地区（决策单元 firm）中小学校体育的相对效率，得到各地区的相对有效性值，即为技术效率（crste）、纯技术效率（vrste）与规模效率（scale），以及各地区规模阶段（type），计算结果见表 5-26。

表 5-26 广东省各地区中小学的体育效率计算结果

序号	地市	技术效率	纯技术效率	规模效率	规模阶段	效率排序
1	广州	0.681	1.000	0.681	drs	13
2	深圳	1.000	1.000	1.000	—	1
3	珠海	0.924	1.000	0.924	drs	4
4	汕头	1.000	1.000	1.000	—	1
5	佛山	0.725	1.000	0.725	drs	11
6	韶关	0.842	0.850	0.991	drs	7
7	河源	0.975	1.000	0.975	drs	2
8	梅州	1.000	1.000	1.000	—	1
9	惠州	0.959	0.989	0.969	drs	3
10	汕尾	1.000	1.000	1.000	—	1
11	东莞	0.800	1.000	0.800	drs	8
12	中山	0.845	1.000	0.845	drs	6
13	江门	0.669	0.695	0.963	drs	12
14	阳江	1.000	1.000	1.000	—	1
15	湛江	0.770	1.000	0.770	drs	10
16	茂名	0.772	0.859	0.898	drs	9
17	肇庆	1.000	1.000	1.000	—	1
18	清远	0.918	1.000	0.918	drs	5
19	潮州	1.000	1.000	1.000	—	1
20	揭阳	1.000	1.000	1.000	—	1
21	云浮	1.000	1.000	1.000	—	1
	地区平均	0.899	0.971	0.927		

规模阶段分为规模有效（表示为"—"或"crs"）、规模递增阶段（表示为"irs"）和规模递减阶段（表示为"drs"）。DEA计算结果有效，则表明既为技术有效，也为规模有效。而技术效率的计算结果为1，则表明在此决策单元的DEA相对有效，其他则为DEA无效。

由表5-26的数据可以看到，在广东省21个地区之中，有9个地区的学校体育效率是有效的，他们并列排名第1，分别为深圳、汕头、梅州、汕尾、阳江、肇庆、潮州、揭阳、云浮。有12个地区的学校体育效率是无效的，排名第2为河源，第3为惠州，第 4 为珠海，第 5 为清远，第 6 为中山，第 7 为韶关，第 8 为东莞，第 9 为茂名，第 10 为湛江，第 11 为佛山，第 12 为江门，第 13 为广州。其中，广州、珠海、佛山、河源、东莞、中山、湛江、清远 8 个地区的纯技术效率为 1，且规模无效；而韶关、惠州、江门和茂名 4 个地区的纯技术效率无效，且规模也无效。

技术有效是指输出相对输入而言已达最大，即该决策单元位于生产函数的曲线上，规模有效是指投入量既不偏大也不过小，是介于规模收入收益由递增到递减之间的状态，即处于规模收益不变的最佳状态（魏权龄，2004）。技术有效与纯技术有效是不同的，技术效率等于纯技术效率与规模效率的乘积。

技术有效就是位于生产前沿面；规模有效不但位于前沿面，还同时处在曲线的拐点，也就是说在这点上再增大或减少生产规模都不好，即不在这一点上的规模效率递增与递减都不好。"irs"表示规模效益递增，它表示增加一定的投入，得到更多倍数产出；"drs"表示规模效益递减，即再增加一定的投入，得出的产出并不会像投入一样成倍增加；"crs"表示规模效益不变，每种投入增加一倍，产出增加一倍（范里安，2009）。结合表 5 - 26 中数据，广东省各地区中小学体育效率规模阶段见表 5 - 27。

表 5 - 27　广东省 21 个地区中小学体育效率规模阶段

地区（决策单元）	结果	规模阶段
无	—	规模效益递增
深圳、汕头、梅州、汕尾、阳江、肇庆、潮州、揭阳、云浮	总体效率有效	规模效益不变
广州、珠海、佛山、韶关、河源、惠州、东莞、中山、江门、湛江、茂名、清远	总体效率无效，DEA 无效	规模效益递减

处于 DEA 有效的 9 个地区学校体育效率，既是纯技术有效，又是规模有效，这 9 个地区总体效率是有效的。这里所说的 DEA 有效或无效都是相对而言的。所谓的 9 个地区 DEA 有效，指的是 9 个地区相对其他地区是有效的，这些学校体育 DEA 有效的地区可以继续增加学校体育投入，在保持现在技术方法的情况下，将会收到更好的学校体育产出。而规模效益递减阶段的广州、佛山、韶关、河源、惠州、东莞、中山、江门、湛江、茂名、清远、珠海 12 个地区的学校体育属于 DEA 无效，即相对其他 9 个地区而言，这 12 个地区的投资规模太大。换句话说，就是这 12 个地区在保持目前的技术方法等机制下，继续增加投入，不会增加学校体育的产出。因此，这些地区可以在不增加投入的基础上，通过改变资源配置等一些纯技术效率手段以提高教育产出。但是笔者在调查中发现，总体来说，广东省学校体育的投入还是比较欠缺，因此这 12 个地区同样可以在继续增加教育投入的基础上，通过改变学校体育投入与产出结构等方法来提高纯技术效率，从而提高地区学校体育的总体产出。

2. 列出各地区各投入与产出指标的投入和产出松弛变量

根据 DEA 直接运算结果，纯技术效率不为 1 的决策单元有投入与产出松弛变量。除了韶关、惠州、江门和茂名地区，其他地区不管是投入指标松弛变量，还是产出指标松弛变量都是 0。为了简化，将松弛变量不为 0 的数据在表格中列出，其他地区的松弛变量为 0，就不再一一列出。韶关、惠州、江门和茂名 4 个地区中小学体育投入与产出松弛变量见表 5-28。

3. 计算投入冗余率与产出不足率

通过 DEA 分析结果，根据各决策单元技术有效数据与规模阶段计算出非 DEA 有效单元的投入冗余率和产出不足率，进而可以计算出它们投入冗余量与产出不足量。投入冗余率是指优化后的决策单元 DMU_K^* 和与原来的决策单元 DMU_K 相比较，投入变量 X_{kj} 可节省投入比例。产出不足率是指优化后的 DMU_K^* 与 DMU_K 相比较，产出变量 Y_{kj} 可增加产出比例。C^2R 模型的投入冗余率和产出不足率计算公式分别为（莫剑芳，2001）：

$$投入冗余率\ \partial_{kj} = \frac{S_{kj}^-}{X_{kj}} \quad (5-1)$$

其中，S_{kj}^- 表示剩余变量即投入松弛变量，它越大表明该项投入中的无效投入越多；

$$产出不足率\ \beta_{kj} = \frac{S_{kj}^+}{Y_{kj}} \quad (5-2)$$

其中，S_{kj}^+ 表示产出不足变量即产出的松弛变量，它越大表明该项产出不足越多。

结合公式计算韶关、惠州、江门和茂名地区学校体育的产出与投入松弛变量、原产出与投入量、产出不足率与投入冗余率（见表 5-28）。根据它们的产出不足率与投入冗余率，对这些地区体育教育的投入与产出做适当的技术调整，以提高总体的学校体育效率。

（三）广东省各地区的学校体育效率结果与建议

由于 DEA 计算结果是各项目之间的相对有效性，也就是广东省 21 个地区之间相互为参照单元，有 9 个单元是有效的，有 12 个单元是无效的，其中韶关、惠州、江门和茂名 4 个地区的投入与产出需要进行技术调整。

1. 广东省部分经济发达的地区学校体育效率较差

在广东省 12 所学校体育效率无效地区中，除清远和河源之外的地区 GDP 和人均 GDP 都位列广东省前十名以内，属于广东省经济发展较好的地区，然而从 DEA 计算结果得知这些地区的学校体育效益并不好，出现了规模效率递减现象。相较于其他地区，这 12 个地区应控制体育投入规模。其中，韶关、惠州、江门和茂名地区出现了规模与技术效率都无效的现象，出现了投入冗余率与产出不足率，需要在学校体育投入与产出比例方面进行技术调整。因此，学校体育效率的高低在一定程度上与经济发展程度好坏无关。

2. 加大投入是提高学校效率的重要途径

由于 DEA 计算的是广东省 21 个地区间学校体育效率的相对有效性，12 个地区 DEA 无效是相比较其他地区而言出现了投入规模偏大。然而从目前广东省总体学校体育投入规模来看还比较小，要想提高学校体育产出情况，途径之一是按照学生总量和学校的规模合理加大学校体育的投入，即扩大学校体育投入规模、体育教育规模才会出现规模报酬递增的情况，具备规模经济效应。因此，要想提高学校体育效益，扩大学校体育投入规模是首选。

第五章　广东省中小学体育效率分析

表 5-28　韶关、惠州、江门和茂名地区中小学体育产出不足率与投入冗余率

地区	项目	运动技能优良率 out 1 S_1^+	BMI均值 out 2 S_2^+	健康比例 out 3 S_3^+	喜欢体育课 out 4 S_4^+	心理健康 out 5 S_5^+	社会适应性 out 6 S_6^+	体育知识 out 7 S_7^+	自觉锻炼习惯 out 8 S_8^+	场地开放 out 9 S_9^+	师生比 in 1 S_1^-	生均体育场地面积 in 2 S_2^-	体育经费投入 in 3 S_3^-
韶关	产出与投入松弛变量	0.111	1.651	0.058	0.264	0.018	0.033	0.070	0.177	0.000	0.00000	0.163	0.019
	原产出与投入量	0.462	18.21	0.874	0.571	0.518	0.747	0.841	0.452	0.667	0.00488	7.164	0.643
	产出不足率与投入冗余率	0.240	0.091	0.066	0.462	0.035	0.044	0.083	0.392	0.000	0.00000	0.023	0.030
惠州	产出与投入松弛变量	0.091	0.000	0.037	0.037	0.000	0.011	0.004	0.000	0.203	0.00000	1.196	0.000
	原产出与投入量	0.412	19.19	0.905	0.630	0.510	0.786	0.895	0.507	0.222	0.00300	5.83	0.445
	产出不足率与投入冗余率	0.221	0.000	0.041	0.059	0.000	0.014	0.004	0.000	0.914	0.00000	0.205	0.000
江门	产出与投入松弛变量	0.034	0.000	0.033	0.000	0.050	0.053	0.000	0.028	0.145	0.00000	1.734	0.000
	原产出与投入量	0.454	19.11	0.902	0.613	0.442	0.750	0.889	0.464	0.250	0.00452	9.318	0.552
	产出不足率与投入冗余率	0.075	0.000	0.037	0.000	0.113	0.071	0.000	0.060	0.580	0.00000	0.186	0.000
茂名	产出与投入松弛变量	0.000	0.622	0.025	0.161	0.033	0.051	0.000	0.106	0.085	0.00000	0.163	0.000
	原产出与投入量	0.64	18.34	0.914	0.641	0.522	0.753	0.81	0.452	0.333	0.00377	5.94	0.454
	产出不足率与投入冗余率	0.000	0.034	0.027	0.251	0.063	0.068	0.000	0.235	0.255	0.00000	0.027	0.000

187

3. 优化资源配置是提高学校体育效率的另一条重要路径

资源配置的结果是要使效率最大化，即教育资源配置要形成一定的优势结构。在学校体育领域衡量学校体育效益的标准是用尽量少的资源提高学生身体素质，提升学生运动技能，提高学生体育兴趣，培养学生终身体育锻炼习惯。在投入有限的情况下，学校体育发展必须从单纯靠规模扩张的外延式增长转变为实现学校体育内涵式增长，保证体育教育质量，提高纯技术效率及效益。我国学校体育面临着严峻的挑战，教育经费严重不足，然而也有部分地区出现了教育资源浪费现象，造成学校体育效益低下。学校体育要想走出困境、步入良性循环发展轨道，唯有改革才是出路，即既要通过多元化的渠道筹资，努力增加体育教育投入，又要加强管理、实行成本控制，提高资源运行效率。因此，当规模经济效益实施到一定阶段后，提高学校体育效益的基本途径是实施成本控制、优化资源配置。

由于研究精力有限，分地区学校调查的样本没能做到充分地科学分层抽样，样本量也不充足，调查的样本不足以代表广东省整体，而且反映学校体育效率的投入与产出指标也有待进一步优化。由于样本和指标误差进而计算出来的各地区学校体育效率结果也会有一定的偏差。本书旨在通过对 DEA 方法的介绍，希望体育教育主管部门能及时、科学地收集各地区学校体育实施的真实数据，通过数据包络分析来计算省份或者地区间学校体育的效率，为主管部门在制定体育教育政策时提供实证分析的基础及理论依据。此外，还可以通过决策单元内或者决策单元间不同时间段的投入与产出指标来计算纵向时间的体育效率，为制定体育实施决策提供建议与帮助。

第二节 广东省不同级别间学校体育 DEA 效率评价实证分析

本研究调查了广东省 21 个地市的 204 所中小学，按照学校的不同等级分为 4 个级别，分别是省一级学校、市一级学校、县（区）一级（以下统称"县一级"）学校、普通学校。通过问卷调查收集到的每个级别学校的各种体育教育投入与产出数据，并对它们进行分析，利用 DEA 计算的优势，计算出各种级别学校体育投入与产出数据，并进行分类与排序，根据纯技术效率与规模效率的值，分析是何种原因而造成的决策单元效率无效，最后根据效率结果提出合理改革措施与建议。根据中小学体育的实施内容及体育健康教育课程五大目标，从图 5-1、图 5-2 的指标找到不同级别学校的各种投入与产出指标数据。

一、投入指标

（一）生师比

广东省不同类型中小学体育教师投入规模见表 5-29。经过统计与对比，得知普通学校对"人"的投入最好，生师比约为 191，最差的是省一级学校，生师比约为 268，这个数值高于国家规定农村学校体育教师的生师比不能超过 200 的比例。在做 DEA 分析时，为了方便计算，把数据均转换为师生比。

表5-29 广东省不同类型中小学体育教师投入规模

序号	学校类型	调查学校数量/所	学生人数/人	体育教师人数/人	生师比	师生比	师生比排序
1	省一级	85	290850	1085	268.0645	0.00373	4
2	市一级	62	150532	599	251.3055	0.00398	2
3	县一级	23	52673	207	254.4589	0.00393	3
4	普通	35	38676	202	191.4653	0.00522	1

由于省一级学校的生源多,体育教师的师生比较低;相反,尽管普通学校的体育教师较少,但由于生源亦相对较少,所以体育教师师生比就高一些。体育教师是学校体育投入的"人"方面非常重要的指标。

(二)学校体育场地设施情况

体育场地是衡量学校体育投入的"物"方面的重要指标,是学生进行运动的重要物质保障。学校里比较常用的体育场地是各种类型田径场、三大球场地、三小球场地、游泳池,将这些体育场地按照标准体育场地考虑(体育场地面积见表5-2),计算广东省不同类型中小学的生均体育场地面积,见表5-30。

表5-30 广东省不同类型中小学校的生均体育场地面积

序号	学校类型	总体育场地面积/m²	学生人数/人	生均体育场地		体育场馆	
				面积/m²	排序	拥有率/%	排序
1	省一级	1948897.16	290850	6.701	3	55.4	2
2	市一级	1031012.52	150532	6.849	2	30.6	4
3	县一级	338281.056	52673	6.422	4	63.6	1
4	普通	316179.328	38676	8.175	1	37.1	3

由表5-30的数据可知,广东省普通中小学的生均体育场地面积最高。然而由于其总生源数量较少,即使生均体育场地面积大,也不代表其体育场地建设比较好。

(三)学生周体育课时量

受到体育教师数量和学生人数影响,各学校可以分配给学生的体育课时有所差异。广东省不同类型中小学体育课每周均课时量见表5-31。

表5-31 广东省不同类型中小学体育课每周均课时量

序号	学校类型	地区学校数/所	地区校每周总课时/课时	地区校每周均课时/课时	地区校每周均课时排序
1	省一级	84	184	2.190	1
2	市一级	62	131	2.113	3
3	县一级	22	45	2.045	4
4	普通	35	75	2.143	2

由表5-31中的数据可知,广东省不同类型中小学体育课周均课时数量相当,省一级学校稍高,县一级学校稍低。

(四)各地区学校班级人均数

体育课多在室外上课,班级人数的多少对体育的教学质量、课堂安全等影响较大,所以班级人均数可以作为地区体育教育的重要投入指标。广东省不同类型中小学的班级平均人数见表5-32。

表5-32 广东省不同类型中小学的班级平均人数

序号	学校类型	班级平均人数/人	排序
1	省一级	51.393	1
2	市一级	49.049	2
3	县一级	47.773	3
4	普通	44.75	4

由表5-32的数据可知,广东省中小学班级平均人数与学校的级别成正比,即学校级别越高,班级人数越多。省一级学校班级规模最大,普通学校班级规模最小。班级人数存在一定超编现象,究其原因是生源量决定的。学校级别越高,生源也越多。由于班级规模越大,学校体育投入相对值越小,故此数据仅用于说明学校体育的投入情况,不用于计算效率。

(五)学校体育教学大纲及教材执行情况

学校执行体育教学大纲与教材的情况,在一定程度上反映了学校体育教育是否受到重视,以及学校体育教育是否规范。广东省不同类型中小学体育的教学大纲及教材执行情况见表5-33。

表5-33 广东省不同类型中小学体育的教学大纲及教材执行情况

序号	学校类型	拥有教学大纲		拥有教材	
		比例/%	排序	比例/%	排序
1	省一级	77.1	2	74.7	2
2	市一级	79.0	1	72.6	3
3	县一级	71.4	3	85.7	1
4	普通	65.7	4	54.3	4

由表5-33的数据可知,市一级学校拥有体育教学大纲比例最高,县一级学校拥有体育教材比例最高,而普通学校在此两方面均为最低。

(六)学校对体育教师培训支持力度

学校对体育教师参加培训的支持也是学校体育重要的投入指标之一。广东省不同类型中小学对体育教师参加短期培训与长期进修的支持情况分别见表5-34与表5-35。

表 5-34　广东省不同类型中小学对体育教师参加短期培训的支持情况

序号	学校类型	学校态度		报销费用的学校分布			
		支持率/%	排序	全额报销/%	部分报销/%	不报销/%	全额报销比例排序
1	省一级	86.9	4	61.9	27.4	10.7	2
2	市一级	88.1	3	51.6	35.5	12.9	3
3	县一级	90.9	1	63.6	27.3	9.1	1
4	普通	88.2	2	58.8	29.4	11.8	4

表 5-35　广东省不同类型中小学对体育教师参加长期进修的支持情况

序号	学校类型	支持率/%	学费全额报销/%	车旅费全额报销/%	全额报销均值/%	全额报销均值排序
1	省一级	71.4	28.6	33.3	30.95	1
2	市一级	61.3	24.2	21.0	22.6	2
3	县一级	77.3	18.2	22.7	20.5	4
4	普通	55.9	20.6	23.5	22.1	3

由表 5-34、表 5-35 的数据可以看出，广东省中小学对体育教师参加短期培训的支持力度大于对长期进修的支持力度。在报销费用方面，县一级学校对体育教师参加短期培训的支持力度最大，省一级学校对体育教师参加长期进修的支持力度最大。

（七）学校对体育比赛及场地器材的经费支持力度

本次问卷调查面向体育教师与学生开展。考虑到他们日常不会接触学校教育投入及体育的经费等信息，为了解学校对体育的经费投入，调查问卷设计了关于学校是否有经费支持采购运动器材、校内外体育比赛等问题。广东省不同类型中小学对体育经费的支持情况见表 5-36。由表 5-36 的数据可知，县一级学校对体育经费的支持力度最大。

表 5-36　广东省不同类型中小学对体育经费的支持情况

序号	学校类型	运动器材经费		校内外体育比赛经费	
		支持率/%	排序	支持率/%	排序
1	省一级	83.3	2	65.5	4
2	市一级	79.0	3	69.4	2
3	县一级	95.5	1	86.4	1
4	普通	77.1	4	65.7	3

(八) 学校体育传统优势项目和国际体育交流情况

学校拥有体育传统优势项目与国际体育交流项目，对于提高学生对体育的兴趣和运动能力、增强校园体育文化氛围等特别重要。广东省不同类型中小学体育传统优势项目和国际体育交流情况见表5-37。从表5-37中的数据可知，学校级别越高，对拥有体育传统优势项目和国际体育交流项目越重视。调查结果显示，县一级、普通学校没有国际体育交流项目。

表5-37 广东省不同类型中小学体育传统优势项目和国际体育交流情况

序号	学校类型	体育传统优势项目		国际体育交流项目	
		参与率/%	排序	参与率/%	排序
1	省一级	72.6	1	13.6	1
2	市一级	56.5	2	8.2	2
3	县一级	54.5	3	0	3
4	普通	37.1	4	0	3

(九) 学校组织课外体育活动

除了体育课，学生参加课外体育活动也有利于其增强身体素质。学校每年举办运动会、组织课外体育活动组织、组建运动队，以及参与运动队训练的人数等都可作为学校体育投入的衡量指标。广东省不同类型中小学举办运动会、组织课外体育活动的情况见表5-38，组建学校运动队的情况见表5-39。

表5-38 广东省不同类型中小学举办运动会、组织课外体育活动的情况

序号	学校类型	举办运动会		组织课外体育活动	
		比例/%	排序	比例/%	排序
1	省一级	91.7	2	64.3	2
2	市一级	86.9	3	51.4	4
3	县一级	95.5	1	75	1
4	普通	82.9	4	55	3

由表5-38的数据可知，在举办运动会和组织课外体育活动方面，县一级学校投入最多，其次是省一级学校。

表5-39 广东省不同类型中小学组建学校运动队的情况

序号	学校类型	学校运动队		学校运动队的运动员	
		拥有率/%	排序	人数比*/%	排序
1	省一级	83.3	2	1.5	4

续表 5-39

序号	学校类型	学校运动队		学校运动队的运动员	
		拥有率/%	排序	人数比*/%	排序
2	市一级	83.9	1	2.0	2
3	县一级	77.3	3	1.7	3
4	普通	65.7	4	2.4	1

* 指校运动员占学校学生总人数的比例。

由表 5-39 的数据可知，市一级学校拥有运动队的比例最高。考虑到学校的生源规模，市一级学校的运动员也较多。

（十）各种级别学校总体投入情况小结

总体来说，在各种级别学校体育投入指标之中，除体育教师师生比和生均体育场地面积通常低级别的学校投入较多，其他投入与学校的级别均成正比，即级别越高的学校，投入相对越多。然而，学校的体育教师师生比和生均体育场地面积分别是影响体育教育实施效果的两个重要的投入指标——"人"和"物"，因此，不同级别的学校对体育教育的投入各有高低。

二、产出指标

（一）体育课程评价成绩指标

学生体测成绩和体育课程成绩是衡量学生身体健康及运动素质的两个重要指标。在本书中，同样采用学生的体育课程成绩和体测成绩优良率指标来作为重要的学校体育产出指标。

广东省不同类型中小学的学生体育课程成绩见表 5-40，其体测成绩见表 5-41。由表 5-40 和表 5-41 的数据可以看出，不管是学校体育课的成绩还是国家学生体测的成绩均为普通学校最好，市一级学校最差。

表 5-40 广东省不同类型中小学的学生体育课程成绩

序号	学校类型	体育课成绩分布/人				优良率/%	优良率排序
		优秀	良	及格	不及格		
1	省一级	1926	2416	1445	297	71.4	3
2	市一级	1035	1679	1328	264	63.0	4
3	县一级	397	711	366	68	71.9	2
4	普通	594	815	315	52	79.3	1

表5-41　广东省不同类型中小学的学生体测成绩

序号	学校类型	体测成绩分布/人				优良率/%	优良率排序
		优秀	良	及格	不及格		
1	省一级	1912	2772	1125	182	78.2	3
2	市一级	1094	2021	976	151	73.4	4
3	县一级	434	775	274	38	79.5	2
4	普通	631	878	223	20	86.1	1

广东省不同类型中小学的学生对运动能力的自我评价见表5-42。由表5-42中的数据可以看出，在广东省中小学校中，普通学校的中小学生对运动能力的自我肯定度相对较高，而市一级学校的中小学生对运动能力的自我评价较差。

表5-42　广东省不同类型中小学的学生对运动能力的自我评价

序号	学校类型	学生对运动能力的自我评价分布/人					自评运动能力强者	
		非常低	较低	一般	较高	非常高	占比/%	排序
1	省一级	289	799	2904	1643	509	35.0	2
2	市一级	151	584	2250	1036	292	30.8	4
3	县一级	82	188	779	394	123	33.0	3
4	普通	56	173	792	549	206	42.5	1

（二）学生身体状况及健康指标情况

1. BMI与自评指标

广东省不同类型中小学的学生BMI均值及对身材的自我评价见表5-43。

表5-43　广东省不同类型中小学的学生BMI均值及对身材的自我评价

序号	学校类型	BMI均值	对身材自我评价结果分布/人					身材棒者	
			非常棒	比较棒	一般	较差	非常差	占比/%	排序
1	省一级	19.145	791	1553	3019	445	168	39.2	2
2	市一级	18.978	445	1005	2350	279	92	34.8	4
3	县一级	18.944	208	376	796	111	38	38.2	3
4	普通	17.748	284	549	812	74	27	47.7	1

由表5-43的数据可以看出，广东省中小学生对身材的自我评价结果是普通学校的学生自我评价最高，然而普通学校学生的BMI均值只有17.748，而市一级学校的学生

自我评价最差。也就是说，学生对身材的自我评价结果与 BMI 指数反映的结果存在一定偏差，学校体育效率分析应以客观指标 BMI 为准。

2. 身体健康状况

本研究从学生生病情况与视力健康两方面调查学生的身体健康状况。

通过学生生病的频率来评价学生的健康情况，主要从经常生病、不常生病两个方面进行调查。广东省不同类型中小学的学生因病请假情况见表 5-44。从表 5-44 的数据可以看到，普通学校学生生病情况最少，省一级学校学生生病情况最多。

表 5-44 广东省不同类型中小学的学生因病请假情况

序号	学校类型	健康情况				请假情况		
		经常生病/人	不常生病/人	健康学生占比/%	健康学生占比排序	学期累计请假天数/天	学期人均请假天数/天	排序
1	省一级	544	5339	90.8	4	935.8	0.159	4
2	市一级	341	3740	91.6	3	4502.5	1.103	1
3	县一级	117	1378	92.2	2	1237.5	0.828	3
4	普通	119	1608	93.1	1	1798.5	1.041	2

广东省不同类型中小学的学生视力情况见表 5-45。不近视率可反映学生的视力健康情况。由表 5-45 的数据可以看出，总体上，普通学校的学生视力相对最佳，省一级学校的学生视力相对最弱。

表 5-45 广东省不同类型中小学的学生视力情况

序号	学校类型	视力情况分布/人				不近视率/%	不近视率排序
		不近视	300 度以下	300~600 度	600 度以上		
1	省一级	1932	2538	1525	196	31.2	4
2	市一级	1627	1766	875	91	37.3	3
3	县一级	593	603	332	52	37.5	2
4	普通	987	603	198	21	54.6	1

由表 5-44、表 5-45 的数据可知，总体来说，省一级学校的学生身体相对更弱，而普通学校的学生身体相对更健康。

（三）体育课实施效果指标

学生对体育课的态度是衡量学校体育产出多寡的一个重要指标。学生喜爱上体育课，对于提高学生运动兴趣、养成终身体育的习惯极为重要。广东省不同类型中小学的学生对体育课的态度和上课情绪分别见表 5-46、表 5-47。

表 5-46　广东省不同类型中小学的学生对体育课的态度

序号	学校类型	态度分布/人			喜欢者	
		喜欢	不喜欢	无感觉	占比/%	排序
1	省一级	4027	469	1685	65.2	3
2	市一级	2788	350	1207	64.2	4
3	县一级	1032	116	426	65.6	2
4	普通	1235	132	442	68.3	1

表 5-47　广东省不同类型中小学的学生上体育课情绪评价

序号	学校类型	情绪分布/人					情绪愉悦者	
		兴奋	高兴	无感觉	难过	痛苦	占比/%	排序
1	省一级	1176	1804	2872	55	128	49.4	3
2	市一级	800	1269	2019	62	115	48.5	4
3	县一级	294	460	703	20	35	49.9	2
4	普通	441	536	723	20	50	55.2	1

由表 5-46 和表 5-47 中的数据可知，学生对体育课的喜欢程度与上课的情绪成正比。相较而言，普通学校的学生最喜欢体育课，且上课时情绪愉悦者占比最高；而市一级学校正好相反。

（四）学生课外体育活动

学生对学校组织的课外体育活动和运动会的态度，在一定程度上可以反映学生对运动的喜欢程度以及学校实施课外体育活动的效果。广东省不同类型中小学的学生对课外体育活动的评价及其对校运会的态度分别见表 5-48、表 5-49。

表 5-48　广东省不同类型中小学的学生对课外体育活动的评价

序号	学校类型	评价分布/人					喜欢者	
		很不喜欢	不喜欢	喜欢	比较喜欢	非常喜欢	占比/%	排序
1	省一级	156	482	2531	1699	1264	89.6	3
2	市一级	105	87	1896	1130	815	95.2	1
3	县一级	56	134	622	422	329	87.8	4
4	普通	64	112	647	484	512	90.3	2

表 5-49 广东省不同类型中小学的学生对校运会的态度

序号	学校类型	态度分布/人			主动参加者	
		主动报名	被动报名	不参加	占比/%	排序
1	省一级	2337	1220	2611	37.9	3
2	市一级	1562	860	1861	36.5	4
3	县一级	621	272	648	40.3	2
4	普通	942	293	560	52.5	1

从表 5-48、表 5-49 的数据可以得知，市一级学校的学生更喜欢课外体育活动，普通学校的学生则会更主动地参加校运会。

（五）学生心理健康及社会适应能力

学生能较好适应的社会是学校体育健康教育的目标之一。本书选择了五个指标来了解学生心理健康及社会适应能力，结合中小学生的理解力水平，调查问卷选择了容易理解和回答的问题，如学生与父母的关系、学生与同学的关系和学生拥有好朋友的比例，以及他们对生活的态度与学习的压力。

1. 学生与父母、同学的关系及朋友情况

广东省不同类型中小学的学生与父母、同学的关系及朋友情况见表 5-50。

表 5-50 广东省不同类型中小学的学生人际关系情况

序号	学校类型	与父母关系		与同学关系		拥有好朋友	
		融洽者比例/%	排序	融洽者比例/%	排序	比例/%	排序
1	省一级	69.2	2	78.4	1	95.7	1
2	市一级	66.7	3	74.9	4	95.4	2
3	县一级	66.0	4	77.2	3	94.9	4
4	普通	73.3	1	77.8	2	95.2	3

从表 5-50 的数据可以看到，普通学校的学生与父母的关系更加融洽一些，遇到事情更愿意和父母交流；县一级学校的学生和父母的融洽度较低，不过四个级别学校的学生差异并不是很大。在和同学关系的调查中，可以看到，各个级别学校的学生基本上没有太大的差异，数值比较接近，其中省一级学校最高，市一级学校最低。调查学生是否拥有好朋友的比例中，同样也是各个级别学校的学生差异不是很大，数值比较接近。

2. 学生生活状况及学习压力的情况

广东省不同类型中小学的学生对生活满意度及学习压力的情况见表 5-51。

表5-51 广东省不同类型中小学的学生对生活满意度及学习压力的情况

序号	学校类型	满意		无压力	
		比例/%	排序	比例/%	排序
1	省一级	58.7	4	46.7	2
2	市一级	59.5	3	47.9	1
3	县一级	65.7	2	45.0	3
4	普通	74.1	1	35.9	4

对于生活状态的调查,发现各个级别学校的学生差异较大,满意比例最高的是普通学校的学生,满意度最低的是省一级学校的学生。出现了学校级别越高,学生对生活的满意度越低的现象。学生学习压力则和生活满意度出现了较大差异,普通学校学生表示压力很大,其次是县一级学校的学生,市一级和省一级学校学生的压力差异较小。

(六)学生对体育理论知识掌握程度

关于学生对体育基础理论知识的掌握程度见表5-52。

表5-52 广东省不同类型中小学的学生对体育基础理论知识的掌握程度

序号	学校类型	体育功能知识		生理卫生、人体结构知识			
		正确率/%	排序	生理卫生知识正确率/%	人体结构知识正确率/%	两项正确率均值/%	均值排序
1	省一级	87.7	1	17.6	13.9	15.8	1
2	市一级	85.2	2	14.0	9.7	11.9	4
3	县一级	83.7	3	13.9	10.8	12.4	3
4	普通	78.2	4	14.6	11.9	13.3	2

从表5-52的数据可以看出,级别越高的学校学生对体育功能知识的掌握越好。此外,省一级学校的学生对生理卫生、人体结构知识的掌握最好,其次是普通学校,接着是县一级学校和市一级学校的学生。

(七)学生是否养成自觉锻炼习惯

体育教育的终极目标就是提高学生运动技能、身体素质和培养学生体育兴趣,使学生能够养成自觉锻炼的习惯与终身体育的意识。因此,学生是否养成自觉锻炼的习惯是学校体育教育非常重要的产出指标。

广东省不同类型中小学的学生养成自觉锻炼的运动习惯的情况见表5-53。由表5-53的数据可以看出,不同级别学校学生养成自觉锻炼习惯的比例中,普通学校学生最高,市一级学校学生最低。学生自觉锻炼习惯的养成和学生对体育课的态度具有高度的正相关($r=0.996^*$),这就表明学生越喜欢体育课,越容易养成自觉锻炼的好习惯。

表 5-53　广东省不同类型中小学的学生养成自觉锻炼的运动习惯的情况

序号	学校类型	是否养成自觉锻炼习惯			养成自觉锻炼习惯者	
		是/人	否/人	合计/人	占比/%	排序
1	省一级	3492	2722	6214	56.2	3
2	市一级	2342	2033	4375	53.5	4
3	县一级	895	691	1586	56.4	2
4	普通	1184	646	1830	64.7	1

（八）学校体育场馆社会服务情况

学校体育场馆向社会开放的情况，可用以反映该学校体育场馆的社会服务情况。广东省不同类型中小学的体育场馆开放情况见表 5-54。由表 5-54 的数据可知，普通学校向社会开放体育场馆的比例最高，充分利用学校的体育场馆来为社会服务，使体育场馆收到更多的社会效益。

表 5-54　广东省不同类型中小学的体育场馆开放的情况

序号	学校类型	体育馆开放比例/%	运动场开放比例/%	均值/%	均值排序
1	省一级	34.8	45.6	40.2	2
2	市一级	42.1	34.8	38.5	3
3	县一级	21.4	46.7	34.1	4
4	普通	30.8	59.1	45.0	1

（九）学校体育的产出小结

通过对 20 种学校体育的产出数据的比较分析与排序，可以看出学校级别和体育教育的产出并没有太大的联系，每种产出指标在不同级别的学校中各有高低，并没占有绝对优势的学校类型。

三、结果分析

（一）广东省不同级别学校体育效率 DEA 运算方法与步骤

1. 定指标

通过对各种数据的统计与整理，找出学校体育 15 种投入指标（见表 5-55）与 18 种产出指标（见表 5-56），DEA 并不需要统一纲量，但须把各种百分比和数字统一用数值来表示。

2. 选指标、录数据

选择学校体育的 8 种产出指标和 7 种投入指标，准备进行 DEA 计算。在 Excel 工作表中，先录入学校体育的各种产出指标（out）及数据，再录入投入指标（in）及数据。除了指标师生比的数据取小数点后 5 位，其他数据取小数点后 3 位，各指标数据见表 5-57。

表5-55 广东省不同类型中小学15种体育教育投入指标

学校类型	师生比 in 1	生均体育场地面积/m² in 2	校周均课时/课时 in 3	拥有大纲比例 in 4	拥有教材比例 in 5	短期培训全额报销比例 in 6	长期培训全额报销比例 in 7	运动器材经费支持率 in 8	校内外体育比赛经费支持率 in 9	传统体育项目 in 10	国际体育交流项目 in 11	举办运动会比例 in 12	课外体育活动组织比例 in 13	拥有校运动队比例 in 14	拥有体育场馆比例 in 15
省一级	0.00373	6.701	2.190	0.771	0.747	0.619	0.3095	0.833	0.655	0.726	0.136	0.917	0.643	0.833	0.554
市一级	0.00398	6.849	2.113	0.79	0.726	0.516	0.226	0.79	0.694	0.565	0.082	0.869	0.514	0.839	0.306
县一级	0.00393	6.422	2.045	0.714	0.857	0.636	0.205	0.955	0.864	0.545	0	0.955	0.75	0.773	0.636
普通	0.00522	8.175	2.143	0.657	0.543	0.588	0.221	0.771	0.657	0.371	0	0.829	0.55	0.657	0.371

表5-56 广东省不同类型中小学18种体育教育产出指标

学校类型	体育课成绩优良率 out 1	体测成绩优良率 out 2	BMI均值 out 3	健康学生占比 out 4	不近视率 out 5	喜欢体育课者占比 out 6	上体育课情绪愉悦者占比 out 7	喜欢课外体育活动者占比 out 8	主动参加校运会者占比 out 9	与父母关系融洽者比例 out 10	与同学关系融洽者比例 out 11	拥有好朋友者比例 out 12	生活满意者比例 out 13	学习无压力者比例 out 14	体育功能知识正确率 out 15	生理卫生、人体结构知识正确率均值 out 16	自觉锻炼者比例 out 17	体育场馆开放均值 out 18
省一级	0.714	0.782	19.145	0.908	0.312	0.652	0.494	0.896	0.379	0.692	0.784	0.957	0.587	0.467	0.877	0.158	0.562	0.402
市一级	0.63	0.734	18.978	0.916	0.373	0.642	0.485	0.952	0.365	0.667	0.749	0.954	0.595	0.479	0.852	0.119	0.535	0.385
县一级	0.719	0.795	18.944	0.922	0.375	0.656	0.499	0.878	0.403	0.66	0.772	0.949	0.657	0.45	0.837	0.124	0.564	0.341
普通	0.793	0.861	17.748	0.931	0.546	0.683	0.552	0.903	0.525	0.733	0.778	0.952	0.741	0.359	0.782	0.133	0.647	0.45

表 5-57 进行 DEA 计算的广东省各级别中小学体育的投入与产出指标

学校类型	运动技能	BMI 指数	身体健康	体育兴趣	心理健康	社会适应	体育理论	场馆开放	师生比	生均体育场地面积	大纲与教材	体育经费	各种体育课外活动	体育场馆
	out 1	out 2	out 3	out 4	out 5	out 6	out 7	out 8	in 1	in 2	in 4	in 5	in 6	in 7
省一级	0.748	19.145	0.61	0.584	0.811	0.527	0.518	0.402	0.00373	6.701	0.759	0.587	0.652	0.554
市一级	0.682	18.978	0.6445	0.573	0.790	0.537	0.486	0.385	0.00398	6.849	0.758	0.511	0.594	0.306
县一级	0.757	18.944	0.6485	0.587	0.794	0.554	0.481	0.341	0.00393	6.422	0.786	0.599	0.648	0.636
普通	0.827	17.748	0.7385	0.656	0.821	0.550	0.458	0.450	0.00522	8.175	0.600	0.527	0.511	0.371

3. 通过 DEA 2.1 软件进行计算

计算方法见本章第一节。

4. 得出 DEA 相对有效值，得出规模阶段

使用 DEA 2.1 软件计算广东省各学校类型（单位）的体育教育相对有效性，通过计算得到各单位的相对有效性值，即为技术效率（crste）、纯技术效率（vrste）与规模效率（scale），以及规模阶段（type），计算结果见表 5 – 58。

表 5 –58　广东省不同级别学校的体育教育效率结果

学校类型	技术效率	纯技术效率	规模效率	规模阶段
省一级	1.000	1.000	1.000	—
市一级	1.000	1.000	1.000	—
县一级	1.000	1.000	1.000	—
普通	1.000	1.000	1.000	—

由表 5 –58 的数据可知，这些决策单元 DEA 都相对有效，即 4 种类型的学校均处于规模不变阶段，每种类型的学校都是 DEA 有效。即每种类型的学校体育教育效率相对都是有效的，并没有哪一种类型的学校在体育教育的效率上显示出优势。

不同级别学校的体育效益既是纯技术有效，又是规模有效，而且均处于规模收益不变阶段。也就是说，在一定范围内继续增加学校体育投入还会得到相应比例的产出。在调查中发现，总体而言，广东省学校体育的投入仍比较匮乏。因此，适当增加体育教育的投入，会得到较好的学校体育产出。

5. 列结果

根据学校体育效率的计算结果，列出各级别学校体育的投入与产出指标的松弛变量、投入冗余率与产出不足率，直接根据 DEA 运算结果数据。由于各级别学校的技术效率为 1，则其松弛变量为 0，也就是说，各种类型的学校体育效率不存在投入冗余率和产出不足率。

(二) 广东省不同级别学校体育效率结果

由于 DEA 运算的是相对有效性，也就是 4 种类型学校相互之间为参照单元，4 个单元是有效的。

1. 加大投入是提高效率的途径之一

各种级别类型的学校体育效率都是有效的，且处于规模收益不变阶段，即保持目前的技术手段，继续增加学校体育投入，会得到相应倍数的产出，因此，加大投入是提高学校体育效率的重要途径。因为只有扩大体育教育规模，才会出现规模报酬递增的情况，具备规模经济效应。通过分析得知，级别较高的学校，尽管学生的文化课成绩比较优秀，学校升学率高，但体育教育的产出方面并不一定具备优势，有些体育产出还不如普通学校。在扩大投入方面，由于级别高的学校生源较多，则要更加重视在学校体育"人"和"物"方面的投入，即更多关注的是降低学校体育生师比、防止班级规模偏大、加大体育场馆的投入、增加学生生均体育场地面积等。级别较低的学校，由于生源

不是很多，则要注重加大体育的资金投入，比如重视体育教师的知识技能的提升，防止非专职体育教师代上体育课，提高教师执教能力，提高学校体育活动经费、课内外体育比赛的经费和运动队的建设等。

2. 提高学校体育教学质量是提高学校体育效率的另一重要途径

不同级别学校之间不存在技术效率和规模无效情况，因此各级别学校在加大学校体育投入、优化资源配置的基础上，可以从提高体育课的质量、优化课程评价方案、提高体育场馆的使用率等资源合理利用技术手段来提高学校体育的绝对效率。

第三节　广东省不同行政区域间学校体育 DEA 效率评价实证分析

本研究调查了广东省 21 个地市的 204 所中小学，按照学校所在的行政区域，分为省会城市学校、地级市学校、县（区）级市学校（以下简称"县级市学校"）、乡镇学校和农村学校，共分为 5 种类型。通过问卷调查了每个地理位置学校体育情况，收集它们各种体育教育投入与产出数据，并对它们进行分析，利用数据包络进行运算，根据结果计算出无效的单元，分析是什么原因造成决策单元效率无效，并提出合理改革措施与建议。根据中小学体育实施内容及体育健康教育课程目标，依照图 5-1、图 5-2 的指标体系找到不同行政区域学校各种体育教育投入与产出指标。

一、投入指标

（一）体育教师的师生比

调查显示，广东省各行政区域中小学校配备体育教师的情况见表 5-59。由该表数据可以看出，县级市的学校体育教师缺编最严重，生师比为 281.025，远超过国家对农村学校生师比小于 200 的要求。相反，农村学校由于生源较少，生师比达到要求。但在实际调研中发现，很多农村学校体育教师是兼职的，由非专职体育教师上体育课的现象比比皆是。因此，无论是哪个区域的学校，体育教师都是缺乏的。

表 5-59　广东省各行政区域中小学校配备体育教师的情况

序号	学校位置	调查学校数/所	学生人数/人	体育教师人数/人	生师比	师生比	师生比排序
1	省会城市	38	81670	354	230.706	0.00434	3
2	地级市	68	208652	815	256.015	0.00391	4
3	县级市	53	179013	637	281.025	0.00356	5
4	乡镇	32	52657	231	227.952	0.00439	2
5	农村	13	10739	56	191.768	0.00522	1

（二）学校体育场地设施

各种体育场地规格详见表5-2，通过统计与计算广东省各行政区域中小学的生均体育场地面积及拥有体育馆情况见表5-60。由表5-60的数据可以看出，农村地区的生均体育场地面积最大，县级市学校生均体育场地面积最小，只有5.867 m²。然而从体育馆的建设来看，地级市学校体育馆的建设最好，设施条件最差的是农村学校。很多农村学校没有室内体育馆，遇到下雨等气候比较恶劣的时候，体育课就会被迫直接取消，改为自由活动或者上其他课程。

表5-60 广东省各行政区域中小学的生均体育场地面积及拥有体育馆情况

序号	学校位置	体育场地			拥有体育馆	
		总体育场地面积/m²	生均体育场地面积/m²	排序	拥有率/%	排序
1	省会城市	638270.786	7.815	3	42.1	3
2	地级市	1252551.504	6.003	4	56.7	1
3	县级市	1050212.266	5.867	5	46.2	2
4	乡镇	545020.498	10.350	2	37.5	4
5	农村	125961.118	11.729	1	15.4	5

（三）学生周体育课时量及班级规模

广东省各行政区域中小学每周的学生体育均课时量及班级规模情况见表5-61。

表5-61 广东省各行政区域中小学每周的学生体育均课时量及班级规模情况

序号	学校位置	每周体育课时均值		班级规模	
		平均课时/课时	排序	平均人数/人	排序
1	省会城市	2.316	1	44.500	4
2	地级市	2.103	3	52.323	1
3	县级市	2.094	4	52.283	2
4	乡镇	2.156	2	47.258	3
5	农村	1.846	5	41.182	5

由表5-61的数据可知，省会城市学校的学生每周体育课时量相对高一些，农村学校最低，平均每周不到2次，和国家目前规定"小学3次，初中和高中2～3次"的标准差距较大。班级规模最大的是地级市的学校，平均人数达到52.323人，农村学校规模最小，平均人数为41.182人。班级规模过大是影响体育课实施与组织的关键因素，可考虑分班教学。然而从师生比的数据中又发现地级市和县级市学校的体育师生比很低，在这些地区增加体育教师的数量是关键。

（四）学校体育教学大纲及教材执行情况

拥有规范教学大纲及教材有利于学校体育的实施与开展，广东省各行政区域中小学体育教学大纲及教材执行情况见表 5-62。由表 5-62 的数据可知，从广东省各行政区域中小学对体育教学大纲及教材的执行情况来看，县级市学校相对规范，农村和乡镇学校的执行情况较差。

表 5-62　广东省各行政区域中小学体育教学大纲及教材执行情况

序号	学校位置	拥有教学大纲		拥有教材	
		比例/%	排序	比例/%	排序
1	省会城市	71.1	4	78.9	1
2	地级市	78.5	2	75.0	2
3	县级市	79.2	1	75.0	2
4	乡镇	75.0	3	59.4	5
5	农村	53.8	5	61.5	4

（五）学校对体育教师培训支持力度

广东省各行政区域中小学对体育教师短期培训、长期进修的支持情况分别见表 5-63、表 5-64。

表 5-63　广东省各行政区域中小学对体育教师短期培训的支持情况

序号	学校位置	支持的学校		不同报销类型的学校数量/所			报销的学校	
		占比/%	排序	全额报销	部分报销	不报销	占比/%	排序
1	省会城市	97.4	1	28	8	2	73.7	1
2	地级市	92.5	2	42	17	8	62.7	2
3	县级市	80.8	4	27	15	10	51.9	4
4	乡镇	84.4	3	17	12	3	53.1	3
5	农村	76.9	5	4	9	0	30.8	5

由表 5-63 的数据可知，广东省各行政区域中小学对体育教师短期培训的支持、经费报销的力度各不相同，其中省会城市学校的支持率最高、经费报销情况最好，而农村学校的支持率最低、经费报销情况最差。

表 5-64　广东省各行政区域中小学对体育教师长期进修的支持情况

序号	学校位置	支持的学校		报销情况			
		占比/%	排序	学费全额报销的学校占比/%	车费全额报销的学校占比/%	均值/%	均值排序
1	省会城市	81.6	1	31.6	26.3	29.0	2
2	地级市	70.1	2	22.4	23.9	23.2	4
3	县级市	59.6	4	19.2	32.7	26.0	3
4	乡镇	62.5	3	34.4	28.1	31.3	1
5	农村	38.5	5	15.4	15.4	15.4	5

由表 5-64 的数据可知,广东省各行政区域中小学对体育教师长期进修的支持、经费报销的力度与对短期培训的情况类似。在对体育教师长期进修的支持方面,省会城市学校的支持率最高、经费报销情况较好,而农村学校的支持率最低、经费报销情况最差。

(六)学校对体育比赛及运动器材经费支持力度

广东省各行政区域中小学的体育经费支持情况见表 5-65。从表 5-65 的数据可以看出,不管是运动器材经费支持情况,还是校内外体育比赛的支持情况都是农村学校最差,而且远远落后于其他行政区域的学校。

表 5-65 广东省各行政区域中小学的体育经费支持情况

序号	学校位置	运动器材		校内外体育比赛	
		经费支持率/%	排序	经费支持率/%	排序
1	省会城市	84.2	2	81.6	1
2	地级市	83.6	3	71.5	3
3	县级市	77.4	4	69.9	4
4	乡镇	90.6	1	81.3	2
5	农村	69.2	5	46.2	5

(七)学校体育传统优势项目的体育特长生招生情况

广东省各行政区域中小学对传统体育优势项目和国际体育交流项目的支持情况见表 5-66。从表 5-66 的数据可以看出,在传统体育优势项目和国际体育交流机会方面,省会城市的学校投入情况最好,而农村学校投入情况最差。

表 5-66 广东省各行政区域中小学对传统体育优势项目和国际体育交流项目的运动情况

序号	学校位置	拥有传统体育优势项目		拥有国际体育交流项目	
		学校占比/%	排序	学校占比/%	排序
1	省会城市	73.7	1	21.1	1
2	地级市	55.2	3	6.3	2
3	县级市	67.9	2	3.8	3
4	乡镇	46.9	4	3.1	4
5	农村	38.5	5	0	5

(八)学校课外体育活动组织指标

广东省各行政区域中小学校课外体育活动情况及学校运动队情况分别见表 5-67 及表 5-68。由两张表格中的数据可以得知,地级市学校组织课外体育活动最多,县级市学校拥有运动队的比例最高。

表 5-67　广东省各行政区域中小学校课外体育活动情况

序号	学校位置	举办运动会		组织课外体育活动	
		比例/%	排序	比例/%	排序
1	省会城市	97.4	2	68.4	2
2	地级市	98.5	1	73.9	1
3	县级市	84.9	3	48.6	4
4	乡镇	74.2	4	41.2	5
5	农村	69.2	5	50.0	3

表 5-68　广东省各行政区域中小学校运动队情况

序号	学校位置	学校运动队		学校运动队的运动员	
		拥有率/%	排序	人数比*/%	排序
1	省会城市	71.1	4	2.27	2
2	地级市	86.6	2	1.75	4
3	县级市	86.8	1	1.26	5
4	乡镇	78.1	3	2.25	3
5	农村	46.2	5	2.48	1

＊指校运动员占学校学生总人数的比例。

（九）各行政区域学校体育投入情况小结

从反映学校体育投入的"人"和"物"的体育教师师生比和生均体育场地面积两大投入指标来看，农村学校的最好，县级市学校的最差。但是，这并不代表农村学校的体育投入最好，而是由于农村学生的生源较少。从学校体育馆的拥有率可以明显看出，基础建设最好的是地级市学校，而最差的是农村学校。这也反映了学校资金的投入情况，总体来看，省城地区和地级市学校的资金投入较多。然而学校体育教师师生比和生均体育场地面积又是影响学校体育教育实施效果的两个重要的"人"和"物"投入指标，因此不同行政区域学校投入各有高低。

二、产出指标

（一）体育课程评价成绩及自我评价指标

广东省各行政区域中小学校的学生体育课成绩及体测成绩的情况见表 5-69，广东省各行政区域中小学校的学生运动能力及身材自我评价情况见表 5-70。

由表 5-69 的数据可知，省会城市中小学校的学生的体育课成绩最好，县级市中小学校的学生的体育课成绩最差。由表 5-70 的数据可以推断，广东省乡镇中小学校的学生对运动能力及身材的自评结果最好，县级市中小学校的学生的自评结果最差。

表5-69 广东省各行政区域中小学校的学生体育课成绩及体测成绩情况

序号	学校位置	体育课成绩		体测成绩	
		优良率/%	排序	优良率/%	排序
1	省会城市	73.9	1	79.9	1
2	地级市	70.3	3	79.1	2
3	县级市	64.5	5	73.6	5
4	乡镇	72.4	2	78.6	3
5	农村	69.8	4	77.7	4

表5-70 广东省各行政区域中小学校的学生运动能力及身材自我评价情况

序号	学校位置	运动能力自评		身材自评	
		运动能力强的比例/%	排序	身材棒的比例/%	排序
1	省会城市	37.1	2	40.6	2
2	地级市	34.7	3	39.5	3
3	县级市	28.6	5	33.7	5
4	乡镇	38.8	1	42.5	1
5	农村	33.9	4	35.8	4

(二) 学生健康状况

广东省各行政区域中小学校的学生身体健康情况见表5-71。

常用BMI表示人体的胖瘦情况。根据中国制定的BMI标准,BMI低于18.5意味着偏瘦,在18.5~23.9之间表明身材标准,超过24则为超重。

表5-71 广东省各行政区域中小学校的学生身体健康情况

序号	学校位置	身体健康情况				请假情况		BMI	
		经常生病/人	不常生病/人	健康比例/%	健康比例排序	学期人均请假天数/天	排序	均值	排序
1	省会城市	354	3522	90.9	5	1.120	2	19.207	3
2	地级市	365	3934	91.5	3	0.944	5	18.746	4
3	县级市	264	2772	91.3	4	0.966	4	19.687	1
4	乡镇	151	1772	92.1	2	1.120	2	19.405	2
5	农村	25	422	94.4	1	1.620	1	18.244	5

由表5-71的数据可知,总体而言,广东省各行政区域学校的学生中,农村学校的学生偏瘦,其余学校的学生身材较为标准。比较而言,农村学校的学生生病的概率较小,省会城市学校的学生生病率最高。然而从学生请假的天数来讲,农村学校的学生请

假的天数相对较多。这一现象的原因可能是在学生生病率较高的学校中,学生因学习压力等而带病上课。

广东省各行政区域中小学校的学生视力情况见表 5-72。

表 5-72 广东省各行政区域中小学校的学生视力情况

序号	学校位置	不近视/人	300 度以下/人	300~600 度/人	600 度以上/人	不近视率/%	不近视率排序
1	省会城市	1348	1672	950	126	32.9	4
2	地级市	1757	1709	946	119	38.8	2
3	县级市	1035	1331	734	92	32.4	5
4	乡镇	907	760	377	32	43.7	1
5	农村	178	207	74	9	38.0	3

近年来,学生视力急剧下降引起很多专家的注意,不近视率可以反映学生的视力健康情况。从表 5-72 的数据可以看到,乡镇学校学生的视力最好,视力最差的是县级市学校的学生。

(三)学生对体育课态度和上课期间的情绪

体育课旨在提高学生身体素质和运动技能、提高其运动兴趣、培养其体育意识,以体育智、育人、育心。学生对体育课的态度和上课期间的情绪,在很大程度上展现了上体育课的效果。因此,这两项指标是体育教育的重要产出。广东省各行政区域中小学校的学生对体育课的态度和上课期间的情绪见表 5-73。从表中可以明显看出,这两项指标结果排序一致,说明喜欢上体育课的学生在上课时的情绪通常也比较愉悦。其中,乡镇学校的学生最喜欢上体育课,而农村学校的学生最不喜欢上体育课。

表 5-73 广东省各行政区域中小学校的学生对体育课的态度和上课期间的情绪

序号	学校位置	对体育课的态度		上体育课期间的情绪	
		喜欢者占比/%	排序	情绪愉悦者占比/%	排序
1	省会城市	64.8	4	49.8	4
2	地级市	66.8	2	50.3	2
3	县级市	65.8	3	50.1	3
4	乡镇	69.1	1	54.6	1
5	农村	54.5	5	44.4	5

(四)学生课外体育活动

广东省各行政区域中小学校的学生对课外体育活动的态度及参与度见表 5-74。从表 5-74 的数据可知,学生主动参与课外体育活动的比例远小于喜欢的比例。这说明提高课外体育活动参与率除了要提高学生对体育活动的积极性外,还需要社会、学校、家庭三方面积极引导，创造必备条件吸引学生参与到课外体育运动中，满足学生每天至少锻炼 1 小时的要求。相比较而言，省会城市的学校课外体育活动组织得最好，学生喜欢且主动参与的积极性最高。

表 5-74 广东省各行政区域中小学校的学生对课外体育活动的态度及参与度

序号	学校位置	对课外体育活动的态度		主动参与课外体育活动	
		喜欢者占比/%	排序	主动参与者占比/%	排序
1	省会城市	89.7	1	45.0	1
2	地级市	89.6	2	39.9	4
3	县级市	89.6	2	30.6	5
4	乡镇	89.3	4	44.0	2
5	农村	84.3	5	42.0	3

（五）学生心理健康及社会适应能力

关于如何评价学生的社会适应能力，目前尚无查阅到此类相关文献，本研究采用学生与父母、同学、朋友的关系作为衡量指标。广东省各行政区域中小学校的学生与父母、同学、朋友关系情况见表 5-75。

表 5-75 广东省各行政区域中小学校的学生与父母、同学、朋友关系的情况

序号	学校位置	与父母关系		与同学关系		朋友关系	
		融洽者占比/%	排序	融洽者占比/%	排序	拥有者占比/%	排序
1	省会城市	70.9	1	82.0	1	95.1	4
2	地级市	69.0	3	76.8	3	95.7	2
3	县级市	66.3	4	72.6	5	96.1	1
4	乡镇	70.7	2	75.9	4	95.3	3
5	农村	58.5	5	76.9	2	94.5	5

由表 5-75 的数据可知，在与父母的关系方面，农村学校的学生与父母关系最差，而且较落后于其他区域学校的学生。这一点需要引起社会及家庭的关注。在与同学及朋友关系方面，各区域学校的学生之间结果较为接近。体育运动是融洽各方彼此关系的重要手段之一，可以多加利用。

本研究认为，学生如果满意目前的生活状态而且没有太大的学习压力，在这种环境氛围中生活，学生更易表现出比较健康的心理状态。广东省各行政区域中小学校的学生的生活状态与压力情况见表 5-76，由表中数据可以看出，农村学校的学生比较满意目前生活状态，乡镇学校学生的学习压力最小。

表 5-76　广东省各行政区域中小学校的学生的生活状态及压力情况

序号	学校位置	生活状态		学习压力	
		满意者占比/%	排序	无压力者占比/%	排序
1	省会城市	62.2	4	56.8	2
2	地级市	63.3	3	53.3	3
3	县级市	55.3	5	51.4	5
4	乡镇	65.7	2	60.4	1
5	农村	66.8	1	52.1	4

（六）学生对体育理论知识的熟知情况

学生应掌握的体育理论知识主要包括三个方面：体育的功能、生理卫生、人体结构知识。广东省各行政区域中小学校的学生对体育基础理论知识的熟知情况见表 5-77。

表 5-77　广东省各行政区域中小学校的学生对体育基础理论知识的掌握程度

序号	学校类型	体育的功能知识		生理卫生、人体结构知识			
		熟知率/%	排序	生理卫生知识熟知率/%	人体结构知识熟知率/%	均值/%	均值排序
1	省会城市	85.9	2	18.5	13.5	16.0	1
2	地级市	83.8	4	14.5	12.2	13.4	3
3	县级市	88.0	1	14.6	9.8	12.2	4
4	乡镇	85.2	3	15.1	12.4	13.8	2
5	农村	82.4	5	12.1	10.4	11.3	5

由表 5-77 的数据可知，县级市学校的学生对体育的功能知识掌握最好，农村学校的学生掌握得最差；不同行政区域学校的学生对生理卫生、人体结构知识的掌握情况均不理想。

（七）学生养成自觉体育锻炼习惯

学校体育的最终目标是让学生养成自觉进行体育锻炼的习惯，培养其终身体育的意识，培养合格的社会主义接班人。广东省各行政区域中小学校的学生养成自觉体育锻炼习惯的情况见表 5-78，其中，乡镇学校的学生养成自觉体育锻炼习惯的情况最好。

表 5-78　广东省各行政区域中小学校的学生养成自觉锻炼的运动习惯的情况

序号	学校位置	未能自觉锻炼人数/人	已经养成自觉锻炼习惯		
			人数/人	占比/%	排序
1	省会城市	2376	1739	57.7	4

续表 5-78

序号	学校位置	未能自觉锻炼人数/人	已经养成自觉锻炼习惯		
			人数/人	占比/%	排序
2	地级市	2668	1889	58.5	2
3	县级市	1582	1617	49.5	5
4	乡镇	1264	826	60.5	1
5	农村	274	197	58.2	3

（八）学校体育场馆开放（社会服务）的情况

广东省各行政区域中小学校的体育场馆开放（社会服务）的情况见表 5-79。

表 5-79 广东省各行政区域中小学校的体育场馆开放的情况

序号	学校位置	开放情况			
		体育馆/%	体育场地/%	均值/%	均值排序
1	省会城市	30.8	21.1	26.0	3
2	地级市	18.4	22.4	20.4	4
3	县级市	37.5	46.2	41.9	1
4	乡镇	41.7	37.5	39.6	2
5	农村	0.0	23.1	11.6	5

（九）学校体育教育产出总体情况

通过对广东省各行政区域中小学的体育教育产出的数值进行排序、分析，可以发现不同行政区域学校的体育产出有高有低。因此，学校的行政区域和体育教育的产出没有直接联系。下面将通过 DEA 来计算各行政区域学校体育的相对有效性。

三、结果分析

（一）广东省各行政区域中小学的体育效率 DEA 运算方法与步骤

1. 定指标及选指标

根据学校体育的内涵及体育健康教育目标，本研究在学校体育教育的 15 种投入指标（见表 5-80）中选择 7 种，在 20 种产出指标（见表 5-81）中选择 8 种，共同组成了进行 DEA 分析所需的数据。

2. 录入数据

在 Excel 工作表中，先录入学校体育的各种产出指标（out）及数据，再录入投入指标（in）及数据。为便于计算，师生比指标的数据取小数点后 5 位，其他数据取小数点后 3 位，各指标数据见表 5-82。

表 5-80 广东省各行政区域学校的 15 种体育教育投入指标

学校位置	师生比	生均体育场地面积/m²	体育馆拥有率	校周均课时/课时	拥有大纲率	拥有教材率	短期报销	长期报销	运动器材经费	体育比赛经费	传统优势项目	国际体育交流项目	举办运动会	组织课外体育活动	拥有运动队
	in 1	in 2	in 3	in 4	in 5	in 6	in 7	in 8	in 9	in 10	in 11	in 12	in 13	in 14	in 15
省会城市	0.00434	7.815	0.421	2.316	0.711	0.789	0.737	0.290	0.842	0.816	0.737	0.211	0.974	0.684	0.711
地级市	0.00391	6.003	0.567	2.103	0.785	0.750	0.627	0.232	0.836	0.715	0.552	0.063	0.985	0.739	0.866
县级市	0.00356	5.867	0.462	2.094	0.792	0.750	0.519	0.260	0.774	0.699	0.679	0.038	0.849	0.486	0.868
乡镇	0.00439	10.350	0.375	2.156	0.750	0.594	0.531	0.313	0.906	0.813	0.469	0.031	0.742	0.412	0.781
农村	0.00522	11.729	0.154	1.846	0.538	0.615	0.308	0.154	0.692	0.462	0.385	0.000	0.692	0.500	0.462

表 5-81 广东省各行政区域学校的 20 种体育教育产出指标

学校位置	课程成绩优良率	体测成绩优良率	运动能力强	身材棒	BMI均值	身体健康	身体不近视比例	喜欢体育课	体育课情绪愉悦者	喜欢课外体育运动	主动参与课外活动	与父母融洽	与同学融洽	拥有好朋友者	生活满意	学习无压力	熟知体育理论知识	熟知其他体育知识	自觉锻炼	体育场馆开放
	out 1	out 2	out 3	out 4	out 5	out 6	out 7	out 8	out 9	out 10	out 11	out 12	out 13	out 14	out 15	out 16	out 17	out 18	out 19	out 20
省会城市	0.739	0.799	0.371	0.406	19.207	0.909	0.329	0.648	0.498	0.897	0.450	0.709	0.820	0.951	0.622	0.568	0.859	0.160	0.577	0.260
地级市	0.703	0.791	0.347	0.395	18746	0.915	0.388	0.668	0.503	0.896	0.399	0.690	0.768	0.957	0.633	0.533	0.838	0.134	0.585	0.204
县级市	0.645	0.736	0.286	0.337	19687	0.913	0.324	0.658	0.501	0.896	0.306	0.663	0.726	0.961	0.553	0.514	0.88	0.122	0.495	0.419
乡镇	0.724	0.786	0.388	0.425	19405	0.921	0.437	0.691	0.546	0.893	0.440	0.707	0.759	0.953	0.657	0.604	0.852	0.138	0.605	0.396
农村	0.698	0.777	0.339	0.358	18244	0.944	0.380	0.545	0.444	0.843	0.420	0.585	0.769	0.945	0.668	0.521	0.824	0.113	0.582	0.116

表 5-82 进行 DEA 计算的广东省各行政区域学校体育的投入与产出指标

学校位置	体育成绩 out 1	BMI均值 out 2	身体健康 out 3	运动参与 out 4	心理健康 out 5	社会适应 out 6	体育理论 out 7	场馆开放 out 8	师生比 in 1	生均体育场地面积 in 2	体育馆 in 3	周均课时 in 4	教辅资料 in 5	校内经费 in 6	课外体育活动 in 7
省会城市	0.769	19.207	0.619	0.614	0.827	0.595	0.510	0.260	0.00434	7.815	0.421	2.316	0.750	0.671	0.689
地级市	0.747	18.746	0.652	0.610	0.805	0.583	0.486	0.204	0.00391	6.003	0.567	2.103	0.768	0.603	0.653
县级市	0.691	19.687	0.619	0.571	0.783	0.534	0.501	0.419	0.00356	5.867	0.462	2.094	0.771	0.563	0.603
乡镇	0.755	19.405	0.679	0.635	0.806	0.631	0.495	0.396	0.00439	10.350	0.375	2.156	0.672	0.641	0.541
农村	0.738	18.244	0.662	0.567	0.766	0.595	0.469	0.116	0.00522	11.729	0.154	1.846	0.577	0.404	0.417

3. 通过 DEA 2.1 软件进行计算

计算方法见本章第一节。

4. 得出 DEA 相对有效值,得出规模阶段

使用 DEA 2.1 软件计算广东省各行政区域学校的体育教育相对有效性,通过计算得到各单位的相对有效性值及规模阶段,具体结果见表 5-83。

计算结果中,技术效率为 1 表明此单位 DEA 相对有效,否则为 DEA 无效。由表 5-83 的数据可知,省会城市学校、地级市学校、县级市学校、乡镇学校、农村学校这 5 种行政区域的学校中,每种学校都是 DEA 有效,其体育规模阶段均为不变。

表 5-83　广东省不同行政区域学校的体育教育效率结果

学校位置	技术效率	纯技术效率	规模效率	规模阶段
省会城市	1.000	1.000	1.000	—
地级市	1.000	1.000	1.000	—
县级市	1.000	1.000	1.000	—
乡镇	1.000	1.000	1.000	—
农村	1.000	1.000	1.000	—

这 5 种行政区域学校的技术效率为 1,代表它们既是纯技术有效,又是规模有效。因为各学校体育都是规模收益不变阶段,即继续增加一定的投入将会得到相应倍数的产出,故应该扩大体育教育的规模。广东省总体学校体育的投入比较匮乏。而 DEA 是相对有效概念,因此增加体育教育的投入,并保持现技术手段,会得到更好的学校体育产出。

5. 列出结果

根据各学校体育 DEA 计算结果,可以得出各单元的投入与产出松弛变量为 0。由于松弛变量都为 0,各种行政区域学校体育效率不存在投入冗余率和产出不足率,也就没有投入冗余量和产出不足量。

(二) 广东省不同行政区域学校体育效益结果

1. 扩大投入是提高各行政区域学校体育效率的重要途径

各行政区域学校体育的效率都是相对有效的,效率的结果均为 1,而且它们均处于规模收益不变阶段,即如果保持目前的技术手段,继续增加投入,会得到相应倍数的产出,因此加大投入是提高这些学校体育效率的重要途径。相对其他行政区域学校而言,农村学校和乡镇学校在体育教师的师生比、生均体育场地面积等体育教育投入指标上有优势,而在体育资金等其他体育教育投入指标上则相对较为欠缺,因此,这些行政区域的学校要重视体育教师的职后教育,广泛开展体育比赛。省会城市学校和地级市学校则应尽可能地提高生均体育场地面积、体育教师的师生比,控制班级规模,从而促使学生提高体育运动的参与度。

2. 加强学校体育教学质量是提高学校体育效率的另一重要途径

不同行政区域学校之间不存在纯技术效率和规模无效情况,因此在加大投入、优化资源配置的基础上,可以从加强体育课的质量、优化课程评价方案、提高体育场馆的使用率、培养体育课兴趣等技术手段来提高学校体育绝对效率。

小 结

通过不同地区间学校体育效率DEA计算得知，广东省21个不同地区间学校体育效率有明显的差异：大部分地区的学校都处于规模不变阶段，也就是增加一定的投入，可以使得产出增加；部分经济发达的地区反而相对效率较低，而且处于规模效益递减阶段，也就是增加投入并不能收获相应比例的产出，这时候优化资源配置就显得特别重要。通过不同类型学校体育效率的DEA计算，得知广东省不同类型学校体育效率无明显的差异：4个类型级别学校效率都为1，且均处于规模不变阶段，也就是增加投入，还可以使得产出增加。通过不同行政区域学校体育效率的DEA运算，可得知广东省不同行政区域学校体育效率无明显的差异：5个不同行政区域学校效率都为1，同样是处于规模不变阶段，也就是继续增加投入，可以使得产出增加。

通过以上综合分析，可以推断出经济好、级别高、地理位置重要的学校，其体育效率不一定就高。由于DEA计算的是各决策单元之间的相对效率，通过本书第三章调查学校体育间接投入和第四章调查学校体育直接投入可以得知，广东省整体学校体育投入偏少。因此，要想提高学校体育效率，扩大投入是关键。对此，可以根据DEA运算的结果以及它们每个决策单元的规模阶段，结合不同地区、不同类型、不同行政区域学校各种投入排序结果，重新调整投入分配方案，使学校体育投入的人、财、物等资源达到均衡，最终提高学校体育效率。效率是所有产出与投入之间的比例，效益是有效产出与投入之间的比例，同时效益是效率、效果与利益的结合，高效率是高效益的基础。因此，扩大投入、优化资源配置可以提高学校体育的效率，从而提高学校体育效益。

加大投入与资源优化配置可以提高效率，从而提高效益，然而在体育课实施的过程中，如何利用这些体育资源在课程实施中做到效用最大化，需要发挥人的主观能动性。比如，体育教师如何在课程中运用合适的方法提高学生的体能、运动技能等，如何利用现有的资源提高学生的体育兴趣，如何使学生养成科学锻炼、自觉锻炼习惯。归根结底，就是在现有资源的基础上，如何更好地实施体育课、提高运动参与目标、丰富学生身体活动内容才是提高学校体育效益的重中之重。在课程实施过程中，首先是做好体育课程评价，因为在应试教育比较盛行的当下，考试作为风向标，在很大程度上决定着体育教育的投入与产出，所以优化课程评价方案尤为重要，它是提高学校体育效益的关键环节。除了优化体育健康教育课程评价，在学校体育具体实践环节中，如何提高体育课教学质量、如何充分利用课间活动时间、如何丰富学生课外的身体活动内容等，也是提高学校体育效率的关键环节。本书尝试通过调查中外学校体育实施情况，并进行对比与分析，结合中国素质教育的方针，试图为提高中国体育教育的质量找到破解思路，通过提高体育教育的质量来增加学校体育效益。众所周知，美国是大众体育与竞技体育都比较发达的国家，学校体育又是大众体育与竞技体育的基础，本书将通过调查研究美国学校体育实施举措，并与中国进行对比分析，扬长避短，旨在找到提高中国体育教育质量的方法与途径。

第六章 中美中小学体育教育实施状况与对比分析

美国是大众体育与竞技体育都比较发达的国家，学校体育作为大众体育与竞技体育的基础，为大众体育与竞技体育的发展做出了应有的贡献。尽管美国与中国的制度有异，但是科学教育的方法与手段等不分制度与国别，他国先进的教育经验还是值得中国借鉴与学习的。在了解与比较中取其精华，去其糟粕，学习他国先进的经验，旨在提高中国中小学体育效益。相比较中国学校体育，美国更多时候把学校体育称作"体育教育"。

第一节 美国中小学体育教育执行概况

一、地位、组织、政策

美国学术界一致认为，体育教育可以使孩子变得更活跃，而活跃的孩子会学得更好，体育教育教授孩子受益终身的运动技能使他们保持身体健康。体育教育为培养"全人"打好了基础，帮助孩子们锻炼他们的身体和思想，对他们身体、心理和情绪健康产生积极的影响。关于体育的短期和长期项目研究都表明，活泼、健康的孩子比不活跃、不健康的孩子持续表现好，这些孩子展示出更好的课堂行为、更高的专注力，并且缺勤率较低。体育教育是收益率很好的投资项目，已经被证明对于孩子的健康和学术成就是有价值的。

来自不同家庭背景的学生有超过一半的醒着时间在学校里面度过，学校可以向所有学生提供平等的运动机会。心脏病和 2 型糖尿病在亚裔或非洲裔社会以及长期经济条件较差的社区有更大影响，因为这些地方的许多学校因缺少相应的资源而无法开设体育课。有特殊需要的孩子同样不应该错过体育教育带来的种种好处，美国建议为包括残障学生制订个性化的计划，并且强调体育教育应集中于身体活动和健康教育上。

美国有几个组织［孩子健康声音、美国心脏协会、罗伯特·伍德·约翰逊基金会以及美国健康和体育教育者协会（Society of Health and Physical Educators, SHAPE）］关注青少年的身体健康，经常联合起来总结本国青少年每年的情况，介绍教育体系中关于体育课和体育活动的状况，报告当前美国体育教育政策和实际执行情况，以提高学生健康水平和幸福指数。美国希望学龄儿童达到推荐的每天一小时身体活动，所有学校需要提交以证据为基础的体育教育综合学校体育活动项目大纲。大纲对体育教育是非常有意义的，它为活跃和健康的孩子提供了安全的、可以监督的、结构化的环境。在这个环境中，孩子需要学习和实践体育锻炼行为。

由于美国立法层级的地方性特点，美国教育权力属于地方，联邦政府不直接管理教育，立法以地方为主（彭志忠，2009）。在美国，联邦法律没有提出学校体育教育的最低标准，并且联邦政府没有指示州或学校要提供体育教育项目。因此，对美国体育教育来说，一个持续的"挑战"是国家教育立法和监管活动的多样性，以及由此产生的策略和实施方法，这使得各个州的体育教育难以进行评估和比较。各个州关于体育教育的标准有很大差异，如一些州的政策是宽泛的，由地方制定具体的实施细节，地方学区可能只是满足或超过最低标准，而其他一些州的政策又比较详细和具体。健康和体育教育工作者社团调查仅限于在大部分州里可以获得的信息。

二、总体执行情况、学生健康及预算

美国50个州和哥伦比亚特区体育教育概要文件及其执行情况如下。只有俄勒冈州和哥伦比亚特区中的体育教育时间符合联邦政府建议的每周次时间，很少州设置了学生必须参与体育教育时间的最低标准，仅有19个州的小学、15个州的中学和6个州的高中有此要求。只有15个州提供用于体育项目的额外资金。大多数州有设置对体育项目的基本要求以及规定了哪些人具备教授体育课的资格。50个州拥有体育项目标准，许多州要求体育教师满足所在州的要求，但是学校的级别不同要求也有所变化，35个州的小学、43个州的中学和48个州的高中有此要求。39个州的小学、37个州的中学和44个州的高中要求学生参加体育教育。28个州在政策中要求进行同一种类型的学生评估。大多数州还通过允许减免、免修体育及体育替换学分等一些政策来削弱上面所提到的一些州政策要求。例如，31个州允许以其他活动替换体育教育学分；30个州政策允许学生免除体育课时间或学分；15个州允许学区从州中申请免修体育教育需求；很多州还允许以不参加身体活动或者用身体活动作为惩罚；只有10个州禁止将不参加身体活动作为惩罚，以及13个州禁止将参加身体活动作为一种惩罚方式。有32%的青少年儿童（2～19岁）超重或肥胖，大多数是因为久坐不动，没有受到充分的体育教育。每所学校每学年体育教育预算的中位数为764美元。

尽管各州在执行体育教育中存在着巨大差异，但都承认青少年儿童能从体育中受益，有效体育教学和体育活动在青少年儿童成长发展中非常有必要。体育教育可以提高学生的健康水平和其学术成就，培养生活技能，塑造完整的人，培养他们健康的生活方式。体育教育对于学生和教育者是双赢的。美国认为，在学校中实行体育教育和体育活动是国家健康和体育教育最好的途径。

三、渠道、目的范围、途径与方法

（一）获取体育教育实施情况渠道

从 1987 年开始，美国国家体育运动和体育教育协会会每年发布一次中小学体育教育调查报告，从报告中可以详细看到美国总体的中小学体育实施情况。该协会主要从一些政策文件以及各州对政策文件具体实施状况中进行调查了解。美国国家体育运动和体育教育协会（National Association for Sport and Physical Education，NASPE）——也被称为健康和体育教育者协会（SHAPE），将关于体育教育政策编制成报告汇总在美国教育体系中。报告中还包含着一些额外的信息，即在美国 51 个州中，由公共卫生法律中心来管理相关的法律和法规并明确体育教育概念，而报告信息将有助于进一步阐明和促进制定有效的体育教学和体育活动政策的必要性，以及为正在进行的体育教育评价和评估提供数据。因此，倡导者、媒体与公众健康和教育专业人员可以使用这些报告信息，努力推广且扩大学校体育教育、活动开展范围。

（二）调查目的及范围

调查的目的是了解体育教育与体育活动实施的现状。美国 50 个州和哥伦比亚特区体育教育调查的内容包括 11 个方面，分别是体育教育时间，高中毕业要求，免除、豁免和替换，标准、课程和资金，设备与设施，班级规模，学生评估和责任，体育教师认证/许可和专业发展，教师评价，体育教育认证委员会，国家体育教育协调员。调查不包括学生上学安全路线/有效运输，或者对儿童身体活动提供额外机会的校内体育、当地学校健康政策、BMI 等数据。

（三）数据收集的途径与调查方法

SHAPE 通过向体育主管部门与相关专业人士调查和收集数据，并在国家体育教育法律法规允许的范围内进行搜索与分析。因受到法律搜索的限制，报告中的信息图表和大部分州档案中的内容只对应信息调查报告分析出来的情况。由于各州实施情况与结果得不到及时反馈，教育部门无法针对其具体不足等来对之进行调整。

1. 州层面调查

SHAPE 通过对各州进行调查，美国 51 个州体育教育协调员在线填写一份详细的问卷，回答关于中小学体育教育和体育活动需求在他们所在州的实践情况。后续邮件和电话访谈的实施需要由所有 51 个州完成回应。最后的调查数据被综述和编译进入各个州资料和总结图表中。

2. 法律依据

法律分析公共卫生法律中心（Public Health Law Center，PHLC）确定国家法律和法规将有助于为州调查结果提供法律依据和呈现清晰的来龙去脉，特别是有关体育教育的一些要求。调查显示，州学校健康政策矩阵 2.0（National Association of Chronic Disease Directors，2014）包括 2013 年 6 月批准的部分政策仍在使用。调查数据的搜集范围仅限于法律和法规，而没有扩展到其他政策中标识的资源（如教育政策/手册委员会），因为其他资源中没有现成的法律资源。2015 年 8 月，除了确立州学校健康政策矩阵 2.0 中的法律、法规，法律分析公共卫生法律中心完成法律数据库的搜索，输入"体育教育"关键词进行搜索，然后比较每个州的调查分析结果。PHLC 负责处理这些州的文件，协调州搜索与法律调查结果，然后通过以下三种方式进行处理。

第一，如果实际调查结果不符合 PHLC 搜索的结果，例如某个州资料报道的一些信息与实际在这个州法律中和法律引用的一些信息不符合，则使用后者。

第二，如果法律搜索结果是一致地阐述了国家调查结果，那么从法律搜索结果的额外信息中就包含州概要文件与相应的法律文献。

第三，如果调查结果报道在州文件中有，而法律搜索中没有，考虑到法律搜索协议的局限性，这不应被解释为在这个州的文件中没有法律支持政策或实践。因为法规和条例的审查并没有超出"体育教育"的搜索范围，而其他领域的调查（如休息和课堂体育活动）并不包括在法律分析中。

第二节　美国中小学体育教育在学校的地位

一、体育教育与体育活动、益处与建议

（一）定义

美国多种组织致力于让在学校环境中的儿童通过有规律地参与体育教育和体育活动项目，实现健康和积极的生活。体育活动和体育教育有很大的差别：体育活动是任何形式的身体活动，包括休闲、健身或体育类活动，如散步、跳绳，也包括日常活动，如步行到商店、爬楼梯或者收集树叶；体育教育是一个有计划的、连续地从事从幼儿园到高中三年级各年级教育体育标准项目，通过书面课程和适当的教学设计来学习运动技能、知识，促进其形成积极的生活行为、身体健康、富有体育精神，使其提高自我效能感和情绪智力。体育教育是总教育课程体系的重要组成部分，这些课程被有认证/授权体育教育者教授学生所需的运动知识和技能，建立和维持积极的生活方式。体育活动不是体育教育，也不能替代体育教育，但它和体育教育一起为人们提供有意义活动来增进他们的健康（SHAPE America，2014）。

体育教育仅在公立学校提供给所有学生，不论他们的民族、种族、社会经济地位、性别有所不同，也不管他们是居住于城市、郊区，还是农村（McKenzie，2009）。然而，目前大多数孩子没有接受推荐的中度到剧烈强度的身体活动（Troiano，2008）；体育课程标准、教师证书和健康评估在不同州和学区差异很大，一些拥有更多的学生种族多样性和更高比例的低社会经济地位学生的学校所在的州，更有可能制定强有力的体育法律来解决学生体育教育时间、教师教学证书和课程标准问题（Monnat，2014）；反而以欧裔学生为主的学校，学生体育教育权利得不到保证（Slater，2012）。

（二）益处

美国有大量关于对体育教育和体育活动带来的好处的文献。在安全、有监督的结构化环境中进行有效的体育教育可以增强学生的体育活动能力，授予学生所需要的知识和

运动技能以及培养他们积极的身体锻炼及生活方式,有规律的身体活动可以促进青少年儿童的成长和发展,同时赋予他们的身心健康认知利益(U. S. Department of Health and Human Services, 2008; Committee on Physical Activity and Phys, 2013)。有规律的身体活动和健身活动在促进身体健康以及预防慢性疾病,如心脏病、癌症、2 型糖尿病和骨质疏松症等方面扮演了一个重要的角色。相比那些不活泼的孩子,活泼好动的孩子们更能通过运动改善心肺功能和进行肌肉健身。孩子的身体活动也暗示着骨骼健康和肌肉健康,并且身体活动能形成更健康的体重和身体组成成分(U. S. Department of Health and Human Services, 2008)。身体活动和人健康体重之间联系特别重要,自 20 世纪 70 年代以来美国儿童肥胖症的发病率增加了一倍多,青少年甚至增长了两倍(Fryar, 2012)。在 2~19 岁的儿童和青少年中,有 32%的为超重或肥胖(Ogden, 2014)。据调查,肥胖者的患病风险随着年龄增大而增加(Centers for Disease Control and Prevention, 2016)。此外,肥胖除了其固有的健康风险,也属于社会问题。

国外学者对体育活动及体育教育对孩子的影响有诸多研究。体育活动可以促进孩子们的心理和认知健康,定期参加体育活动可以减少焦虑和抑郁的症状(U. S. Department of Health and Human Services, 2008)。课间休息也可以促进学生养成更好的课堂行为,帮助学生更好地专注于课堂,减少坐立不安现象(Barros, 2009)。孩子们通过体育活动能学会如何做出决策、如何合作、如何进行有建设性的竞争,通过假设领导者及追随者的角色,在互动游戏中解决冲突。体育活动还可以增强学生自信心,帮助他们在同龄人之间有更多社会互动,实现更多的目标;停止将课间休息作为惩罚,或用课堂活动代替课间休息来惩罚学生都是适得其反的。身体活动与大脑的结构和功能之间有联系,体育锻炼可以促进认知发展和大脑终身健康的发展。在学校环境中,与不活跃、不健康的孩子相比,活跃而健康的孩子不管是在短期还是在长期的学习中都获得了更高的学术成绩(Committee on Physical Activity and Phys, 2013)。积极活跃的孩子与他们同行相比,展示出了更高的学术成就,更好的课堂行为,更专注的能力及比较少缺课行为(Van Dusen, 2011)。增加体育教育时间与学业成就有确定的联系(U. S. Department of Health and Human Services, 2012)。在上学前、在学校或者在放学后,花更多的时间进行体育教育和其他体育活动给身体所带来的利益,会超过仅利用学校时间进行学习的学习效益(Committee on Physical Activity and Phys, 2013)。有实验表明,中小学的体育教育对身体健康和学业成就有着积极的影响(Reed, 2013),也有研究表明,相比较男生而言,体育对女生的健康水平有更大的影响(Taber, 2013)。

体育教学需要认识到性别差异,需要解决体育教师专业发展问题,并将这些纳入教学计划,提高学生的参与度(Shen, 2015)。公共信息披露须维持强有力体育教育政策(Thompson, 2015)。改善学校体育课程的好处,是可以实现不同种族、不同民族、不同社会经济组织、不同性别、不同年级、不同区域的学生均处于体育活动环境中(Kahn, 2002)。学区必须致力于提供有效的、日常的体育教育。

美国认为,目前还需要更多的研究来更好地理解体育教育对改善弱势群体健康差异,解决女生的身体活动能力下降的问题,为残障学生创造有效的体育活动机会,缩小不同族裔、不同人种、不同社会经济背景及低年级儿童间的学术成就差距,等等方面的作用。解决这些问题对于制定体育教育规划、实施相关政策、提出解决方案至关重要，以实现美国的证据驱动型且有效的体育教育和体育活动。

（三）建议

美国卫生与人力资源服务部（U. S. Department of Health and Human Services，2008）建议，青少年儿童（6～17岁）每日做60分钟或更多时间的身体活动，大部分应该是有氧运动；在青春期，每周至少有3天进行一些强肌健骨活动，这对于他们的骨密度生长发育是非常重要的；应该参加各种适合他们年龄的有趣活动，包括在休息时候的非结构式玩耍、跑来跑去都算是有氧和强健骨骼活动；爬树或者在操场上使用各种设施如单杠（儿童攀爬游戏使用的架子），通过自重练习和对抗阻力都可以增加肌肉力量。身体活动是可以累积的，几组10分钟的活动累积则可以达到活动60分钟的目标。孩子活动往往是间歇性活跃，不断变化的中等或者剧烈活动，再加上短暂的休息。当儿童成长到青春期，则可以参与有组织的比赛，包括运动会，维持较长时间的体育活动。美国相关组织建议，每周给在校小学生提供150分钟的体育教学，每周给初中生和高中生提供225分钟的体育教学。

二、美国体育教育与体育活动现状

（一）青少年儿童参与体育教育及身体活动现状

美国有许多孩子久坐不动（Lou，2014），学校没有为其提供足够的身体活动和体育教育（U. S. Department of Health and Human Services，2013）。Troiano（2008）的一项研究显示，42%的儿童（6～11岁）和8%的青少年（12～19岁）在大部分时间完成了相关组织推荐的身体活动量（60分钟/天）。Fakhouri 等（2014）的研究显示，25%的青少年（12～15岁）满足推荐的日常身体活动水平。Kann 等（2013）对美国青年危险行为调查结果显示，27%的学生每天锻炼至少60分钟；48%的学生每周有1天及以上参加校内体育课，其中29%的学生每周有5天在校内参加体育课；在上学日，33%的学生每天有3小时或以上的时间看电视；41%的学生每天使用电脑（不是用来上课，而是进行学习活动，或者看视频、玩游戏）的时间达到3小时及以上。

（二）家长、教师和专家群支持体育教育现状

美国心脏病协会、健康和体育教育工作者社团、美国儿科学会、美国卫生和人才资源服务部、美国教育部、总统身体健康和运动委员会，以及美国疾病控制和预防中心（CDC）都认为有效的体育教育可以促进青少年儿童身体健康（Masurier，2006）。美国体育运动协会的调查报告（National Association for Sport and Physical Education，2009）显示：31%的体育教师认为，学生近三年来的体育兴趣的增加是来自家长对于学生的体育活动的支持；关于体育教育，27%的体育教师认为，增加学生体育兴趣来自父母的支持，而92%的小学生、87%的初中生与高中生的家长支持体育教育政策中的要求；54%～84%的家长认为，体育与其他学科同等重要，不同比例取决于比较的主题内容；76%的家长认为，学校体育可以帮助控制或预防儿童肥胖；91%的家长认为，应该有更多的学校体育教育，特别是应对解决越来越普遍的肥胖问题。

（三）美国体育教育经费投入

美国体育运动协会的报告（National Association for Sport and Physical Education, 2009）显示，美国学校的体育教育预算的中位数是每学年 764 美元（小学 460 美元，初中 900 美元，高中 1370 美元）；60% 的体育教师报告年度体育教育预算在 1000 美元以下，15% 的体育教师报告年度预算为 2000 美元或更多；被调查者认为"学校预算"首先应为体育项目资金（64%），其次为学区预算（38%），最后才是家长教师协会/家长教师组织（34%）和捐赠项目（28%）。

三、学校提供体育教育和体育活动中角色

学校为学生们提供了较为理想的环境，通过以实践为基础的体育教育，促进学生理解体育活动的价值并为他们提供可监督的、结构化的环境让他们练习体育活动。尽管青少年儿童缺乏身体活动的内容与时间，但是他们在学校环境中是最活跃的（Carlson, 2016）。这表明学校是促使学生进行身体活动并向他们灌输健康意识及培养良好运动习惯最关键的场所，因为在学校里，来自不同背景的学生们聚集在一起，在学校里度过了超过一半的醒着的时间（Committee on Physical Activity and Phys, 2013），学校应为所有学生提供平等的运动机会。

美国学校综合体育活动大纲（Comprehensive School Physical Activity Program, CSPAP）被公认为国家为年轻人体育教育和体育活动制定的新框架（SHAPE American, 2016）。为符合美国全国体育活动的要求，它使用一种多组分的方法，在学校日为学区和学校所有年级的学生提供锻炼机会，以满足学生的日常体育活动需求。CSPAP 包括五个部分（如图 6-1 所示），各部分体现了很强的协同效应，其中体育教育为基础。

体育教育是 CSPAP 的核心环节，学校需要保证体育教育时间，至少要保证对所有

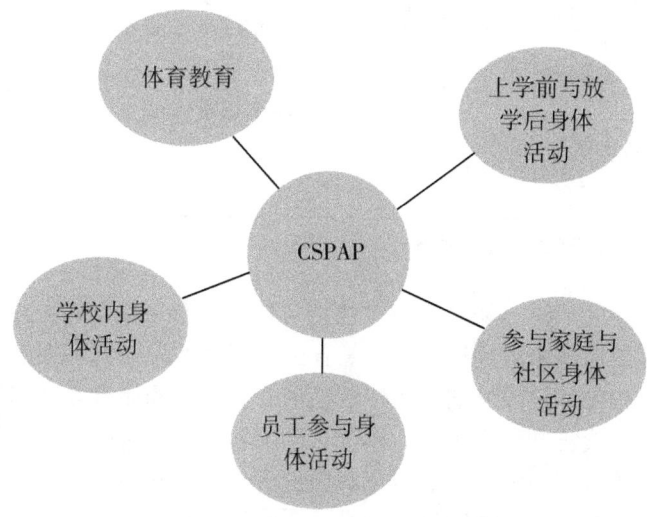

图 6-1　美国学校综合体育活动大纲（CSPAP）

学生进行推荐的每日体育活动的内容。有效的体育教育及身体活动的基本功能远远超出其本身,体育教育不仅仅是让学生们每天运动一次,而且还可以帮助青少年儿童发展和展示体育知识、运动技能,从而实现、维护、增进体育活动和身体健康水平,使学生表现出尊重自我和他人的社会行为。(见表6-1)

体育教育的最终目标是培养有体育素养的人,使他们拥有体育知识、技能,并有信心去享受一生健康的活动。

表6-1 美国体育教育的基本结构

政策与环境	课程	教师指导	学生评价
·K-12所有年级每个学生被要求参加每日体育教育,其中小学每周150分钟,初中和高中每周225分钟 ·学校与学区需要所有学生全面参与体育教育 ·学校与学区不允许免修(waiver)体育课的时长与学分 ·学校与学区不允许学生豁免(exemptions)体育课的时长、学分 ·学校和学区严禁学生用其他活动(如后备军官训练队、学校间运动会)来替代体育课的时长和学分要求 ·体育教育班级规模与其他学科领域,要求学区和学校师生比的政策是一致的 ·体育活动没有分配或保留作为惩罚 ·教授体育的教师必须是州许可的或者州授权的	·学区和学校应该为所有年级学生制定体育教育课程,而且是连续和综合的 ·体育教育课程应该根据国家或者州标准和体育教育年级水平结果来设定 ·体育课程反映其他学区和学校课程的设计和安排,定期检查与更新	·体育教师应利用教学实践,熟悉学区或学校,支持体育课程目标实践任务(如差异化教学、积极参与、活动修改、自我评价和自我监控) ·体育教师评价学生学习,不断记录教师效能 ·体育教师使用教学实践,鼓励学生参与中度到剧烈强度的身体活动,并且至少占一半课堂时长 ·体育教师确保所有学生进行必要和适当的体育活动,包括有特殊需要的学生或残障学生	·学生评价符合国家或州体育标准,并且建立了年级水平结果,包含在体育课程和管理协议中 ·学生评估包括以数据为基础的运动实践,测量学生成绩体适能 ·分级直接关系到学生学习目标,目标被确定地写在书面体育教材中 ·体育教师遵守学校和学区协议,向学生和家长报告学生的成绩,并与家长及时沟通、交流

注:根据2016年SHAPE American的报告内容整理。

学者Masurier等(2006)研究了体育教育与现在及未来参与的身体活动之间有密切联系,用一个可能的原因来解释这个联系是青少年能够运用他们掌握的体育技能参与各种体育活动。通过指导和建设性的反馈,学生从一位合格的体育教师那里学习了运动技能,如跑步、跳跃、投掷和球类运动。体育教育发展的重点是提供强调绩效及个人挑战的课程,并使学生接触到各种各样的体育和健身活动来提高他们的运动能力。学校必须使体育教育面向所有学生,必要时为其提供适合的体育教育。平衡的方法是为缺少运动的学生营造更好的体育氛围,使其获得良好的运动体验,使每个运动参与者最大限度地获得社交、合作、解决问题等技能，促进学生参与运动实践及经验积累，并设定目标、制定运动计划、自我监控（通过写运动日记或日志）、自我评价并作出各种决策。

然而美国仍然有不少学区的学生没有意识到体育的好处，导致投入到这些项目上的资金被大幅度削减。2015年12月，美国前总统奥巴马签署了《每一个学生成功法案》（*Every Student Success Act*，ESSA，以下简称"艾萨法案"），它是两党法案取代《不让一个孩子掉队法案》并提供联邦资金，为美国中小学教育制定框架。艾萨法案使体育有资格获得全面发展教育指定下的资助机会，以及额外的州整体拨款资助机会。联邦资金可以帮助增加州和地方人士与当地教育机构（Locul Education Agoncies，LEAs）在体育教育方面上合作的机会，利用这些新的联邦资金来促进有效的体育教育。

身体活动和有效的体育教育是青少年儿童成长中必不可少的元素，并且以实践为基础的方法来提高学生学业水平，使学生在身体、认知和心理健康三方面收获发展。体育教育搭建了生活技能框架，致力于塑造完整的人，鼓励学生进行明智的选择和培养健康的生活方式。同时，体育教育对于学生和教育者是双赢的。

第三节 美国对中小学体育教育的建议与要求

为了让学龄儿童每天至少进行60分钟的体育活动，美国体育和健康教育工作者社团与美国心脏协会建议在全国学校制定以实践为基础的体育教育，它是学校综合体育活动计划的基础。该计划还包括健康教育、小学课间休息、课堂体育活动、课外体育活动、俱乐部和校内的体育社团、高中校际的体育活动、步行和骑自行车上学项目，以及员工健康计划。最重要的是，该体育活动计划是为所有学生设计的。此外，父母必须积极倡导有效体育教育和学校的体育活动政策。学校体育教育和体育活动具体建议包括以下三大方面。

一、课程标准、责任与义务

美国要求各州采取的体育教育标准与国家标准一致（表6-2），并进行系统审查与更新。2014年以来，美国体育教育课程标准共包括5个方面。

表6-2 美国体育教育课程标准

标准	内容
标准1	个人在各种运动技能和运动模式中展示的能力
标准2	在运动和表现中运用概念、原则、战略和战术知识的能力
标准3	获得知识和运动技能可以实现和维护身体活动和提高健康
标准4	展示负责任的品质以及尊重自己和他人的社会行为
标准5	认识到体育活动对健康、娱乐、挑战、自我表现和社会互动的价值

美国要求所有校区制定和实施 K-12 年级连续的体育课程计划，符合国家和州体育标准，包括全面的学生评估项目。体育教师应协调整所学校的体育活动计划，给学生布置体育家庭作业，从而延长其体育活动的时长，提高他们对体育知识的获取。

美国要求当地教育机构（LEAs）和学校一起完成体育项目综合自我评估，并且使用美国疾病控制与预防中心学校健康指数（Centers for Disease Control and Prevention, 2016）定期对体育课程和体育活动进行全面的自我评估。评估结果应该融入教育机构或学校的长期战略规划，这将有利于学校改进计划或者学校健康政策，改善提供体育教育的质量和数量。

作为评估的一部分，学校体育报告应该包括的内容有：①有多少学生参加体育教育；②学生每年上体育课的天数；③每周总共有多少分钟的身体活动；④每周有多少节体育课；⑤学校或学区是否采用了某种标准来评估他们的体育课程；⑥在体育教育中，是否对学生进行健身、认知和情感评估，这些评估是否以学生的进步和知识的获得为基础的；⑦总体青少年健身计划和体适能测试的实施；⑧该地区有多少体育教师是有执照的、有资格的和获得认可的体育教师，青少年健身计划应确保所有体育教师获得这些资格证书，并显示在实现这些教学质量目标方面取得的进展。

各州应该要求当地教育机构（LEAs）和学校报告体测成绩及其自我评估的结果，以汇总的方式报告给相关政府机构，同时通过常见的沟通渠道，如网站、学校时事通讯、学校董事会报告和演示等，把这些结果反馈给家长和社区成员。学校和当地教育机构还应该用自我评估程序来审查总体健康测试结果，确定他们是否需要提供额外的或改进的课程。

二、教师职业发展、认证与体育教育时间

第一，美国各州要求所有体育教师需通过认证、许可才能被授权教体育课，政府应提供资金给各个学区以确保体育教师每年在其专业领域获得足够的专业发展，尤其是在为高危学生和少数族裔人口服务学区。鼓励当地教育机构根据艾萨法案为体育教育专业发展筹集资金。

第二，将公共卫生融入体育教师职业发展规划，教育专业人员了解他们在公共卫生模式中的作用。

第三，要求体育教师掌握新兴技术、示范项目并改进其教学方法。

第四，要求小学每周至少有 150 分钟的体育课时间，以及初中和高中每周至少有 225 分钟的体育课时间。在体育课内分配一半的时间，让学生能达到中等到剧烈的练习强度。

第五，利用其他体育活动来补充体育教育的时长，利用上学前后，或者学校内的时间，促进学龄儿童每天累积至少 60 分钟的身体活动，避免学生长时间不活动。

第六，高中毕业生需要达到体育教育学分，适当照顾残障学生。

三、充足的体育教育资源与豁免、替换、免修规定

聘请州和地方一级的体育协调员,为全州各学区提供教育资源和支持,确保体育项目有适当的设备、充足的设施和适当的师生比。研究表明,在课程中增加人力资源、物质资源可以促使学生达到推荐的运动量和强度。设立专门资金,用于技术援助和改善专用设备与设施,提供给那些特别需要的学校体育项目。

在艾萨法案规定的授权级别上,支持艾萨法案第四章 A 部分的全额资助,这样学校就可以获得有意义的、用于体育教育的赠款。教育部和当地教育部门合作,以确保体育教育是他们的重要计划的一部分。

不允许州申请豁免美国联邦规定的体育教育要求。不允许用其他活动(如校际的运动会、初级预备役军官训练、军乐队、啦啦队等)来替换体育课要求的时长或学分。不允许州、学区、学校、教师和教练指定或保留身体活动作为惩罚。不允许对残障学生免修体育,而是允许对体育课程进行修改或调整,以满足残障学生的需要,并符合《美国残障人法案》(the Americans with Disabilities Act)和《联邦残障人教育法》(the Federal Individuals with Disabilities Education Act)。不允许学生因为为其他课程或标准化测试做准备而退出体育教育。

第四节 美国中小学体育教育实施状况

美国中小学体育教育实施情况主要由州体育协调员进行调查与总结,美国有 50 个州和哥伦比亚特区(在调查中均称为"州")教育机构。在调查中各州的回复率为 100%,但并非每个调查问题都得到了每个州的回答或适用于每个州。因此,调查结果是以做出了回答的州的百分比来进行报告的。

超过 75% 的州要求学生在小学、初中和高中的一个或多个年级上体育课。然而,大多数学生不需要特定的体育课教学时间,超过一半的学生被允许免修或以其他项目来替代体育课。这些免修与替换规则会导致体育教学要求的有效性降低。

另一个导致体育教育差异的影响因素是教育的局部控制。一些州建立了体育课程标准或指导方针,但是允许地方学区关于课堂时长和学生评估做出调整决定,这种变化会导致每个州拥有不同的体育教育模式。因此,评估各州体育教育的进步只能是参照各州各自过去的表现,而不是以同一个客观标准为基准来衡量。

一、体育教育与身体活动时间要求

下面介绍美国 2016 年对学生体育教育时间与身体活动时间方面的要求。由于每个数据调查的总数有差异,因此数据结果是由百分比呈现并进行比较。

(一) 小学体育教育时间要求

86.3%的州（51个州中的44个州）要求小学学校提供体育教育。76.5%的州（51个州中的39个州）要求学生在一个或多个小学年级（K-5）上体育课，这比之前的调查（2010年和2012年51个州中的43个州）略有下降。其中，在要求一个或多个小学年级提供体育课的州中，有87.2%的州（39个州中的34个州）要求学生在幼儿园上体育课。

只有37.3%的州（51个州中的19个州）要求小学生每周必须参加体育教育的具体时长（或其他时间，如每年的小时数）。尽管如此，这与31.4%的州（51个州中的16个州）在2012年调查所得的最低时间要求相比还是略有改善。相对于2012年，有3个州（佛罗里达州、路易斯安那州和新泽西州）增加到每周锻炼150分钟的要求。在要求最低体育教育时长的州中，有5个州（亚拉巴马州、佛罗里达州、路易斯安那州、新泽西州和俄勒冈州）和哥伦比亚特区要求每周达到国家推荐的150分钟。此外，密西西比州要求K-8年级的学生每周进行150分钟的"基于活动指令"。

(二) 初中体育教育时间要求

有80.4%的州（51个州中的41个州）要求初中学校提供体育教育。有72.5%的州（51个州中的37个州）要求学生在一个或多个年级中（6~8年级）参加体育教育，相对于2010年（51个州中的40个州）和2012年（51个州中的41个州）有轻微下降。

有29.4%的州（51个州中的15个州）设置了初中学生每周必须参加体育锻炼的具体时长（或其他时间，如每年的时长）。有2个州（蒙大拿州和俄勒冈州）与哥伦比亚特区要求每周达到国家推荐的225分钟，而2012年是蒙大拿州、西弗吉尼亚州和犹他州有此要求。

(三) 高中体育教育时间要求

有90.2%的州（51个州中的46个州）要求高中学校提供体育教育。有86.3%的州（51个州中的44个州）要求学生在一个或多个高中年级上体育课，并且要求学生在毕业时获得体育课学分。确切来说，有76.5%的州（51个州中的39个州）要求学生在高中毕业时获得体育学分：其中，37个州中有19个州要求1.0学分，有9个州要求0.5学分，有5个州要求1.5学分，4个州要求2.0学分才能毕业。在要求体育学分的州中，有31个州允许学生通过在线体育课程获得必要的体育学分。若在线体育教育课程的设计和实施恰当，对那些不能在学校环境中进行考试的学生是一个恰当的教学方法，比如对于那些位于偏远地域的学生、有特殊需要的学生，或者已经工作的学生。在线体育课程对那些缺少认证教师或者没有充足体育设施和设备的学校可能特别有利。

仅有12.0%的州（50个州中的6个州）要求一个或多个年级的高中学生参与每周特定时长的体育教育（或其他时长，如每10个学校日）。加利福尼亚州和夏威夷州要求达到国家推荐的每周225分钟，其中7~12年级（初中、高中）学生每10天400分钟，9年级（初中三年级）每周200分钟。

在2010年、2012年、2016年的3个年度中，美国有要求学生参加体育教育的州的情况见表6-3。

表6-3　美国有要求学生参加体育教育的州的情况

学校类型	2016 年		2012 年		2010 年	
	数量/个	比例/%	数量/个	比例/%	数量/个	比例/%
小学	39	76.5	43	84.3	43	84.3
初中	37	72.5	41	80.4	40	78.4
高中	44	86.3	44	86.3	46	90.2

注：1. 如果高中有要求学生在 9～12 年级上体育课，或者要求学生在毕业时获得体育学分，那么这些高中将被计入。

2. 比例是指当年对学生有体育教育要求州的数量在 51 个州中的占比。

尽管大部分学区要求学生接受体育教育，但对于每学年或者每周学生应该接受的最短体育教育时长标准却没有严格规定，美国各州中小学生参加体育教育的时长见表 6-4。

表6-4　美国各州中小学生参加体育教育的时长

小学时长/分钟	基于16个州回应统计/个	初中时长/分钟	基于11个州回应统计/个	高中时长/分钟	基于4个州回应统计/个
0～29	0	0～44	0	0～44	0
30～59	1	45～89	3	45～89	1
60～89	5	90～134	2	90～134	1
90～119	3	135～179	3	135～179	1
120～149	1	180～224	0	180～224	1
150 及以上	6	225 及以上	3	225 及以上	0

（四）学生身体活动时间要求

少数州有要求学区或学校每周为学生提供最短的体育活动时长。有 33.3% 的州（51 个州中的 17 个州）的小学有这一要求，24.5% 的州（49 个州中的 12 个州）的初中与 9.8% 的州（51 个州中的 5 个州）的高中有这一要求。一些州（如科罗拉多州）规定了学生每周的最少身体活动时长，体育教育至少可以满足身体活动时长的一部分。对于小学课间体育活动，只有科罗拉多州回应了此要求，所有州在初中和高中都没有此要求。只有 16% 的州（50 个州中的 8 个州）要求小学提供每日休息时间，与 2012 年相比基本没有变化，当时 51 个州中的 9 个州要求小学提供每日休息时间。20.4% 的州（49 个州中的 10 个州）禁止停止体育活动，包括课间休息，而在 2012 年仅有 21.6% 的州（51 个州中的 11 个州）禁止；26.5% 的州（49 个州中的 13 个州）表示禁止以身体活动作为对不当行为的惩罚手段，而在 2012 年 51 个州中只有 11 个州这样做。

二、设备、资金与其他体育教育政策

（一）设备、资金

在 51 个州中，仅有南卡罗来纳州每年对学生进行体育教学所需的适当设备和设施的可用性进行评估。俄勒冈州每年都会评估提供体育教育所需的设施。

关于学区和学校体育项目的资金，有 58.3% 的州（48 个州中的 28 个州）接受了普通教育资金，29.2% 的州（48 个州中的 14 个州）收到学区拨款，1 个州（科罗拉多州）收到了一个特别拨款。有 10.4% 的州（48 个州中的 5 个州）接受了另一种类型的资金。此外，有 30.6% 的州（49 个州中的 15 个州）报告其体育项目可以获得额外的资金，如竞争性赠款。

（二）替换和豁免、免修

豁免（waivers）指州对学区层面的政策。许多州允许学区或者学校申请豁免政府下达的体育政策、要求或法律。当豁免被允许，学区或学校不再需要为学生提供政府下达的体育课时间或学分。免修（exemptions）指学区或学校对学生层面的政策。学区和学校有时允许学生申请免修体育课时长或学分，即毕业需要的体育学分。免修学生可以参与其他学术课程或活动替代完成体育教育课程和学分要求，如跳级生课程，学区和学校有时也允许患病或者残障学生免修体育课时长或学分。替换（substitutions）指学区和学校允许学生用其他活动来替代体育课时长或学分，如初级预备役军官训练团、校际的运动会、社区体育、啦啦队、军乐队。

有 62.0% 的州（50 个州中的 31 个州）的学区或学校允许学生用其他活动来替换他们所要求的体育学分。在这些州中，通常允许的替代项目包括初级预备役军官训练团（18 个州）、校际体育（20 个州）、游行乐队（15 个州）、啦啦队（13 个州）和社区体育（6 个州）。其他允许的替代项目包括训练队和舞蹈队。

有 29.4% 的州（51 个州中的 15 个州）允许学校或学区向州政府申请免除本州体育教育要求。而各州允许学生免修和替换的条件有所差异，常见的是州准许学校或学区允许学生申请免修参与体育课的时长或所需的体育教育学分，60.0% 的州（50 个州中的 30 个州）允许这样的规定。据 23 个州报告，批准免修的最常见原因是医疗，其他原因包括学生跳级或其他学术课程冲突，担任教学助理或工作学习，或持有宗教信仰可能反对体育课程或运动服装。

一些州对一些不能完全参加常规体育课程的残障学生给予免修，并提供相应的适应性体育课程作为替代。这是一种经过调整或修改的体育教学，以适合残障学生，并且根据《联邦残障人教育法案》要求提供。各州和学区被要求提供适当的适应性体育教育服务，由合适的体育教师来给这些学生上课。因此，这些残障学生不应该被允许免修体育课时间或学分，而应该受到适当的体育教育。美国各州允许体育课的替换学分或豁免、免修的情况见表 6-5。

表6-5 美国各州允许替换和豁免、免修情况

体育课程政策	州总数/个	2016年		2012年		2010年	
		数量/个	比例/%	数量/个	比例/%	数量/个	比例/%
替换	50	31	62.0	33	64.7	32	62.7
豁免*	51	15	29.4	28	54.9	30	58.8
免修*	50	30	60.0				

*关于豁免或免修,2012年、2010年将当年的两类数据合并(两个年度调查的州数量都是51个),而2016年将两类数据分别统计,故上述不同年度数据之间的可比性不强。

(三) 各地健康政策要求

有58.8%的州(51个州中的30个州)的学校或学区被要求提交其健康政策给州教育机构;有51.1%的州(47个州中的24个州)被要求向公众公布当地学校的健康政策并刊登到网上;有60.0%的州(50个州中的30个州)会监督当地学校的健康政策实施情况。

三、课程要求及教师发展

(一) 课程与标准

有98%的州(51个州中的50个州)均采用美国国家体育教育健康课程标准。在49个州中,有40个州(占81.6%)要求所有学区执行这些标准。美国体育教育健康课程标准与执行情况见表6-6。

表6-6 美国体育教育健康课程标准与执行情况

单位:%

标准序号	课程标准的内容	执行的州占比
1	个人在各种运动技能和运动模式中的展示能力	100
2	在运动和表现中运用概念、原则、战略和战术等知识的能力	100
3	获得知识和运动技能可以实现、维护身体活动并提高健康水平	97.9
4	展示负责任的个性以及尊重自己和他人的社会行为	97.9
5	认识到体育活动对健康、娱乐、挑战、自我表现和社会互动的价值	100
—	州立体育教育标准要求的内容	16.7

在美国各州中,有100%的州执行了美国国家体育教育健康课程标准1、标准2和标准5,有97.9%的州执行了标准4和标准5,还有16.7%的州(8个州)还在其州标准中涉及其他内容领域。有32州(占比62.8%)的学区和学校推广使用了体育课程

分析工具（Physical Education Curriculum Analysis Tool，PECAT）。在这些推广使用 PE-CAT 的州中，最常见的方法是通过现有的通信网络共享信息（占 84.9%），其次是在州的各种议会中演讲（占 48.5%），并且由美国疾病控制和预防中心发起举办职业发展会议（占 39.4%）。16 个州的报告显示，规定的师生比适用于体育课。

（二）评估与责任

有 32.7% 的州（49 个州中的 16 个州）要求直接用州立体育教育标准对学生进行评估。有 56.5% 的州（23 个州中的 13 个州）发送学生个人体育教育评估结果给父母或者监护人。比较少的州将学生体育教育评估综合数据用于其他目的：①30.4% 的州使用体育教育评估综合数据告知学区或学校长期战略规划；②26.1% 的州使用体育教育评估综合数据为健康政策提供信息；③21.7% 的州把学校评估综合数据发送给州教育部门；④21.7% 的州使用评估综合数据为学校改进计划提供信息；⑤17.4% 的州要求学校将学区数据汇总发送给州教育部；⑥13.0% 的州把总学区数据分享给公众；⑦4.4% 的州使用数据进行研究。

有 26.5% 的州（49 个州中的 13 个州）要求学生进行身体健康评估。9 个州需要使用特定的健康状况评估系统，如青少年体质健康测评系统；有 52.2% 的州（46 个州中的 24 个州）需要把体育成绩纳入学生的平均绩点（GPA）中。

（三）收集身体健康评估和身体质量指数（BMI）

有 26.5% 的州（49 个州中的 13 个州）要求学生进行身体健康评估。最常见的要进行健康评估的年级包括五年级（78.6%，14 个州中的 11 个州）和八年级、九年级（71.4%，14 个州中的 10 个州）。有 12.5% 的州（40 个州中的 5 个州）要求学校收集一个或多个年级学生的 BMI 数据。有 25.0% 的州（40 个州中的 10 个州）要求收集学生的身高和体重数据，在这 40 个州中，亚拉巴马州是唯一一个不允许收集各学生 BMI 数据的州。有 46.2% 的州（13 个州中的 6 个州）报告称，最常用的方式是将个别学生的成绩发给家长。以上的数据是基于调查中有回应的州的分析。

（四）教师认证与职业发展

有 88% 的州（50 个州中的 44 个州）要求那些想从事体育教育的教师在他们开始教授体育之前必须通过证书/许可考试。这个比例在初中是 87.8%，在高中是 98%，在小学是 71.4%（49 个州中的 35 个州）。尽管有 66% 的州（47 个州中的 31 个州）允许小学课堂教师（通才）可以教授小学体育课，但是 56.8% 的州（44 个州中的 25 个州）只允许州政府认证/授权教师教授在线体育教育课。有 85.7% 的州（49 个州中的 42 个州）为了维护与更新体育教师认证/许可要求进行职业发展，从 2012 年 72.5% 的州（51 个州中的 37 个州）上升到 2016 年的 85.7%。有 65.3% 的州（49 个州中的 32 个州）提供专门为体育教师职业发展的项目或资金，2012 年只有 19.6% 的州（51 个州中的 10 个州）由政府提供资金。美国各州中小学对体育教师认证的要求见表 6-7。

表6-7 美国各州中小学对体育教师认证的要求

学校类型	2016 年		2012 年		2010 年	
	数量/个	比例/%	数量/个	比例/%	数量/个	比例/%
小学	35	71.4	40	78.4	42	82.4
初中	43	87.8	42	82.4	46	90.2
高中	45	98.0	46	92.2	50	98.0

注：对各问题回应的州的数量都有所差异。

82%的州（50个州中的41个州）有教师评估系统。教师评估体系适用于97.6%的州（42个州中的41个州）的体育教师。73.2%的州（41个州中的30个州）会采取一些行动来支持国家委员会认证过程，最常见的行动是积极推动和鼓励教师注册（51.2%的州，41个州中的21个州），以及向教师提供或协助指导（26.8%的州，41个州中的11个州）。有5个州对所有获得委员会认证的教师提供持续的、更高的工资水平，有3个州不管教师是否能通过认证都为其提供部分资金，然而有4个州只有在教师通过认证时才为其提供部分资金。西弗吉尼亚州无论教师是否通过认证都为其提供全额资助，威斯康星州和艾奥瓦州只有在教师通过认证后才提供全部资金。如果教师通过认证，蒙大拿州和内华达州提供一次性货币奖金，蒙大拿州和华盛顿州则提供一种或多种形式的货币支持。

2016年，50个州中有5个州要求每个学区有一个认证/授权体育教育工作者作为体育教育协调员，而在2012年，只有纽约州有这个要求。此外，64.0%的州（50个州中的32个州）会指定人员来监督学区和学校的体育教育项目实施、执行及做一些技术援助。

总体而言，2016年美国体育教育实施状况与2012年和2010年体育教育实施状况差异并不是很大，仍有超过一半的州允许豁免、免修或者替换，这些政策降低了体育教育需求的有效性，剥夺了学生受体育教育的权利。然而与前几年相比，部分州已经出台了一些强有力的政策，某些措施得到了一定的改进。

第五节　中美中小学体育教育实施对比研究

杜维明教授指出："不同文明对话之时，追求的应该是研习自己所不知的、倾听与自己不同的见解，敞开心扉接受多种的观点，反思自己的想法，分享不同的洞见，寻求彼此之间的默契，习得最有益于人类繁荣昌盛的最佳行为方式。"了解其他国家体育与健康课程的发展及实施情况，可拓宽视野、开阔眼界，本研究通过比较中美两国的学校体育投入和产出，借鉴美国体育与健康课程中适合中国国情的部分，以进一步促进中国中小学体育与健康课程内容的建设。

一、中美中小学体育投入对比分析

(一) 中美体育健康教育课程目标及标准对比分析

1. 中美体育课程目标及标准内容与范围

课程是学校教育的核心,在推动学校教育的改革和发展中起着重要作用,而课程目标及标准则引领课程的内容、评价走向。中国强调体育与健康教育,制定了各学段的体育与健康课程标准,包括了5个课程目标;美国制定了体育与教育国家标准,包括5个部分。中美两国对体育与教育课程的目的及标准虽名称各异,但内容存在一致性。

中国的中小学分为两个学段,小学和初中的义务教育阶段与高中阶段。从2007年秋季学期开始,全国高中各年级开始推广体育新课标,包括5个部分;2011年,教育部颁布《义务教育体育与健康课程标准》,中小学义务教育阶段开始实施该标准。美国的课程标准同样包括5个部分,幼儿园也执行该标准。中美学校体育与健康教育课程目标及标准见表6-8。

表6-8 中美学校体育与健康教育课程目标及标准

序号	中国中小学体育教育目标	美国体育教育标准(幼儿园至12年级)
1	运动参与	在各种运动技能和运动模式中个人展示能力
2	运动技能	在运动和表现中运用概念、原则、战略和战术的知识
3	身体健康	获得知识和运动技能可以实现和维护身体活动和提高健康
4	心理健康	展示负责任的个性以及尊重自己和他人社会行为
5	社会适应	认识到体育活动对健康、娱乐、挑战、自我表现和社会互动的价值

中国体育课程目标旨在增进学生身体健康、提高心理健康水平、增强学生社会适应能力、促进运动参与、提高运动技能。美国则认为教育应该促进人格的完善与健全,故更关注教育对个人成长的意义和价值,且认有为态度情感对个人行为具有广泛的潜在影响力。

美国联邦政府认为,通过促进学校实施健康教育计划和开设相关课程,以保证青少年在未来的社会中可以成功应对各种重大健康问题带来的挑战(俞福丽,2011)。这些挑战包括HIV(艾滋病病毒)和性病、暴力和伤害、意外怀孕和不良生殖卫生、寄生虫病传染、营养不良和饮食安全、不良的公共卫生和水的管理、免疫缺乏、不良的口腔卫生、疟疾、呼吸道感染、心理问题、与缺乏锻炼的有关问题,以及烈性酒、烟草和药物滥用等。由此可见,美国体育健康教育课程除了教授学生运动技能外,更注重向学生传递健康保健知识,并且注重通过体育对学生道德素质进行培养。美国体育健康教育课程目标在促进青少年身心健康发展和社会可持续发展中发挥重要作用。

中国体育课程目标更加强调学生身体素质、技术能力及身体健康的发展程度,而对于体育对社会的贡献，体育对自己、他人与社会的价值，体育使人有更高层次的精神享受，以及对人的发展潜力、健康挑战等表述较少。这容易使中国中小学生形成一种误解：体育就是让自己身体健康、学会几种运动技术，而没有使学生真正了解到体育的全部价值以及体育对道德素质的培养，即如何在体育中学会团结协作、对他人和社会负责。相比之下，美国体育课程标准涵盖的层面比较广泛，内容比较具体，注重在提高学生身体素质的基础上，提升体育修养、社会责任及道德素质。

2. 中美体育健康教育课程标准实施情况

对于标准执行内容及评价，中国大部分地区都是实施及评价前三项课程标准：第一，"运动参与"主要考查的是学生参与体育教育的时长及身体活动时长；第二，"运动技能"则是规定每个学段的学生应该学习及掌握的运动技能并对其进行评价；第三，"身体健康"则是通过体育课与课外锻炼来提高学生身体健康水平。对于学生健康状况，中国主要通过体测来推断学生健康情况，比如，通过测试BMI了解学生身材的肥胖程度，通过测量肺活量推断学生的肺功能，通过测试中长跑评价学生的心脏功能。然而体测成绩是否能准确反映学生体质健康还有待商榷，因为体测大多数项目反映的是运动素质指标，而非健康素质指标。对于学生心理健康与社会适应能力这两项课程标准，众所周知，通过参与、组织体育活动，可以提高学生的心理健康及社会适应能力，但目前中国鲜有体育教育组织针对这两项课程标准对学生进行科学评价。

对于美国课程标准的执行情况，本章第四节已提到美国有50个州（占98%）已经采用美国国家体育标准；在49个州中，有40个州（占81.6%）要求所有学区执行这些标准。关于体育教育在48个州反馈的资料中（3个州没有反馈），有62.8%的州给学区与学校推广使用PECAT，PECAT是由美国疾病控制和预防中心、青少年和学校卫生司（Division of Adolescent and School Health，DASH）与代表各州的教育机构、学区、学校、学院和国家组织的体育专家一起合作开发的评估工具，主要用于帮助学区根据国家体育课程标准建立一个清晰、完整、一致的书面分析报告。该分析工具可以帮助学校改善现有课程内容，开发自己的课程，或选择一个已发布课程，以便提高学校体育教育的质量。与PECAT相对应的是健康教育课程分析工具（Health Education Curriculum Analysis Tool，HECAT），它是由美国疾病预防控制中心帮助学区、学校和其他部门建立有效的清晰、完整、一致的健康教育课程而使用的。HECAT的结果可以帮助学校选择或开发适当的且有效的健康教育课程，提高健康教育的信息传递效率，满足当地社区的需求，并且符合各州或学区的课程要求。

美国不但执行体育健康课程标准，而且还有相应开放的工具和软件来监督与评价体育健康教育课程标准执行情况，通过课程标准分析工具和健康教育课程分析工具一起监督及提高体育健康教育的质量。相比之下，我国各地区显然对中国中小学体育健康教育课程标准执行及评价的内容与范围不够了解，特别是对心理健康标准和社会适应能力标准执行及评价力度不够。

(二) 中美学生体育课要求对比与分析

美国是法治比较健全的国家，政府制定法律，公民依法办事。但由于美国每个州有各自教育行政权力，州立的体育教育法律，在不同的地方学区与学校又有不同的解释和执行力度。因此，美国各州对学生上课的时间有自己的安排。笔者在对比分析中美每个学段的情况时，取美国各个年级的均数同中国规定的学生体育课时数以及广东省各地区学校调查得到的体育课均数进行对比。

1. 中美学生参加体育课要求对比分析

中国在1990年颁布的《学校体育工作条例》明确规定，普通中小学校和各类中学、农业中学、职业中学、中等专业学校各年级，以及普通高等学校的一、二年级必须开设体育课。普通高等学校对三年级以上学生开设体育选修课。普通中小学校、农业中学、职业中学每天应当安排课间操，每周安排3次以上课外体育活动，保证学生每天有1小时体育活动的时间（含体育课）。尽管中国规定所有中小学生必须接受体育教育，但执行起来却有很大的出入，比如体育课缺课或者被借课的现象屡见不鲜。1998年，原国家教委印发了《普通中小学和中等职业学校落实〈学校体育工作条例〉检查评估细则》；2000年，教育部印发了《关于表彰认真贯彻〈学校体育工作条例〉的优秀普通高等学校的决定》。然而，国家规定与各地实际执行的情况仍有一定差距。

在美国，不管是小学、初中和高中都有一些州没有体育教育要求，这与中国要求每个学生都必须接受体育教育有所不同。

2. 中美学生体育课时间的对比

（1）国家体育教育时间要求的对比。

2011年，教育部印发了《切实保证中小学生每天一小时校园体育活动的规定》（教体艺〔2011〕2号）。文件要求严格执行国家关于保证中小学生每天一小时的校园体育活动。中美学生体育教育时长的对比见表6-9。

表6-9 中美学生体育教育时长对比

学段		中国规定		美国规定
小学	一、二年级	4课时	每周160分钟	每周150分钟
	三至六年级	3课时	每周120分钟	
初中	3课时	每周120分钟	每周225分钟	每周225分钟
高中	2课时	每周80分钟	每周225分钟	

中国要求在没有体育课的当天，学校必须在每天上午统一安排25～30分钟的大课间体育活动，在下午课后组织学生进行1小时的集体体育锻炼。然而笔者在实地调研时却发现中小学大课间及课外体育活动的执行情况很不理想。

美国政策中也有提及尽量使青少年儿童每天都能进行1小时的体育锻炼建议。美国教育行政权在各个州中，根据国家标准，每个州对体育教育实施有自己的标定与标准。美国国家规定小学生授受体育教育的时间为每周150分钟，初中生和高中生接受体育教育的时间为每周225分钟。

经对比发现，中国除了小学一、二年级标准略高于美国体育课时间标准，其他年级体育教育时间要求标准均比美国低，美国对初中生和高中生体育教育的时间标准要求更高。而中国是学生年级越低，体育教育时间要求越多，但随着年级的升高，体育教育的时间要求反而降低了。

本研究认为，美国随着学生年龄的增大，体育课时长要求增加的做法值得中国学习，特别是需要增加高中生体育课时量。这是因为高考没有升学体育考试，部分学校领导不够重视体育，体育课的课时量较少，再加上经常出现体育课少课、借课现象，在一定程度上导致高中生的身体素质最差。初中生因为有升学体育考试监督，而小学生活泼爱动，身体活动的内容及时间都较多。本书第三章研究结果也显示初中生的身体素质最好，小学生其次，高中生最差，高中生参加完高考后身体健康水平降到了极低点。小学生由于学习压力相对较小，再加上平时身体活动的内容与时间相对较多，从提高和均衡学生的体质出发，应该增加初中生、高中生体育课的时间，特别是增加和监督高中生体育课参与时间，严禁高中体育课缺课、借课的现象发生。

（2）学生实际上课时间对比分析。

以广东省为样本，反映中国中小学实际执行每周体育课的课时与时长见表 6 – 10。表中数据是教师回答学生每周上课次数的平均数，由此可以看出学校要求学生每周上课的时间与国家规定的时间还是有一定的差距。

表 6 – 10 广东省学生体育教育时长

学段	每周课时/课时	每课时长/分钟	每周实际上课的时间/分钟
小学	3.1	40	124
初中	2.6	41.4	107.6
高中	2.1	41.1	86.3

美国每个州对学生实际接受体育教育的时间差异很大，联邦政府尽管要求学生必须接受体育教育，但是仍有部分州允许学生申请豁免或免修体育教育，而且也得到国家的准许。也就是说一些州允许学生不上体育课，而且比较少的州有明确的体育教育时间规定，说明美国学生体育教育的实际时长远远低于国家规定（小学 150 分钟，初中及高中 225 分钟）的体育教育时长。

因此，尽管美国体育教育时长要求较高，各个州实际执行的时长却很短，实际执行体育教育的时长总体来讲比中国执行的标准低。但是，美国每个州对国家规定的标准都有自己的解释与执行办法，只要各州政府制定标准，学区与学校就会严格执行。中国要求正常入学的学生都必须参加体育教育，但从每周学校要求学生体育课课时的调查结果来看，学校实际执行的上课的时间和国家规定时间要求还有一定的差距。一些学校由于体育教师生师比太大，或是学校无室内身体活动场所使得下雨天无法组织体育课等原因，体育课停课或者被借课的情况屡有发生，学生实际上课的时长比调查得来的学校规定学生上体育课时长数据更低。总体而言，不管是中国还是美国，学生实际体育教育的时长都没有达标。

3. 体育课程内容及组织方法对比分析

（1）"军事化"或"自由化"中国体育课。

中国中小学规范的体育教学组织方法与军事训练有点相似，体育课堂纪律要求遵循

"快、静、齐"原则,这在一些体育精品课堂中可以了解到。学生们按照体育教师的命令集合、整理队列队形,接着由教师统一带领做热身操,这是课堂的第一部分;第二部分是课程内容,体育教师先讲解技术动作要领与安全注意事项,再做动作示范;第三部分就是学生们练习运动技术;最后一部分,集合并进行课堂总结。这是中国中小学中非常普遍的一种体育课教学组织方法。学生们不管有兴趣与否,在体育课堂上只能被动地进行由体育教师安排的课程内容及任务。

通过广东省中小学调查发现,小学生课程内容安排得最多的是广播体操,以及走、跑、跳等田径类项目。对于一些体育教师缺编的学校,由非体育教师上体育课现象时有发生,体育课堂经常会出现"放羊式"教学:课堂组织基本是上课后统一跑步,然后就是自由活动,学生可随意安排自己的内容。初中阶段因为有了初中毕业升学体育考试,体育课程中安排最多的是考试的内容,又由于各个地区升学考试存在"重体能、轻技能"问题,上课内容同样多是跑、跳、投等体能项目,课程内容枯燥。本书第四章已经分析过为什么学生在初中阶段对体育课兴趣最低,以及为什么出现了"学生喜欢体育运动但讨厌体育课"的怪象。高中阶段体育课中的运动技能学习与练习开始增多,学生体育课兴趣增加,但由于部分学校领导及教师没有认识到体育对学生益智、健身、消除压力等的积极作用,再加上高中没有升学体育考试,体育课又会出现经常被取消或者借课的窘况。

(2) 风靡全美的体育教育课程——美国 SPARK 课程。

美国 SPARK 课程由三大板块构成(许之屏 等,2008)。一是学校体育活动,把学校的体育活动从"温和状态"提高到"活跃状态",体育活动时间占学校课堂教学时间的 50% 以上。二是帮助教师学会成为更有效的教师,使他们能够从公共健康的角度教授体育课,从而改善体育教学的质量,花更少的时间去管理学生,有更多的时间让学生参与活动,使课堂更开放、更有趣。三是培养学生校外体育活动能力与营养饮食习惯的形成。

SPARK 课程目标包括四个方面(Buck et al., 2004):第一,改进体育教师的教学方法、教学内容及呈现方式;第二,促进体育教师的专业建设,激发他们生成新观念,帮助他们把新观念应用于教学;第三,为所有学生增加参加学校体育活动的机会;第四,优化学校环境和设施,使之更容易激发学生的体育活动兴趣和需要。

SPARK 课程能在短时间内风靡全美,并得到世界各国的普遍关注和认可,必有其独到之处。其特色主要体现在以下四个方面。

第一,教学内容的创新。在体育传统项目的内容和方式的基础上作出调整。如课程内容上安排一些受到中小学生追捧和喜欢的攀岩、跆拳道、山地自行车、霹雳舞、溜旱冰、掷飞盘、瑜伽等运动项目。

第二,教学模式的创新。实行"一课多师"制,各体育教师在进行体育课堂教学时,设计成以两人或多人协同教学形式,从而使 SPARK 体育课堂呈现教师之间相互搭档,教授内容不变,但交换学生上课的情境,体现了体育教学协同模式的独特之处。

第三,教师角色新定位。提倡学生与教师"平等互动"制,教师在教学过程中承担引导者、组织者、合作者、填补人、"隐形人"等角色,而学生有各自独特的精神世界和价值观念,他们自由、自主、民主地参与体育课堂教学,在体育活动过程中有选择的权利和创造性地自我表现的权利(季浏,2006)。

第四,课程目标的终身性。不仅对学生在校的体育学习提出了目标期望,同时还要求学生积极参与 SPARK 课程的终身健康计划,并能自觉地达成相应的目标。SPARK 课程的设计者不仅要求学生通过体育课的学习来达成一定的目标,同时还要求学生在学习的同时进行自我健康管理,提高学生的体育学习能力,扩大与体育学习相关的知识面,如了解体育运动的社会学观点与历史学观点等。这充分体现了 SPARK 课程目标体系的终身性,并对学生提出了体育学习的更多期望和更高要求,促使学生不但要"活到老",还要"学到老",更要在此基础之上"用到老"(尹志华 等,2010)。

美国在课程中同时开设了多个不同的体育项目班,学生可以按照自己的意愿选择自己感兴趣的体育项目,让学生在"玩中运动",在"运动中玩"。相比中国"军事化"或者"自由化"体育课,美国的体育课更加生动活泼又不失严肃,学生参与度较高,学生体育课兴趣较高,而且还在体育课上掌握了其他文化知识,规范了学生的纪律观念与道德品质。

(三) 中美学生身体活动要求及对比分析

1. 活动内容要求及对比分析

中国主要关注学生在校的身体活动,学校体育的内容主要包括三个部分:体育课、大课间操和课外体育活动。美国综合性学校体育活动大纲(CSPAP)见表 6-11。

表 6-11 美国综合性学校体育活动大纲

组成	内容
第一部分	体育教育(基础与核心)
第二部分	上学前和放学后身体活动
第三部分	学校中身体活动(课间活动和教室体育活动)
第四部分	员工参与活动
第五部分	家庭与社区参与活动

美国的综合性学校体育活动大纲被公认为国家为年轻人体育教育和体育活动制定的新框架,在学校日中为学区和学校所有年级的学生提供锻炼机会,体现了很强的协调性和协同效应(SHAPE American,2016)。相比于中国学生体育活动的内容,美国学生的内容更为丰富。

2. 活动时间规定及对比分析

美国建议青少年儿童每日做 60 分钟或更长时间的身体活动,其中大部分活动应是有氧运动。美国关于学生身体活动内容的规定比中国的更详尽,但由于教育行政权在各个州政府中,所以在身体活动时长要求上每个州差异较大,而且国家法律制定的时长要求并不是很高,只有少数州对学生有最低每周身体活动时长要求:小学有 33.3% 的州有这个要求,初中有 24.5% 的州有这个要求,高中有 9.8% 的州有这个要求。

2011 年,中国教育部规定严格执行国家关于保证中小学生每天 1 小时校园体育活动规定：上学日当天的课程如果没有体育课，学校必须在下午下课后组织学生进行 1 小时的集体体育锻炼；每天上午统一安排 25～30 分钟的大课间体育活动；每天约有 1.5 小时课外体育活动时间（不包括体育课）。有数据显示，中美两国青少年课外体育活动的时间每天超过 60 分钟的人数，中国占 5.3%，美国占 35.2%（周丽君，2007）。当然，这组数据是 2007 年的调查数据，中国各地自从执行了初中毕业升学体育考试后，学生参加课外体育锻炼的人数和时长都有所增加。广东省中小学生课外体育活动的情况见表 6-12。

表 6-12 广东省中小学生课外体育活动的情况

单位：%

学校类型	参加比例	活动时长				
		30 分钟	30～60 分钟	60～90 分钟	90～120 分钟	120 分钟以上
小学	24.1	28.6	71.4	0.0	0.0	0.0
初中	42.3	27.3	45.5	13.6	13.6	0
高中	48.0	30.4	56.5	13.0	0.0	0

由表 6-12 的数据看出，以广东省中小学生为调查对象，不包括大课间操和体育课，学生参加课外体育活动的时长已远超过 2007 年学者周丽君的调查所得到的数据。中美两国中小学生身体活动的内容与时长总体比较见表 6-13。

表 6-13 中美中小学生身体活动内容及时长对比

国家	内容组成	活动时间	缺点	优势
中国	三部分	明确时间规定但并非所有学校都能落实	容易使学生忽视学校课外身体活动及社会实践	严格时长规定，使学生有一个锻炼时长标准
美国	五部分	只有少数州有时长规定	没有严格时间规定，容易使学生忽略活动时长	内容多，学生除了身体锻炼，其他方面也得到锻炼

（四）中美体育教师认证资格对比

1. 中美体育教师认证要求

中国体育教师任职资格为：师范类或非师范类学校体育教育专业毕业，有一定运动技能，具备教育学、心理学知识等，持有教师资格证书。美国大部分州要求体育教师由州认证和许可才被授予教授体育的资格。87.8% 的州要求初中体育教师必须认证，98% 的州要求高中的体育教师必须认证，以及 71.4% 的州要求小学的体育教师必须是州认证或者许可才被授予教授体育；不过，也有 66% 的州允许小学课堂（通识）教师教小学体育课。

通识教育（general education）于 19 世纪初兴起，当时有不少欧美学者有感于现代大学的学术分科太过专门化，知识被严重割裂，于是提出了通识教育。其目的是培养学生独立思考的能力且对不同的学科有所认识和了解，以至能将不同的知识融会贯通，最终培养出完全、完整的人。通识教育重在"育"而非"教",因为通识教育没有专业类别的硬性划分,它提供的选择是多样化的,体现了人文教育的特征。美国在选拔教师教育专业的学生时除了考察其学术表现(GPA、SAT)外,还要通过面试考察其知识面、应变能力、口头表达能力等,而最重要的是要求考生必须参加一年以上的课外体育活动,包括体育运动、学术、艺术等方面的活动,重点审查申请者是否具备教师应有的特征、多方面的能力以及品行或潜力,以确保教育专业毕业生的质量。这种选拔机制的最大特点是,选拔的考生不仅在学术能力上符合招生学校的要求,而且在体育、艺术等方面具有一定特长。一旦这些考生毕业后进入学校工作,就会积极顺利地投入到学校的各种体育、艺术活动中去,参与和指导学生的各种活动,并在很大程度影响学生的兴趣、爱好及习惯的养成(蔡皓,2013)。因此,美国师范类专业毕业生具备一定的体育教学能力。

在一些国家,中小学教师组织指导学生参加校园体育活动的现象非常普遍,几乎成为常态,而美国、加拿大、日本等国家的一些小学甚至没有专职体育教师,体育课一般也由其他学科教师来承担,这实际是一种"教师密切联系学生,教师对学生全面负责"的教学理念的体现。允许一些非体育专业的教师指导学生的体育活动,也和他们国家中小学教师课程设置有密切关系。美国 AACTE 教师教育专业课程内容与学分要求见表6-14。美国教育专业学生的学分,特别是初等教育学分之中近一半的课程是由通识课程组成,也就是说,不管是体育教师还是其他课程教师,如果想获得教师资格,都必须要拿到近一半学分要求的通识课程学分,再加上师范生在实习中对体育、艺术等的要求,这就不难理解为什么通识教师可以在小学教授体育课了。

表6-14 美国 AACTE 教师教育专业课程内容与学分要求

课程类别	初等教育		中等教育	
	学分/分	占比/%	学分/分	占比/%
通识课程	58	44.6	58	42.9
专业课程	42	32.3	16	11.9
学术主修课	—	0.0	33	24.4
学术辅修课	20	15.4	18	13.4
教学实习	10	7.7	10	7.4
总学分	130	100.0	135	100.0

资料来源:谌启标《美国教师教育制度的改革与实践》,载《外国中小学教育》2003年第4期,第5~9页。

中美中小学体育教师的任职资格要求都是小学低、初中其次、高中最高。在美国,尽管教师资格认证的要求比中国低,但由于法律的保证,没有获得认证的人员不能从事教育工作,无证上课的现象比较少。中国体育教育在原则上虽然要求比较高,但是体育教师缺编严重，在学校里非体育专业毕业的教师上体育课的现象比比皆是，然而这些非体育专业教师并不具备体育素质及运动技能等，不能胜任体育课教学的需要。

2. 中美体育教师职业发展情况

2016年，美国有85.7%的州会维护或者更新体育教师认证或者许可要求进行职业发展，在2012年这个比例是72.5%。另外，有75%的州会设立专用于支持体育教师职业发展的项目或资金。对于中国体育教师的职业发展，笔者未能从本次调查中了解到学校对体育教师的经费具体支持金额，只能从学校对体育教师各种培训报销情况来间接反映出学校对教师职业发展的支持力度。以广东省为例，大部分中小学校对于教师的短期培训均给予一定支持，但也有一部分学校不鼓励教师进行短期培训，其中小学有20.7%的学校不给予培训经费报销，初中有17.3%的学校不给予培训经费报销，高中该比例是6%。对于学历提升等长期进修，各学校对此支持的力度降低，学费和车旅费报销比例明显减少，关于长期进修的学费报销情况，仅有34.5%的小学、24.0%的初中及20.4%的高中是完全报销的，其余是部分报销或者完全不报销。

美国近年来对体育教师的职业发展支持力度越来越大，但经费支持比率并不是很高。中美两国对体育教师的职业发展支持的力度同样有可提高的空间。

（五）中美体育教师生师比的情况对比分析

1. 中国体育教师的情况

据《中国体育报》报道，在清华大学体育部成立百年的研讨会上，教育部体卫艺司司长王登峰说："义务教育阶段教师整体超编100多万，但体育教师缺编30多万，体育教师缺乏的问题非常严峻。"（裴海深 等，2013）广东省中小学体育教师缺编的窘况和全国情况一致。广东省全省体育教师的生师比约是235∶1。

2. 美国体育教师的情况

美国国土面积937万平方千米，常住人口有3亿多。有1000～2000个大学里设有教育学院，其中只有500～700个学院培养体育教师。在美国，教育是由州政府主导的，各州情况有所不同。通常情况下，学校每周体育课的教学时长在60分钟到150分钟之间。初中和高中的体育教师要经过认证，小学可以由通识（课堂）教师兼任体育教师，也有许多州（包括纽约）要求从小学到高中都要有专职的体育教师。密歇根州安娜堡市要求体育课由专职体育教师授课，但一所500名学生的小学只有一位体育教师，这位教师从早上到下午一直不停地给六个年级、不同班级的学生上体育课。初中和高中的体育教师会多一些，然而也有一些城市（如底特律的部分学校）却因为没有经费而不开体育课（冯红静，2012）。

尽管这几年美国教师的待遇在慢慢改善，但教师缺编的情况同样非常严重。由于教师职业的专业性还没有被社会广泛承认，教师的专业知识、技能也没有得到明显体现，加之教师的工资待遇远远低于律师、医生等专业人员的水平，这就使得教师职业的吸引力不足，很难吸引优秀人才来从事教育工作。而美国对教师学历的要求与其他行业从业者相比又比较高。全美教师联合会主席桑德拉·费尔德（Sandra Feld-man）说："工资低是使人们远离中小学教师队伍的重要原因。"2001年，有22.14万所公立学校的教师离开了教师岗位，占到了教师总人数的7.4%，在决定离开教师岗位的原因中，20%的教师表示是为了谋求更好的职业从而获得更好的薪水和待遇（Penelope，2003）。

体育教师的情况更是雪上加霜，他们必须在各种运动的规则、发展历史和技能技巧方面有足够的知识，懂得如何管理学生和班级，知道如何备课和评价课程，能在各种活动中适当地提高学生的运动技能。另外，大多数体育教师，特别是那些中学里的体育教师，都需要担当一项或两项运动的教练，这包括需要有体育的专业技术、运动技能，懂得如何使队员技术更加完善，懂得如何管理队伍等方方面面，还要懂得比如指导父母志愿者、组织比赛、做预算活动、了解政府在体育运动上的政策等。加上体育教育在学校中不受重视，地位低，使得越来越少的人愿意担任体育教师（Couturier，2005）。

3. 对比分析

中美两国学校体育教师都是严重缺编的，美国教师专业知识结构值得中国教育部门借鉴的：一方面，美国教师职业需要掌握通识教育知识内容较多；另一方面，师范生在成为教师前都必须参加实习，必须组织一年以上的课外体育活动，包括体育运动、学术、艺术等方面的活动。这样，很多非体育专业教师都具备一定的体育教学的能力，对学生体育课知识、运动技能的传授等具有很大的帮助。而中国由于体育教师缺编，非体育专业的教师替代上体育课的现象普遍存在，然而再加上他们对体育知识与运动技能不熟知，所以课程组织变成了"放羊式""自由化"教学，严重影响了学生运动技能的掌握与体育兴趣的培养。

二、中美中小学体育产出对比分析

（一）学生的肥胖状况

对于成长中的儿童，可利用他们的 BMI 值作为推算他们是否超重的指标之一。很多国家及地区每年都会测量当地儿童的身高和体重数据并进行统计。这些统计数据，都可以转化成为 BMI 值，从而再得到当地儿童的 BMI 值分布。根据这个分布，地方健康管理政府部门可以推算出当地儿童的过重及过轻指标。一般来说，都会采用统计出来的 BMI 平均值及其标准差值，再计算出其常态分布的最高 5% 与最低 5%，分别作为当地儿童体重过重与过轻的标准。另外，BMI 值位于常态分布的 85%～95% 区段的儿童有超重的危机。由于世界卫生组织制定的标准并不适合中国人的情况，于是中国政府制定了适合中国人的参考标准。

美国身体成分测试方法有两个——BMI 和脂肪比例。自 20 世纪 70 年代末以来，美国儿童肥胖症的发病率增加了一倍多，青少年肥胖症的发病率增长了两倍，32% 是超重与肥胖（Fryar，2012）。国家成人肥胖患病率范围从 20%～25% 到大于 35%（Centers for Disease Control and Prevention，2016）。美国政府及教育界专家认识到肥胖是国家亟待解决重大问题，给予了更多研究、支持与关注，因此也更加重视身体成分的测试。

2015 年 6 月，由国务院新闻办公室发布的《中国居民营养与慢性病状况报告（2015）》显示，全国 6～17 岁儿童青少年超重率为 9.6%，肥胖率为 6.4%，每 6 位儿童青少年中就有 1 位超重或者肥胖。中美部分地区中小学生超重及肥胖情况见表 6-15。

表6-15 中美部分地区中小学生超重及肥胖情况

单位：%

国家	学校所在地区	数据来源	人数占比		
			超重	肥胖	合计
中国	全国	国家报道	9.6	6.4	16.0
	广东省	本次问卷调查	4.3	1.3	5.6
	北京市	参考文献（周佳 等，2015）	18.0	12.8	30.8
	呼和浩特市	参考文献（李慧颖，2015）	10.9	8.8	19.7
	包头市	参考文献（王宁 等，2015）	26.3	13.2	39.5
	中山市西城区	第三方机构	6.93	5.02	11.95
美国	全国	第三方机构	32%超重或肥胖		

笔者的本次问卷调查结果显示，广东省中小学生中，偏瘦人群占49.1%，正常人群占45.3%，超重者占4.3%，肥胖（含重度肥胖、极重度肥胖）人群占1.3%。广东省中小学生总体超重与肥胖率为5.6%。第三方机构对中山市西城区学校的中小学生身体情况进行全方位测试，共测试了17307名学生，测试结果显示学生低体重率为9.47%，超重率为6.93%，肥胖率为5.02%。

从上述各种数据对比分析可以看出，美国中小学生的肥胖及超重发生率远高于中国，中国北方地区肥胖超重率比南方地区高，中国中小学生的肥胖问题应该引起大家重视。

然而BMI不能直观测量人体的体脂含量，且不适用于运动员、健美人士等人群评估肥胖程度，在条件允许的情况下，建议采用BMI与脂肪比例一起来推断学生真实的肥胖程度。

（二）学生对体育的兴趣

体育运动兴趣是个体为了强身健体而主动参与各项体育运动及比赛的一种积极的心理状态和行为倾向，是个体进行体育锻炼的内驱力。体育课是学生体育活动的重要组成部分，它是促使学生对体育运动产生兴趣的重要途径。

1. 中国学生对体育课与体育运动的兴趣

通过了解学生对体育课的兴趣，可以在一定程度上间接反映体育课的质量及教学效果。体育课是学生接受体育教育的重要组成部分，体育课开展得好坏，会在很大程度上影响学生产生体育兴趣、养成科学锻炼的习惯以及形成终身体育的意识。

根据本书第四章的分析可知，随着年级的升高、年龄的增大，男生喜欢体育课者占比越来越小，但下降的速度不是很快，喜欢程度最低的是初中三年级男生，他们在高中阶段又开始恢复对体育课的喜爱。然而，与此同时，女生喜欢体育课者占比越来越小，而且下降的速度较快，喜欢程度最低的是初中二年级女生，初中三年级开始至高中阶段，女生对体育喜爱程度又有所增加。为什么男女生在初中阶段对体育课的喜欢程度最低？经调查与分析初中毕业升学体育考试在全国范围内都存在重体能、轻技能的问题，而考试内容与体育课教学内容一致，使得体育课程教学内容单一，严重影响了学生对体育课的兴趣。此外，每个阶段的男生对体育课的喜欢程度均高于女生。

学生对体育运动的兴趣的调查结果与学生对体育课的兴趣如出一辙，学生在小学时期最喜欢课外体育活动，初中时候喜欢程度下降很快，高中又稍微有所上升，而且男生比同年级的女生更喜欢体育活动。因此，中国学生在小学阶段对体育运动兴趣最高，初中阶段对体育运动兴趣降低，高中阶段对体育运动的兴趣又有所增加。

2. 美国学生对体育运动的兴趣

通过大量文献可以得知，风靡全美的SPARK教学课程对提高学生体育兴趣大有益处。透过美国青少年踊跃参加体育运动的种种外在表现，可以了解到美国学生对体育运动的兴趣较高，美国青少年儿童体育运动兴趣得以形成具备各种有效机制（刘辛丹，2014）。

（1）"以学生为本"的教学理念——增强运动兴趣。

学校体育课是美国培养青少年体育兴趣的主渠道，青少年浓厚体育运动兴趣的形成，大多还是源自学校体育课的教育培养。美国学校体育课的内容充分体现"尊重学生"和"以人为本"，在此基础上也会有严格训练，训练内容及严格程度视学生年龄特征而定。这里的学校体育课强调最大程度尊重学生的兴趣，学生可以根据个人兴趣选择活动内容，即便是长跑，教师也会努力将枯燥的跑步变为快乐有趣的游戏。例如，关于常规的课前5～10分钟热身跑步，教师允许学生根据自己喜好自由选择快跑或慢跑、顺时针或逆时针跑、朝东或朝西跑、跑圈或直线跑，教师的出发点完全是为了让学生在跑步中最大程度地获得乐趣。当然，美国体育课也不乏严格的训练，甚至是类似于军队的强迫性运动训练，目的是培养学生遵守规则的意识。竞争训练中，在绝对遵守规则的前提下，还会引导学生在乎别人感受，懂得文明、谦逊地赢得比赛。

（2）校际竞技联赛激发运动兴趣。

在美国，最受学生欢迎和尊敬的是学业与运动训练都能同时兼顾的校队运动员。经常举办备受学生关注的校际竞技联赛，使其成为一件非常隆重的盛事，更成为美国培养青少年体育运动兴趣延伸的舞台。各中小学拥有各种各样的运动队，进入高中以后，学校除开设各类体育课程之外，还认真安排各种校际的体育联赛。那些在中学体育联赛中崭露头角的学生根据各自的体育特长，通过参赛提高水平，争取赢得地区或全国领先的排名，从而获得理想大学的奖学金；学生参与体育运动及平时体育成绩，被列为申请优秀学校及奖学金的重要指标。青少年置身于如此浓郁的体育运动氛围和激励机制中，运动兴趣自然会有增无减。美国的竞技体育始终为核心教育内容之一，通过竞技体育不仅能激发青少年的运动兴趣，而且成功地培养出学生忠诚、勇敢、坚强的人格特征以及责任意识和团队精神，使学生在艰难困苦条件下也能够竭尽全力，学会自我控制、遵守规则、维护荣誉和尊严、坚持公平竞争。校际竞技联赛要求各校参赛学生为自己所在的运动队奉献自我。这种勇于献身的精神，正是公民为进入社会生活所做的必要准备。

（3）社会家庭体育氛围培养运动兴趣。

美国大多数家庭在周末会一起健身或到公园进行体育游戏，一起观看体育比赛。父母也会作为观众参加子女所在学校的体育活动。美国前第一夫人米歇尔·奥巴马在2010年9月发起"Let's Move"组织，倡导"一个家庭中，孩子每天需要参加一小时中度至剧烈的活动，锻炼出一个健康的身体；而成年人每周至少五天需要半小时的中度至剧烈的活动，保证一个健康的身体"。这一健康生活计划需要家庭、学校和社区的共同努力，表明美国社会十分关注家庭对青少年体育健康的重要作用。正是有社会与家庭共同的体育氛围的熏陶，在校园中的学子们，即便无法成为运动赛场上校队中的佼佼者，也会坚持每天去学校的健身房、运动俱乐部参加锻炼。在假期中，孩子们则跟随父母到美国各大国家公园和户外进行体育运动，一起去参加露营、登山、滑雪、冲浪等休闲活动，在大自然中感受着运动的乐趣，在运动中享受着绝美大自然的壮丽和美景。由此可见，社会与家庭的体育氛围的熏陶，是青少年体育运动兴趣形成的重要机制。

（三）学生自觉锻炼的习惯

1. 中国学生自觉锻炼的习惯

体育健康教育的最终目标就是学生能通过体育教育学习，养成自觉锻炼的习惯、终身体育的意识。学生自身是否养成自觉锻炼的习惯非常重要，学校、家长、教师对学生身体锻炼的监督作用都处于次要地位。学生自身保持对体育有持续兴趣，把运动变成一种习惯，这对提高学生体质健康起到关键作用。

根据本书第四章所呈现的调查结果，广东省中小学生随着年级的升高、年龄的增长，能够养成自觉锻炼习惯者占比却在减少，且男女生各自下降的程度有所差异。小学阶段男生自觉锻炼习惯下降很快，趋势线的斜度很大；在初中阶段至高中一年级阶段，仍有所下降，但下降的不是很多，趋势线基本上趋于平行；高中二年级后，趋势线反而有所上升。女生的自觉锻炼习惯从小学阶段到高中一年级是不断下降的，高中二年级后开始有所上升。此外，不管是哪个学段，男生有自觉锻炼习惯的比例都高于女生；小学六年级以前，男女生自觉锻炼习惯比例相差不是很大，六年级以后男女生的差异比例慢慢扩大；差异最大的是高中二年级的学生，有57.9%的男生有自觉锻炼习惯，而只有34.1%的女生有自觉锻炼习惯。综上所述，不管是学生对体育课的兴趣，还是对体育运动的兴趣，抑或是自觉锻炼的习惯，男生都强于或者高于同年级的女生。

2. 美国学生自觉锻炼的习惯

虽然笔者没有调查到美国学生拥有自觉锻炼习惯的数据及比例，但从美国大学生及民众参与体育运动的人数可以侧面了解到美国民众拥有自觉锻炼的比重。不像中国大学有体育必修课的要求，美国大学生不用必修体育课，也没有学分要求，但美国大学生通过中小学体育教育的培养及美国体育文化的熏陶，自觉锻炼的习惯较好。从大量留学生游学日记中都可以了解到，在美国，基本每个大学生都有一种或多种体育爱好，而且经常参与运动，也就是说，美国大部分学生已经养成了自觉锻炼习惯。

此外，从美国普通民众喜欢的运动项目和人数也可以推测出，美国人在体育教育中养成了终身体育锻炼的习惯且已根深蒂固。学者晓路（2014）根据美国人口普查局的统计资料指出，参与跑步的美国民众约3221万人，占人口的1/10。在球类运动中，参与人数最多的是保龄球（4497万人），排第二位的是桌球（2817万人），然后是篮球（2441万人）。除了球类，美国人喜欢参与的运动还包括健身（5721万人）、野营（5086万人）、游泳（5023万人）等。从这一组数据，我们可以了解到美国民众对体育运动的热爱与参与程度。

（四）学校体育场馆的社会服务情况

1. 学校体育场馆情况

2015 年，国家体育总局局长刘鹏表示，中国体育场地数已经超过170 万个，人均体育场地面积达到 1.57 平方米，而且大部分体育场馆隶属于学校。然而中国人均体育场地面积与欧美国家相比还有很大的差距，据中国网《体育中国》栏目于 2015 年 11 月 4 日报道，2015 年中国人均体育场地面积不足美国的 1/10，不足日本的 1/12。2019 年年底，国家体育总局公布的《全国体育场地统计调查报告》显示，国内人均体育场地面积为 2.08 平方米。综合分析以上数据可以明显看出，中国人均体育面积与美国还有很大的差距，而且中国大部分体育场馆隶属于学校，面向社会开放学校体育场馆任重而道远。

2. 政策情况

《中华人民共和国体育法》《全民健身计划纲要》《全民健身条例》等法律法规都规定了要保障公民参与体育锻炼的权利。1995 年，原国家体委发布《关于公共体育场馆向群众开放的通知》；2003 年，国务院颁布《公共文化体育设施条例》；2006 年，教育部制定了《全国学校体育场馆向社会开放试点工作方案》；等等。之后有多种政策都明确了公共体育场馆应向社会开放。中国大部分体育场馆隶属于学校，学校体育场馆作为准公共产品，理应有服务社会的责任与义务，所以大力开放学校体育场馆对提高国民身体素质至关重要。

3. 学校体育场馆向社会开放情况

提高学校体育场馆的综合利用率，发挥学校体育场馆的社会效益，是社会主义"发展成果共享"理念的必然要求，更是满足人民群众日益增长的多样化体育需求的现实选择。一系列关于学校开放体育场馆政策的颁布与实施，说明了政府致力于提高学校体育场馆的利用率，使学校体育场馆效用最大化的决心。但是，从广东省学校体育场馆调查的情况来看，学校体育场馆开放的程度仍有待提升。学校体育场馆作为准公共产品不同于公共产品特性，其在使用过程中具有一定的排他性和竞争性，因此，对个人或者团体收取一定的使用费用，有利于学校场馆的管理与器材更新等。

对于广东省学校体育场馆开放情况，学者张宏等（2008）通过实证研究指出，广东省学校体育场馆开放效果仍不理想，学校向社会开放意愿不强、整体开放率低。他认为学校体育场馆向社会开放会给学校带来利益损失，而传统的政策引导和收费使用均未能使学校利益损失得到有效补偿。这是影响学校向社会开放体育场馆积极性的最主要的原因。

美国学校体育场馆的管理做法各异、各有特色，学者王菁（2012）研究发现，各级学校对体育场馆设施最典型的管理模式是与俱乐部和各种体育协会合作。由于美国大多数学校校园是开放式的，社区居民在室外体育场地没有教学任务时可以随意使用，但他们必须通过加入俱乐部和体育协会的形式才可以使用学校室内体育场馆设施。学校室内体育场馆设施一般不对个人开放，这样便于学校对体育场馆设施的管理和学校内部秩序的维持。在实际调研中，大部分场馆开放情况不尽如此，在不影响体育教学使用的前提下，只要遵守学校体育场馆的管理条约，很多学校室内体育场馆可供个人租借使用。

美国学校体育场馆开放的力度远超过这些。美国大部分学校里都是开放性建筑群，社区居民基本上可以免费使用学校室外体育场地；对于一些室内场地，很多学校允许个人以交付租金的形式进行运动，比如在美国春田学院，1个人1次付5美金便可以使用室内健身场地一天，如果和管理人员协调，甚至允许中间多次自由进出。美国很多其他室内场地的租金也是非常低廉的。美国体育场馆通常有相应的租借管理条约，而且较为详尽，内容包括安全、责任条例、使用方法等。只要居民遵守租借条约，就可以如约使用学校体育场馆，甚至在使用体育场馆的同时使用学校其他设施，比如学校宿舍等。

三、中美学校体育实施结果梳理

通过对美国中小学体育教育实施状况进行调查，再把中美学校体育部分的投入与产出进行对比分析，可以明显看出美国学校体育的投入与产出并不都具有优势，中美两国体育教育投入与产出各有优劣。

美国学校体育的投入同样存在学生体育教育时间严重不足，体育教师严重缺编的窘况，也存在体育教师职业发展经费不足的情况。换而言之，美国和中国学校体育同时存在着资源投入不足的状况。此外，美国允许部分州学区和学校申请豁免体育课，允许学生以各种理由来免修体育课，也有一些学区和学校甚至规定其他活动（如学校军乐队等）可以替代体育课和学分，这些举措实际上变相地剥脱了学生受体育教育的权利。美国体育教育投入优势比较明显的是在"物"即体育场馆的投入方面。体育场馆是学生进行运动的物质保障，学生生均体育场馆面积较大。美国学校一般是开放性建筑群，和社区紧密相连，学校室外场地免费开放为社区居民使用；学校室内场馆开放率比较高，收费较低，社会效益较好。

对于学校体育产出，美国学生平均超重和肥胖率为32%，该数据远高于中国学生。美国体育课丰富多彩、形式多样，极大地提高了学生的体育兴趣，这对自觉锻炼习惯、终身体育意识培养极为重要。美国是一个多种族、多民族及多元化的国家，不同经济社会地位、种族文化等使体育文化在不同人群中差异很大，而且每个州拥有各自独立的教育行政权，学校体育投入与产出差异较大。

总体来讲，中美都存在着学校体育投入匮乏、产出较差的状况。正如本书前文所述，研究需要在调查与比较中取其精华，去其糟粕，美国学校体育健康教育在实施过程中有一些地方还是值得中国去借鉴与学习的。

第一，美国学校体育健康教育课程标准比较全面与具体化。美国课程评价标准有利于学校体育实施与执行，而且有专门为体育教育课程标准设计的评价软件来检测学生的体质与健康情况，规范课程的实施与修正。鉴于体育是道德品质培养最有效、最直接的途径之一，美国课程标准注重对学生体育道德素质的培养，在体育运动中培养学生的团队精神、意志品质、为自己和他人及社会负责的道德精神等。

第二，美国体育课程的组织与教法比较先进。美国 SPARK 体育课程相对比较生动活泼，趣味性强，容易提高学生的体育兴趣，促使培养学生的终身体育意识，而且体育课程与其他知识技能传授紧密结合。

第三，美国部分体育课程评价方案比较优化。与中国学生的体测相比，美国健康体适能的测试内容与方法值得我们借鉴。比如，健康体适能使用更多指标来衡量学生健康素质。中国体测主要测试学生的运动素质指标而非健康素质指标，中国体测中仰卧起坐的测试方法是否有损健康值得商榷，中国体测没有选择、替代项目，不能真实反映学生的健康素质水平。

第四，美国普通教师教育专业的运动技能要求比较合理。美国教师教育专业的学生需获取通识教育学分及有在学校实习的要求。这使非体育教育专业的教师具备一定的体育知识与运动技能，在一定程度上可以缓解学校体育师生比偏低的窘况，还对提高教师自身的身体健康有诸多益处。

第五，美国规定不同年龄段体育教育参与时长比较合理。美国国家规定高中生体育参与的时长最长，初中生其次，小学生最低，对此中国可以借鉴。这是因为小学生天生活泼爱动，除了体育课，身体活动的内容多而且时间长；而高中生学习压力最大，静态活动比较多，身体活动内容的时长较少。增加高中生体育课的时长可以提高高中生运动参与度，也可以解决目前中国高中生身体素质最差的问题。

第六，美国学生身体活动内容比较丰富。学生身体活动内容不但包括学生在学校期间的身体活动，还包括上学前与放学后身体活动内容。特别是参与社区与家庭的身体活动，在一定程度上丰富了学生身体活动形式，扩大了学生的视野与社会适应能力。中国学校应重视学生各种身体活动内容，严禁学校停止学生的课间活动等。比如，部分学校竟然为了学生所谓的"安全"，停止孩子课间身体活动，除了允许学生在课间上厕所或者喝水，不允许学生在课间嬉戏和追逐等。中国学校应倡导布置体育家庭作业，鼓励学生和家长、社区居民一起参与各种身体活动等。

第七，美国更加关注女生及残障学生、不同种族学生的体育教育。美国认为需要解决好一些问题，诸如弱势群体健康差异、女生身体活动能力下降、为残障学生创造有效的体育活动机会、在不同种族和社会经济背景的学生中减少学术成就差距所起的作用。在调研中发现，中国同样需要解决好残障学生体育受教育权利，以及女生身体健康水平较差，体育锻炼习惯、体育兴趣等都不及男生的现实问题。

第八，美国对全国学校体育实施调查与总结比较翔实。美国调查与收集中小学体育教育资料与数据的调查方式与途径，是非常值得中国学习与借鉴的。美国要求当地教育机构（LEAs）和学校报告他们的自我评估结果和健康测试的结果，以汇总的方式报告给相关的政府机构；同时通过典型的沟通渠道，如网站、学校时事通讯、学校董事会报告和演示等，把这些结果反馈给家长和社区成员。当地教育机构和学校还组织使用PECAT和HECAT一起来监督学校体育课程的实施及审查总体学生健康测试结果，确定他们是否需要提供额外的或改进的课程。目前，中国缺少这方面的权威调查与分析，且罕有的调查也不够全面。比如，广东省教育厅关于学校体育实施调查，该调查的内容包括体育教师人数、体育场地面积、心理健康教师人数。而其他诸如体育教育时间、体育经费、学生体质健康测试结果等没有在学校体育教育调查中体现。不深入调查与剖析学校体育实施现状，就无法了解制约学校体育发展的桎梏，当然也无法解决学校体育在实施过程中存在的主要问题，提高学校体育效益也就成为"空中楼阁"。

第七章　研究结论与建议

第一节　研究结论

　　本书经过深入调查、研究与对比分析得知，目前中小学体育效益不尽人意是青少年儿童体质下降和国民身体健康水平低下的重要原因之一。结合学校体育健康教育实施内容及学校体育健康教育课程五大目标，研究发现学校体育投入规模偏小，同时又存在着资源浪费的现象。学生在学校期间没有完成运动参与目标，特别是高年级的学生运动参与目标完成较差；学生没有掌握体育理论知识与运动技能。体育课程没有从提高学生的体育兴趣入手，不能使青少年儿童养成科学锻炼、自觉锻炼的好习惯，没有形成终身体育的意识。学生由于没有终身体育意识，工作后疏于身体锻炼，最终导致了国民体质健康水平低下。笔者对广东省中小学的体育教育相关要素进行了全方位的调查，通过分析得知学校体育效益较差的原因主要有三个。

　　第一，学校体育投入规模偏小。不管是从影响学校体育间接投入的体育健康教育课程评价结果来看，还是从影响学校体育直接投入的人、财、物等资源投入情况来看，学校体育的总体投入规模都比较小。由于学校体育的总体投入不足，一些体育教育政策难以在学校得到真正落实，甚至在学校实施过程中出现有悖于体育政策的现象。

　　第二，学校体育资源的配置有待优化。利用 DEA 法分析调研数据发现，在广东省学校体育投入总体水平较好的部分地区，相对应的体育效率数值反而较低，说明这些地区的学校体育资源没有得到合理配置。人、财、物等资源的投入比例不均衡也是学校体育效率相对较低的原因之一。

　　第三，在体育教育实施过程中，学校体育资源没有得到合理运用。当学校体育的投入规模加大，各项资源得到较好的配置后，合理利用学校体育所投入的人、财、物等资源从而提高学校体育效益则是重中之重。通过调查分析，笔者发现学校体育的组织实施在组织教学法、课程管理及课程评价等方面都需要进一步优化。

　　因此，提高学校体育效益应从以下三个方面入手。首先，扩大学校体育投入。在学校体育政策的框架下，体育资源的总体投入应与地区经济的总体规模、发展速度，与地区人均占有体育资源相匹配。其次，优化资源配置。根据学校体育资源的优先程度，使各种体育资源投入与学生对运动项目的需求相一致，使得所投入的人、财、物等资源得到合理分配。最后，在加大投入与优化资源配置的基础上，促使各种体育资源在学校体育实施中合理运用，是提高学校体育效益的关键。

在素质提升的教育方针下，结合考虑现阶段中国学校体育实施过程中存在的问题，可以借鉴美国体育健康教育课程较为科学的具体措施，扬长避短，找到适合中国的提高学校体育效益的途径与实施办法。

第二节 提高学校体育效益的对策与建议

身体健康是促进人的全面发展的必然要求，是经济社会发展的基础条件，是民族昌盛和国家富强的重要标志，也是广大人民群众的共同追求。

2015年10月，党的十八届五中全会明确提出推进健康中国建设，从"五位一体"总体布局和"四个全面"战略布局出发，对更好地保障人民健康作出了制度性安排。2016年5月，为促进我国体育全面协调可持续发展，努力实现建设体育强国的目标，充分发挥体育在建设健康中国、推动经济转型升级、增强国家凝聚力和文化竞争力等方面的独特作用，国家颁布了《体育发展"十三五"规划》。2016年8月，中共中央、国务院颁布了《"健康中国2030"规划纲要》，发出建设健康中国的号召，明确了建设健康中国的大政方针和行动纲领，人民健康状况和基本医疗卫生服务的公平性、可及性持续改善。

2018年9月10日，习近平总书记在全国教育大会上指出："要树立健康第一的教育理念，开齐开足体育课，帮助学生在体育锻炼中享受乐趣、增强体质、健全人格、锤炼意志。"2020年9月22日，习近平总书记主持召开教育文化卫生体育领域专家代表座谈会时指出："体育是提高人民健康水平的重要途径，是满足人民群众对美好生活向往、促进人的全面发展的重要手段，是促进经济社会发展的重要动力，是展示国家文化软实力的重要平台。"

本书通过调查研究，指出提高学校体育效益的途径有增加学校体育总体投入、优化资源配置、合理运用资源三个重要环节。通过前文的研究及分析，研究认为提高学校体育效益的具体实施方案应该从学校体育政策、学校体育投入、体育课程目标与评价方案等维度率先进行改革。

一、政策支持

（一）完善体育教育政策

在建设健康中国的过程中，应有针对性地制定有利于学校体育发展的方针、政策，通过开足体育课、开展丰富并适合不同年龄段学生的体育活动，关注特殊群体的运动需求，使全体学生都能积极参与体育运动、养成健康的生活方式、形成终身体育意识，从而提高学校体育整体效益。此外，定期对学校体育相关政策的落实情况开展评估与监督亦是关键。

1. 有针对性地制定学校体育教育政策

紧密围绕立德树人的根本任务，加强政策制定前期的宏观与微观分析、实地调研、政策研究、方案论证和决策咨询，提高政策设计的民主、科学和精准性，为政策落地实施创造好条件。注重扭转"唯分数""唯升学"等不科学的教育评价政策导向，督促主管部门有针对性地制定学校体育教育政策，加强学校体育人、财、物的投入，根据学校的规模，严格制定学校体育投入的各种比例政策等，提升体育学科及体育教师在学校中的地位，引导聚焦教学质量、遵循教育规律，完善体育课程评价体系等。

2. 切实落实体育教育的相关政策

各种政策的制定与落实需要紧密结合起来，从学校体育的投入政策来看，2008年教育部要求农村体育教师生师比不超过200，然而从一些学者研究文献数据及实际的调查结果来看，学校的体育教师的生师比与这一要求还是相差甚远。我国大部分体育场馆隶属于学校，学校体育场馆还承担着满足人民群众健身的需求。但学生的人均体育场地面积比较小，还有很大提升空间。此外，学校体育经费的投入不够明朗，体育经费投入少或挪用、转移体育经费等现象时有出现，造成了体育教育总体投入短缺，严重制约了学校体育工作的开展。因此，体育教育政策制定与落实一定要两手抓。

3. 加强对现有体育教育政策的实施效果评估

政策实施是一个动态调整的过程，需要紧扣课程标准，监测学生身体健康数据，根据实际推进阶段出现的问题和改革目标任务，及时更新调整，为政策评估提供丰富的素材和案例。各级部门应建立规范的政策评估指标体系和量化模型，以全面客观的监测数据支撑教育决策、服务改进教育教学管理，推广第三方评估模式，减少政府部门对于政策评估的干预，切实提高政策评估的客观公平性、权威性。

4. 加强对学校体育实施过程的监督

要加大对政策执行的监管，及时查补政策实施中的漏洞，明确政策执行的主体、对象和标准，严格执行追责和奖惩办法，为政策设计提供鲜活的实践与经验。

第一，加强对学校体育教育实施政策监督。2008年，由教育部、财政部等部门颁布学校体育卫生条件基本标准，从国家层面确定了相关工作标准。然而，调查结果显示，仍有一些学校尚未落实相关政策。因此，对各级各类学校体育教育政策的执行进行监督是非常必要的。

第二，加强学校体育教育经费投入的监督。各地学校没有对上级部门下拨的体育经费专款专用，导致学校对体育教育投入的经费使用权限模糊，所以在调研中发现即便是校领导，对于学校本学期或者年度体育教育经费的投入金额都不是很清楚。体育学科严重边缘化，部分体育经费流向其他学科。应加强对体育经费政策支持，更重要的是"让经费的使用在阳光下运行"。在体育教育实施过程中，严格细化经费使用方案，使体育经费使用范围清晰化、使用流程明朗化，使各项经费落到实处，并定期对体育经费的使用情况与效果做出评估。

综上所述，政策支持首当其冲。根据学校的规模，经过体育专业人士调研与评估，首先制定出各级各类学校体育教育必备人、财、物投入政策。其次根据学校体育的五大课程标准，制定出学校体育的实施政策，比如学生运动参与时间与方式，教学内容与课程实施细则等。最后制定出科学评价学生身心健康及社会适应性的标准。政策制定后，一定要把执行落到实处，要定期进行检查与评估，每个省、区、市安排体育调查员，专门负责收集各地体育教育实施政策与数据，对于政策执行情况严格执行追责和奖惩办法。

（二）女生的体育教育政策

在学校调查中发现，不管是对体育课的喜欢程度，还是课外体育锻炼的参与程度，男生都远高于同年级的女生。大量的数据显示，男生的体质健康水平均高于同年级的女生。究其主要原因，是女生喜欢的运动项目与男生有异，而学校体育课中设置的大多数运动项目都普遍受到男生的喜爱，而没有侧重考虑女生的喜好，这不利于促进女生体育兴趣的培养。因此，要更多关注女生身体结构与生理卫生特点，在体育课程教学和课外体育活动中，设置更多女生喜爱的体育项目，培养女生体育运动兴趣爱好，关注女生身心健康发展。

增加女生对体育课的兴趣，使其逐渐养成自觉锻炼的习惯。在课程设计方面，学校应教授一些女生喜欢的运动项目，或是男女生都喜欢的运动项目，从而提升女生体育运动的参与度。在课程安排方面，应充分考虑不同学生的兴趣和运动能力，围绕提升学生运动技能来开展教学。在课外体育活动方面，学校应考虑适应学生需要，提升女生参与度，组织多样化的体育活动。

鼓励开展一些男女均适合的新兴运动项目教学，如体育舞蹈、艺术体操、啦啦操等项目。对男女生的运动技术要求均衡，有利于学生的平等运动体验。此外，有氧休闲类运动也值得提倡，因为这类运动更能激发女生兴趣，并改变其对体育运动的消极看法。

考虑到女生对舞蹈的偏爱，建议把舞蹈类全部项目纳入体育教学的大纲中。根据特征来划分，舞蹈分为专业舞蹈和国际标准交谊舞两类。专业舞蹈包括古典舞、芭蕾舞、民族舞、民间舞、现代舞、踢踏舞、爵士舞；国际标准交谊舞也称体育舞蹈，包括拉丁舞（伦巴、桑巴、恰恰、斗牛、牛仔）和摩登舞（华尔兹、维也纳华尔兹、探戈、快步、狐步舞）。所有舞蹈类运动涉及大量的身体活动练习，都属于女生偏爱的运动项目。目前，仅有体育舞蹈属于体育运动项目，体育舞蹈专业毕业的学生可进入学校体育教师行列，然而囿于体育舞蹈专业的教师数量有限，鲜有中小学校开设体育舞蹈课程。如果把专业舞蹈和体育舞蹈都纳入体育教学大纲中，吸引大量舞蹈专业毕业生加入体育教育系统中，这样不但可以扩大体育教师的队伍、提高舞蹈专业毕业生的就业率，而且可以提升女生对体育课程的兴趣，从而解决长期以来女生的体质健康水平难以提高的窘况。

（三）特殊生的体育教育政策

1. 残障学生

调研发现，在普通学校就读的残障学生多是部分肢体失去了运动能力，身体其余部位可以正常运动，还是可以通过适当的体育锻炼来提高其身体素质。因此，应该根据残障学生的身体情况，选择适当的运动项目促进他们进行锻炼，保障他们接受体育教育的机会，提升其自信心，扩宽其交往渠道。

保障残障学生公平接受体育教育的权利，切实有效地提高残障学生的身体健康。首先，要筛选适合在校残障学生的力所能及的体育项目，做到应学尽学。其次，尽可能让在校残障学生都得到恰当地锻炼，对于确实无法参加任何体育活动的学生，才考虑允许其申请免修体育课。再次，单独组织在校残障学生进行体育运动，提高教师的专项教学能力，使其具备教授残障学生体育知识与运动所需的技能。最后，制定符合残障学生能力的体育评价标准，而不是直接套用普通生评价标准，或以残障学生的体育理论知识的成绩来替代体育课的成绩等。可以按照不同伤残情况和伤残等级，科学设置符合残障学生情况的体育考试项目，规范考试标准。

2. 体育尖子生

培养体育尖子生，应着眼于为上级体育部门输送高质量的体育后备军，服务于竞技体育领域，筑就体育强国的早日实现。

充分发挥地区现有体育传统文化的底蕴和优势，在政策方面给予支持与引导，如台山排球、梅州足球等，使其具备一定体育传统优势的地区可以借助体育传统文化培育体育顶尖人才。调动各地参与创建体育传统学校的积极性，推广体育传统项目，在政策与经费上给予支持。通过体育传统项目尖子生的带动，增加其他同学参与体育运动的兴趣、提高其技术水平；发挥体育尖子生在班级的体育骨干作用，带动其他同学提升技艺，激发他们的学习热情，提高他们的体育兴趣。在保证体育尖子生文化课成绩的基础上，不断精进和增强他们运动技术水平，通过课外科学训练及校际运动比赛等，为上一级体育部门输送更多专业体育人才。

二、学校体育投入

本书通过调查研究发现，学校体育在师资力量、体育场馆建设和体育经费等投入上还远远不足，因此要想增加学校体育综合效益，应加大对学校体育的人、财、物方面的投入，以提高学校体育规模效益。

（一）体育教师

1. 培养体育教师队伍

调查得知，由于缺少编制的问题，广东省一些中小学多年未招聘体育教师，造成学校体育的生师比过大。再加上学校对体育学科的认识不足、体育教师的薪酬较低等原因，体育教师流失现象频发。也有一些体育院校的体育教育专业毕业生和师范院校毕业的体育生，不愿意从事体育教育事业。

如何保证体育专业的学生走上教学岗位，如何使在职的体育教师专心上课，提高体育教师的待遇和身份认可是关键。筑牢体育教师在学校教育中的地位，对待体育学科应与其他学科一视同仁；应提高体育教师的地位与收入，使他们的基本工资、奖金可以满足家庭生活的需要；避免体育教师由于收入待遇偏低而流失或者在业余时间去做第二职业，从而保证其工作热情与教学质量。提升体育教师的地位，一是需要国家进一步提高教师的社会地位和福利待遇，落实《义务教育法》中关于教师工资不得低于当地公务员的工资的规定，使教师职业真正成为一种让全社会尊重和羡慕的职业。二是提高教师资格证书的合格标准，因为"低标准产生低工资，教学标准低工资相应就低"（谌启标，2003）。

2. 增加师范类院校及体育院校体育生的招生比例

通过查阅文献资料和中小学各学科课时的标准发现，国家规定的中小学课程标准中对体育课课时量要求较高，这就要求配套较高的体育师生比。然而从全国师范院校招生专业的比例来看，师范类院校体育毕业生的供给量严重不足，因此要扩大师范类院校体育生招生比例。此外，还要给体育院校体育生增加进入教育系统的机会，扩大非师范类体育院校考生招生比例，并在这些非师范类体育院校的课程设置中增加教育学、心理学等教师素养学分要求，使他们具备体育教育的资格，而且从大学一年级开始就要引导并做好学生就业指导，防止体育人才流失，扩大体育教师队伍建设。

3. 修改普通教师课程专业要求

中美两国的学校体育教师都严重缺编，然而美国教师专业知识结构值得中国教育部门借鉴。美国教师需要掌握通识教育的知识内容较多，在其成为教师前必须参加1年以上的课外实习活动，这些活动包括体育、学术、艺术等方面。美国选拔教师机制的最大特点是选拔的学生不仅在学术能力上符合招生学校的要求，而且其在体育、艺术等方面具有特长。一旦这些学生毕业后进入学校工作，就会积极顺利地投入到学校的各种体育、艺术活动中去，参与和指导学生的各种活动，并在很大程度影响学生的兴趣、爱好及习惯的养成。因此美国很多非体育专业教师都具备一定的体育教学能力。可以借鉴美国教育专业课程设置的经验，在非体育专业课程设置中，增加一些体育知识与运动技能课程的学分及实习要求，使他们具备一定的体育教学组织能力。

中国目前状况是体育教师严重缺编，其中小学体育教师缺编最为严重。应修改普通教师课程毕业要求，在教师专业设置上增加非体育教师体育素养课程，使各学科教师都具备一定的体育素养，这对于教师自身体育锻炼及身体健康也有很大的帮助，最重要的是这些具备体育素养的教师在学校体育教师缺编的情况下，可以解决学校体育课缺授课教师的现象，特别是在对体育技能要求不是很高的小学阶段。因此，使非体育专业的教师具备一定的体育素养，可以借鉴美国普通教师通识教育学分毕业要求，要求准教师们需要具备一定的体育、文艺等方面的讲授技能并通过相关的课程实习。经过这样培养出来的教师，一方面可以缓解体育教师缺编的现状；另一方面可以利用课堂，充分调动小学生们积极参与体育活动，培养其运动兴趣。中国体育教师缺编严重，很多学校体育课都由非体育专业的教师上课，然而这些非体育专业的教师不具备运动技能而且不了解体育课组织教法等，因此，课堂无组织"放羊式"教学成为一种常态，严重影响学生运动技能的掌握与体育兴趣的培养。

4. 提高非体育教师的运动知识与技能

在学校体育投入压力比较大的背景下，增加体育教师的人数不可能一蹴而就，在国家政策的支持下，最容易执行的方法就是提高超编的非体育专业教师的体育知识及素养。2012年，教育部体卫艺司司长王登峰指出："义务教育阶段教师整体超编100多万，但体育教师缺编30多万。"2014年，教育部部长袁贵仁在全国学校体育工作座谈会上的发言表示，在新一轮基础教育课改中，在总课时减少的情况下，小学和高中体育将增加课时，增加到小学4学时，初中和高中3学时。其他科目的教师超编又减少课时，那就意味着其他科目教师超编更加严重，然而这些教师已经在学校工作了一些年头,熟悉学校教学环境与组织教学法等,如果能对这些超编的非体育教师进行运动技能与知识的培训,使他们掌握一定体育知识、运动技能以及体育课组织教学法,吸引他们进入体育教育工作的岗位上,这是缓解目前体育教育的投入压力、解决非体育教师超编、提高体育教师数量的最有效、最直接的途径,学者涂艳国等(2005)对此也有类似的见解。

5. 大力支持体育教师发展职业技能

现代体育发展的速度很快,体育教师需要不断更新自己的知识与技能才能适应现代体育发展的需要,学校应制定政策,鼓励体育教师踊跃报名并参加与工作相关的短期培训、长期进修等,增加相应的经费报销比例。

(二) 提高体育教师待遇

在学校体育的实施过程中,除了需要加大政策引导、引进人才,提高相应的待遇同样重要。

1. 保障体育教师的奖金与福利

调查得知,广东省中小学生的文化课成绩与其学科教师的奖金绩效基本上挂钩,然而学校根本不从学生的体育成绩来考察体育教师的绩效,体育学科没有受到重视,体育教师身份地位没有得到认可。

体育教师不但要承担体育课教学任务,还要组织大课间操、课外体育活动、运动队训练等,工作繁忙程度可想而知,然而体育教师除了课时工资基本上没有其他收入(如运动队奖金),严重影响了体育教师的工作积极性。由于福利待遇较低,有的体育教师迫于生活压力,在校外兼职以帮助家庭提高生活的质量。体育教师除了上课、训练等工作任务外,还要在业余时间兼职做教练等,长期处于疲惫状态,这样就形成了一种恶性循环:体育教师待遇差,教师不认真上课,教学质量差,没有从提高学生的运动技能与兴趣入手,学生体质健康得不到提高、不能养成自觉锻炼习惯、没有形成终身体育意识。因此,提高体育教师福利待遇是关键,要从源头上避免形成恶性循环。

2. 增加教师指导学生课外体育活动的待遇

除了体育课,学生另一项重要的身体活动内容就是课外体育活动。充分利用课外体育活动时间来促进学生身体健康,体育教师的组织与指导非常重要。调查得知,开展学生课外体育活动的学校并不是很多,即使有部分学校开展了课外体育活动,也是学生自娱自乐,基本上没有体育教师参与。课外体育活动组织好坏与学校的政策导向有很大的联系,很好的指导与组织对于提高学生参与积极性、体育兴趣与防止安全事故发生等有很大的帮助,因此应该把学生课外体育活动指导工作作为体育教师工作的重要组成部分,为体育教师计算工作课时或者给予一定报酬补贴,对其工作充分肯定,提升体育教师工作积极性等,尽量保证每个学生都能达到"每天锻炼一小时"的国家锻炼时间标准。

3. 增加校内外体育比赛经费投入

增加校内外体育比赛的经费,为各种体育比赛的顺利举办打下基础,不但可以增加学生的体育兴趣、提升学生自信心、加强社会交往能力、增强体质、扩大校级交流,而且能为上一级部门选拔与输送体育人才打下基础。

4. 加大运动队建设费用投入

运动员取得的训练成绩在一定程度上与体育教师、教练投入的时间及精力成正比，加强运动队的建设，需要体育教师与教练的大力支持与配合，同时需要一定的经费支持，增加运动队训练的各种费用，如教师与教练训练补贴，运动队训练所必需的体育器材、物品、比赛交通费、服装、奖品等。

（三）扩建学校体育场馆

学校生均体育场地面积不足。体育场地是学生进行体育运动的必要的物质条件。鉴于我国大部分体育场馆隶属于学校，学校体育场馆具备准公共产品的特性，应当承担起为社区公民健康服务的责任与义务。

通过问卷调查和实地调研得知，各级各类学校的生均体育场地面积较小，要想加强学校体育场馆开放力度，首先要满足学校自身学生锻炼的需要。因此，在学校体育场馆匮乏的背景下，政府及各级部门应加大对学校体育场馆的建设力度。

近年来，随着中心城市扩建，农村外出务工的人越来越多，随之出现大规模的中小学合并现象。很多农村学校被闲置，同时城市学校又负担过大，出现了很多超级学校。由于城市中学校的班级规模过大、生师比偏大，导致生均体育场地面积急剧减少。因此，加强对学校体育场馆的扩建，并在不影响学校体育教育实施的基础上，开放学校体育场馆是当务之急。这也是提高学校体育社会效益的重要途径。

1. 加大学校体育场馆的建设力度

各级政府部门应该按照学校的招生规模、生均体育场地面积等加大对学校体育场馆的建设，并且严格执行标准验收与使用，防止"垃圾工程"与安全事故的出现，严禁"毒跑道"等事故的发生。

2. 提高对学校体育场馆的补贴

学校体育场馆向社会开放。体育场地和设施使用率增高的同时，势必对各硬件设备等造成损坏，由此会带来高额维护费用，由于学校体育场馆准公共产品特性，学校的体育设施开放以服务性质为主，只能采取低收费，而场馆的建设和维护都需要大量的资金注入。体育场馆的损耗、日常维持养护、场地维修费用、管理人员工资等开销很大，学校支付能力有限，学校定期要拿出部分资金进行养护与管理，对于学校体育经费的支出存在着较大的困难，因此，国家和各级政府应给予相应的补贴，以在一定程度上提高对各级各类场馆的补贴力度，如现金补贴、实物补贴等。

对于学校场馆收费与否，学者张朋等（2014）有独到的见解，他们认为对学校体育场馆进行一定的补偿可以有两种方式。一是政府补偿，即政府可以给予学校一定的经费补偿或者是实物补偿，实物补偿的优点在于资源补偿的针对性强，能够避免经费补偿的非体育设施补充的"挪用"现象发生；二是现金收费，由于学校体育健身场地服务是"俱乐部"型准公共产品，该类准公共产品会因过度使用而变得紧缺。所以需要运用某些排斥性手段限制产品的消费人数，如收费。学校体育场馆向社会开放并有偿收费，是一种解决准公共产品紧缺问题的手段，也是基于再生产理论由使用者对学校体育健身场地服务生产中劳动付出进行补偿的有效方式。

3. 培养体育场馆管理专业人才

体育场馆的维护与运营,需要由专业人士进行管理与调配。然而在实际调研中发现,很多学校是由本校体育教师承担着体育场馆员的工作,或者由普通临时工对体育场馆进行监管与维护,这使场馆在管理与调配中存在着诸多漏洞和安全隐患,不利于场馆的使用及运营。随着学校体育场馆的扩建,与之匹配的是,更应该培育一批具有场馆管理知识的人员进行管理与调配,才可以切合实效地提高场馆使用率及社会效益。

4. 加强企业对学校体育场馆的赞助

国家在快速发展的过程中,很多地方都需要大量的资金注入,因此仅靠国家与政府加大对学校体育教育的投入,存在诸多困难。应该加强企业与学校合作,通过减少企业税收、增加企业社会知名度等政策,加强企业对学校的捐助力度,同时也可以利用企业先进管理方法与制度,加大企业与学校体育场馆的合作管理等。

综上所述,政府与教育部门在扩建学校体育场馆的基础上,应该出台更多的鼓励政策来增加学校体育场馆向社会开放力度,在提高人民群众健康红利的基础上,尽量减少和避免因为学校场馆向社会开放给学校管理所带来的弊端,争取学校体育社会效益最大化。

三、体育课程目标与评价方案

(一)体育课程目标

中国体育健康教育课程目标分为五个方面,目标制定得比较宽泛。比如,目标之一社会适应良好,这个范围很广,很难去用评价指标来评价学生是否能适应社会,心理健康标准也是如此。过于宽泛的目标不利用学校体育教育去执行与评价,可以借鉴美国体育健康教育课程目标,每一个目标内容规定都比较详细且具体化,有利于体育教育的实施与评价。此外,应在体育健康教育课程目标中增加道德标准目标,因为体育活动是培养学生意志品质、道德健康最有效和最直接的实施途径。

1. 细化体育健康教育课程目标

学校体育健康教育课程目标制定应该更加详细化,有利于学校体育教育的实施与评价。中国中小学目前体育健康教育五大课程目标是:运动参与、运动技能、身体健康、心理健康与社会适应能力良好。前三个目标容易实施与评价,后两个目标就很难实施与评价。应该严格细化每一个课程目标要求,使每一个课程目标在执行起来有则可循,易于执行与评价。

2. 强化体育健康教育课程道德价值

中国体育课程标准更加强调学生自身运动素质、技术能力及健康的发展程度,而对于体育对社会的贡献,体育对自己、他人与社会的价值,体育使人获得更高层次的精神享受以及对人的发展潜力、挑战等表述要求比较少,这就很容易使中国学生产生误解:体育就是学会几种运动技术,促使自己身体健康。学生没有充分认识到体育对人的道德素质、意志品质等的培养,如团结协作,对自己、他人和社会负责等,也没有认识到体育的全部价值,就不会利用这些价值在社会中创造更多价值。可以借鉴美国体育课程标准，目标涵盖的内容比较具体，使学生在提高身体素质的基础上，提升自己的文化修养、社会责任及道德素质。

3. 落实体育健康教育评价体系

中国各地区学校对中小学体育健康教育课程目标执行及评价的力度不够，特别是心理健康目标及社会适应能力目标，其执行力度不够而且也没有统一指标评价体系来评价学生。学习与借鉴美国课程评价体系，即美国体育健康教育课程目标 PECAT 和 HECAT 评价体系，使学生的课程实施与健康结果各有一套评价体系，建立中国中小学体育健康教育课程目标评价体系，使每一种目标的实施与结果都有一条评价准则，促使每一种目标的实施实现标准化、系统化、科学化。帮助地区及学校根据课程目标建立一份清晰的、完整的、一致的书面体育课程的分析报告，根据目标评价结果了解学校体育教育的质量和学生健康教育状况。

（二）体育课程评价方案

中国中小学体育健康教育的评价方案有两个——初中毕业升学体育考试（中考体育）和体测。中考体育因为考试项目单一，且存在"重体能、轻技能"等情况，这抹杀了学生参加体育运动的兴趣。体测也存在诸多问题。结合现实情况及素质教育的指导方针，重新制定及优化各种体育健康教育课程评价方案非常重要。

1. 关于中考体育的考试方案

第一，增加初中毕业升学体育考试项目。近年来，随着初中毕业升学体育考试方案的制定与实施，初中生身体素质得到了明显提高，调查结果显示初中生身体素质最好，其次是小学生，高中生身体素质最差，说明了初中毕业升学体育考试的实施取得了初步实效。但通过大量的问卷调查也发现，初中生对体育课的兴趣最低，其次是高中生，小学生体育兴趣最高，再结合初中毕业升学体育考试实施现状，发现初中毕业升学体育考试存在很多弊端，如"重体能、轻技能"等，考试项目单一，重终结性考试，轻过程性评价，很多考试变味成了"送分考"，在应试教育依旧风靡的当下，一些学校基本执行"考什么就练什么"的原则，上课内容单调枯燥。因此，中考体育表面上提高了学生身体素质，却在一定程度上抹杀了学生对体育的兴趣。这不符合素质教育指导方针，更不利于培养学生形成终身体育意识。此外，为了使考试多样化，防止学生溺水现象屡屡发生，特别是为了提高学生的心肺功能，全国各地在初中毕业升学体育考试中增加游泳考试的呼声很高，但是在已经执行的游泳考试中出现了诸多问题。例如，各地另行设定游泳考试标准；考试标准的高低水平差异过大；游泳作为中长跑的替代项目，与中长跑考试要求的水平差异较大；等等。规范游泳考试，使考试标准科学化迫在眉睫。在提高体育学科地位的基础上，优化初中毕业升学体育考试方案非常重要。

第二，优化中考体育的评分结构与比例。中考体育考试应该包括过程性考核、终结性考核、体测、运动技能考试四个部分。四项考试比例建议分配如下：终结性考试占 35%，运动技能考试占 35%，三学年体测成绩占 15%，过程性考核占 15%。各校过程性考核应严格细化出优秀、良好、及格、不及格比例，成绩存档，以备复核。

第三，改良中考游泳项目考试标准。

（1）确定 100 m 游泳为考试项目。根据中长跑锻炼及游泳考试时间，建议游泳考试距离采用100 m。这是因为大部分地区是用游泳作为中长跑考试替代项目，50 m游泳与中长跑锻炼时间差异较大。而200 m游泳考试的时长相对较长，每组考试的人数较少，轮候考试的时间间隔较长，整个考试过程用时相对较长，操作性不强。因此100 m游泳作为中长跑替代考试项目比较合适。

（2）规范100 m游泳满分标准。美国目前13～14岁青少年运动员100 m自由泳最低级别（B级）要求是在50米长池里测试，要求男生成绩为1′16.19″，女生为1′21.29″；在25米短池里要求男生为1′13.29″，女生为1′18.89″。加拿大的青少年标准与美国比较接近。中国对100米自由泳三级运动员最低要求是，在50米长池里要求男生为1′22″，女生为1′34″；在25 m短池里要求男生为1′20.50″，女生为1′33″。也就是美国13～14岁青少年的最低B级标准还高于我国三级游泳运动员标准。中国100 m自由泳成年男子业余一级标准是1′40″，女子业余一级标准是2′15″。通过这些数字的比较，说明我国游泳锻炼水平和标准远低于美国。2014年《国家学生体质健康标准》规定初中生中长跑女子800 m的成绩是3′25″为满分，男子1000 m成绩是3′40″为满分，这个标准为大部分地区中考所采用。由于国家没有男子1000 m的田径运动员标准，参照男子800 m三级运动员的成绩标准。男子800 m三级运动员成绩标准是2′16″，女子800 m三级运动员的成绩标准是2′38″。可以看到，国家田径三级运动员的成绩标准远高于普通学生体测的中长跑满分标准。游泳作为和中长跑一样的必考自选项，初中生游泳考试标准也应该低于国家游泳三级运动员标准，这样才能体现考试公平性。综合各种因素，建议规定100 m游泳考试男生长池满分成绩为1′40″。由于中国三级运动员男女长池差异12 s，短池差异12.1 s，又因为级别越低差异越大原则，建议男女等值时间差14 s，因此女生长池满分成绩应为1′54″。

（3）细化男女长短池的成绩差异。从100 m自由泳中国游泳运动员等级标准长短池差值也可以看出，男女在每个等级标准长短池时间相差约1.5 s，加拿大14岁少年运动员100 m长短池时间相差1.3 s。美国的青少年男子游泳100 m在长短池的成绩差异在每个等级中为2.2～2.9 s，女子100 m在长短池成绩差异在每个等级中为1.8～2.4 s。由于级别越低长短池时间差异越大，又考虑到15岁左右初中毕业生级别较低，不能和等级运动员相比，综合各种权衡因素应制定男生在长短池差异为3 s，女生在长短池差异同为3 s。根据目前中长跑前后分值均值差，规定男女生前后分值时间差为5 s。因此，建议中考100 m游泳考试的评分标准见表7-1。

表7-1 建议中考100 m游泳考试的评分标准

分值	男生长池	男生短池	女生长池	女生短池
100	1′40″	1′37″	1′54″	1′51″
95	1′45″	1′42″	1′59″	1′56″
⋮	⋮	⋮	⋮	⋮
5	3′15″	3′12″	3′29″	3′26″
0	3′20″	3′17″	3′34″	3′31″

在长池中，男女生成绩分别为男生 1′40″、女生 1′54″，则对应分值为满分（100 分）。同时，男女长短池时间差为 3 s，即在短池中，男女生成绩分别为男生 1′37″、女生 1′51″。以此类推。综合各级游泳标准，规定前后分值 5 s 均值相差，以及男女等值时间差均为 14 s。

考虑到游泳作为中长跑的替代项目，建议根据地区中长跑考试的分值范围与比例对游泳的评分标准定期进行评判并做适当调整。

（4）规范残障生游泳考试标准与要求。有考评才能有更多的机会参与，才能保障残障学生公平获得体育教育的权利。应根据全国残疾人运动会比赛结果和普通残障学生抽样游泳测验结果，制定业余残障青少年学生游泳标准。在中考体育中，执行该考试标准。普通生及残障学生游泳方法及犯规等规定遵照中国游泳协会的相关规定。

第四，严格细化体育考试的免试与加分制度。对于参加省、市级以上教育部门或者体育部门以及它们联合主办的体育比赛，获省级比赛前 6 名、市级比赛前 3 名（含个人项目和集体项目）者，应给予一定加分鼓励；对于一些与肢体活动无关的体育项目则不加分，如棋类项目等。参加田径类项目比赛取得以上规定名次的，可免参加终结性考试并给予满分；参加非田径类比赛取得以上名次的，可免参加运动技能类考试并给予满分。对于突发意外、需要缓考的同学，提供缓考条件；若缓考时仍还参加不了，提供一定的免考条件。规范各种体育比赛规则、提高比赛质量，做好赛后成绩认定工作，坚决杜绝成绩舞弊等现象。

第五，科学设置残障学生的体育考试项目、规范考试标准。按照不同伤残情况和伤残等级，制定适合残障学生参加的体育项目，规范各项残障学生体育考试标准，保证残障学生锻炼身体的权益，提升他们的健康水平。以此代替现行的直接免考，或者根据其体育理论或者文化课成绩给予体育分数，保障残障学生接受体育教育的权利，不能用普通学生考试项目和标准让残障学生进行择考。

第六，实施异地考评制度，统一和规范考场设施标准。抽调异地体育教师，开展中考考评与体测；增加考试经费投入，加强对体育考试考务人员进行培训，全面推行"电子化"考试；规范和统一考试场地设施标准，如果地区间考试场地设施有所差异，尽量实施集中考试模式；对考场情况进行实时录像，减少人为操作空间；严格考场准入制度，避免校方人员对考评员的干预；加强教育行政主管部门对考场巡视监督力度和执法机关对违法违纪的处罚力度，对考场舞弊行为坚决实施法制手段，保证考试的公平透明。

第七，优化考试项目，包括终结性考试和运动技能考试项目两类。在终结性考试中，建议将耐力项目 [1000 m（男生）、800 m（女生）]、100 m 游泳作为必考项目，项目可以二选一。选考项目分设速度、力量和技巧三类，每类设 4 种，共 12 种考试项目供学生选择。运动技能类考试项目尽量以球类为主，也可以根据所在区域文化特点，增设部分民族特色项目。科学设计、严谨实施，细化各个运动技术项目考试标准，尽量使终结性考试项目与体测项目不重复，如果出现体测项目与终结性考试项目一致时，第三年学生体测时将不再重复测试此项内容，可通过数据共享直接计入其体测成绩中，以减轻学生考试负担。

第八，提高体育分数在中考总分中的权重，增加体育优异生择校权利。鉴于初中生素质教育评价初见端倪，通过优化体育考试结构比例来提高素质教育成效，对于一些拥有体育特色的学校，可以考虑学生各项体育成绩、运动技能成绩以及体育比赛成绩等，成绩优异者可优先录取。此外根据学校办学宗旨、场地设施等条件，增加部分学校自主招生权利，使一些体育特长生有更多的择校权利。

2. 完善国家学生体质健康标准测试

调查发现，在体测实施过程中存在着一些问题。例如，过度强调学生运动素质指标，而没有关注学生的健康指标；男女生的测试项目不统一，不利于横向对比；测试项目无替代项目；测试结果往往不能代表学生真实的体质健康情况。因此，需要对体测进行相关调整与改革。

我国要求每一位入学的正常学生参加体测，这在一定程度上督促了学生进行日常锻炼，提高了学生的身体素质及健康水平，然而由于参加体测的人数庞大，体测实施过程容易产生误差。因此，公平、公正地开展体测是值得关注的。

为了促进学生体质健康发展，可以借鉴美国的健康体适能测试。健康体适能测试的项目与标准兼顾了学生的身体健康、运动素质两个方面；测试由第三方机构的专业人员组织开展，较好地保证测试的公平性与测试结果的低误差；通过学生的抽样检测减少了测试机构的工作压力；做到数据公开化，有利于进行相关的科研分析，为上级部门制定体育教育的政策提供实证数据；政府部门每年抽样检查数据与评估测试效果，追求数据真实，杜绝虚假数据。

为了更好地提高学生体测效率，保证评价的公平性、科学性，节约投入资源，减少学生测试压力，缩小男女生的成绩差，建议体测从以下五个方面进行调整。

第一，不同阶段学生测试的项目保持一致，男女生的测试项目保持一致；部分项目有替代项目，比如测试男生上体力量与耐力，可以使用引体向上，也可由其他项目如俯卧撑、屈臂悬垂或修正后引体向上来替代。

第二，减少运动素质指标，增加健康素质指标。

第三，用优化后的仰卧起坐或者卷腹动作取代仰卧起坐来测试学生腹肌耐力，尽可能减少不规范动作给学生带来的身体伤害。

第四，除了测试学生的 BMI，应增加脂肪含量测试，确保了解学生真实肥胖比例，便于政府制定政策及家长了解学生真实身体状况。

第五，尽量考虑让第三方机构对学校进行抽样监测，保证数据的精确性。确保第三方机构的公信力，建立学生抽测及复测系统，检验第三方机构测试能力及数据真实性，并对之实施相应的奖罚制度。数据及时向政府及社会公布，以便政府及科研机构了解学生体质健康水平，有利于政府制定相应的体育教育政策以及进行科学研究。

（三）增设高中毕业升学体育考试

2014 年，教育部体育卫生与艺术教育司司长王登峰指出，待中考体育加试制度愈加成熟、科学、客观后，可为高考体育测试提供参考，高考体育成绩也将成为人才选拔的重要标准。

2020 年 9 月 21 日，国家体育总局和教育部联合印发《关于深化体教融合 促进青少年健康发展的意见》，让体育与教育部门共同在体育人才培养等多个层面深入融合。同年 10 月，中共中央办公厅、国务院办公厅印发了《关于全面加强和改进新时代学校体育工作的意见》，教育部提出中考体育要不断总结经验，逐年增加分值，要达到与语、数、外等科目同分值水平。

上述都意味着今后人才选拔的方向，将从原来智力考查的单一标准，逐渐走向德智体美劳的综合素质评价体系。而初中毕业升学体育考试带来的价值有目共睹。自从全国范围内实施了初中毕业升学体育考试后，可以明显看到初中生的身体素质最好。修正初中毕业升学体育考试的问题，逐步在全国范围内实施高中毕业升学体育考试，对于提高高中生的体质健康具有非常积极的意义。

高中毕业升学体育考试方案可以从以下两个方面做起：一方面，参照优化后的初中毕业升学体育考试方案，并逐年提高体育考试在高考中分值的占比；另一方面，增设具有地方地域特色的体育传统项目，丰富考试项目内容、保护与发扬民族传统体育项目。

综上所述，要提高学校体育综合效益首先应从政策投入入手，制定各种有利于学校体育发展的方针政策；其次，应加大对学校体育的人、财、物等资源的投入，并注意资源优化配置；最后，在学校体育具体实施的过程中，应注意体育课程目标制定、实施与评价、体育课组织与教法、体育课程评价方案的优化，充分利用学生各种身体活动内容与时间，并根据体育课的特点，更多地关注女生和特殊生的体育教育，争取使青少年儿童运动素质与健康素质得到均衡发展，提高学校体育总体效益，最终为提升全民体质健康水平打下坚实的基础。

参 考 文 献

北京晨报,2013. 我国中小学生体质连续 25 年下降 [N/OL]. (2013-01-27) [2017-03-21]. http://news.sina.com.cn/c/2013-01-27/020026131466.shtml.

毕功兵,等,2008. 数据包络分析中变量分类研究评述 [J]. 中国管理科学 (1): 187-192.

蔡皓,2013. 非体育教师教育专业学生体育素养的培养:基于美国教师教育专业学生培养的启示 [J]. 体育科研,34 (4): 100-103.

曹培文,等,1990. 评教育的经济效益观 [J]. 教育与经济 (3): 23-26.

车文博,2001. 当代西方心理学新词典 [M]. 长春:吉林人民出版社.

陈伯华,等,2007. 颈椎间盘蛋白多糖聚合体的分布及其意义 [J]. 青岛大学医学院学报 (2): 95-96.

陈娜娜,2014. 福建中小学生课外辅导消费行为研究:基于福建省中小学课外辅导调查数据 [J]. 福建教育学院学报,15 (3): 13-16.

陈琦,2003. 学校体育的根本目标 [J]. 体育学刊 (6): 14-16.

陈文菁,等,2000. 论体育主导效能与整体的集聚力:对体育系统内学校、家庭、社会一体化结合效益的研究 [J]. 福建体育科技 (5): 58-61.

丛湖平,等,1990. 关于我省体育运动学校主要"投入—产出"指标及其效益的动态分析 [J]. 浙江体育科学 (4): 8-12.

崔书香,1990. 1986 年再版《投入产出经济学》中译本介绍 [J]. 统计研究 (4): 76.

丁道旭,2002. 论学校体育优势在全民健身运动中的作用 [J]. 南京林业大学学报 (人文社会科学版) (2): 83-86.

杜聪,等,2016. 青少年学生体质健康状况解读 [J]. 现代中小学教育,32 (10): 1-3.

范里安,2009. 微观经济学:现代观点 [M]. 费方域,译. 上海:上海人民出版社.

冯红静,2012. 对美国学校体育教学的研究 [D]. 北京:北京体育大学.

冯增俊,1996. 比较教育学 [M]. 南京:江苏教育出版社.

冯增俊,等,2015. 当代比较教育学 [M]. 北京:人民教育出版社.

凤智,等,2014. 英国首批体育补助计划实施效果获好评 [J]. 世界教育信息,360 (24): 75.

顾明远,1993. 序 [M]. //薛理银. 当代比较教育方法论研究:作为国际教育交流论坛的比较教育. 北京:首都师范大学出版社:7-9.

参考文献

广东省教育厅，2013. 广东省教育厅关于做好2014年全省初中毕业生升学体育考试工作的通知［EB/OL］.（2013-12-03）［2017-03-21］. http://www.2exam.com/zhongkao/GUANGDONG/1042048.shtml.

广东省人民政府办公厅，2015. 广东省人民政府关于深化教育领域综合改革的实施意见［EB/OL］.（2015-02-11）［2017-03-21］. http://edu.gd.gov.cn/zwgk/fzgh/content/post_1616027.html.

广东省体育局，等，2016. 广东省体育局 广东省教育厅关于2016—2020年度广东省体育传统项目学校拟定名单的公示［EB/OL］.（2016-10-12）［2017-03-21］. http://www.zsedu.cn/info/199215.jspx.

广州市教育局，2009. 关于印发《〈广东省中小学校等级评估管理办法（试行）〉实施细则》的通知［EB/OL］.（2009-01-31）［2017-03-21］. http://jyj.gz.gov.cn/yw2/zcfg/content/post_2584220.html.

广州市教育局，2016. 关于公开征求《2017年广州市初中毕业生学业考试体育考试实施意见（征求意见稿）》意见的公告［EB/OL］.（2016-04-21）［2017-03-21］. http://jyj.gz.gov.cn/gkmlpt/content/4/4200/post_4200799.html#244.

国家发展和改革委员会，2016. 体育发展"十三五"规划［N］. 中国体育报，2016-05-06（002）.

国家教育委员会，等，［2017］. 学校体育工作条例［J/OL］. 中华人民共和国国务院公报（Z1）.［2017-03-21］ http://www.gov.cn/gongbao/content/2017/content_5219126.htm.

国家体育总局，2011. 全国游泳锻炼等级标准实施办法［J］. 游泳（5）：57.

国务院，2007. 中共中央 国务院关于加强青少年体育增强青少年体质的意见［J］. 中华人民共和国国务院公报（19）.

国务院，2011. 关于批转中国残障人事业"十二五"发展纲要的通知［EB/OL］.（2011-06-08）［2017-03-21］. http://www.gov.cn/jrzg/2011-06/08/content_1879697.htm.

国务院，2014. 关于深化考试招生制度改革的实施意见［J］. 中华人民共和国教育部公报（11）.

韩明建，等，2011. 传统与改进仰卧起坐锻炼效果比较［J］. 齐鲁医学杂志，26（6）：532-533.

韩宗礼，1988. 教育经济学［M］. 西安：陕西人民出版社.

杭州市教育局，2015. 2016年杭州市区初中毕业升学体育考试要求和评分标准［EB/OL］.（2015-11-04）［2017-03-21］. http://chuzhong.eol.cn/zhejiang/zjzk/201511/t20151104_1334578.shtml.

胡利军，1998. 浅析学校体育的远期效益［J］. 贵州体育科技（4）：34-40.

季浏，2006. 正确理解新体育课程"以学生发展为中心"的理念［J］. 体育教学（5）：4-6.

教育部，2005. 教育部办公厅关于贯彻执行《中小学体育器材和场地》国家标准有关问题的通知［J］. 中华人民共和国教育部公报（12）.

教育部, 2011. 关于印发《切实保证中小学生每天一小时校园体育活动的规定》的通知 [J]. 中华人民共和国教育部公报 (10).

教育部, 2014. 中央编办 教育部 财政部关于统一城乡中小学教职工编制标准的通知 [EB/OL]. (2014-11-13) [2017-03-21]. http://old.moe.gov.cn/publicfiles/business/htmlfiles/moe/s8471/201412/181014.html.

教育部, 等, 2008. 关于印发《国家学校体育卫生条件试行基本标准》的通知 [J]. 中华人民共和国教育部公报 (7).

兰润生, 2005. 福建省畲族学生课外体育活动现状调查与分析 [J]. 上海体育学院学报 (2): 83-86.

雷建辉, 2014. 学校体育资源的开发研究: 以咸阳职院为例 [J]. 职业 (21): 179.

李本尊, 2012. 残障学生如何上好体育课 [J]. 长春教育学院学报, 28 (9): 159.

李慧颖, 2015. 初中生物教学中渗透疾病预防教育的教学策略研究: 以人教版《生物学》七年级下册为例 [D]. 呼和浩特: 内蒙古师范大学.

李静波, 2006. 我国大学生的体育课态度及成因的调查分析 [J]. 北京体育大学学报 (11): 1554-1556.

李丽, 2006. 基于 DEA 的高等教育投入产出效率研究 [D]. 大连: 大连理工大学.

李寿山, 等, 2013. 基于情绪相关事件上下文的隐含情绪分类方法研究 [J]. 中文信息学报, 27 (6): 90-95.

李迎生, 等, 2008. 中国残障人社会保障制度现状及完善策略 [J]. 河北学刊 (5): 7-13.

里昂惕夫, 2011. 投入产出经济学 [M]. 崔书香, 译. 北京: 商务印书馆.

梁月红, 等, 2014. 日本小学体育课教学内容对我国的启示 [J]. 体育学刊, 21 (2): 75-80.

梁占锁, 等, 2010. 河北省随班就读残障儿童体育教育现状调查与分析 [J]. 中国特殊教育 (7): 11-15.

刘辛丹, 2014. 美国青少年何以热衷体育运动 [J]. 中国德育 (4): 39-42.

柳欢, 2009. 学校体育的目标: 终身体育思想的培养 [J]. 兰州学刊 (S1): 218-219.

罗靖宏, 1992. 试谈学校体育的近期效益与长远效益 [J]. 体育与科学 (6): 38-39.

马超山, 1990. 高师微观经济效益分析及提高途径 [J]. 教育科学 (2): 16-20.

马占新, 2002. 数据包络分析方法的研究进展 [J]. 系统工程与电子技术 (3): 42-46.

马占新, 2009. DEA 模型的工程效率含义研究 [J]. 内蒙古大学学报 (自然科学版), 40 (4): 389-395.

毛振明, 2001. 论体育教学大纲为何 能否成为"四个依据" [J]. 体育学刊 (1): 9-11.

莫剑芳, 等, 2001. DEA 方法在区域经济发展状况评价中的应用 [J]. 系统工程 (2): 18-21.

南都数据新闻室, 2016. 全国各地体育中考都喜欢考什么项目？长跑百分百足球成热门

［N/OL］. 南方都市报，2016 - 08 - 26［2017 - 03 - 21］. http://www.oeeee.com/html/201608/26/414914.html.

南宁市教育局，2016. 南宁市2016年初中毕业升学体育与健康考试实施方案［EB/OL］.（2016 - 04 - 16）［2017 - 03 - 21］. http://m.2exam.com/zhongkao/nanning/1949703.shtml.

宁波市教育局，2016. 关于印发2016届宁波市初中毕业学生升学体育考试实施方案的通知［EB/OL］.（2016 - 03 - 02）［2017 - 03 - 21］. http://lfxx.jbedu.net/newsInfo.aspx?pkId=2836.

裴海深，等，2013. 教师vs体育教师 热门还是冷门？［N］. 中国体育报，2013 - 01 - 17（004）.

彭志忠，2009. 美国高等教育立法特点及其启示［J］. 求索（9）：162 - 163.

皮国萃，2011. 试论元研究与比较教育学科建设：布列钦卡的启示与借鉴［J］. 外国教育研究，38（2）：10 - 14.

琼斯，1989. 比较教育：目的与方法［M］. 王晓明，李立勇，杨骏，译. 北京：春秋出版社.

全国体育硕士专业学位论证专家小组，2005. 体育硕士专业学位研究生入学全国联考体育综合考试大纲及指南［M］. 北京：北京体育大学出版社.

厦门市教育局，2016. 2016年厦门中考体育考试项目评分标准［EB/OL］.（2016 - 01 - 05）［2017 - 03 - 21］. http://chuzhong.eol.cn/fujian/fjzk/201601/t20160105_1354271.shtml.

上海市教委，2016. 2016上海中考体育考试项目评分标准公布［EB/OL］.（2016 - 03 - 23）［2017 - 03 - 21］. http://www.3773.com.cn/zhongkao/SHANGHAI/1927767.shtml.

单松涛，1996. 谈"德西效应"在学校管理中的应用［J］. 教育探索（1）：26 - 27.

佘静芳，2005. 学校体育工作效益评价中的思考［J］. 岳阳职业技术学院学报（1）：119 - 120.

谌启标，2003. 美国教师教育制度的改革与实践［J］. 外国中小学教育（4）：5 - 9.

宋国强，2001. 仰卧起坐和悬垂举腿的形态和功能剖析［J］. 南京体育学院学报（2）：16 - 18.

苏州市教育局，2016. 关于组织2016年苏州市初中毕业生体育考试的通知［EB/OL］.（2016 - 02 - 25）［2017 - 03 - 21］. http://sipedu.sipac.gov.cn/website/Item/70443.aspx.

孙利华，2006. 我国药品管理效益研究［D］. 沈阳：沈阳药科大学.

谭丹，等，2018. 朱利安的人道主义教育理想与比较教育学的变革：纪念比较教育诞辰200周年［J］. 外国教育研究，45（6）：29 - 40.

谭刚，2008. 大型公共体育场馆公益与经营效益评估指标体系研究［J］. 天津体育学院学报（6）：530 - 533.

涂艳国，等，2005. 教师教育专业招生和就业政策研究报告［J］. 华中师范大学学报

（人文社会科学版）（3）：131-135.

王东，等，2011. 改良中文版压力知觉量表在北京市小学生中的适用性研究［J］. 中国学校卫生，32（3）：289-291.

王慧，2010. 我国体育场馆的研究现状分析［J］. 辽宁体育科技，32（2）：8-10.

王家正，1987. 国外对仰卧起坐练习效果的研究［J］. 体育教学（3）：29-31.

王菁，2012. 发达国家学校体育场地设施管理现状及对我国的启示［J］. 西安体育学院学报，29（1）：43-46.

王娟涓，2004. 试析埃德蒙·金的比较教育方法论［J］. 西南师范大学学报（人文社会科学版）（6）：36-40.

王丽娟，2007. 幼儿园智障儿童的识别与早期干预［J］. 卫生职业教育（18）：44-46.

王隆华，等，2012. 福州市学校体育场馆资源在海西建设中的效益研究［J］. 甘肃联合大学学报（自然科学版），26（6）：83-86.

王宁，等，2015. 包头市蒙古族中小学生体质量超标与肥胖现状及其危险因素研究［J］. 中国校医，29（11）：804-807.

王善迈，1996. 教育投入与产出研究［M］. 石家庄：河北教育出版社.

王魏，等，2013. 高等教育投入产出的DEA规模效率研究［J］. 中国管理科学，21（S2）：726-730.

王亚飞，1996. 试论全民健身计划与学校体育教育［J］. 湖北体育科技（2）：37-39.

王义，2011. 谈如何上好身体有疾病或残障高职生的体育课［J］. 辽宁高职学报，13（9）：41-42.

王智斌，2014. 新课程标准下学校体育教学整体效益研究［J］. 长沙大学学报，28（2）：153-156.

魏权龄，1988. 评价相对有效性的DEA方法：运筹学的新领域［M］. 北京：中国人民大学出版社.

魏权龄，等，1989. 评价相对有效性的几个重要DEA模型：数据包络分析（二）［J］. 系统工程理论与实践（2）：55-68.

肖斌衡，等，2001. 效益·效率·效能的内涵及其关系辨析：对高教自考教材《教育管理原理》的质疑［J］. 武汉教育学院学报（1）：78-83.

晓路，2014. 美国人喜欢参加什么运动？［N］. 羊城晚报，2014-06-28（12）.

幸昊，等，2007. 试论学校体育资源供给与社会需求的对接：学校体育资源服务社会的相关研究［J］. 体育文化导刊（5）：66-67.

熊其军，2008. 体育大课间活动的实践与相关问题探析［J］. 教学与管理（17）：46-47.

许之屏，等，2008. 美国SPARK项目对我国开展"阳光体育运动"的启示［J］. 体育学刊（10）：51-54.

薛理银，1993. 当代比较教育方法论研究：作为国际教育交流论坛的比较教育［M］. 北京：首都师范大学出版社.

薛誉, 2014. 滞后与完善: 对《学校体育工作条例》的审视 [J]. 西安体育学院学报, 31 (6): 662-665.

严德一, 1995. 试论学校体育的效益问题 [J]. 济宁师专学报 (3): 75-76.

央广网, 2016. 全国体育场地超 170 万个、人均 1.57 平方米 [EB/OL]. (2016-04-07) [2017-03-21]. http://www.gov.cn/xinwen/2016-04/07/content_5062046.htm.

央广网, 2017. 中国人的健康大数据 各类疾病趋向年轻化 [EB/OL]. (2017-01-23) [2017-03-21]. http://health.cnr.cn/jkgdxw/20170123/t20170123_523522443.shtml.

杨乃虹, 1997. 论中国高等教育的"宽进严出" [J]. 高等师范教育研究 (1): 33-39.

羿翠霞, 等, 2011. 学校体育场馆资源开放的经济补偿机制分析 [J]. 价值工程, 30 (36): 130-131.

尹志华, 等, 2010. 为了孩子们心中的"彼岸": SPARK 课程目标体系之探析 [J]. 体育教学 (11): 43-44.

俞福丽, 等, 2011. 中美体育与健康课程内容标准的比较分析 [J]. 体育与科学, 32 (5): 107-110.

俞国良, 等, 2001. 小学生生活压力、学业成就与其适应行为的关系 [J]. 心理学报 (4): 344-348.

曾鹭州, 1998. 新时期学校体育综合效益研究 [J]. 福建体育科技 (2): 23-24.

张国, 等, 2012, 学生体质将成高校评价指标 [N]. 中国青年报, 2012-09-16 (1).

张宏, 等, 2008. 广东省学校体育场馆向社会开放试点工作的实证研究 [J]. 广州体育学院学报 (4): 21-25.

张晋伊, 2008. 新疆农村中小学体育教学设施的发展问题 [J]. 体育科学研究 (1): 31-34.

张朋, 等, 2014. 学校体育场地对外开放的利益补偿分析 [J]. 体育研究与教育, 29 (1): 29-32.

赵定麟, 1996. 脊柱外科学 [M]. 上海: 上海科学技术文献出版社.

赵趱超, 2012. 博弈论视角下高校体育场馆市场化管理模式分析 [J]. 成都体育学院学报, 38 (8): 35-38.

赵长录, 2004. 以近期效益和长期效益相结合改革学校体育教学 [J]. 安徽工业大学学报 (社会科学版) (3): 150.

中国大百科全书出版社编辑部, 1988. 中国大百科全书 经济学Ⅱ [M]. 北京: 中国大百科全书出版社.

中国游泳协会, 2016. 运动员等级标准 (2004.11) [EB/OL]. (2016-10-09) [2017-03-21]. http://www.swimming.org.cn/swimming/standards/2006-10-09/30806.html.

中华人民共和国国家卫生和计划生育委员会, 2013. 成人体重判定: WS/T 428—2013 [S/OL]. 北京: 中国标准出版社: 4-18. [2013-04-18]. https://dbpub.cnki.

net/UnisDownload/SCHF/Download. aspx? uid = WEEvREcwSlJHSldRa1FhcTdnTnhYWUlU SEdyeGcwYkJic2lJK2VIeDFwUT0 = $9A4hF_YAuvQ5obgVAqNKPCYcEjKensW4IQMovw HtwkF4VYPoHbKxJw!!&fileName = SCHF201307697.

中山市教育局, 2016. 2016 年中山市中考体育考试项目评分标准 [EB/OL]. (2016 - 02 - 28) [2017 - 03 - 21]. http://www.3773.com.cn/zhongkao/ZHONGSHANZHONGKAO/1905052.shtml.

周福盛, 等, 2012. 义务教育阶段学校规模变化分析与思考: 以宁夏回族自治区为例 [J]. 教育学报, 8 (3): 46 - 53.

周佳, 等, 2015. 北京市中学生营养状况及其与家长营养认知的关联分析 [J]. 中国学校卫生, 36 (8): 1142 - 1144.

周丽君, 等, 2007. 影响中、美两国青少年参加体育活动因素的比较研究 [J]. 中国体育科技 (4): 27 - 31.

周志雄, 等, 2002. 对我国体育运动学校田径项目办学效益的研究 [J]. 中国体育科技 (7): 45 - 47.

朱勃, 1981. 国外比较教育学的发展 [J]. 华南师院学报 (哲学社会科学版) (2): 54 - 58.

AARON B, et al., 2012. New aquatic activities and games for secondary physical education [J]. Journal of Physical Education, Recreation & Dance, 83 (2).

AVERY M, 2012. Web-based assessment of physical education standards [J]. Journal of Physical Education, Recreation & Dance, 83 (5).

BAI Y, et al., 2015. Prevalence of youth fitness in the United States: Baseline results from the NFL PLAY 60 FITNESSGRAM partnership project [J]. The Journal of Pediatrics, 167 (3).

BARR-ANDERSON D J, et al., 2008. But I like PE: Factors associated with enjoyment of physical education class in middle schoolgirls [J]. Research Quarterly for Exercise & Sports, 79 (1).

BARROS R M, et al., 2009. School recess and group classroom beha-vior [J]. Pediatrics, 123 (2).

BEREDAY G Z F, 1964. Comparative method in education [M]. New York: Holt, Rinehart and Winston.

BUCK M M, et al., 2004. Introduction to physical education and sport: Foundations and trends [M]. Belmont, California: Thomson.

CARLSON J A, et al., 2016. Locations of physical activity as assessed by GPS in young adolescents [J]. Pediatrics, 137 (1).

CARLSON S A, et al., 2008. Physical education and academic achievement in elementary school: Data from the early childhood longitudinal study [J]. American Journal of Public Health, 98 (4).

Centers for Disease Control and Prevention, 2016. School health index [EB/OL]. (2016 - 03 - 14) [2017 - 03 - 21]. http://www.cdc.gov/healthyschools/shi/index.htm.

参考文献

CHARNES A, et al., 1994. Data envelopment analysis: Theory, methodology, and application [M]. Boston: Kluwer Academic Publishers.

CHARNES A, et al., 1978. Measuring the efficiency of decision making units [J]. North-Holland, 2 (6).

CHEN A, et al., 2007. Is in-class physical activity at risk in construc-tivist physical education? [J]. Research Quarterly for Exercise & Sport, 78 (5).

CHERUBINI J, 2009. Positive psychology and quality physical education [J]. Journal of Physical Education, Recreation & Dance, 80 (7).

COLUMNA L, et al., 2014. Special education terminology every physical education teacher should know [J]. Journal of Physical Education, Recreation & Dance, 85 (5).

Committee on Physical Activity and Phys, 2013. Educating the student body: Taking physical activity and physical education to school [M]. Washington D. C. : National Academies Press.

COUTURIER L E, et al., 2005. Student voices – What middle and high school students have to say about physical education [J]. Physical Educator, 62 (4): 23 –25.

DAUENHAUER B D, et al., 2011. The influence of physical education on physical activity levels of urban elementary students [J]. Research Quarterly for Exercise & Sport, 82 (3).

ENRIGHT E, et al., 2012. Physical education "in all sorts of corners": Student activists transgressing formal physical education curricular boundaries [J]. Research Quarterly for Exercise & Sport, 83 (2).

ERIK B, et al., 2003. The effect of activity – Based financing on hospital efficiency: A panel data analysis of DEA efficiency scores 1992—2000 [J]. Health Care Management Science, 6 (4).

ERIK S, et al., 2007. Physical activity patterns of kindergarten children in comparison to teenagers and young adults [J]. European Journal of Public Health, 17 (6).

FAKHOURI T H I, et al., 2014. Physical activity in U.S. youth aged 12 – 15 years, 2012 [J]. NCHS Data Brief (141).

FENCL M J, 2014. Fun and creative unit assessment ideas for all students in physical education [J]. Journal of Physical Education, Recreation & Dance, 85 (1).

FISKUM T A, et al., 2012. Individual differences and possible effects from outdoor education: Long time and short time benefits [J]. World Journal of Education, 2 (4).

FRYAR C D, et al., 2012. Prevalence of obesity among children and adolescents: United States, trends 1963—1965 through 2009—2010 [EB/OL]. (2012 - 09 - 10) [2017 - 03 - 21]. http://www.cdc.gov/nchs/data/hestat/obesity_child_09_10/obesity_child_09_10.pdf.

GARCíA B E, et al., 2010. Exploring links to unorganized and organized physical activity during adolescence: The role of gender, socioecono-mic status, weight status, and enjoyment of physical education [J]. Research Quarterly for Exercise & Sport, 81 (1).

GIBBS M, et al., 2010. Exploring the physical health needs of people with learning dis-abilities: Facilitation student engagement in learning, using Kolb's experiential learning cycle [J]. Nurse Education in Practice, 10 (3).

JOOYEON J, 2013. Evidence-based physical education #1: What strategies can we use to increase students' MVPA in physical education lessons? [J]. Journal of Physical Education, Recreation & Dance, 84 (6).

KAHN E B, et al. , 2002. The effectiveness of interventions to increase physical activity: A systematic review [J]. Am J Prev Med, 22 (4 Suppl).

KANN L, et al. , 2014. Youth risk behavior surveillance – United States, 2013 [J]. MMWR supplements, 63 (4).

KAREN P R, 2011. Physical education teacher education [J]. Journal of Physical Education, Recreation & Dance, 82 (7).

KEGLON J, 2011. Camp Thunderbird [J]. Journal of Physical Education, Recreation & Dance, 82 (2).

KURKOVA P, et al. , 2010. Health and physical education as an important part of school curricula: A comparison of schools for the deaf in the Czech Republic and the United States [J]. American Annals of the Deaf, 155 (1).

LIEBERMAN L J, et al. , 2010. Infusing sign language and Spanish into physical education [J]. Journal of Physical Education, Recreation & Dance, 81 (4).

LIEBERMAN L J, et al. , 2013. Training of para-educators for physical education for children with visual impairments [J]. Journal of Visual Impairment & Blindness, 107 (1).

LINDSAY E L, 2014. Effective teaching in physical education: The view from a variety of trenches [J]. Research Quarterly for Exercise & Sport, 85 (1).

LOU D, 2014. Sedentary behaviors and youth: Current trends and the impact on health [R/OL]. DOI: 10.13140/RG. 2. 1. 4294. 8884.

MASURIER G L, et al. , 2006. Top 10 reasons for quality physical education [J]. Journal of Physical Education, Recreation & Dance, 77 (6).

MCKENZIE T L, et al. , 2009. Beyond the Stucco Tower: Design, development, and dissemination of the SPARK physical education programs [J]. Quest, 61 (1).

MCKENZIE T L, et al. , 2013. Physical education teacher effectiveness in a public health context [J]. Research Quarterly for Exercise & Sport, 84 (4).

MICHAEL B, et al. , 2014. FUNdamental Integrative Training (FIT) for physical education [J]. Journal of Physical Education, Recreation & Dance, 85 (6).

MICHÈLE S, et al. , 2012. Exploring the professional identities of physical science teachers enrolled in an advanced certificate in education programme [J]. Education as Change, 16 (2).

MICHELLE G, et al. , 2012. The benefits of implementing disability sports in physical education: A model for success [J]. Journal of Physical Education, Recreation & Dance, 83 (4).

MONNAT S M, et al., 2014. Correlates of state enactment of elementary school physical education laws [J]. Preventive Medicine, 69 (S5 – S11).

National Association for Sport and Physical Education, 2009. Physical education trends in our nation's schools: A survey of practicing K-12 physical education teachers [R/OL]. (2009 – 07 – 31) [2017 – 03 – 21]. http://www.shapeamerica.org/publications/resources/teachingtools/qualityple/upload/PE-Trends – Report.pdf.

National Association of Chronic Disease Directors, et al., 2016. State school health policy matrix, 2014 [R/OL]. (2016 – 03 – 14) [2017 – 03 – 21]. http://www.shapeamerica.org/advocacy/upload/final-state-school-health-policy-matrix.pdf.

NICOLE J S, et al., 2009. Promoting physical education: The link to academic aclievement [J]. Journal of Physical Education, Recreation & Dance, 80 (1).

OGDEN C L, et al., 2015. Prevalence of obesity among adults and youth: United States, 2011—2014 [J]. NCHS Data Brief (219).

OGDEN C L, et al., 2014. Prevalence of childhood and adult obesity in the United States, 2011—2012 [J]. JAMA, 311 (8).

PENELOPE A P, 2003. Are physical education classes encouraging students to be physically active: Experiences of ninth graders in their last semester of required physical education [J]. Physical Educator, 60 (3).

PETERSEN S C, et al., 2003. Using motivational strategies to promote female-friendly physical education [J]. Journal of Physical Education, Recreation & Dance, 74 (6).

PHILLIPS J Y, et al., 1992. Systems and management science by extremal methods: Research honoring Abraham Charnes at age 70 [M]. New York: Springer.

PYNOOS R S, et al., 1987. Life threat and posttraumatic stress in school-age children [J]. Archives of General Psychiatry, 44 (12).

RASBERRY C N, et al., 2011. The association between school – Based physical activity, including physical education, and academic performance: A systematic review of the literature [J]. Preventive Medicine, 52 (Suppl 1).

REED J A, et al., 2013. Examining the impact of 45 minutes of daily physical education on cognitive ability, fitness performance, and body composition of African American youth [J]. Journal of Physical Activity & Health, 10 (2).

ROBBI B, 2008. Restructuring the secondary physical education curriculum to meet new challenges [J]. Journal of Physical Education, Recreation & Dance, 79 (9).

SEIFORD L M, 1996. Data envelopment analysis: The evolution of state of the art (1978—1995) [J]. Journal of Productivity Analysis, 7 (2 – 3).

SHEEHY D A, 2011. Addressing parents' perceptions in the marginalization of physical education [J]. Journal of Physical Education, Recreation & Dance, 82 (7).

SHEN B, 2010. How can perceived autonomy support influence enrollment in elective physical education? A prospective study [J]. Research Quarterly for Exercise & Sport, 81 (4).

SHEN B, 2015. Gender differences in the relationship between teacher autonomy support and amotivation in physical education [J]. Sex Roles, 72 (3-4).

SHERMAN N W, et al., 2001. Tracking the long-term benefits of physical education [J]. Journal of Physical Education, Recreation & Dance, 72 (3).

SLATER S J, et al., 2012. The impact of state laws and district policies on physical education and recess practices in a nationally representative sample of US public elementary schools [J]. Archives of Pediatrics & Adolescent Medicine, 166 (4).

STELLINO M B, et al., 2013. Psychological predictors of children's recess physical activity motivation and behavior [J]. Research Quarterly for Exercise & Sport, 84 (2).

TABER D R, et al., 2013. Association between state physical education (PE) requirements and PE participation, physical activity, and body mass index change [J]. Preventive Medicine, 57 (5).

THOMPSON H R, et al., 2015. Public disclosure to improve physical education in an urban school district: Results from a 2-year quasi-experimental study [J]. Journal of School Health, 85 (9).

TOVE A F, et al., 2012. Individual differences and possible effects from outdoor education: Long time and short time benefits [J]. World Journal of Education, 2 (4).

TROIANO R P, et al., 2008. Physical activity in the United States measured by accelerometer [J]. Med Sci Sports Exerc, 40 (1).

U. S. Department of Health and Human Services, 2008. Physical activity guidelines for Americans: Be active, healthy, and happy [R]. Washington D. C. : U. S. Department of Health and Human Services.

U. S. Department of Health and Human Services, 2012. Physical activity guidelines for Americans midcourse report: Strategies to increase physical activity among youth [R]. Washington D. C. : U. S. Department of Health and Human Services.

USA Swimming, 2016. Age Group Time Standards [EB/OL]. (2016-03-22) [2017-03-21]. https://www.usaswimming.org/times/popular-resources/national-age-group-records.

VAN DUSEN D P, et al., 2011. Associations of physical fitness and academic performance among schoolchildren [J]. The Journal of School Health, 81 (12).

WHO, 2000. Obesity: Preventing and managing the global epidemic. Report of a WHO consultation [J]. WHO Technical Report Series, 894.

附录1

学校体育效益研究调查问卷
（体育教师适用）

尊敬的教师：

您好！我是中山大学政治与公共事务管理学院博士研究生，我的博士学位论文题目为《学校体育效益研究》，该论文需要了解当前我国中小学体育效益的情况。为了科学、有效、全面地进行调查，本调查问卷经过了专家检验而制定。

本问卷为匿名填写，请您根据实际情况认真作答。对于贵校和您个人的相关信息将会严格保密，不会对您及学校产生任何负面影响。谢谢合作！

问卷填写说明：请您在符合情况的序号打上"√"，或者在"＿＿＿＿"上填上数字或者文字。

一、学校基本信息

1. 您的学校是？（可以多选）
①小学；②初中；③高中。
您的学校类型是？
①省一级；②市一级；③县（区）一级；④普通；⑤其他。
你的学校地处？
①省会城市；②地级市；③县级市；④乡镇；⑤农村。
2. 您的学校有专管体育的校领导吗？
①有；②没有。
如果有，请问专管体育的领导的职务是？
①书记；②副书记；③校长；④副校长；⑤其他。
3. 全校学生总人数是＿＿＿＿＿人，体育教师人数是＿＿＿＿＿人。体育教师中，硕士研究生及以上学历＿＿＿＿＿名，本科学历＿＿＿＿＿名，大专学历＿＿＿＿＿名，大专以下学历＿＿＿＿＿名。

二、学校开设体育课现状

4. 体育教师平均每周课时为？
①10学时以下；②11～15学时；③16～19学时；④20学时以上。
5. 每周每个学生上＿＿＿＿＿次体育课，每次课时间为＿＿＿＿＿分钟，每个班级约有＿＿＿＿＿人。

您认为每周每个学生上_____次体育课最优。

6. 体育课教师有指定的体育教学大纲吗？

①有；②没有。

如果有，大纲是？

①省编大纲；②市编大纲；③校编大纲；④其他。

7. 体育课教师有指定的体育教材吗？

①有；②没有。

如果有，请问教材是？

①省统编；②自编；③其他。

8. 体育教师有固定的上课内容吗？

①有；②没有。

9. 您学校的体育教师在上课期间主要的教学内容为？（可以多选）

①体育意志品质教育；②体能训练；③技术能力训练；④心理能力训练；⑤运动智能训练。

10. 在您的学校里，学生的体育成绩是否作为衡量评价体育教师或者班主任绩效的重要指标吗？

①是；②不是。

11. 学生的体育成绩和体育教师的奖金挂钩吗？

①是；②不是。

12. 学校支持体育教师参加短期培训（如体育技能培训、科研会议）吗？

①支持；②不支持。

13. 学校支持体育教师参加长期进修（如学历、学位进修）吗？

①支持；②不支持。

14. 教师短期培训的报名费、车旅费，学校给予报销吗？

①全额报销；②部分报销；③不报销。

15. 教师长期进修的学费，学校给予报销吗？

①全额报销；②部分报销；③不报销。

教师长期进修的车旅费，学校给予报销吗？

①全额报销；②部分报销；③不报销。

三、学校组织课外体育活动现状

16. 学校大课间具体活动内容是？（可多选）

①自由活动；②慢跑；③眼保健操；④广播体操；⑤校园自编操；⑥其他。

17. 学校下午放学后，学生除了值勤做卫生外，直接放学回家吗？

①是；②不是。

如果不是，学校有专门组织学生进行课外体育活动吗？

①有；②没有。

如果有，课外体育活动的时长为？

①0.5小时以内；②0.5～1小时；③1～1.5小时；④1.5～2小时；⑤2小时及

以上。

具体的课外体育活动形式为？

①教师教授学生运动技能；②学生自己运动，教师一旁负责安全保障等；③其他。

四、学校开展体育训练和竞赛现状

18. 学校每年都举办田径运动会吗？

①是；②不是。

如果是，每次运动会持续时间为_____天。

如果不是，一般间隔_____（时间）举办一次田径运动会。

另外，除了田径运动会外，学校每年举办_____次体育比赛。

19. 学校有传统的体育优势项目吗？

①有；②没有。

如果有，项目为_____。

20. 学校对取得比赛名次的学生有奖励吗？（可多选）

①有奖状；②有奖牌（杯）；③有奖金；④无奖励。

如果学生代表学校参加校内外举行的体育比赛取得优异成绩，对于指导训练的体育教师，学校有奖励吗？

①有；②没有。

如果有，奖励为？

①工资提升；②折算成课程或者科研绩效；③有奖金；④荣誉奖励；⑤其他。

21. 学校招收体育特长生吗？

①有；②没有。

如果有，主要在什么项目？

①田径；②篮球；③排球；④足球；⑤乒乓球；⑥羽毛球；⑦网球；⑧毽球；⑨棒垒球；⑩游泳；⑪定向越野；⑫其他。

学校有运动队吗？

①有；②没有。

如果有，主要项目是？

①田径；②篮球；③排球；④足球；⑤乒乓球；⑥羽毛球；⑦网球；⑧毽球；⑨棒垒球；⑩游泳；⑪定向越野；⑫其他。

学校共有运动员_____人，他们训练时间如何安排？

①平时训练，一周训练_____次，一次_____分钟；②平时不训练，有比赛任务才训练。

22. 学校有国际性的体育交流活动吗？

①有；②没有。

如果有，平均次数_____次/年。

五、学校体育设施及体育经费投入现状

23. 学校每年对体育运动器材购置、修缮有固定的经费支出吗？

①有；②没有。

24．学校每年对体育校内外比赛有固定的经费支出吗？
①有；②没有。

25．您认为学校器材能满足学生的运动需求吗？
①能；②不能；③基本可以。
学校对运动器材更换、修缮及时吗？
①及时；②不及时；③基本可以。

26．学校有残障学生吗？
①有；②没有。
如果有，请问在体育课授课过程中，如何安排他们上体育课？
①他们不用上体育课；②一起参加体育课，但是自己玩；③学校专门组织他们统一上体育课；④一起参加体育课，教师单独指导他们做运动；⑤其他。

27．学校有体育馆（室内馆）吗？
①有；②没有。
如果有，除了教学使用，向社会开放吗？
①开放；②没有开放。
如果开放，请问有收费吗？
①收费；②不收费。

28．学校有体育场地吗？
①有；②没有。
如果有，除了教学使用，向社会开放吗？
①开放；②没有开放。
如果开放，请问有收费吗？
①收费；②不收费。

29．学校体育场地分布情况？
有＿＿＿＿个田径场（＿＿＿＿＿米跑道），＿＿＿＿个游泳池（＿＿＿＿米泳道，共＿＿＿＿道），＿＿＿＿片篮球场，＿＿＿＿片排球场，＿＿＿＿片网球场，＿＿＿＿片羽毛球场，＿＿＿＿张乒乓球台，其他＿＿＿＿约＿＿＿＿平方米。

30．为了提高学校体育（含体育课、课外体育活动、运动队训练、体育场馆等）效益，您认为政府或者学校应该在哪些方面应加以提高或者改善？

附录2

学校体育效益研究调查问卷
（学生适用）

亲爱的同学：

你好！我是中山大学政治与公共事务管理学院博士研究生，我的博士学位论文题目为《学校体育效益研究》。为全面了解当前我国中小学体育效益的情况，特开展本次问卷调查。请根据实际情况认真作答。

本问卷为匿名填写，对于贵校和你个人的相关信息会严格保密，不会对你及学校产生任何负面影响。请按实际情况填写。谢谢合作！

问卷填写说明：请你在认为符合情况的序号上打"√"，或在"_____"上填上数字或者文字。除题目后标注（多选）外，其他题目均为单选题。

一、学生基本信息和体质状况调查

1. 你上_____年级，你的年龄是_____岁，你的性别是？
①男；②女。

2. 你的身高是_____厘米，体重是_____千克。

3. 你对自己身材评价是？
①非常棒；②比较棒；③一般；④差；⑤比较差。

4. 你经常生病吗？
①是；②不是。
本学期因为生病原因累计请过_____天假。（没请假请填"0"）

5. 你对目前的学习生活状态比较满意？
①是；②不是。

6. 你经常感觉筋疲力尽，学习压力很大？
①是；②不是。

7. 你的眼睛近视吗？
①不近视；②近视，300度以下；③近视，300～600度；④近视，600度以上。

8. 你认为符合自己的运动能力的是？
①非常低；②较低；③一般；④较高；⑤非常高。

二、学生上体育课参与情况调查

9. 你喜欢上体育课吗？
①喜欢；②不喜欢；③无所谓。

第 9 题选择①喜欢、③无所谓的同学请回答：请问你喜欢在体育课上什么项目？（可以多选）

①跑步；②游泳；③篮球；④排球；⑤足球；⑥乒乓球；⑦羽毛球；⑧网球；⑨踢毽子；⑩体育游戏；⑪玩沙包；⑫跳绳；⑬其他。

第 9 题选择②不喜欢的请回答：如果你不喜欢上体育课，原因是？（可以多选）

①上课内容单一；②上课活动量太大；③上课活动量太小；④上课活动场所太小；⑤夏天太热了，冬天太冷了，缺少室内活动场所；⑥体育课缺少趣味性；⑦运动器材少；⑧其他。

10. 在你上过的所有课程中，如化学、物理、体育、语文、数学、英语等，你最喜欢的是_____课。（没有最喜欢请填"无"）

11. 你上体育课时通常情绪是？（单选题）
①兴奋；②高兴；③没有感觉；④难过；⑤痛苦。

12. 你的体育成绩如何？
①优秀（90 分以上）；②良好（80～89 分）；③及格（60～79 分）；④不及格（60 分以下）。

13. 你参加的最近一次学生体质健康标准测试成绩是？
①优秀（90 分以上）；②良好（80～89 分）；③及格（60～79 分）；④不及格（60 分以下）。

14. 你对学校的体育设施满意吗？
①非常满意；②比较满意；③满意；④不满意；⑤非常不满意。

15. 你认为现在每个星期体育课次数是？
①多了；②正好；③少了。
你认为学校应该安排每个星期上_____次体育课最优。

三、学生参与课外体育活动效果调查

16. 你喜欢体育活动吗？
①很不喜欢；②不喜欢；③喜欢；④比较喜欢；⑤非常喜欢。

17. 在学校运动会上，你会？
①主动报名参加比赛；②被要求报名比赛；③不参加比赛。

18. 如果你在运动会上取得名次，你的父母会？
①很高兴，为我骄傲；②不关心，他们只关心我的学习成绩；③无所谓。

19. 除体育课之外，你每周还要锻炼几次？
①0 次；②1 次；③2 次；④3 次；⑤4 次；⑥5 次；⑦6 次及以上。
你每次锻炼时长通常为？
①不到半小时；②半小时到 1 小时；③1 小时以上。

20. 在学校里，大课间时你通常做什么？（可多选）
①自由活动；②慢跑；③眼保健操；④广播体操；⑤校园自编操；⑥其他。

21. 你是否参加过课外体育培训？
①是；②否。

22. 你现在是否正参加课外体育培训？
①是；②否。
23. 每天放学后，你通常会做什么？（可以多选）
①在学校和同学一起玩或者做体育运动；②在学校里做作业；③回家做作业；④回家自己玩或者和朋友一起玩；⑤上非体育类兴趣班；⑥在学校里参加一些体育培训；⑦在校外参加一些体育培训；⑧其他。
24. 你和父母关系融洽，遇到事情总是愿意和父母商量。
①是；②不是。
25. 你的父母支持你参加体育运动吗？
①支持；②不支持。
26. 你父母喜欢体育运动吗？
①喜欢，经常运动；②喜欢，偶尔运动；③不喜欢，基本不运动。
27. 你在参与体育活动时经常得到你的朋友的鼓励。
①是；②不是。
28. 在生活中，你有要好的朋友吗？
①有；②没有。
在你的班级里，你和同学们的关系是？
①很好；②比较好；③一般；④差；⑤很差。

四、学生对体育锻炼的认知和态度调查

29. 体育锻炼可以促进睡眠质量，你认为是对还是错？
①对；②错。
30. 体育锻炼可以促进血液循环、新陈代谢，加速有害物质的排泄，你认为是对还是错？
①对；②错。
31. 体育锻炼可以增强肌体功能、抵御疾病、缓解疲劳，你认为是对还是错？
①对；②错。
32. 体育锻炼可促进心理健康，你认为是对还是错？
①对；②错。
33. 体育锻炼可以增强你的自信心，你认为是对还是错？
①对；②错。
34. 体育锻炼可以促进智力发育，你认为是对还是错？
①对；②错。
35. 你了解青少年青春期的生理卫生知识吗？
①不了解；②知道一些；③熟知。
36. 你了解人体的组织结构知识吗？
①不了解；②知道一些；③熟知。
37. 你是否养成自觉锻炼的习惯？
①是；②不是。

后　记

　　作为一名体育教育工作者，我对近年来学生体质不断下降的状况忧心忡忡。特别是中国人健康大数据白皮书出炉以来，我在思考：为什么人民的物质生活水平提高了，全民体质健康水平却在不断下降？带着这个疑惑，我对社会经济发展程度与人民健康水平之间的联系产生了浓厚的研究兴趣。凭借多年的体育教学经验和对学校体育实施现状的敏锐观察，我做了一个大胆假设：学校体育效益不够理想是引起国民体质健康水平下降的重要原因之一。

　　2013年，我开始攻读中山大学教育经济与管理专业博士研究生。导师冯增俊教授是中国教育学界资深的专家，他治学严谨、德高望重，给了我大量的有益引导和精神鼓励，这使我深深地体会到学以精深的奥妙，领悟到做人的真谛，增强了科研探索的信心和力量。受导师的悉心点拨与谆谆教诲，我萌生了研究学校体育效益的"冲动"，希冀结合个人实际工作，试图为素质教育的具体实施提供理论依据，为终身教育之"终身体育"提供合理的实施途径，为提高中小学体育效益提出具体的操作方法和手段，促使学校体育的经济效益与社会效益实现共赢，并使学校体育的近期效益与远期效益能得到均衡发展，最终为提高全民体质健康水平做出贡献。

　　研究期间，我得到诸多专家学者的指导与帮助。美国春田学院和明尼苏达大学的教师们为我提供了大量有关美国中小学体育教育的一手文献资料；中山大学体育部的领导、同事们为了让我安心地做研究，主动分担了我的部分工作。参与调查的广东省21个地区204所中小学校的领导与教师们对我的研究给予了大力支持和无私的帮助，我顺利回收了200多份来自体育教师和近1.5万份来自学生的有效调查问卷；通过问卷调查结果，我找到了体育教育中存在的共性问题。

　　本研究致力于调查与探讨中小学体育教育中的五个主要问题：第一，学校体育的师资、经费投入等是否有待改善；第二，学校体育健康教育课程产出结果如何；第三，体育健康教育课程评价体制是否有弊端；第四，体育健康教育在实施过程中是否合理；第五，学校体育场馆的社会效益等是否有待提高。本书第一章"导论"，介绍了选题缘由、文献综述、研究方法及思路、研究创新与局限。第二章"理论基础"，界定了核心概念，阐述了学校体育效益研究的理论基础。第三章"广东省中小学体育课程评价情况及分析"，描述了对广东省中小学校体育课程评价的实施情况，提出体育课程评价成为影响学校体育投入与产出的重要因素。第四章"广东省中小学体育投入与产出分析"，通过对广东省中小学体育的投入与产出实施现状的全方位调研，结合国家学校体育政策

后 记

内容要求及学生体质健康现状，阐述中小学学校体育的投入与产出现状。第五章"广东省中小学体育效率分析"，结合数据包络分析法，解释与分析了广东省21个地区间、不同级别间、不同行政区域间的学校体育效率的相对有效性，通过学校体育效率的结果来分析目前体育教育的投入与产出情况。第六章"中美中小学体育教育实施状况与对比分析"，描述了美国中小学体育实施现状，并对中美学校体育实施过程进行对比分析，对照美国的体育文化和经验，为提高中国学生体质健康水平提供一定借鉴。第七章"研究结论与建议"，针对我国中小学体育实施过程中存在的问题，提出建议与对策。

特别感谢中山大学体育部领导的鼎力支持与帮助，非常感谢出版社编辑王旭红等老师严谨细致的审校。本书在编写过程中，吸收和引用了学者们的研究成果，在此对他们表示衷心感谢！鉴于此书涉及专业知识较多，由于笔者水平有限，书中难免有疏漏不足之处，敬请广大读者赐教指正！

李朝阳

2021年6月30日于广州康乐园